אסתר קרייטמאן

Esther Kreitmann
Deborah – Narren tanzen im Ghetto

ALI BA BA

אסתר קרייטמאן

דער שדים=טאַנץ

ראמאן

פארלאג ח. בזשאזא, ווארשע, 1936

Esther Kreitmann
Deborah –
Narren tanzen im Ghetto

Deutsch von Abraham Teuter
Collagen von Sarah Schumann

Mit einer Bemerkung zur Übersetzung
und Begriffserklärungen

ALIBABA VERLAG, FRANKFURT

קאַפּיטל איינס

אין זשעלעביץ

„מיכל וואַקסט ב׳ה אויף אַ תּלמיד־חכם".
אַט די ווערטער פלעגט דבורהלע טיילמאָל הערן דעם פּאַטע־
אירן, ר׳ אַברהם בערן, דעם זשעלעביצער רב, אַ זאָג טאָן צו דער־
מוטער, וואָס איז אַ הויז רביצין געווען אַ מין פּריוואַט־סעקרעטאַר
און בעל־יועץ ר׳ אַברהם בערס, מחמת טאַטער פלעגט דאַרפן זיין
אַן אסיפה אַמאָל אין שטעטל, טאַטער האָט ער שוין ממש געמוזט
בעטן אַ הוספה און סתם ווי עפּעס אַ פאַרוויקלטן ענין צו דער־
ליידיקן, איז עס שוין געווען דער רביצינס, רייזעלעס, אַרבעט. האָט
זי שוין, ליגנדיק אויף דער קושעטקע, אַ קרענקלעכע, אָן איינגע־
דאַרטע, נישט גערוט, ביז דער שאַרפער מוח אירער האָט נישט אַ
פּאַק געטאָן דאָס אמת־פּאַסיקע וואָרט פאַר זיינעטוועגן.
ר׳ אַברהם בער האָט געטראָגן אַ שוואַרצע סאַטענע קאַפּאָ־
טע, אַ פּאָר רבנישע שיך און זאָקן, געהאַט אַ פיינע בלאָנדע באָרד
מיט אַ פּאָר טונקעלע פּאות, וואָס האָבן אים צוזאַמען גורם געווען
דעם הדרת־פּנים זיינעם.
— און וואָס וואַקס איך אויף, טאַטעשי? — פלעגט דבורהלע
טיילמאָל אַ פרעג טאָן ביים פּאַטער, האַלב אין שפּאַס, האַלב ערנסט,
מחמת זי האָט נאָך קיינמאָל נישט געהערט, אַז אימיצער זאָל זי
אָפּלויבן.
ר׳ אַברהם בער פלעגט איר על־פּי־רוב גאָרנישט ענטפערן,
אָדער אפשר אַ זאָג טאָן, אַז אַ מיידל דאַרף גאָרנישט נישט אויפ־
וואַקסן. דאָס האָט דבורהלען געאַרט. הלמאי איז די טאַטעשי

Kapitel 1

Es war Schabbes. Sogar der Wind und der Schnee unterbrachen ihre Arbeit. Das Dorf Jelechitz, ein kleiner Haufen hölzerner Hütten und Buden, stand verborgen dem Blick an dem Rand der polnischen Kiefernwälder – allem Anschein nach nichts mehr als eine der vielen Schneewehen, die das Land bedeckten. Aber seine Juden schliefen bequem in ihren Betten nach dem schweren Schabbes-Abendessen.

Es war still in dem Dorf, aber nirgendwo war die Stille so eindrucksvoll wie in dem großen Haus neben der Synagoge, das gegenüber dem Weideland der Gemeinde und dem gefrorenen Fluß stand. Hier lebte der Rabbi, Reb Avram Ber, und anders als die meisten seiner Gemeinde schnarchte er nicht in seinem Schlaf. Was Reisele, seine Frau, betraf, war ihr Atem so sanft, daß, wann immer Deborah in das Schlafzimmer schaute, um zu sehen, ob ihre Eltern schon auf den Beinen waren, sich das 14jährige Mädchen voller Furcht fragte, ob ihre Mutter überhaupt atmete.

Die Wärme und die Schatten der hereinbrechenden Dämmerung waren gemütlich im Hause des Rabbis, aber Deborah, als sie neben dem gekachelten Herd saß, lesend, fühlte sich einsam und bedauerte sich bis an den Punkt der Tränen. Früher am Tag hatte sie zufällig den Vater gehört, der zu ihrer Mutter sagte: „Michail zeigt große Versprechen in seinen Studien. Dem Herrn sei gedankt! Eines Tages wird er ein brillanter Talmudist werden." Michail war ihr jüngerer Bruder, der entsprechend der jahrhundertealten Tradition der orthodoxen Juden aufgezogen wurde, um sein ganzes Leben mit Talmudstudien zu verbringen.

„Und, Vater, was werde ich eines Tages werden?", hatte dann Deborah plötzlich nachgefragt, halb im Spaß, halb ernsthaft, denn solange sie sich erinnern konnte, hatte Reb Avram Ber nie etwas Lobendes über sie zu der Mutter gesagt.

Reb Avram Ber war erstaunt. Es war die gängige Ansicht frommer Juden, daß es nur ein Ziel im Leben einer Frau gab, auf das sie hoffen konnte – Glück in ein Haus zu bringen durch Dienst für den Ehemann und ihm Kinder zu gebären. Deshalb antwortete er Deborah nicht einmal. Aber als sie ihn drängte, sagte er einfach: „Was du eines Tages wirst? Nichts, natürlich!"

Diese Antwort befriedigte Deborah überhaupt nicht. Es war schon wahr, daß die meisten Mädchen aufwuchsen, nur um zu heiraten und Arbeitstiere zu werden, aber es gab Ausnahmen, wie ihre eigene Mutter, Reisele, die sehr gebildet war, eine wahre Dame und so klug wie jeder Mann. Reisele war nicht nur die Rebezen, sondern auch Privatsekretärin von Reb Avram Ber. Wenn es galt, einen verwickelten Streitfall zu erledigen, so war es die Arbeit von der Rebezen, von Reisele, und sie hatte, liegend auf der Couch, eine kränkliche dürre Frau, nie geruht, bis ihr scharfer Verstand das passende Wort für ihn gefunden hatte. Und sie war doch auch einmal ein Mädchen gewesen.

Ganz sicherlich, tief in seinem Herzen war Reb Avram Ber nicht einverstanden mit der Gelehrsamkeit seiner Frau. Er dachte, es sei falsch für eine Frau, viel zu wissen, und er war entschlossen, dafür zu sorgen, daß dieser Fehler sich bei Deborah nicht wiederholte. Nun gab es im Haus eine Ausgabe von Naimonowitschs russischer Grammatik, die Deborah in ihren freien Momenten studierte. Aber wann immer ihr Vater sie bei diesem

Unfug ertappte, versteckte er das Buch oben auf dem gekachelten Ofen, außerhalb ihrer Reichweite, und sie mußte dann das Leben riskieren, um es zurückzubekommen. Sie schob den Tisch an den Ofen, stellte den Stuhl auf den Tisch und stieg auf den Stuhl. Nach all dieser Mühe kamen Wolken von Staub, lose Blätter zerrissener Bücher, verbrauchte Staubwedel und Gott weiß was noch heruntergeflattert und gestürzt. Tatsächlich alles, bis auf die russische Grammatik. Nichtsdestoweniger, während der vierzehn Jahre ihres Lebens hatte sie es vermocht, seinen Inhalt auswendig zu lernen, und sie war immer noch nicht zufriedengestellt. Wie langweilig der Morgen dem Nachmittag wich, der Abend der Nacht. Schlimmer als früher war der letzte Herbst gewesen. Die Mutter hatte immer gekränkelt, und Deborah war die Hausfrau, hatte die ganze Last des Haushalts getragen. Reb Avram Ber war mehr herumgelaufen und hatte mehr sinniert als gelesen, und Reisele hatte, die mageren Füße tiefer in die Decke gesteckt, auch nicht gelesen, aber den Kopf in die vergilbten Blätter der Bücher vergraben.

Deborah lebte in einer Familie, wo der Vater gefangen war von seinen Studien, die Mutter von ihren Büchern. Sie beneidete ihren Bruder, meinte, mit ihm würde man sich mehr beschäftigen als mit ihr. Michail liebte die Geschichten, die seine Mutter erzählte, wenn sie gut gelaunt war; aber nicht der Vater und nicht die Mutter hatten ihn gefragt, was er je gemacht habe; beide waren zu sehr mit sich beschäftigt. Woher Reb Avram Ber gewußt hatte, daß Michail zu einem „brillanten Talmudisten" heranwächst, wußte Gott allein.

Wie ermüdend öde war ihre Hausarbeit, und doch, daneben hatte sie wenig wirkliche Interessen. Immer fehlte ihr etwas. Sie wußte aber kaum was. Ein fremdes Sehnen rührte in ihr, eine fast körperlich nagende Aufregung, aber es war nie so schmerzhaft gewesen wie an diesem wintrigen Schabbes-Nachmittag, als alles innen so still war, und die Welt draußen eingemümmelt in Schnee.

Sie suchte Zuflucht in Tagträumen. Sie erinnerte sich, wie die Familie zum ersten Mal nach Jelechitz gekommen war vor vielen Jahren. Die Ankunft bei Einbruch der Nacht, wie die bärtigen frommen Juden im langen Gabardin, schwarzen, hohen Stiefeln und spitzen, zylindrigen Hüten – eine Mode, die aus dem Mittelalter überlebt hatte – ihnen mit erleuchteten Herzen entgegengekommen waren, um den neuen Rabbi zu begrüßen.

„Gesegnet sei deine Ankunft!"

Welch eine herrliche Figur hatte Reb Avram Ber abgegeben in seiner Rabbinerkleidung – schwarze Schnallenschuhe, weiße Socken, Seiden-Gabardin, breitkrempiger, schwarzer Fellhut.

Und sie erinnerte sich an all dies und sah wieder das Lächeln – dankbar und fast kindlich –, das sich festgesetzt hatte in Reb Avram Bers langem, hellem Bart. Heiße Tränen kullerten ihre erhitzten Backen herab, unsinnige Tränen, für die sie keine Rechtfertigung finden konnte.

Als Michail in den Raum hineinplatzte und seine weinende Schwester fand, einen Psalter in der Hand haltend, lachte er so ausgelassen, daß seine Eltern im nächsten Raum aufwachten. Michail und Deborah hatten nie ein freundschaftliches Verhältnis gehabt, und er nutzte jede Gelegenheit, um seinen Scherz mit ihr zu treiben, nannte sie einen Narren, weil sie im Haus geblieben war, über die Psalmen grübelnd mit Tränen in den Augen, wie ein alter Sünder, der sein trübes Alter mit Zerknirschung verbrachte. Was ihn anging, er war draußen auf dem Fluß gewesen, der sich gefroren ausgestreckt hatte wie ein Stahlblatt, von schneebedeckten Feldern umgeben, mit einem grauen, klarsichtigen Schabbes-Himmel, der wunderbar schweigend darüber hing. Nach den Anstrengungen draußen waren seine Wangen gerötet, die Ohren kribbelten vom Frost und der helle Schimmer in seinen Augen blitzte in fortwährend sich wandelnden Tönungen, jetzt schwarz, jetzt braun, dann kupferrot. Er war zurückgekommen, überfließend mit Leben, und seine Schwester, die immer im Haus blieb und lammfromm die Langeweile des häuslichen Lebens ertrug, erschien ihm bemitleidenswerter denn je.

Er wurde gedämpfter, als sein Vater den Raum betrat.

„Bist du mit deinen Studien weitergekommen, Michail?" fragte Reb Avram Ber mit einem schläfrigen Gähnen.

„Ja, Vater."

Deborah riß erstaunt den Mund auf. Sie bemühte sich, Michails Auge zu fangen, aber er las einen religiösen Text, sehr studienhaft, und da war nichts in seinem jetzt sehr nachdenklichen Gesicht, um seine Lüge zu entlarven.

Gütiger Gott, welch ein boshafter Junge, und was schlimmer war, er hielt sich für so gescheit und wagte, sie zu verspotten. Sie hatte im Kopf, ihn zu verraten, aber Reb Avram Ber bat sie um ein Glas heißen Tee und schien jetzt alles Michail betreffend vergessen zu haben.

Jedenfalls war ihr eigenes Gewissen auch nicht zu rein. Ein religiöses Buch ihres Vaters für eine Sammlung Geschichten oder einen Roman einzutauschen, war eine abscheulichere Sünde, als am Schabbes auf dem Fluß schlittern zu gehen. Wenn ihr Vater davon Kenntnis bekäme, er würde... – sie konnte sich nicht vorstellen, was er tun würde. Gütiger Gott! Wie fürchterlich, ein heiliges Buch gegen ein Buch mit Geschichten zu tauschen! Mit schlechtem Gewissen belastet, blieb sie still, aber den Tee einschenkend überlegte sie, daß, wäre sie ein Junge statt ein Mädchen, sie sich nicht gedrängt fühlen würde, solche Scheußlichkeiten zu begehen. Sie würde ihre ganze Zeit damit verbringen, den Talmud zu studieren. Aber ihr Los war trübe, und selbst falls sie irrte, war das Leben immer noch eintönig, zum Verrücktwerden.

Die einzige Unterbrechung der stumpfsinnigen Stille des Dorfes war alle vier Wochen, wenn der Trödler zum Markt kam. Wenn sie am Markttag aufwachte zum Rumpeln der ungefederten Bauernkarren und dem Klang fremder Stimmen, ging eine Erregung durch sie, so als würde sie, obwohl in einer isolierten Hütte weit entfernt jeglicher menschlichen Behausung eingeschlafen, sich plötzlich in einer neuen Umgebung aufwachend wiederfinden, wo das Leben selbst durcheinanderpurzelte.

Tatsächlich war Jelechitz am Markttag nicht wiederzuerkennen. Vergangen war die Souveränität der zerlumpten Ziegen, die sonst im Dorf herumliefen, als wären sie die Herren von allen, die sie musterten. Alles war verändert, selbst die schiefen Häuser schienen den Anschein von Aufgewecktheit zu tragen. Hausierer gingen nicht weg vor Tagesanbruch bei Kerzenschein, um die umliegenden Bauernhöfe abzuklappern. Keiner der Männer vertrödelte seine Zeit in der Wärme der Synagoge, merkwürdige Geschichten vom jenseitig Unbekannten erzählend. Die Weiber hatten keine Zeit für Tratschen und Klatschen. Die Schneedecke, die sich von Jelechitz zum Wald und zum Horizont erstreckte, war gebrochen durch zahllose Fußstapfen und Radspuren, und Bauern auf Karren und zu Fuß bevölkerten Jelechitz; begleitet von ihren Frauen in festlicher Kleidung trieben sie Rinder vor sich her oder zogen unwillige Schweine nach; während konkurrierende Händler aus nahen Dörfern ihre eigenen Waren brachten, alles, von Spitzenschleiern bis zu hohen Stiefeln, von geschnitzten Kreuzen bis zu Schaffelljacken, von Leckereien bis zu Wundermedizin. Zigeuner waren da und Zauberkünstler, Besoffene, Herumlungerer und Faulenzer. Und endlich kam dann der Trödler, auf den Deborah ungeduldiger als alle anderen gewartet hatte, nur um dann bitter enttäuscht zu werden, denn es erwies sich stets, er hatte nichts wirklich Interessantes. Er war beladen mit Heiligem, Gebetbüchern, Talles, Talleskutim, eine Ansammlung religiöser Traktate. Nur zufällig konnte sich ein weltliches, profanes Buch in seiner geistlichen Ladung befinden. So mußte sie in den Intervallen des Wartens „Das Schicksal der verzauberten Prinzessin" oder die „Geschichte der drei Brüder" wieder und wieder lesen und am Ende dann doch zu den zerknitterten Blättern des Psalters zurückkehren!

Deborah mochte den Markt, die vielen Menschen, die Waren und Tiere und die Geschichten, die erzählt wurden. Stand sie aber da und staunte, wurde ihr gleich zugerufen „Deborah, die Mutter ruft dich!" und Deborah ging verdrossen nach Hause. Michail war am Markttag schon in der Früh verschwunden, zum Markt gerannt, wo er bis zum Nachtgebet blieb.

Das wintrige Licht leuchtete kaum noch, als Reisele sich zur Familie im Wohnzimmer gesellte. Sie verließ das Bett, um sich sofort auf die Couch am Fenster zu legen, wo sie die meisten ihrer wachen Stunden verbrachte, versunken in philosophische und religiöse Bücher. Geistesabwesend trank die Familie den Tee; alle, bis auf Deborah, beschäftigt mit Lektüre. Und doch, auch wenn jeder den anderen nicht wahrzunehmen schien, war eine freundliche Mißbilligung füreinander vorhanden. Michail war ärgerlich, da er im Hause bleiben mußte unter den Augen der Eltern, und tatsächlich, sobald er konnte, schlüpfte er unbemerkt hinaus. Deborah fühlte sich unbeachtet und gekränkt von allen, und Mann und Frau waren aus alten, alten Gründen unzufrieden miteinander.

Reisele war eine andere Art Leben gewöhnt als das, was sie in den vergangenen zehn Jahren in Jelechitz hatte führen müssen. Sie war aufgewachsen in einem Haus des Überflusses – Überfluß im materiellen wie im geistigen Sinn des Wortes. Ihr Vater war einer der bekanntesten Rabbis in Polen und vielleicht der gelehrteste Jude seiner Zeit. Seine schlichte Anwesenheit verlangte nach der Aufmerksamkeit und dem Respekt eines jeden, der ihn sah, selbst vom einfachen Volk, das vom Schweiß der Arbeit lebte, und normalerweise Verachtung und Haß für die empfand, die nicht arbeiteten, aber sich den Hintern durchsetzten über dem Talmud. Er war sehr groß, mit einem dunklen, schmalen Gesicht, herrlichen, schwarzen, seidigen Bart, großen schwarzen Augen, die einen feinen Sinn für Humor zeigten, der ewig zurückgedrängt war durch das ernste Gefühl der Pflicht und der Gegenwart des Allmächtigen. Er sprach kaum, studierte von morgens bis spät in die Nacht mit vielen gebildeten Schülern an seiner Seite, einige von ihnen nicht mehr junge Männer, und um ihn herum bewegten sich in seinem Hause seine Söhne und Töchter und Enkelkinder.

Es war der Brauch frommer Juden, ihre Kinder im Alter von etwa fünfzehn zu verheiraten und sie dann im Haus zu halten, bis sie sich selber ernähren konnten. Auch Reisele, seine Lieblingstochter, war mit fünfzehn verheiratet worden. Und der für sie gewählte Ehemann, ein Jüngling, ein Jahr älter als sie, war Reb Avram Ber. Wegen seines Lerneifers und dem ihm eigenen guten Ruf. Einige seiner Vorfahren waren unter den Größten von Israel, allseits bekannte Namen in der jüdischen Welt, und darüber hinaus beanspruchte er, von König David abzustammen. Also hatte es nach einer vielversprechenden Verbindung ausgesehen. Jedoch, Reb Avram Ber erwies sich als ein Fehlschlag. Sicher, es gab wenige, die mit seinem Lerneifer zu vergleichen waren, aber er war weltfremd, brauchte Fürsorge wie ein Kind. Außerhalb des Reiches des Talmuds war er einfach ein Narr.

Er setzte seine Studien im Haus des Schwiegervaters fort, bis er selber ein Vater von zwei Kindern war, und immer noch hatte er nicht an die Zukunft gedacht. Letztlich wurde entschieden, daß Reb Avram Ber für sich selber sorgen mußte. Reiseles Vater hatte erklärt, acht Jahre bei den Eltern der Frau zu leben, ist genug, auch er hätte lieber gelernt und geschrieben, als gearbeitet. Seine Augen begegneten Reb Avram Bers Augen mit einem klugen Blick und einer spöttischen Freundlichkeit. Er hatte so lange den Schwiegersohn gepeinigt, bis der sich einverstanden erklärte.

Der einzig offene Weg für diesen naiven jungen Mann war, Rabbiner zu werden. Aber um sich für eine solche Position zu qualifizieren in einer Stadt von einiger Bedeutung, verlangte das Gesetz von ihm, daß er eine Prüfung in russischer Sprache und anderen weltlichen Fächern absolvierte, damit er die Funktionen eines Registrators von Geburten, Hochzeiten und Todesfällen mit denen eines Rabbiners verbinden konnte. Nach weiteren Überredungen wurde Reb Avram Ber vom Talmud weggerissen und dazu gebracht, in die Stadt Plotek zu reisen, wo er sich bei einem Lehrer niederließ, der spezialisiert darin war, zukünftige Rabbis für das Examen vorzubereiten. Mit gedankenloser Willigkeit zahlte er die gesamte Gebühr von hundert Rubel im voraus, mit gedankenloser Abneigung wandte er sich den neuen Fächern zu. Immer noch hätte alles gut gehen können, wenn nicht zufällig ein anderer zukünftiger Rabbi angekommen wäre – ein gutaussehender junger Mann, mit niedlichen, glitzernden Augen, einem zynischen Mund und einem entzükkend gestutzten, kleinen, seidenen Bart. Dieser junge Mann hatte bald freundschaftliche Beziehungen zu des Lehrers Frau bekommen, einer Jüdin, die zu ihrem Mann und zu ihren Kindern auf Gojisch redete (Russisch, dachte Reb Avram Ber). Und neben anderen Sachen erzählte er Reb Avram Ber, daß sie keine Perücke trug, wie es das jüdische Gesetz vorschrieb, nach welchem keine verheiratete Frau ihr Haar offen zeigen durfte, aus Furcht, der Zauber ihrer Locken könnte sündige Gedanken hervorrufen. Tatsächlich war Reb Avram Ber der ganzen Angelegenheit müde. Er konnte sich einfach nicht an die neue, kuriose Erziehung gewöhnen. Auch konnte er keinen Geschmack finden an den Vorwürfen des Lehrers, daß er nicht täte, was ihm gesagt worden war. Er war der ganzen unangenehmen Umgebung tödlich müde geworden, aber als seine Augen geöffnet wurden, und er sah, daß des Lehrers Frau nicht die vom jüdischen Gesetz vorgeschriebene Perücke trug, war das der letzte Tropfen in einem überlaufenden Faß.

Dies eine Mal in seinem Leben wurde er ein Mann der Tat – und rannte davon. Da ihm der Mut fehlte, in das Haus seines Schwiegervaters zurückzukehren, entschloß er sich, in die „weite Welt" zu gehen. Die „weite Welt" war das nächste, bei Plotek liegende Dorf, dessen jüdische Bewohner, einen Fremden in ihrer Mitte findend, ihm die Hand schüttelten und sagten: „Schalom". Dann fragten sie, wer er war, was sein Geschäft wäre, woher er käme, wohin er ginge. Aber Reb Avram Ber antwortete nur kurz. Er bat lediglich den Schammes anzukündigen, daß ein Prediger angekommen wäre, der gleich nach dem Abendgebet eine Predigt halten wollte.

Reb Avram Ber war wohlbeschlagen in Gleichnissen, und seine weitschweifige Predigt voll tiefer Kenntnisse der Gesetze war gemischt mit vielen faszinierenden Erzählungen, die seine Zuhörer gefangen hielten. „Seine Worte fließen süß wie Wein!" sagten die Weiber nicht wenig beeindruckt von seinem guten Aussehen.

„Ein großer Gelehrter!" erklärten die Männer.

So wanderte er von Dorf zu Dorf, aber auch das war ihm zuviel geworden, und eines frühen Morgens fuhr er nach Hause. Der Schwiegervater hatte ihn angestarrt vor Überraschung; er hatte kein Wort herausbringen können, hatte scharfe Worte auf der Zunge, stand aber nur und starrte auf den Schwiegersohn. Er hatte nicht aufgehört zu schauen, danach Talles und Tfillem genommen, den Tisch zurückgelassen voll mit Papieren und Reb Avram Ber an der Tür stehend. „Es wäre schon Zeit, daß du nicht mehr so ein Narr bist." Mit diesen Worten verschwand er in seiner Betstube. Da Reb Avram Ber sich aber nicht geändert hatte, konnte er nicht das Examen machen und Rabbiner in einer großen Stadt werden.

Schließlich kam er nach Jelechitz, das schon einige Zeit ohne Rabbi gewesen war. Und Reb Avram Ber fand große Gunst in den Augen der Juden von Jelechitz. Die Gemeinde von dreihundert Seelen war entschlossen, diesen gelehrten jungen Mann nicht weiterreisen zu lassen. Nach einigen hitzigen Zusammenkünften, bei denen jeder versucht hatte, gleichzeitig zu reden, war Reb Avram Ber zum Rabbi von Jelechitz ernannt worden.

Aber Reisele vergab ihm seine Flucht nie, und an diesem wintrigen Schabbes kam alles in ihr Gedächtnis zurück. Die Familie war in großer Not. Das Gehalt, das die Gemeinde zahlte, war bei weitem nicht ausreichend, und getrieben durch die schlichte Macht der Umstände würde Reb Avram Ber an diesem Abend gehen und um mehr Geld bitten. Früher in der Woche hatte er gefragt, wie vorzugehen wäre. Sie war seine Ratgeberin in allen weltlichen Angelegenheiten. Zurückgelehnt auf ihrer Couch, kränkelnd und matt, hatte sie seine Probleme in ihrem Kopf gewälzt und Ratschläge von sich gegeben.

„Was immer du tust, suche nicht dich zu entschuldigen," hatte sie gesagt in einer ruhigen Stimme, die ihre Verletzlichkeit betonte. „Oh nein, ich werde dieses Mal sehr fest ihnen gegenüber sein," antwortete Reb Avram Ber.

Reiseles dünne Lippen öffneten sich zu einem schwachen Lächeln. Sie konnte nichts dagegen tun, daß ihr Ehemann eher lächerlich aussah, wenn er versprach, fest zu bleiben, mit seinen so sanften blauen Augen und einem so freundlichen Lächeln, das auf seinem Gesicht spielte. Reb Avram Ber, normalerweise kurzsichtig und unaufmerksam für das, was um ihn herum vorging, hatte schon gelernt, das flackernde kleine Lächeln als einen bitteren Vorwurf für seine vergangenen Irrtümer zu interpretieren, und wann immer er es beobachtete, begann er sich selbst mannhaft zu verteidigen, als ob ihre Gedanken hörbar wären. Als dann Reisele nicht antwortete, wandte er (unveränderlicherweise) den Strom von Ärger, der für einen Moment sich gegen seine Frau gerichtet hatte, seinem Schwiegervater zu. Er machte ihn verantwortlich, weil er die Tochter ermutigt hatte zu studieren (wer seiner Tochter die Thora lehrt, ist wie einer, der lehrt, einem fremden Gott zu dienen; so stand es geschrieben), sie mit Lesematerial versorgt hatte (orthodoxe Bücher natürlich, auch wenn später geflüstert worden war, daß sie alle Arten las!), und allgemein dafür, daß er sie – ein einfaches weibliches Wesen – in sein Vertrauen gezogen hatte.

Damit endete die „Szene" immer, und die Ruhe war wieder hergestellt im Heim. Aber jetzt an diesem wintrigen Schabbes-Nachmittag, als jedes Gespräch über Alltäglichkeiten nicht am Platz gewesen wäre, hatten Ehemann und Ehefrau denselben alten Streit, auch wenn beide kein Wort sprachen. Und Reb Avram Ber fühlte sich erleichtert, als es Zeit für ihn geworden war, den Wintermantel anzuziehen und in die Synagoge nur ein paar Schritte entfernt zum Abendgebet zu gehen.

Mit gedämpftem Murmeln erreichte der Klang der Gebete das Haus. Deborah hörte aufmerksam zu. In ihrer Vorstellung sah sie die allzu bekannten bärtigen Gesichter der Versammelten in der kerzenerleuchteten Synagoge, und sie fragte sich, was die Häupter der Gemeinde zu ihres Vaters Gesuch sagen würden. Sie erwartete ihn nicht so bald zurück. Aber Reb Avram Ber kam sofort, als das Beten vorüber war. Er sah sehr ernst aus und brachte schlechte Nachrichten. Eines der Kinder im Dorf, das seit einiger Zeit kränkelte, war plötzlich ernsthaft krank geworden. Der Vater Mendel, der dicke Mendel genannt, einer der wohlhabendsten Männer der winzigen Gemeinde, war gerade dabei, in die Stadt R– zu reisen, um den Tzadik, einen heiligen Mann, zu bitten, für die Errettung des Kindes zu beten. Ein anderer Dorfbewohner, dessen Frau ein Kind erwartete, und die von Vorahnungen eines Unglücks geplagt war, begleitete den dicken Mendel, um den Tzadik zu bitten, den bösen Geist auszutreiben, der für die Vorahnungen verantwortlich war. Und Reb Avram Ber hatte zugesagt mitzugehen.

Aus diesem Grund mußte er sein Anliegen, mehr Geld zu bekommen, zurückstellen bis zu einem günstigeren Zeitpunkt. Reisele war unzufrieden. Wie ihr Vater glaubte sie nicht an die Tzadikkim, berufsmäßig heilige Männer, die wegen ihrer Reinheit in dem Ansehen standen, eine engere Verbindung mit Gott zu haben als die gewöhnlich Sterblichen. Sie versuchte oft, Reb Avram Ber aufzuklären, spottend in ihrer ruhigen Art über die Möglichkeit, daß Menschen „heilig zu sein" als Beruf hatten, und über die Gewitztheit solcher Männer, die geheime Kräfte anwandten, zu heilen und zu verwunden, zu schaffen und zu zerstören, als Gegenleistung für weltliche Macht und Reichtum. Diese Tzadikkim lebten auf großem Fuß, hielten Hof wie Könige, breiteten sich dynastienhaft aus, die Söhne den heiligen Geist von den Vätern erwerbend.

Aber Reb Avram Ber war nicht abzubringen von seinem Glauben. Er war ein unerschütterlicher Anhänger der Tzadikkim und ihrer Bewegung der Chassidim. Er zweifelte nie, daß die Tzadikkim rechtschaffene Männer wären, und er liebte das Denken der Chassidim, die erklärten, daß das Leben Gottes kostbarstes Geschenk wäre, und es wäre eine Sünde der Menschheit, sich nicht zu freuen über dieses Geschenk. Er liebte es, Gott zu dienen durch Fröhlichkeit, und er liebte es, zu den Höfen der Tzadikkim zu reisen, wo er andere Chassidim, pilgernde Gläubige, aus allen Teilen des Landes und von jeglichem Stand treffen würde, wo er sich unter Gleichgesinnte mischen konnte in einer Atmosphäre mystischen Jubels, wo er mit der Menge singen, tanzen und beten konnte, wo er fremde, neue Geschichten hörte, wehmütige neue Gesänge aufnahm und frische Inspiration erhielt für die unerschütterliche Zuwendung zum Talmud und der mystischen Kabbala.

In eifriger Erwartung zog er sich nun seinen wärmsten Paletot an, steckte seinen Bart in den Kragen, und als das Gefährt vom dicken Mendel draußen vor dem Fenster eingetroffen war, hatte er die finanziellen Nöte der Familie so gut wie vergessen, genauso wie sein Versprechen, hart zu bleiben.

Der dicke Mendel kam mit bleichem Gesicht herein; sonst immer strahlend, war er jetzt sehr ernst und ließ das Herz eines jeden erschaudern. Reb Avram Ber verabschiedete sich rasch von der Familie. Reisele war verärgert und erwiderte den Abschiedsgruß ihres Ehemannes ohne die Augen von dem Buch zu erheben, das sie gerade las.

Die Räder knirschten draußen im Schnee, und Reb Avram Ber war weg.

Kapitel 2

Es war an einem Donnerstag, etwa gegen 10 Uhr morgens – Reisele hatte sich gerade entschlossen, ein Telegramm abzuschicken, denn niemals zuvor hatte Reb Avram Ber solch eine lange Zeit am Hof des Tzadiks verbracht – als sich die Tür öffnete und Reb Avram Ber höchstpersönlich eintrat, strahlend vor Freude, seine ganze Person umgeben vom Hauch des Geheimnisses. Er kam herein, sich den Schweiß mit einem rotgepunkteten Taschentuch aus dem Gesicht wischend, obwohl das Wetter immer noch kalt und wintrig war. Seine Augen suchten einen Stuhl. Deborah brachte ihm einen Schemel herein, stellte ihn gegenüber der Mutter, die auf der Couch lag. Reb Avram Ber nahm darauf Platz, öffnete die Mantelknöpfe, setzte den Hut ab, rückte das Samtkäppchen zurecht auf seinem Kopf, stopfte das Taschentuch zurück in seine Tasche und rief aus:

„Ich habe Neuigkeiten für Euch!" und dann: „Alles ist gut, der Herr sei gepriesen, alles ist gut!"

Er wandte sich zu Deborah, bei der er hoffte, einen helleren Widerschein seiner eigenen Glückseligkeit zu sehen. Deborah, ihren Vater in so guter Laune findend, vermutete, daß er eine größere Summe als gewöhnlich nach Hause gebracht hatte, die ihm als Abschiedsgeschenk vom Tzadik gegeben worden war, und jubelte. Sie waren in einer so schlechten Lage, tief in den Schulden, und sie wartete ungeduldig auf ihn, daß er den Betrag nennen würde. Dann, sich besinnend, daß er Neuigkeiten erwähnt hatte, war sie gespannt, von ihm in das Geheimnis eingeweiht zu werden. Aber wie in der Absicht sie zu quälen, wurde Reb Avram Ber plötzlich sehr nachdenklich, nahm beide Hände vom Bart und holte in geruhsamer Weise seine Pfeife heraus, klopfte sie an ein Bein des Schemels, füllte sie mit Tabak, zog lange Rauchwolken ein, um sie sorgsam zu entzünden, und sagte schließlich:

„Was würdest du sagen zu fünfzehn Rubel die Woche mit freier Miete, frage ich mich?"

Reiseles Augen öffneten sich weit vor Erstaunen. Sie schaute ihn einige Zeit an und gab keine Antwort.

„Aha, du bist überrascht. Nun, dann werde ich dir jetzt mal alles darüber erzählen."

Deborah setzte sich schweigend auf die Kante der Couch ihrer Mutter. Sie wußte nicht, ob es das Beste wäre, fürchterlich ernst wie die Mutter auszusehen oder fröhlich wie der Vater.

„Nun, ihr habt doch gehört von der neuen Jeschive, der Talmudakademie, die der Tzadik gerade in R– baut?"

„Ja, ich habe gehört, ich weiß alles darüber," antwortete Reisele scharf, ärgerlich auf Reb Avram Ber, weil er ihr Sorgen gemacht hatte mit seiner verlängerten Abwesenheit.

Reb Avram Ber erklärte, daß er den Posten eines ersten Dozenten an der Jeschive angeboten bekommen hatte. Merkwürdig genug, sie schien nicht zufrieden mit der Aussicht auf fünfzehn Rubel die Woche. Sie hatte kein Vertrauen in den Tzadik und sagte dies Reb Avram Ber in klaren Worten.

„Du bist immer die gleiche!" sagte Reb Avram Ber ärgerlich werdend. „Ich glaube, du würdest nicht einmal deinem eigenen

Schatten vertrauen." Hier war er – außer Atem, nachdem er durch die Hauptstraße des Dorfes geeilt war, um rascher die frohe Kunde zu bringen – und jetzt nichts als Enttäuschung. Aber bald war er beruhigt. Ihr ging es schlecht. Der Kummer der vergangenen Wochen wäre ihr besser erspart geblieben, entschuldigte er sie in seinem Herzen.

„Wie du weißt," fuhr er fort, „aus dem einen oder anderen Grund behandelt der Tzadik mich mit größter Rücksichtnahme. Wann immer ich ihn besuche, überschüttet er mich mit Geschenken und besteht darauf, daß ich sie annehme. Und wenn nicht von Zeit zu Zeit seine freundlichen Rubel wären, weiß ich nicht, wo wir dann wären. Nun natürlich, in dem Moment, wo er eine Gelegenheit sah, mir einen sicheren Lebensunterhalt zukommen zu lassen, war ich der Erste auf seinem Zettel. Ich bin genau der Mann für die Stelle. Der Tzadik hat ein Herz aus Gold, wirklich. Als er mich fragte, wie es mir ginge, und ich ihm sagte, daß du kränklich seist, und auch die Kinder eine empfindliche Gesundheit hätten, und daß unser Lebensunterhalt gerade so so wäre, brach es ihm einfach das Herz."

Reisele lächelte schwach. Reb Avram Ber bemerkte es.

„Nun, jetzt sage du, warum er darauf besteht, mir immer Geld zu geben! Was hat er von mir? Ich frage dich, was und warum?"

„Da du fragst, werde ich antworten. Der Tzadik von R–, siehst du, anders als die meisten anderen Tzadikkim, hat keine angesehenen Juden unter seinen Anhängern, von Rabbis nicht zu reden. Nun, natürlich sieht er gerne einen ausgewachsenen Rabbi, der sich hin und wieder unter sein Volk mischt. Erzählst du nicht immer, wie er unwillig ist, dich gehen zu lassen, und wie er will, daß du in seinem Hof herumläufst,und er deine Abreise immer hinausschiebt, soweit er kann. Nur das erklärt, warum er so erpicht auf deine Gesellschaft ist, und deshalb lädt er dich ein, so oft wie möglich zu kommen, auch wenn jeder Besuch von dir eine Extraausgabe für ihn ist. Du weißt sehr gut, daß ein Tzadik immer Geschenke nimmt, aber nie welche gibt. Es ist offensichtlich. Du siehst es nicht, aber ich!"

Reb Avram Ber griff wieder nach seinem Bart und begann, rasch im Raum auf- und abzugehen.

„Du bist eine Skeptikerin! Du bist nicht besser als dein Vater! Du schmähst einen heiligen Mann! Ein Skeptiker ist fähig, sogar den Vater im Himmel zu lästern und den Messias. Ich sage immer, dein Vater machte einen großen Fehler, eine Sünde, als er dich unterrichtete!" Nun, wie immer übertrug Reb Avram Ber seinen Zorn auf seinen Schwiegervater.

Danach gab es endlose Diskussionen zwischen Vater und Mutter. Die Stadt R– war natürlich erheblich größer als das Dorf Jelechitz, so daß Deborah und Michail hofften, daß dieses Mal der Vater sich durchsetzen würde. Dann wären sie endlich das schläfrige kleine Jelechitz los und mit Reb Avram Ber als Leiter der neuen Jeschive von R– würde ein neues und herrliches Leben beginnen.

Reb Avram Ber wandte sich kaum noch seinen Studien zu. Immerfort stritt er mit Reisele, die nie wankte in ihrer Überzeugung, daß der Tzadik kein Mann war, dem zu vertrauen wäre – sie hatte noch weniger Zutrauen zu ihm wegen seiner Geschenke! Andererseits tat Reb Avram Ber sein Bestes, sie zu überzeugen, daß hier wirklich der allerbeste Beweis sei für die Großherzigkeit, Großzügigkeit und die Heiligkeit des Tzadiks. Abgesehen von der Tatsache, daß irgend jemand den Posten übernehmen müsse, würde die neue Jeschive eine der feinsten werden in ganz Polen und sogar in Litauen.

„Darüber hinaus ist der Rabbiner dieser Stadt fast achtzig, und wenn seine Zeit gekommen sein wird, hat er keinen Erben, der ihm nachfolgt. Aber das sagt gar nichts! Möge er leben, um uralt zu werden bis zum Kommen des Messias!"

Deborah und Michail stimmten voll und ganz mit ihrem Vater überein. Die angesehensten Mitglieder der Gemeinde von Jelechitz begannen ununterbrochen, einer nach dem anderen, Reb Avram Ber aufzusuchen, und bemühten sich, ihn von dem vorgesehenen Schritt abzuhalten. Sie machten ihm viele verlockende Versprechungen, erfanden alle Arten von Märchen und beharrten darauf, daß sie schon seit langem seine Zuwendungen erhöhen wollten. Da sie ihn hartnäckig unnachgiebig fanden, versuchten sie ihr Glück bei Reisele. Zu Ehren ihrer Besucher setzte sich Reisele auf ihrer Couch auf, hörte geduldig alles, was sie für sich zu sagen hatten; sie nickte mit ihrem klugen Kopf, inwendig denkend, daß sie nicht weniger Lügner wären, als der Tzadik selber.

Sehr bald lief ein Jude, ein Vermittler, in ihrer Wohnung umher. Er handelte für einen jungen Mann aus einem benachbarten Dorf, der ein gieriges Auge auf die freiwerdende Stelle, die Reb Avram Ber hinterlassen würde, geworfen hatte. Michail jubelte jedesmal aufs neue, wenn der Vermittler kam, obwohl der Mann selber nicht zum Jubeln Anlaß gab. Denn da war ein wilder, gieriger, armseliger Ausdruck in seinen Augen, sein Bart war unsauber und büschelförmig, er trug einen Gabardin, der so alt war, er mußte einem entfernten Vorfahren gehört haben – abgesehen davon, daß er wegen des Alters grünlich, fettig und durchscheinend war, war er schlammbespritzt bis zum Gürtel, und über seine hohen Stiefel trug er ein paar schlabberige, schlammgetränkte Galoschen, die er sich nicht einmal mühte auszuziehen, wenn er Reb Avram Bers Studierzimmer betrat. Er kündigte sich an durch einen unangenehmen Duft, den er ins Haus trug. Teilweise vermutlich wegen der stinkenden Pfeife und den Zigarettenstummeln in gewöhnlichem Zeitungspapier, die er die Gewohnheit hatte zu rauchen. Deborah und Michail konnten den Klang seiner Stimme nicht ertragen, nicht seine Art zu widersprechen, auch nicht, wenn er mit haarigen Händen und schmutzigen Fingernägeln gestikulierte. Aber am abstoßendsten war sein Grinsen, das die Zähne entblößte – verfärbt, abgeschlagen und teilweise schwarz wie Kohle. Und, als ob das nicht ausreichend wäre, spielte ein wenig Schaum in seinem Mund, wann immer er aufgeregt war. Nein, es war nichts Ästhetisches an ihm. Und doch frohlockten sie immer, wenn sie ihn sahen!

Weder Deborah noch Michail waren auch nur im Traum angeekelt von Channe, der Putzfrau, obwohl die fettigen Falten ihres Kleides dreckig genug waren und wegen des Schmutzes vollständig an ihren Hüften klebten. An Channe waren sie gewöhnt. Tatsächlich war Deborah ganz zufrieden, wenn Channe sie in Ruhe ließ, die fortwährend meckerte und schimpfte, daß sie nie Hilfe erhielt, immer nörgelte über das „faule, träge Mädchen", die sich weigerte, Besorgungen zu machen, sondern sich einen schönen Tag machte, sobald sie,

Channe, das Haus betrat. Zuletzt hatte Deborah versucht, der Frau auszuweichen. Nicht weil die Arbeit sie störte, aber seit einiger Zeit war Channe ärgerlich auf alles und jedes, in Streit mit Gott und der Welt, unwirscher als je zuvor. Wenn sie sich von einer Arbeit zur anderen schleppte, bedeckten finstere Wolken die Stirn, drohten von ihrem alten Gesicht herab. Die dunklen Runzeln ihres Halses waren noch tiefer geworden, und die geschwollenen Falten in den Backen und den Winkeln des Mundes noch schlaffer und wabbeliger. Ihr winziger Bart war, gemeinsam mit den Haarbüscheln, die sich unter der Perücke zeigten, ergraut. Sie wollte nicht mehr arbeiten, der Familie kein Abendessen kochen; sinnlos sie zu bitten, vernünftig mit ihr zu reden. Sie würde zuhören, den leeren Hautsack unter dem Kinn schütteln, etwas mit dünnem, zahnlosem Mund meckern und allem Gerede nicht die geringste Beachtung schenken.

Am Ende entschied Reisele. Überdrüssig wie sie Jelechitz war, hatte sie wenig zu verlieren, sie würde sich deshalb vertrauensvoll der Gnade des Herrn überantworten, und vielleicht würde sich ja doch alles zum Besten wenden. Dies entschieden, kuschelte sie sich resoluter in ihre Couch, packte sich enger in ihre schwarze Samtjacke, setzte ihre Lektüre intensiver noch fort und ließ die Angelegenheit vollständig in Reb Avram Bers Händen. Etwas, was noch nie gewesen war.

Unerwarteterweise hatten Michail und Deborah ein freundliches Verhältnis zueinander gefunden. Er wußte, daß sie in der Angelegenheit so stark wie er empfand und deshalb mit ihm sympathisieren würde. Er ging zu ihr, sich beklagend, wie unvernünftig die Haltung ihrer Mutter wäre, die sich weigerte, an der ganzen Angelegenheit beteiligt zu werden; dank ihres Mangels an Interesse würde es lange dauern, bis etwas erledigt wäre, falls überhaupt. Beide, Bruder und Schwester, waren voll Verlangen, das träge, schläfrige Dorf zu verlassen, den alten Joel loszuwerden, den Schammes, die ewig währende Einsamkeit und Eintönigkeit, die unangenehm bekannte Atmosphäre, Channe, die langen, leeren Tage und vor allem – Mutters Couch, von der sie hofften, daß Reb Avram Bers Nachfolger sie mit allem anderen übernehmen würde.

Obwohl Reb Avram Ber den Tzadik zweimal im Verlauf von drei Wochen besucht hatte und jedes Mal mit erneuter

Begeisterung zurückgekehrt war – das Dach war so gut wie fertiggestellt, Studenten begannen einzutreffen, sie studierten in der Zwischenzeit in des Tzadiks eigener Synagoge, der Tzadik versprach nun zwanzig Rubel die Woche – trotz alledem waren Deborah und Michail immer noch im Zweifel, denn konnten sie nicht klar sehen, wie gleichgültig ihre Mutter der ganzen Angelegenheit gegenüber war?

Jedoch, an einem schönen Morgen nach Purim, als sich die Tür öffnete und ein Fremder hereinkam, klein, untersetzt, nicht jung noch alt, mit einem teuren Pelzkragen an seinem riesigen grauen Wintermantel und in seinem Gefolge einen bleichen, jungen Mann, groß und dürre, mit scharfen, nervösen Augen überschattet von dunklen, buschigen Augenbrauen mit langen, schwarzen Pejes (die er immer wieder aus seinem Haar herauszupfte), erst da begann Michail zu glauben, daß die Verhandlungen wohl fortgeschritten waren, und er konnte nicht widerstehen, seine Freude mit Deborah zu teilen, der noch mehr als ihm nach Jubel zumute war.

Reb Avram Ber empfing die Besucher mit einem herzlichen Gruß – „Friede sei mit euch!" – wie es seine Gewohnheit war. Persönlich zog er Stühle für sie an den Tisch. Der kurze untersetzte Mann setzte sich plumpsend, öffnete seinen Mantel, atmete tief durch, nahm mit seinen dicken fleischigen Händen eine schwere goldene Uhr heraus, schaute auf sie und steckte sie wieder in seine Westentasche. Der blasse junge Mann sah sich um, einen Platz suchend, wo er seinen Koffer ablegen konnte, stellte ihn endlich unter den Tisch, setzte sich respektvoll und schaute fragend zu seinem Schwiegervater hinüber. Plötzlich erschien der Vermittler wie aus heiterem Himmel (er war unbemerkt hereingekommen) und nahm auch Platz – ohne gebeten worden zu sein. Auch er öffnete seinen Mantel, machte es sich ganz bequem und starrte an die Decke. Erst, als Reb Avram Ber Joel gesagt hatte, den Frauen zu sagen, sie sollten so gut sein und Tee bringen, erinnerte der Kerl sich an seine Aufgabe, die Gäste vorzustellen. Woraufhin sich Reb Avram Ber erneut nach ihrem Wohlbefinden erkundigte, und wie ihnen das Dorf gefiele. Die Unterhaltung wandte sich Jelechitz zu und den möglichen Einnahmen. Es wurde offenbar, daß der junge Mann nur vierhundert Rubel zur Verfügung hatte, sein gesamter weltlicher Reichtum. Reb Avram Ber fühlte sich unwohl und enttäuscht. Nur vierhundert Rubel! Reisele hatte einmal nebenbei gesagt, daß das Haus alleine sechshundert Rubel wert sei, und zusammen mit der Rabbinerstelle wären tausend nicht zuviel. Dies waren ihre eigenen Worte, und nun weigerte sie sich, etwas mit dem ganzen Geschäft zu tun zu haben. Aber ohne sie war er vollkommen verloren. Er wurde der Unterhaltung überdrüssig und begann, einen Punkt im Talmud zu diskutieren. Die Farbe erwachte plötzlich im Gesicht des bleichen jungen Mannes. Er stand auf und setzte sich wieder. Er erwärmte sich an der Diskussion. Seine Augen begannen zu glühen, es kribbelte ihn überall. Neues Leben stieg in ihm auf; es war nichts Apathisches mehr an ihm, er war so ziemlich ein Teufel von einem jungen Mann. Reb Avram Ber hörte ihm ruhig zu, strich gelassen seinen Bart, schlürfte gelassen seinen Tee, und dann mit einem Schlag zerschmetterte er die Argumente des jungen Mannes zur Existenzlosigkeit. Gnadenlos in Stücke geschlagen wurde die verwikkelte Struktur der Logik, die der junge Mann mit so viel Mühe und Sorgfalt aufgebaut hatte. Der kurze Untersetzte verfolgte jede Bewegung, jede Geste seines Schwiegersohnes. Er konnte nicht ausmachen, worüber diese beiden rangelten: warum quälte der Rabbi so kaltblütig seinen, Gimpels, Schwiegersohn, und weshalb war dieser so erregt geworden. Er lächelte sicherheitshalber, ohne sagen zu können, weshalb. Der Vermittler achtete nicht einmal auf das Paar. „Pah!" sagte er. In der Zwischenzeit war Joel für ein Schwätzchen mit der alten Channe in die Küche geschlüpft, versuchte, ein wenig Prophetisches ihr zu entlocken, ob aus der ganzen Angelegenheit etwas herauskommen würde.

Der Vermittler begann, seine erhoffte Provision auszurechnen, schrieb mit Kreide verschiedene Summen auf den Tisch, zählte dann die Fransen seines Talleskuten; er war gelangweilt.

Der junge Mann beschäftigte sich fieberhaft mit dem Ende seines geflochtenen Gürtels, versuchte, ihn auseinanderzunehmen. Fast ärgerlich zupfte er an seinem jugendlich sprießenden Bart. Er stand auf und begann, hastig im Zimmer umherzugehen. Hin und her, zurück und vorwärts. Plötzlich machte er vor dem Bücherschrank eine Pause, mechanisch nahm er ein Buch heraus, „Pri Magudim", grübelte darüber eine Weile, ohne ein Wort zu sagen. Seine Gedanken waren weit, weit weg. Dann stellte er das Buch genauso mechanisch zurück, genau auf seinen Platz. Er setzte seinen Gang auf und ab fort, stoppte dann vor dem Fenster, schaute hinaus, die tiefliegenden Augen weit geöffnet, als ob er auf der steinigen Fahrbahn die Lösung seiner verwickelten Probleme fände. Jetzt war er dabei, die Vorhänge vor dem Fenster zu zerreißen; sein Schwiegervater stand auf, ging zu ihm und nahm ihm die Vorhänge aus der Hand.

„Kalman, was tust du? Du machst die Gardinen kaputt." Reb Avram Ber trank bereits sein zweites Glas Tee. Reb Avram Ber war zu Hause im Talmud. Er hatte es nicht nötig, sich aufzuregen.

„Ja, ja, so ist es!" Reb Avram Ber stimmte mit seinen Gedanken überein.

Aber in diesem Moment breitete sich ein Lächeln auf Reb Kalmans Gesicht aus. Er ging zum Tisch zurück, schaute seinen Schwiegervater an, als ob er ihn nicht erkannte, setzte sich hin, nahm ein Taschentuch heraus und wischte sich über das Gesicht.

„Ja, ich habe es. Das ist es!" rief er aus und hielt einen so kraftvollen Vortrag, daß Reb Avram Ber zunächst ohne Antwort war. Schon gar ohne ein Argument, den Gegner zu zerschmettern. Sich selber in Schwierigkeiten findend, stellte sich Reb Avram Ber auf die Füße, griff nach seinem Bart, und dieses Mal wurde er ein wenig erhitzt. Ein Kampf um Leben oder Tod folgte… Am Ende ließ ein Lächeln sich auf Reb Avram Bers Gesicht nieder. Der junge Mann, der bereits während seines eigenen Vortrages aufgestanden war, setzte sich erschöpft nieder. Die Rede Reb Avram Bers hatte ihn beschämt, besiegt, vollkommen entwaffnet war er jetzt. Er lächelte, aber sein Lächeln war traurig.

„Ihr habt große Kenntnisse gezeigt, Reb Kalman. Ich erkenne, daß ihr ein großer Talmudist seid, der Herr sei gepriesen! Ihr habt wahrlich große Fähigkeiten gezeigt," sagte Reb Avram Ber. Er konnte es sich leisten, dem Geschlagenen Toleranz zu zeigen.

„Sagt mir, wo habt ihr studiert?"

„In Ger."

„Ah, ich vermute, ihr seid ein Chassid vom Gerer Tzadik, so! Und euer Schwiegervater, welchem Tzadik erweist er die Treue?" fragte Reb Avram Ber, nicht wünschend Gimpel vollständig zu ignorieren.

Reb Kalman schaute herüber zu seinem Schwiegervater. Dieser begriff nicht ganz, was Reb Avram Ber meinte. Reb Avram Ber vermutete, daß Gimpel keinem Tzadik die Treue erwies, und, einen raschen Blick mit Reb Kalman wechselnd, ließ er die Frage fallen.

Zu dieser Zeit hatte der Makler alle Geduld verloren. „Reb Kalmans Schwiegervater," begann er die momentane Pause nutzend, „wünscht Pfründe und Haus zu übernehmen."

Reb Avram Ber konnte sich nicht helfen zu lächeln. „Wirklich, wie wunderbar!"

Reb Kalman lächelte auch. Sein Schwiegervater sollte auch die Pfründe übernehmen – das war hervorragend!

Gimpel schaute erst auf den einen, dann den anderen. Wo war der Witz? Komische Kreaturen, diese beiden! Erst stritten sie, dann wechselten sie wissendes Lächeln! Um nicht ausgeschlossen zu bleiben, grinste er breit. Der Makler allein lächelte nicht. Er wischte mit dem Handrücken über den Mund und machte sich an die praktische Arbeit. „Der Rabbi soll es mir nicht übelnehmen," sagte er, „aber es wird spät. Es ist Zeit, daß wir zum Geschäft kommen."

Reb Avram Ber entschuldigte sich und ging zu Reisele hinein. Reisele runzelte die Stirn, sie schaute auf ihn mit großen, düsteren Augen. „Also, wirst du wirklich den Sprung machen?" fragte sie.

„Warum, natürlich und Gott sei darum gebeten, wir werden keinen Grund haben, es zu bedauern. Der einzige Ärger ist, daß der junge Mann einen Mangel an Geld hat."

„Red' keinen Unsinn, der junge Mann mag knapp sein, aber sein Schwiegervater hat genug. Wenn du bei siebenhundert Rubel zustimmst, wäre das sehr zurückhaltend, wirklich. Und wir dürfen nicht vergessen, daß wir in einigen Jahren eine Mitgift für unsere Tochter brauchen. Abgesehen davon, das Haus alleine..."

Sie konnte nichts mehr sagen, ein Kloß saß ihr im Hals, erstickte ihre Worte. Sie hatte leise gesprochen, und ihre Stimme hatte hohl geklungen, als ob sie aus dem Nichts kam. Nicht vom Herzen und nicht aus dem Mund. Sie legte sich zurück auf ihre Couch. Reb Avram Ber stand eine Weile da, wartete, daß sie weitersprach. Sie sagte aber nichts. Endlich kehrte er in sein Studierzimmer zurück, lief einige Male auf und ab und wiederholte dann Wort für Wort Reiseles Standpunkt. „Siebenhundert Rubel sind nicht zuviel!"

Er fühlte sich besser, Gott sei gedankt, das war vorüber.

Gimpel flüsterte in Reb Kalmans Ohr, daß er nicht in der Lage wäre, soviel zu zahlen. Der Vermittler zappelte wie ein Wurm. Heimlich sagte er Reb Avram Ber, wie schockiert er war, als er den Preis hörte, wirklich überhöht, und leise versuchte er, Gimpel zu erzählen, er solle glauben, dies wäre die größte Gelegenheit, auf die man hoffen konnte, im Leben zu stoßen.

Reb Avram Ber sagte Joel, er solle Reisele hereinrufen. Ohne sie wußte er nicht weiter. Dies verdroß sie; eine kleine Rede für Reb Avram Ber vorbereiten, wenn er dem Dorfrat gegenübertreten mußte, nun das war eine Sache. Aber an seiner Stelle mit einem Kaufmann feilschen, eine andere. Nein, sie würde nicht gehen und fertig. Sie kritzelte einige Worte und schickte sie mit Joel hinein. Reb Avram Ber studierte das Stückchen Papier. Ein Lächeln setzte sich in seinem Bart fest.

„Nun, meine Herren," sagte er, „ich werde jetzt sechshundert Rubel akzeptieren. Mögen wir alle glücklich werden!"

„Amen!" brüllte der Vermittler, als ob ihm plötzlich ein Zahn gezogen worden wäre.

Gimpel begann mit erneuter Leidenschaft zu handeln, in einem Versuch, den Preis immer noch zu drücken. Aber Reb Kalman sprach einige dringende Worte in sein Ohr, und er schwieg. Dann verlangte er, herumgeführt zu werden; er wollte alles sehen. Dies war jetzt Michails Arbeit. Hinter den Küchenfenstern freute sich Deborah, daß Michail endlich etwas tat. Als sie draußen fertig geworden waren, bestand Gimpel darauf, daß ihm alle Zimmer gezeigt würden. Hier kam Deborah Michail zu Hilfe, und zusammen gingen sie von Raum zu Raum. Gimpel prüfte kritisch die Wände, die Decken; er klopfte an die Öfen, (als ob sie Türen wären), rüttelte an den Fenstern. Er bemühte sich, Fehler zu finden, aber es war alles in Ordnung. Auch so war er jetzt mit sich zufrieden. Jetzt endlich war er in seinem Element. Jetzt war er der Mann des Augenblicks. Danach kam man überein, die Angesehenen der Gemeinde von Jelechitz herbeizurufen, um mit ihnen die Angelegenheit zu besprechen, und noch am selben Abend ihre Zustimmung zu bekommen.

Joel, der Schammes, kam müde und schwitzend zurück, stöhnte wie eine Dampfmaschine.

„Puh! Mein Wort darauf, ich mußte laufen für mein Geld, im ganzen Dorf herumrennen. Zehnmal, wenn nicht mehr, bis ich jemand zu Hause antraf."

„Nun, und haben sie versprochen zu kommen?"

„Ich würde das doch sagen, ha, überlaß das Joel, ich weiß genau, wie mit ihnen zu reden. Natürlich habe ich ihnen niemals gesagt, wofür sie gesucht werden! Hähä, ich weiß, was ich sagen muß, überlaßt das nur mir, hähähä!"

„Was meinst du Joel, wird der junge Mann ihnen zusagen?"

„Ob er ihnen zusagen wird? Natürlich wird er ihnen zusagen, er ist ein Herr, das ist er. Der einzige Ärger ist, daß sie nicht wollen, daß ihr geht."

„Naja, man kann nicht von mir erwarten, daß ich ewig in diesem Loch von einem Dorf kleben bleibe," sagte Reb Avram Ber wie entschuldigend zu Joel, und er bat den Schammes, er solle die Frau bitten, so gut zu sein und ein Glas Tee zu machen.

Joel wärmte seine Hände über der Kohle des Samowar und dachte, daß es schade wäre, daß Channe von Tag zu Tag älter würde. Je älter, umso grantiger. Trotzdem mochte er die Idee eines kleinen Flirts mit ihr, sie unter dem Kinn zu kitzeln, seine alte Hand auf ihren vertrockneten Nacken zu legen und ließ es nicht bei der Idee allein. Channe warf fast den Samowar um, und wie es ihre Gewohnheit war, wenn Joel übermütig wurde, schalt sie ihn heftig, sagte ihm, daß er nichts wäre als ein alter Narr, während sie an vergangene Zeiten dachte, die Gestern waren und vor hundert Jahren.

Als es Abend wurde, kamen die Gemeindeältesten, einer nach dem anderen, bis Reb Avram Bers Studierzimmer bis zum Platzen gefüllt war. Am auffälligsten von allen waren die beiden Mendel. Der dicke Mendel und der kleine Mendel. Der erste war groß und ging ein wenig gebeugt (vom zu vielen Wachsen) und sein Kopf, unterstützt von einem braunen, gelockten Bart, erhob sich über die versammelten Juden. Er trug einen Pelzkragen und lange Pelzhandschuhe, die ihn behinderten, als er hin und wieder versuchte, die Enden seines langen, hängenden Schnurrbartes zu zwirbeln. Er war offensichtlich gerade aus dem Wald zurückgekehrt und hatte keine Zeit gehabt, sich umzuziehen. Dann der kleine Mendel, ein Stückchen Jude, mit winziger, eingedrückter Nase, hockend in einem gegerbten Gesicht, mit einem winzigen, runden Bart und zwei funkelnden, schwarzen Augen, die ziemlich riesig waren für so ein Menschlein. Seine Augen blieben auch nur für einen Moment unbewegt, in einer Sekunde würden sie in die innerste Seele des Menschen dringen, dort alle verborgenen Geheimnisse lesen, und danach, im Vorbeigehen, würden sie bei dem Nachbarn hineinschielen, sehen, was dort passierte. Er fand schnell seine Orientierung und wußte alles. Man konnte ihn nicht beschwindeln. Gekleidet in einen irgendwie abgetragenen Stoffmantel, ein Paar kindlicher Galoschen (die er wie der Makler nie auszog, als er in das Zimmer kam – befürchtend, sie könnten weg sein, wenn er gehen wollte), eingehüllt in einen großen wollenen Schal aus seinem eigenen Laden (wo die Ware wahrlich bis zur niedrigen Decke reichte), gab seine Erscheinung den großen Reichtum, den die Dörfler ihm zugute hielten, nicht preis. Er war hoch angesehen wegen dieses Glaubens – und wußte es. Die zwei Mendel formten den Kern der Gemeinde. Der Rest war mehr oder weniger des Anstandes zuliebe gekommen. Sie sagten sehr wenig, aber hörten sehr aufmerksam dem zu, was die beiden zu sagen hatten. Heute, möglicherweise zum ersten Mal in seinem Leben, war Reb Kalman durchflutet von tiefem Rot, von den Fingerkuppen bis zum Haaransatz auf dem Kopf, denn der kleine Mendel, entgegen seiner Gewohnheit, schaute ihn lange und forschend an, bevor er seine Meinung über ihn bilden konnte. Zum Ausgleich warf er nur einen flüchtigen Blick auf Gimpel und erkannte sofort seinen Mann. Gimpel erwiderte den Blick mit Interesse, er konnte nicht ausmachen, warum der winzige Wurm erst so merkwürdig seinen Schwiegersohn angestarrt hatte, dann ihn. Was hatte die kleine Puppe damit gemeint?

„Meine Herren!" sagte Reb Avram Ber, dabei schaute er erst auf den kleinen Mendel, dann auf den dicken Mendel, dann zur allgemeinen Versammlung. „Meine Herren, wie ihr seht, muß ich Euch verlassen. Es ist von Gott so bestimmt, denn der Mensch macht nicht die geringste Bewegung, rührt nicht den kleinsten Finger, ohne daß es zuvor so bestimmt worden ist im Himmel. Ich...," wollte Reb Avram Ber noch etwas sagen, aber an diesem Punkt tauschte der kleine Mendel einen Blick mit dem dicken Mendel, worauf der Rest der Menge sich bedeutsam umschaute und darauf wartete, daß einer der Mendel sprach. Reb Avram Bers Studierzimmer war erfüllt vom Klang des Atems. Keiner gab ein Wort von sich. Reb Avram Ber zog seinen Vorteil aus dem Schweigen und fuhr fort. „Ihr seht diesen jungen Mann, Reb Kalman hier; nun, Reb Kalman ist (der Herr sei gepriesen!) ein profunder Talmudist, mehr noch, er ist, kann man sagen, ein Weiser, wohlbewandert in unserer heiligen Lehre. Wir haben jetzt gerade eine Diskussion gehabt, und ich muß gestehen, daß er mich erschöpft hat."

Reb Kalman starrte konzentriert in ein offenes Gebetbuch, das auf dem Tisch lag, und hob niemals die Augen. Gimpel erfaßte, daß er Grund hatte, zufrieden zu sein mit dem, was Reb Avram Ber gesagt hatte, seinen Schwiegersohn betreffend, und er glotzte auf Reb Avram Ber mit einem Ausdruck tierischer Dankbarkeit. Alle Augen wandten sich zu Reb Kalman. Reb Kalman zeigte seinem Schwiegervater seine Dankbarkeit durch ein schwaches Lächeln und senkte rasch seine Augen. Der dicke Mendel, der kleine Mendel und – um den Schein zu wahren – der Rest der Angesehenen stimmten Reb Avram Bers Verhandlungen mit Reb Kalman zu. Joel brachte eine Flasche Whisky und Becher herein. Es wurde auf die Gesundheit des alten und neuen Rabbi getrunken. Die Menge wünschte beiden Glück und plauderte eine Weile. Reb Kalman bemühte sich, ein paar Worte mit den Angesehenen seiner neuen Herde zu wechseln.

Bevor sie sich verabschiedeten, gingen die Dörfler in Reiseles Zimmer, erwiesen ihr ihren Respekt, wünschten ihr Glück, und einer nach dem anderen verließ das Haus.

Dieser Abend hinterließ einen tiefen Eindruck, sowohl bei Deborah wie bei Michail. Sie erinnerten sich noch nach Jahren daran.

Sobald die Dörfler gegangen waren, reckte sich Reb Kalman hoch, straffte die Schultern, wie es Träger tun, nachdem sie eine schwere Last vom Rücken geworfen haben. Unter seinen schwarzen, buschigen Augenbrauen hervor warf er einen Blick der Dankbarkeit auf Reb Avram Ber.

„Nun, Reb Kalman, ihr werdet bald eure neuen Aufgaben übernehmen. Ich bin sicher, ihr werdet ein Erfolg sein."

Reb Avram Ber streckte seine Hand aus. Reb Kalman nahm sie und drückte sie mit solch einer Wärme, daß sogar Joel es spürte in seinem alten Herzen.

Reisele kam herein. Bleich, dünn und mit ihren großen grauen Augen sah sie eher aus wie ein Jude, ein Talmudist, der seine Tage und Nächte im Studium verbrachte, als wie eine Frau. Selbst das schwarze Kleid und die Samtjacke, die sie anhatte, verrieten sie kaum. Reb Avram Ber zog einen Stuhl für sie heran und bat sie wie einen Gast, sich zu setzen.

„Du weißt, natürlich, daß die Angesehenen, das soll heißen, Reb Mendel und der . . ." Reb Avram Ber hätte fast der „kleine Mendel" gesagt, aber er schaffte es, die zwei Wörter noch zu verschlucken. Er zerbrach sich den Kopf wegen des korrekten Familiennamens, konnte sich aber nicht erinnern. Schließlich rief er vergnügt: „. . . und Reb Mendel Schwaidschaf, sie haben beide (der Herr sei gepriesen!) ihre Zustimmung gegeben."

„Ich weiß. Es soll sein mit Glück!" sagte Reisele leise zu Reb Kalman und Reb Gimpel. Der letztere betrachtete sie mit dem Ausdruck einer Kuh, wenn sie den Kopf dreht, um zu entdekken, wer sie melkt. Ein Gedanke kam ihm in den Kopf, daß sie es war, die ihn eines kleinen Vermögens beraubte, dann ein anderer Gedanke, daß er vielleicht den Preis weiter runterbringen könnte, wenn er es versuchte. Er versuchte.

Es war immer das Unglück des Maklers gewesen, daß es, kaum war ein Abschluß so gut wie perfekt – alles was noch für ihn zu tun war, so schien es, war, die Hand auszustrecken und die Provision in die Tasche zu tun – ganz unerwartet einen

Haken gab, und alles endete in Rauch. Aus genau diesem Grund hatte er die gegenwärtigen Verhandlungen mit skeptischer Haltung betrachtet, ungeachtet seiner Angewohnheit, mit Kreide die Zinsen, die er erwartete, auf den Tisch zu schreiben. Bei Gimpels Vortrag, und erhitzt wie er war wegen des seltenen Erfolges, wurde er jetzt so verwirrt und durcheinander, daß er nicht mehr wußte, wo er war, und Punkte vor seinen Augen zu tanzen begannen. Reiseles matte Gesichtszüge in den Blick bekommend, entschied er, daß ihr für alles die Schuld zuzuschreiben war: berechnend und grausam würde sie mit einer Bewegung alle Früchte seines Sieges zerstören. Er konnte nicht sehen, daß es Gimpel gewesen war, der das Feilschen wieder begonnen hatte.

Die Fransen seines Talleskuten umklammernd, peitschte der Makler rasend die Luft und schrie: „Schämt euch, Madame! Es ist ganz falsch von euch! Der Rabbi selber wird es euch sagen. Die Rebezen mag mir böse sein, aber es ist wirklich sehr, sehr falsch von ihr. Sehr. Warum, was wir euch anbieten, ist ein kleines Vermögen!"

„Hier ist kein Marktplatz!" sagte Reisele mit kalter Verachtung zum Schwiegervater Reb Kalmans und ging zur Tür.

Als er sah, wie Reisele sich vom Tisch erhob, wurde der Makler so erschrocken, daß er zur Tür flog, sich dort festpflanzte, bereit niemanden vorbeizulassen, und er schrie mit allerhöchster Lautstärke: „Schande, pfui! Wir sind doch alle Juden, oder? Nun, dann sollten wir die Angelegenheit friedlich beilegen – hier und jetzt; laßt es uns hinter uns bringen!"

Reisele lächelte ihr kluges Lächeln. Sie wollte ihm einen Gefallen tun, diesem armen komischen Mann. Also setzte sie sich wieder. Gimpel wagte kaum zu atmen. Furcht mischte sich mit Respekt, ein unerklärliches Gefühl machte ihn stumm, als er sie wieder anschaute.

„Nun, soll schon sein mit Freude!" mischte Joel sich plötzlich ein, schläfrig seine Augen reibend.

„Soll schon sein mit Freude!" Die Gesellschaft wiederholte seine Worte, alle, außer Reisele, und daraufhin wurde vereinbart, daß Reb Avram Ber eine Anzahlung innerhalb der nächsten Tage erhalten sollte und den Rest am Tage des Umzuges. Der Preis natürlich blieb wie von Reisele verlangt – sechshundert Rubel.

Erst auf seinem Weg zurück in das Gasthaus begann Gimpel, der wußte, wie zu handeln und tatsächlich alles billiger einkaufte, als seine Konkurrenten, sich zu wundern, wieso er unter Reiseles Blick dahingeschwunden war und geben mußte, was sie bestimmt hatte. Warum hatte er solche Angst vor ihr gehabt?

„Eine sehr komische Rebezen," bemerkte er zu seinem Schwiegersohn mit Bedauern.

„Eine sehr kluge und würdige Frau!" erwiderte Reb Kalman, und leise, ganz leise, fügte er hinzu: „Natürlich, sie kommt aus gutem Haus... die Tochter eines gelehrten Mannes... Welch ein Unterschied!..."

Kapitel 3

Nachdem die Fremden gegangen waren, unterhielt sich die Familie in ungewohnter Vertrautheit in einer Ecke des Wohnzimmers über die Ereignisse des Tages. Reisele fühlte, daß eine große Veränderung über sie gekommen war, über ihre bescheidene Art zu leben, und sie konnte sich nicht an den Gedanken gewöhnen, daß sie es gewesen war, die der ganzen Sache zugestimmt hatte. Nichtsdestotrotz, würde sich die Gelegenheit wieder ergeben, würde sie wieder ihre Zustimmung geben, und wieder nicht mit ganzem Herzen.

Eine bittersüße Stimmung nahm Besitz von ihnen, sofort nachdem die Fremden gegangen waren, eine Art Sehnsucht nach der Vergangenheit und ein nebliges Abbild der Zukunft. Sogar der Jubel der Kinder war gezwungen. Nicht einer aber verriet seine Gefühle den anderen, keiner gab den kleinsten Hinweis darauf. Die Familie redete weit in die Nacht hinein, jedes Ereignis ins Gedächtnis zurückrufend, herzlich über vieles lachend, und nach außen hin schienen alle ganz vergnügt.

Es war vier, als sie ins Bett gingen. Trotz der späten Stunde wollte der Schlaf nicht kommen. Erst zur Dämmerung hin stiegen die ersten Schnarcher von den Betten auf, und eine schweißige Wärme füllte die Schlafräume.

Deborah konnte nicht einschlafen, auch bei Einbruch der Morgendämmerung nicht. Sie warf sich im Bett herum, zog die Federdecke vollständig über den Kopf, aber ohne Erfolg. Wenn sie nur mit dem Nachtwächter hätte reden können, draußen auf seiner Runde, und ihn veranlassen könnte, aufzuhören, auf dem zerbröckelten Gehsteig sich auf- und abzudrehen. Vielleicht sollte sie ihm etwas von Reb Avram Bers Tabak anbieten. Die knirschenden Schritte, die er mit seinen schweren Stiefeln machte, waren einfach eine Tortur für sie. Seinetwegen konnte sie nicht schlafen... Wie fürchterlich dunkel und dick die Luft war, als ob die Nacht Fässer voll Pech über die ganze Welt geschüttet hätte. Und es schien immer noch dunkler zu werden. Welch eine lange, lange Nacht. Und sie waren so spät ins Bett gegangen! Sie vergrub sich in die heiße Bettwäsche, steckte den Kopf hinein und zog die Beine hoch, so daß ihr braunes Haar und ihre Knie auf dem Bauch lagen, – aber schlafen konnte sie nicht!

„Nicht umsonst sagt die Mama, daß ich eine dumme, wilde Gans bin. Kein Wunder! Die anderen schlafen alle schon. Sie sind nicht so verrückt geworden. Deborah, du bist verrückt! Wirst du endlich einschlafen?"

Da sie aber nicht einschlafen konnte, stieg sie aus dem Bett, zündete die Nachttischlampe an und versuchte, ein Stück in der Zeitung zu lesen, die einer der Männer auf dem Tisch im Wohnzimmer vergessen hatte. Sie hatte sie versteckt wie einen kostbaren Schatz. Die kleine Lampe rußte, an der Wand zitterten die Schatten, im Zimmer breitete sich ein stinkender Rauch aus. Sie löschte die Lampe wieder und behielt die Zeitung unter dem Kissen. Als der Morgen dämmerte, schlief sie endlich ein.

Es war Mittag, als die Familie erwachte. Sie zogen sich eilig an.

„Meine Güte, meine Güte, was für eine Zeit um aufzustehen! Psch, psch!" sagte Reb Avram Ber.

Deborah erwachte fröhlich. Die wenigen Stunden Schlaf hatten sie erfrischt. Sie erinnerte sich an den letzten Abend. Gut, der Sprung war gemacht worden. Jetzt war alles sicher.

Channe kam herein. Deborah packte sie um die Taille herum und tanzte ungestüm mit ihr durch den Raum. Channe brauste auf. Ihr ausgedörrtes Gesicht nahm einen noch grimmigeren Ausdruck als gewöhnlich an. „Laß mich los!" schrie sie und stieß sie weg. „Ich tanze nicht! Ich habe keine Kraft zum Tanzen, ich nicht! Und überhaupt, was ist los mit dir? Was hast du zu tanzen? Gar nichts, glaube mir!"

Deborah trat verwirrt zurück. Channes Worte hatten sie gestochen wie eine Nadel. Sie ging weg, ein wenig verärgert, ein wenig verwirrt; aber da Michail noch immer ihr guter Freund gewesen war, hatte sie es sich nicht lange zu Herzen genommen, daß Channe ihre Freude nicht teilen wollte; und nach dem Frühstück begaben sich Bruder und Schwester zu dem Fluß, wie wahre Kameraden (etwas, was noch nie dagewesen war), um dort Pläne für die Zukunft zu entwerfen. Sie vergaß ganz, daß solch eine Frau wie Channe existierte. Dort, am Fluß, der immer noch fest und hart gefroren war, obwohl Frühling in Reichweite war, gab Michail seiner großen, großen Freude ausgelassen Ausdruck.

. . .

Pessach war vorüber. Die Familie packte. Das Heim war auf den Kopf gestellt.

Michail weigerte sich glatt, etwas mit seinem alten Mantel zu tun zu haben: er würde ihn zurücklassen. Deborah meinte, daß er nützlich werden könnte, aber Michail hörte nicht darauf.

„Blödsinn!" sagte er. „Wer möchte einen schäbigen alten Mantel wie diesen. Alter Fetzen!"

Er trug seinen neuen Gabardin. Was kümmerte ihn, wenn er ihn schmutzig machte, gar nichts! Hatten sie nicht alle die neue Kleidung gemacht bekommen für ihre neue Heimat?

Deborah war unzufrieden, warum durfte sie nicht das neue Kleid anziehen, es war doch gemacht worden für die große Stadt.

Reisele ruhte nicht länger auf ihrer Couch. Reb Avram Ber half Joel die Bücher in große hölzerne Kisten zu befördern. Er wischte sich dauernd den Schweiß, der ihm reichlich über Gesicht und Bart lief. Joel arbeitete lustlos, als ob es nur wäre, um den Schein zu wahren. Bald würde er der Schammes von Reb Kalman sein, bald würde er ihm helfen müssen, und da sparte er halt seine Kräfte.

Einige Leute aus dem Dorf, nicht gerade die schwächsten, erschienen und boten ihre Hilfe an. Sie waren böse auf ihn wegen seiner Faulheit, dann sagten sie ihm, er solle ihnen aus dem Weg gehen, und sie begannen mit Hingabe zu arbeiten. Reb Avram Ber schaute ihnen zu und wischte sich wieder den Schweiß von der Stirn, er staunte über ihre Fähigkeiten. Er lächelte vor Zufriedenheit, als er seine Pfeife rauchte und riesige Rauchwolken ausatmete.

„Psch, psch!" rief er mit Bewunderung aus. „Schaut sie euch nur an!"

Er strich sich über den Bart.

Die Leute aus dem Dorf spielten nicht nur herum. Eins-zwei! eins-zwei – und da standen die Kisten, verpackt, zugenagelt und mit Seilen befestigt, und da waren die Bettwäsche und die anderen Haushaltssachen, gepackt in riesige Weidenflechtkörbe oder in Leinensäcken zusammengebündelt. Reb Avram Ber war ihnen so dankbar. Was für teure Menschen das waren! Sein freundliches Gesicht glänzte vor Vergnügen, da war ein so gütiger Blick in seinen Augen, und sein Lächeln war so ansteckend, daß sogar die Pfeife in seinem Mund zu lächeln schien. Angeregt von Reb Avram Ber strömten die Dörfler in die Küche und packten dort noch alle Kleinigkeiten zusammen. Sie wollten Reisele nicht erlauben, auch nur eine Sache anzurühren.

„Rebezen, ihr sollt nicht vergessen, wie empfindlich ihr seid," sagten sie zu ihr. „ihr müßt vorsichtig sein. Wenn nur Deborah so freundlich wäre, uns zu sagen, was zu tun ist – wir werden es schon machen!"

Channe war unwohl. Ihren Kopf bandagiert mit einem schmierigen Taschentuch, lag sie auf Reiseles Couch, und von diesem günstigen Aussichtsort beobachtete sie die Leute bei der Arbeit.

„Laßt sie nur weitermachen! Sollen sie nur arbeiten! Mein Kopf tut weh, ich wünsche ihnen einmal meine Kopfschmerzen!"

Sie hatte ein Problem im Herzen, ihr Verstand war gequält von Zweifeln, ob die Frau des neuen Rabbis sie beschäftigen würde. Aber sie hatte einen schwachen Trost. Sie seufzte.

„Ach nun, irgend etwas wird sicher herauskommen. Trotzdem, ein letztes Hemd und eine letzte Hoffnung sind besser als nichts."

Mottel, ein Waisenjunge, der von der Gemeinde unterstützt wurde, so daß er im Bethaus studieren konnte, und der, wenn es an Unterstützung fehlte, sein Mahl an Reb Avram Bers Tisch einnahm, half auch. Er war glücklich, denn gestern hatte Reb Avram Ber ihm gesagt, daß er die Familie nach R– begleiten würde, um dort in der neuen Jeschive mit den Studenten zu lernen. Er zeigte großen Fleiß und wollte dauernd dort etwas tun, wo Deborah in der Nähe war. Gelegentlich trafen sich ihre Augen. Einmal hatte er sogar ihre Hand berührt. Ein Zittern war aufregend durch seinen Körper gelaufen. Was war das? Als ob etwas sein Rückgrat herunterrennen würde.

Auch er war in einen „neuen" Gabardin gekleidet, den Reb Avram Ber für ihn von den Angestellten des „dicken" Mendel erhalten hatte. Er hatte auch einen neuen Hut. Alles war ein bißchen klein für ihn, aber dann schaute er wie ein junger Stutzer aus in dem grauen Gabardin, mit seinen Schößchen und den zwei grauen Knöpfen hintendrauf. Was seine Brille betraf, hatte er sie so glänzend poliert, daß, was immer Deborah tat, sie es nicht vermeiden konnte, sich in den Gläsern gespiegelt zu sehen.

Ein Knirschen von Rädern im Hof, und Abbisch, der Fuhrmann, war da. Er hatte einen großen Karren für das Gepäck und einen Wagen für die Passagiere. Fast das ganze Dorf hatte sich vor dem Haus des Rabbis versammelt. Die Jungen hatten einen Tag schulfrei und sie machten Radau. Sie kletterten auf den Karren, stellten sich auf die Speichen der Räder, erhielten Klapse und Tritte von Abbisch und seinem Bediensteten Itchela, aber was kümmerte sie das? Es war besser, als vom Schulmeister geschlagen zu werden.

Abbisch befestigte bereits die Plane, welche die Habe der Familie vor dem Regen, der möglicherweise kommen konnte, schützen sollte. Er machte die letzten Handgriffe, und jetzt waren sie abgefahren. Michail war im siebten Himmel. Wie seine Kumpel und sogar die Erwachsenen ihn beneideten! Er hatte seinen Spaß. Ein Haufen kleiner Jungen hing an der Ladeklappe. Michail machte Abbisch auf dieses ungehobelte Benehmen aufmerksam. Abbisch griff nach seiner Peitsche, und die Kinder liefen auseinander, waren aber in dem Moment zurück, als er den Kopf wegdrehte. Die Räder pflügten durch den sandigen Dorfweg und wühlten ihn auf.

Reisele war es nun müde, nach rechts und links zu nicken, müde, sich erkenntlich zu zeigen für die Abschiedswünsche und für die Segnungen, mit denen die einfachen Frauen sie überschütteten, die den Mut nicht gehabt hatten, zu kommen und sich persönlich zu verabschieden, und die das jetzt auf der Vorbeifahrt taten. Das halbe Dorf (mindestens), Männer und Frauen und Kinder begleiteten die Familie eine gute Weile, den ganzen Weg bis zu den Wiesen. Sie gingen Schritt für Schritt mit den Pferden, redend und lachend, singend und scherzend, Ratschläge und Segnungen gebend. Die Pferde begleiteten den Tumult mit gleichmäßigem Stampfen der neubeschlagenen Hufe. Und bei jedem neuerlichen Ausbruch weiblicher Gefühlsseligkeit hoben sie ihre Köpfe und gaben ein lautes Wiehern von sich, als ob sie ein Wort dazu sagen wollten, ihren Segen geben oder vielleicht sogar einen Rat – Rat an die Frauen, daß sie Dinge übertrieben, daß es nicht gut war, immer so weiter zu machen. Am Ende merkten es die Frauen fast selber, daß es nicht so weiterging und endlich, nach einigen letzten Segnungen und Wortschwallen, wandten sie sich nach Hause. Abbisch kletterte hoch auf seinen Sitz, machte es sich dort bequem, ließ die Peitsche über die Köpfe der Pferde sausen und rief: „Hüa! Kommt jetzt, meine Herzchen!"

Das war es, worauf die Pferde gewartet hatten. Frisch und ausgeruht nach vielen Tagen der Untätigkeit ließen sie sich gehen, und wie sie galoppierten! Der Karren schaukelte und hüpfte, und mit großem Geratter und Donnern der Hufe schien er den Boden zu verlassen und einfach durch die Luft zu fliegen.

Reb Avram Ber wurde beunruhigt aus Furcht, er könnte umkippen, und Abbisch sah sich gezwungen, etwas langsamer zu fahren.

Bald war das Dorf außer Sicht, aber nach einer Fahrt von nur fünf oder sechs Meilen kamen sie in einen jüdischen Weiler, Senzimin. Hier hielten sie an, denn Reb Avram Ber wünschte nicht im Traum vorbeizufahren, ohne zumindest den Bewohnern, die zu seinem Sprengel gehörten, Lebewohl zu sagen. Abbisch verzog das Gesicht, aber er mußte nachgeben: Reb Avram Ber war der Herr.

Während des Aufenthalts schluckten die Pferde einige Eimer Wasser, dann vergruben sie die Mäuler im dicken Gras und warteten mit Geduld. Was konnte man tun? Es war sinnlos, Ungeduld zu zeigen; Juden waren Juden und wollten ihren eigenen jüdischen Weg haben! Deborah saß wie auf heißen Kohlen. Sie wäre sehr gerne weggefahren, um R– näher und näher zu kommen. Aber die Männer von Senzimin, und mehr noch die Weiber, waren Leute mit geheimen Sehnsüchten und mußten hin und wieder diesen Gefühlen Ausdruck geben. Schließlich sahen sie, umgeben von Bauern, Rindern und Schafen, vom Anfang bis Ende eines Jahres nie ein neues jüdisches Gesicht, außer, wenn sie an den hohen Feiertagen nach Jelechitz gingen – und jetzt hatte sich ihnen eine solch goldene Gelegenheit geboten – der Rabbi, die Rebezen und die ganze Familie (Gott segne sie alle!) hier in ihrem Dörfchen, sollten sie die Gelegenheit vorübergehen lassen, ohne sie entsprechend zu feiern? Es war ja nicht so, daß sie einen respektablen Juden jeden Tag in der Woche oder jede Woche im Monat zu Gesicht bekamen. Wenn dann einmal die Woche Herschel Stock in den Weiler hereingestampft kam, mit seiner entblößten haarigen Brust wie ein Bauer, die schlammigen Stiefel über die Schulter geworfen, mit seinem langen zottligen Bart, in der Hand einen dicken, knorrigen Stock, der einen langen Nagel an einem Ende hervorstehen hatte, so sah er für alle Welt wie ein Straßenräuber aus, kam aber nur, um Schweineborsten zu kaufen – konnte man ihn einen Juden nennen? War er ein Jude, wert dieses Namens? Also war die gegenwärtige Gelegenheit wirklich zum Jubeln, und sie genossen es.

Die größte Freude und Ehre fiel auf „Onkel" Joine, dessen Gewohnheit es gewesen war, Reisele jeden Herbst einige Geschenke zu bringen, einen Sack voll Kartoffeln zum Beispiel, oder Karotten, rote Rüben und anderes Gemüse, das über den Winter halten würde. Ganz sicher, es war schon etwas, daß der Rabbi (er soll leben!) einen zuerst grüßte und die Hand ergriff, bevor er sich den anderen Juden des Dörfchens zuwandte, und einen so strahlend anlächelte, daß man vor Aufregung zittern mußte. Seine gute Ehefrau überließ es ihrem Mann, die Situation zu genießen, und schlüpfte in ihr Häuschen, durchstöberte die Speisekammer und kehrte bald zurück mit einem runden, getrockneten gelben Käse, hergestellt fast ausschließlich aus Sahne und einem Pfund gelber Butter, eingepackt zwischen zwei frisch gepflückten grünen Blättern. Butter und Blätter waren feucht mit silbrigen Wassertropfen, so hell und rein, daß man Lust hatte hineinzubeißen.

Jungen von weither, bemerkend, daß etwas im Weiler im Gange war, etwas, was sie sehr gut angehen könnte, versprachen ihren gojischen Kameraden ein Stückchen Challe (süßes, weißes Schabbes-Brot) und die Rinder-, Schaf- und Ziegenherden ihrer Aufsicht anvertrauend, eilten sie nach Hause, um zu begrüßen, wen – wußten sie nicht. Danach erzählten sie den Kameraden, daß sie den jüdischen Popen gesehen hatten. Daraufhin glotzten die Jungen und Mädchen sie mit verwunderten Augen an. Sie hatten nicht gewußt, daß es einen jüdischen Popen gab, weil sie doch keine jüdische Kirche im Dörfchen hatten.

Andere Frauen folgten dem Beispiel von Joines Ehefrau. Sie brachten ans Licht, welche Schätze auch immer sie besaßen: einen Topf Sahne oder selbstgemachtes Eingekochtes oder eine Flasche Himbeersaft; Dinge, die normalerweise nicht angerührt werden, sondern zurückgehalten werden für besondere Gelegenheiten, wie eine Hochzeit oder (Gott schütze uns!) eine Krankheit. Reisele protestierte. Sie dankte ihnen, aber sie wollte es ihnen nicht wegnehmen, was sollte sie mit so viel? Sie bat sie, aber sie waren taub für ihre dringenden Bitten.

Sie stopften die Geschenke in den Karren, deckten sie mit Stroh zu. Soll die Rebezen es essen und gesund und glücklich sein!

Die Pferde, die das Wasser in dem Eimer ausgesoffen hatten, streckten ihre Köpfe wieder unbequem vor, als Abbisch sie am Halfter führte. Wieder war das Klap! Klap! der kraftvollen Hufe zu hören, wieder eine Dusche von Segnungen und Ratschlägen, aber dann winkten diese einfachen Leute den letzten Abschiedsgruß. Als das Dörfchen zurückgelassen war, schlug Reb Avram Ber vor, daß er und Reisele auf den anderen Karren wechseln sollten.

„Wir werden dann weicher sitzen," sagte er.

Reisele tat ihm den Gefallen. Sie war dann in der Lage, in größerer Bequemlichkeit ihr Lesen fortsetzen zu können.

Also legte Itchela einige weiche Bündel für sie zurecht. Die „Kinder" hatten jetzt den Wagen für sich allein. Das war großartig. Großartig war kaum das Wort dafür!

Die Luft duftete nach jungem Gras. Die Bäume zeigten bereits Blätter – hell und grün und zart. Auf einigen Bäumen hingen voll ausgewachsene Blätter inmitten von schweren, rötlichen Knospen, die reif schienen, um in Blüte auszubrechen und die dunklen, saftigen Äste zu bedecken. Der Himmel hier war unendlich höher als in Jelechitz (oder sogar Senzimin) und war durchdrungen von Horizont zu Horizont mit strahlend goldenem Licht. Und falls hin und wieder eine kleine weiße Wolke auftauchte, war sie machtlos sich zu regen, denn alles war in Frieden. Die Sonne schüttete ihre Strahlen herab über die kahlen Felder, durchdrang die vereinzelten Bäume und sprengte ihren hellen Glanz über die Bauernhütten und Katen, welche verstreut über Felder und Weiden und halbversunken im Boden aussahen wie merkwürdige Pflanzen, wachsend aus der Frühlingserde, bereits weiß getüncht durch die Natur. Alles war ruhig. Alles war strahlend, frisch und lebendig mit dem Leben des Frühlings. „Gott segne euer Arbeiten!" rief Abbisch den Bauern, Männern und Frauen zu, die beschäftigt waren mit Pflügen und Säen mit entschlossener und eifriger Miene. Kleine, dünnbeinige Pferde schleppten störrisch glänzende Pflüge, unter welchen der Boden aufsprang, schwarz wie Ruß. Jede Bewegung der Arbeitenden wogte vor Gesundheit und Kraft. „Möge Gott euch Gesundheit geben!" erwiderten die Bauern und machten das Zeichen des Kreuzes.

Reb Avram Ber konnte nichts verstehen, aber er vermutete, daß Grüße ausgetauscht wurden. Und er fühlte ein heftiges Verlangen, selber etwas zu sagen. Aber er konnte kein Polnisch. Er hätte einige Worte in Russisch herausquetschen können, denn hatte er nicht einmal zwei ganze Wochen verbracht, die Sprache zu studieren? Da waren noch einige Ausdrücke, an die er sich erinnerte. Plötzlich war er überwältigt von einem leidenschaftlichen Gefühl der Liebe für diese Fremden in den Feldern bei ihrer gesunden und nützlichen Arbeit.

„Der Mensch ward erschaffen zur Arbeit," zitierte er. Alles um ihn herum war so voll Liebe und Schönheit. Seine Gefühle überwältigten ihn und er begann, freudig zu singen: „Wie ruhmreich und angenehm, du Heiliger, bist Du..."

„Was singst du da? Es ist doch Sfira!" wunderte sich Reisele.

Er vergaß, daß es die Jahreszeit von Sfira war, in der Musik verboten ist. Reb Avram Ber brach ab, die plötzliche Unterbrechung hinterließ eine Spur von Traurigkeit in seinem Gesicht. Aber kein Mensch, am wenigsten von allen Reb Avram Ber, konnte sehr lange niedergeschlagen sein an solch einem herrlichen Tag.

Die Wagen rollten weiter. Die Bauern waren nicht mehr zu sehen, verschwunden die Hängematten, aufgehängt zwischen zwei Bäumen, das schlafende Kind, die Wäsche auf dem Boden ausgebreitet zum Bleichen. Die Felder waren jetzt ausgedehnt und einsam, nicht eine Seele war zu sehen. Die Erde schwarz und zerfurcht, aber bereits waren Zeichen des Wachsens sichtbar – winzige, grüne Maishalme.

Reb Avram Ber war unruhig. Sein Herz schlug und zitterte in Jubel. Er begann wieder zu summen, aber er beherrschte sich.

„Sfira, Sfira," murmelte er.

Plötzlich fühlte er, daß er gerne Reisele umarmen würde und sie küssen. Wie groß sie war. Aber zum einen schämte er sich – absurd, daran zu denken! – und außerdem war Reisele so tief in Gedanken, sie schaute so fürchterlich ernst, als hätte sie schon damals Einsteins Relativitätstheorie lesen müssen... Der Karren schwankte weiter und weiter, und nach einiger Zeit döste Reb Avram Ber ein. Auch Reiseles Augenlider hingen und waren klebrig. Sie hatte ihre Augen belastet mit Lesen. (Nebenbei, sie hatte die wunderbare Schönheit des Tages bemerkt und aufgenommen, so empfindsam wie die anderen, und vielleicht noch mehr.) Sie schlief ein.

Michail pfiff, so laut er nur konnte. Er saß auf dem Kutschersitz neben Abbisch und hielt die Zügel. Hin und wieder stachelte er die Pferde in wahrhaft professioneller Weise an, obwohl sie immer noch mit großer Lebhaftigkeit trabten und kein „Hüh, Hüh" brauchten oder das Schnalzen der Zunge. Jedoch, da es Michail Freude bereitete, würde Abbisch ihm nicht den Spaß nehmen.

All diese Zeit drehte sich Mottel hin und her, als ob er einen Juckreiz hätte. Es war ihm eng im leeren Wagen. Er bewegte sich dauernd auf Deborah zu. Jetzt saß er so nah bei ihr, daß sie die Wärme seines jungen knabenhaften Körpers fühlen konnte. Ein Schauer durchlief sie und eine Erregung, von der sie wußte, daß sie sich ihrer schämen, sie verbergen sollte. Also wurde sie rot und offenbarte ihre Schuld so noch mehr. Sie bewegte sich weg, aber Mottel ließ nicht locker. Er zappelte und krümmte sich und schlich sich heran. Er bemerkte kaum die Schönheit der Landschaft, die sie passierten. Deborah verschlang ihn vollständig. Plötzlich flüsterte er ihr etwas zu, so leise, daß sie es nur mit der Stimme der Sinne hörte. Sie gab keine Antwort, aber sie bewegte sich weg. Mottel kuschelte sich an sie. Plötzlich fühlte sie, wie er ihre Hand mit seiner großen Handfläche umschlossen hatte, und es war brennend heiß. Sie zog die Hand weg und wurde überall dunkelrot. Die Augen füllten sich mit Nebel. Und wie vorteilhaft war es, daß sie den Verstand bewahrt hatte, denn im selben Moment drehte Michail ihnen den Kopf zu. Wenn er sie dabei erwischt hätte!

Weitere drei Stunden gefahren, und die Sonne war bereits tief am Himmel. Abbisch hielt die Pferde an. Itchela, der sah, mit welchem Appetit sie aßen, wurde hungrig. Abbisch warf ihm ein Stück Brot mit Wurst zu und bediente sich selber. Reisele rief Michail und gab ihm ein Paket. Die Kinder sprachen ein Gebet und begannen zu essen. Was es nicht alles gab! Pfannkuchen, Honigkuchen, große saftige Birnen, alle Arten von Fruchtsaft und was nicht sonst alles! Reb Avram Ber murmelte Segenswünsche für jedes einzelne Lebensmittel. Und Reisele, sie schien zu beschäftigt, „Amen" zu antworten, um sich selber viel zu nehmen. Abbisch wischte sich den Schnurrbart, pickte sich die Krümel aus dem Bart und dankte den „Kindern" für alle Delikatessen, die sie ihm hatten zukommen lassen. Er gab Itchela eine Reiseflasche mit Wasser, kletterte auf seinen Sitz und rief fröhlich den Pferden zu:

„Jetzt bewegt euch, meine Schönen!"

Aber offensichtlich war Abbisch niemals zuvor in dieser Richtung gewesen, denn beim besten Willen der Welt konnten die Pferde nicht seinem Befehl nachkommen. Die Straße endete plötzlich in einem Stück weichen Tons. Ziemlich eine Stunde lang kämpften sich die Räder durch den Dreck, jetzt bis zur Achse einsinkend, dann sich wieder herausziehend, nur um wieder einmal unterzugehen, bis endlich (Gott sei Dank!) der Rand des Waldes erreicht war.

Abbisch blieb stehen und wischte sich und den Pferden den Schweiß mit dem selben dreckigen Tuch. Er kletterte zurück auf den Kutschersitz. Er ließ Michail nicht zu sich hinauf. „Setz dich, wo dein Platz ist! Verdreh nicht den Kopf!" Abbisch vergaß, daß es nicht Itchela war, der gewohnt war, daß sein Herr so mit ihm sprach. Michail tat, wie ihm gesagt wurde. Es war ihm schon egal. Dann kamen sie zu einem düsteren Stück Wald. Auf beiden Seiten von ihnen breitete er sich dicht und dunkel aus. Der Weg zertrampelt von Hufen, die diese Strecke zuvor passiert hatten, wurde enger und dunkler, je tiefer sie in den Wald eindrangen. Die Luft war mit Duft erfüllt, süßer als jeder Honig. „Ah, ah! Habt ihr so etwas schon jemals gerochen?" Eine unausgesprochene Frage schwebte auf allen Lippen, aber es war kein Atem übrig zum Sprechen. Jeder von ihnen schwieg und trank die duftende Mailuft eines polnischen Waldes in der Nacht.

„Schaut, ein Kaninchen!" rief Deborah.

Michail drehte den Kopf, aber zu spät, das Kaninchen war verschwunden.

„Wie schade, du hättest es sehen sollen. Es flog einfach entlang, als ob es Flügel hätte. Es sah so zierlich aus!"

„Ha, ha, hast du schon mal ein Kaninchen gesehen, das zierlich aussah?" spottete Michail. „Du bist wirklich ein Witz."

„Du hättest es sehen sollen!" ließ Deborah nicht locker.

„Laß das Kaninchen in Ruhe! Ich will es nicht sehen," sagte Michail, während sein Blick eifrig den Boden absuchte.

Reb Avram Ber, der seine Abendgebete gesprochen hatte, entschied, daß es am sichersten wäre, wenn alle über Nacht in einem Wagen reisen würden. Er zog am Saum von Itchelas Jacke. Itchela wandte den Kopf und hörte. Der ungehobelte Kerl schien nicht beeindruckt, er fertigte Reb Avram Bers Ängste mit dem Wink einer Hand ab, mußte aber am Ende nachgeben und rief Abbisch zu anzuhalten. Wieder kletterte Reisele von einem Wagen runter und auf den anderen hinauf. Sie schien nicht sehr zufrieden damit zu sein. Abbisch teilte ihre Unzufriedenheit.

„Ein Wald," sagte Abbisch, „ist ein sehr komischer Ort. Darin herumzutrödeln heißt, den Ärger zu suchen. Die polnischen Wälder sind nicht mehr so sicher, wie sie früher immer waren. Besonders bei Nacht. Nein, Herr!"

Reisele sah ihn scharf an, sagte aber nichts zu seinem groben Spott. „Aus diesem Grund sagte ich, es wäre das Beste, wenn wir zusammen fahren würden. Und wir sollten auch nicht einschlafen," sagte Reb Avram Ber.

„Wenn wir das machen, werden uns vielleicht Räuber fangen, all unsere Habe nehmen und unsere Bäuche aufschneiden," warf Itchela neckend ein.

„Wenn ihr wachbleibt," sagte Abbisch und versuchte, Itchelas groben Spaß gutzumachen (der Kerl war ein Flegel!), „wenn ihr wachbleibt, könnt ihr immer noch Lösegeld für euer Leben zahlen."

„Kein schlechter Trost," dachte Reisele, sagte aber gar nichts.

„Wenn ihr aber nicht wachbleibt, kann es passieren, daß ihr am Morgen aufsteht und eure Köpfe abgehackt findet, und, noch schlimmer, auch euer Eigentum ist weg," schaltete sich Michail mit der Miene des großen Draufgängers ein, aber er wandte sein Gesicht ab, um die Zeichen der Furcht zu verbergen.

„Michail, hüte deine Zunge!" ermahnte ihn Reb Avram Ber in seiner „strengsten" Weise.

„Öffne nicht deinen Mund dem Satan," fügte er mit leiser, zitternder Stimme hinzu.

„Sei ruhig, Idiot!" sagte Reisele.

Deborah versank in ihrem Mantel. Mottel schloß seine Augen. Michail bedauerte jetzt tief die Worte, die er ausgesprochen hatte. Irgendwie schienen sie die Gefahr und das Risiko zu verschärfen.

Als sie alle in einem Wagen waren, krachte Abbisch mit der Peitsche, und sie setzten die Reise durch das Herz des Waldes im Galopp fort. Der schwere Duft des Waldes war berauschend. Der Karren schaukelte und schwankte, und die Reisenden, trotz ihres Entschlusses nicht einzuschlafen, ließen ihre Köpfe einer nach dem anderen fallen, sie hin und wieder erhebend in einem Versuch, dem Schlummer zu widerstehen, aber die Müdigkeit triumphierte, und sie schliefen fest.

Es war erst, als die Wagen in R– zum Stillstand gekommen waren, daß sie alle aus dem Schlaf hochschreckten.

Kapitel 4

Die Sonne ging auf und versprach einen weiteren, strahlenden Sommertag. Deborah fühlte sich verwirrt. Sie rieb sich ihre Augen. Sie hatte doch gar nicht geschlafen. Wann hatten sie den Wald verlassen?

Sie waren in R–. Sie hatte sich nach allen Seiten umgeschaut. Die einstöckigen Häuser der Hauptstraße, wo Abbisch angehalten hatte, um Reb Avram Ber zu bitten, er solle ihm den genauen Weg zum Hof des Tzadiks zeigen, schauten für sie in ihrem verschlafenen Zustand aus wie hochaufragende Wolkenkratzer. Die Stadt schlief. Die Fenster waren alle verhangen, einige mit prächtigen Vorhängen oder einem geschmückten Rolladen, andere mit billigen, aber sauberen halben Gardinen, andere wieder mit Leinentüchern oder sogar mit Kitteln. Hier und da glühte das Licht eines Laternenmastes schwach nutzlos.

Irgendwo auf einer Bank im Freien lag die schlafende Figur eines alten Juden – oder war es ein Nichtjude? Sie konnte es nicht sagen. Er lag dort zusammengekrümmt zu einem Haufen mit dem Kopf zwischen den Händen. Deborah schauderte. Niemals zuvor hatte sie einen so erbärmlichen Anblick gesehen. Ein Mensch, der da draußen schlafen mußte!

Fulscher kam ihr in den Kopf, der Dorf-Verrückte von Jelechitz. Selbst er hatte seine Schlafgelegenheit im Speicher der Synagoge. Richtig, da gab es Zeiten, wenn er nie zu Bett ging, sondern gegen die Tür schlug, die ganze Nacht durch, weinend, daß es seine Mutter wäre (die schon lange tot war), die die Tür zudrückte und ihn durch Lunge und Leber festnagelte, jedesmal, wenn er weg wollte. Er würde heulen und quengeln, beklagend, daß seine Mutter zu rasch für ihn wäre. Geisterhaft klangen das Knallen gegen die Tür und die rasenden Schreie durch das nächtliche Dorf. Nur bei den ersten Strahlen des Morgens würde er ablassen und erschöpft im Eingang zur Synagoge niedersinken in Bewußtlosigkeit. Gut, er war ein Verrückter, aber die zusammengekauerte Gestalt auf der Bank dort drüben, da konnte man sagen, selbst wenn er schlief, daß er kein Verrückter sei. Solch eine Welle des Mitleids ging durch sie wegen des armen Elenden mit dem Kopf weißer Haare, daß ein Gefühl des Hasses in ihr geboren wurde, Haß auf die Stadt, wo solch ein Anblick möglich war.

Die Wagen fuhren langsam durch die gewundenen Straßen, und nach vielem Aufruhr wendeten sie in einen kleinen, eckigen Hof. Abbisch und Itchela schleppten die schweren Kästen durch den Eingang.

„Hallo Deborah, worauf starrst du? Siehst du nicht, daß (Gott sei gedankt!) wir schon angekommen sind," sagte Reb Avram Ber.

Deborah achtete kaum darauf. Sie ging nicht weiter und starrte nach oben zu den verhängten Fenstern. So viele Zimmer alleine in diesem Haus, und doch war da ein alter Mann, schlafend auf der Straße. Man rief sie, also ging sie hinein. Aber der Alte dort auf dem Markt ließ sie nicht zur Ruhe kommen.

„Es war doch zumindest eine gute Sache, daß er diese Bank bei der Pumpe hatte, damit er darauf schlafen konnte," dachte sie, versuchend, sich selber zu trösten, aber es nutzte nichts. Am Ende entschied sie, daß er auch ein Irrer sein müßte, ganz klar; sie war beruhigt.

Bald waren sie damit beschäftigt, die Räume ihres neuen Heimes in Augenschein zu nehmen. Alles war so verschieden von Jelechitz. Die Decken waren getüncht, aber nicht die Wände, die waren übermalt mit einem Muster brauner Blumen auf blauem Untergrund. Braune Blumen! Sie konnte ein Lachen nicht unterdrücken. Kein Wunder, daß sie braun waren, wachsend auf Backsteinwänden...

Sie gingen in alle drei Räume und die Küche. Es war eine ausgezeichnete Wohnung mit großen Fenstern, hoch und luftig.

„Was drehst du dich herum, Deborah? Du solltest besser deiner Mutter helfen, etwas zum Schlafen zurechtzulegen. Sie ist so müde. Und du selber solltest dich auch noch hinlegen. Es ist erst fünf Uhr."

Deborah öffnete die Bündel mit den Sachen und improvisierte zwei „Couchen" auf dem Boden. Ihre Mutter legte sich nieder. Reb Avram Ber sprach seine Frühmorgengebete und folgte ihrem Beispiel. Ah, es war gut, seine Glieder wieder ausstrecken zu können. Deborah lag mit dem Kopf auf dem Kissen ihrer Mutter.

Über Michail hatten sie sich keine Gedanken gemacht. Sie waren sicher, er würde bereits im anderen Zimmer schlafen, zusammen mit Mottel. Reb Avram Ber war der erste, der erwachte.

„Wo ist Michail?" weckte er Deborah.

„Weiß ich doch nicht."

Reisele hörte in ihrem Schlaf, daß Michail nicht da war. „Meine Güte, was ist mit ihm geschehen?" Sie rang ihre Hände. „Wo könnte Michail hineingeraten sein? Er wird sich verlaufen in der fremden Stadt."

Als er nirgendwo im Hof zu finden war, auch nicht in einer der Toiletten, gab es eine ganz schöne Aufregung. Gerade als sie gehen wollten, um ihn zu suchen, tauchte Michail auf, das ganze Gesicht strahlend. Er sah nicht, wie alle Augen auf ihn gerichtet waren, voll Freude und voll Zorn. Er lief in den Raum, wo Mottel lag und gab ihm einen Tritt. Mottel öffnete ein paar schläfrige, eher schlechtgelaunte Augen, die ihn verwundert anstarrten.

„Was für ein Haufen von Schlafmützen!" schrie Michail, tatsächlich aber nur auf Mottel bezogen. Er sagte „ein Haufen", denn es fügte Nachdruck hinzu. „Wenn du nur gesehen hättest, was ich gesehen habe, Mensch, was für eine Stadt! Was für eine Stadt! Ganz anders als Jelechitz, nicht zu vergleichen!"

„Wo bist du gewesen, he?" fragte Reb Avram Ber und versuchte streng zu sein.

„Nirgends."

„Wo ist nirgends?" warf Reisele verärgert ein.

„Ich war im Hof."

„Aber du warst nicht im Hof!"

„War ich!" beharrte Michail.

„Ach, was nutzt das? Solange er zurück ist, der Lausebengel."

Reb Avram Ber fühlte, daß es seine Pflicht wäre, als Herr des Hauses zu handeln. Er führte Reisele in den Zimmern umher. Obwohl er sie schon vorher gesehen hatte, studierte er sie mit frischem Interesse und leitete Reiseles Aufmerksamkeit auf alle guten Punkte. Reisele zeigte nicht das geringste Zeichen von Freude. Sie sah verärgert und traurig aus, obwohl da nichts war, wo sie Fehler finden konnte. Alles war bewundernswert. Die Wände waren frisch gemacht, die Decken fleckenlos und glatt, alles viel großstädtischer, bei weitem Jelechitz überlegen, aber irgendwie reizte es sie nicht. Zumindest hatte man in Jelechitz etwas Handfestes gehabt, um unzufrieden zu sein.

„Gut, was?" forschte Reb Avram Ber voller Zufriedenheit.

Ein uraltes Knie stieß die Eingangstür auf, und der Besitzer des Knies erschien, trug ein Tablett in seiner schlaffen alten Hand, die sichtbar zitterte. Das Tablett war überfüllt mit Gläsern, Löffeln, einem Krug warmer Milch, einer Schüssel Zucker, verschiedenen Ingwerbroten und einem dampfenden Kessel. Der alte Mann wankte. Er stellte das Tablett ab, richtete seinen schiefen Rücken etwas gerade, keuchte atemlos und kramte nach etwas in seiner Tasche.

„Der Tzadik, besser: die alte Dame, seine Mutter, schickt diese Erfrischungen mit ihren Empfehlungen," sagte er und stopfte sich eine Prise Schnupftabak in die Nase.

„Danke", sagte Reisele.

„He, he! Nicht notwendig, mir zu danken. Wenn der Tzadik, also die alte Dame, seine Mutter, mich nicht geschickt hätte... He, he, ich kann euch versichern, von allein hätte ich euch das alles nicht gebracht."

Sogar Reisele ließ sich zu einem Lächeln herab. Reb Avram Ber war entzückt.

„Nun, Reb Baruch, glaubt ihr, es wird uns hier etwas fehlen?"

„Was für eine Frage, natürlich nicht! Ich wünschte, ich wäre in euren Schuhen. Ihr wißt, der Tzadik ließ selber seiner Mutter sagen, sie sollte – hatschi! – dem Schammes sagen, er sollte dem Koch sagen, er sollte mir . . . hatschi! hatschi!"

Michail kämpfte mit innerer Heiterkeit – es war deutlich sichtbar an dem gemeinsamen Zucken aller Gesichtszüge. Er würde entweder jetzt gleich anfangen zu lachen oder eine witzige Bemerkung machen. Aber er fürchtete sich davor, es im Angesicht eines neuen Bekannten in einer neuen Stadt zu machen... Er schwieg.

„Setzt euch nieder, Reb Baruch!" Reb Avram Ber lud den alten Mann ein, bei ihnen zu bleiben, vergaß aber dabei, daß es noch keine Stühle gab.

Der alte Mann schaute sich um.

„Wie, ihr habt selber nichts zum Sitzen."

„Das ist schon richtig. Wir werden uns schon helfen," sagte Reb Avram Ber und schob selber einen Kasten zurecht.

Sie alle ließen sich nieder auf Kästen und Bündeln von Bettzeug. Deborah schüttete Tee ein. Mottel fühlte, daß es gut war, heute lebendig zu sein. Er war wie einer von der Familie. Reb

Avram Ber drängte den alten Mann, ein Glas Tee zu akzeptieren. Reisele bewegte sich zu dem entferntesten Bündel und trank rasch – ihre Kehle war ausgetrocknet. Der alte Mann, Reb Avram Bers freundlichen Blick auf sich gerichtet fühlend, begann, ihnen allen von der Jeschive zu erzählen. Reb Avram Ber frohlockte. Immer wieder richtete er den Blick auf Reisele, um zu sehen, ob sie beeindruckt war.

Das Mahl war vorbei, Reb Avram Ber wischte sein rotgepunktetes Taschentuch über den Schnurrbart. Ihr Besucher, der sich mit mehr Schnupftabak versorgt hatte, wischte sich auch den Mund trocken, mit der Handfläche. Dann begleitete er Reb Avram Ber zur Synagoge.

„Guten Morgen!" stotterte der alte Mann in der Tür, schaffte es gerade noch, einen Nieser zurückzuhalten.

„Wirst du auch bald kommen, Mottel? Ich erwarte dich in der Synagoge. Und dich auch, Michail. Ich will nicht, daß du trödelst," sagte Reb Avram Ber von der Schwelle aus.

Mottel schlüpfte in die Küche, wo Deborah in einer Ecke schmollte. Mottel kannte den Grund ihrer Bitterkeit. Er hatte mitangehört, wie Reisele sie ganz ohne die geringste Berechtigung ausgescholten hatte, während Michail, der alle in Schrekken versetzt hatte, und der sie belogen hatte, ohne ein Wort davongekommen war.

„Sie hat kein Glück mit der Mutter," dachte Mottel nicht ohne Entrüstung. „Wie gefällt es dir hier?" fragte er, denn er wollte etwas zu ihr sagen, aber sofort wurde ihm bewußt, daß dies eine dumme Frage war, denn bisher hatte sie von der Stadt noch nichts zum Mögen oder Nichtmögen gesehen.

„So-so," antwortete Deborah verdrossen.

„Was ist los?" Mottel ließ nicht ab, fühlte sich noch verlegener als vorher. Vielleicht hätte er keine Frage stellen sollen?

„Glaubst du an Glück?" fragte Deborah.

Nun, das war eine merkwürdige Frage! Sie kam so unerwartet. Er wußte nichts Richtiges zu antworten.

„Wieso, ja," sagte er. Aber vielleicht gab es so etwas doch nicht? Auf jeden Fall war es bei ihm noch nicht vorgekommen.

Etwa um zwei Uhr nachmittags klopfte ein rotbackiges Mädchen mit kurzen rundlichen Armen und fröhlichen Augen an die Tür.

„Die Mutter vom Tzadik hat mich gebeten, vorbeizukommen und euch zu helfen, die Sachen in Ordnung zu bringen," erklärte sie.

Das war ein willkommener Besuch.

Reb Avram Ber kam für einige kurze Minuten zum Mittagessen nach Hause und ging dann weg in die Jeschive, um seine erste Vorlesung zu halten. „Es wäre eine Schande, Zeit zu vergeuden," erklärte er (entschuldigend) Reisele.

Das Mädchen machte sich eifrig an die Arbeit. Jetzt reinigte sie die Fenster, bald schrubbte sie den Boden. Deborah bot ihr Hilfe an, aber das beleidigte sie fast. Reisele war nicht wenig amüsiert über die Eitelkeit des Mädchens. Es war klar, daß sie sich nicht immer mit solch einer Begeisterung abmühte, aber sie war sicher keine Schlampe wie Channe. Wie nötig hätte sie so ein Dienstmädchen gebraucht.

„Jetzt gehe ich und hole das Abendessen," sagte sie, ihren hochgesteckten Rock herunterlassend. Sie kämmte sich das Haar mit einem zerbrochenen Kamm, wischte sich das Gesicht mit dem Rand ihrer Schürze und betrachtete ihr Spiegelbild in den funkelnden Fensterscheiben.

Sie kam mit einer schweren Last von mehreren Mahlzeiten zurück. Die Tischdecke, die Deborah für sie gefunden hatte, breitete sie über mehrere Kästen aus, und auf diesem hügeligen Tisch deckte sie massiv-silbernes Besteck und ein feines Abendservice aus Porzellan. Nichts war weggelassen, nicht einmal der Pfeffertopf.

Während sie die Brühe für Reb Avram Ber einschüttete, das Fleisch auf zwei Teller legte und den Rest der Suppe unter eine Bettdecke stellte (sie sollte doch nicht kalt werden), berichtete sie Reisele, jetzt mit lockerer Haltung, daß des Tzadiks Frau – die „Junge", wie sie sie nannte – ein echter Edelstein wäre, und daß seine Mutter – die „Alte" – bei ihr eine Lektion in gutem Benehmen nehmen sollte. Wenn sie, das Mädchen, unter einem glücklichen Stern geboren wäre und keine Waise gewesen wäre,

wäre sie in den Dienst der Jungen und nicht in den Dienst der Alten getreten. Sie sammelte das Geschirr ein, und nachdem Reisele sie heftig gedrängt hatte, verschwand sie mit fünfzehn Kopeken in der Tasche.

Wenige Tage später ernannte sich Leiser Nussen, der oberste der Persönlichen Begleiter des Tzadik, der niederträchtigste und unverschämteste von ihnen allen, zu Reb Avram Bers rechter Hand – ziemlich gegen dessen Willen. Er nahm von Reb Avram Ber Geld zum Einkauf der Möbel, bestellte Ware nach seinem eigenen Geschmack, besprach sich mit niemandem außer sich selber und gab so viel Geld aus, wie er allein für richtig hielt. Reisele haßte den Kerl, aber solche Kleinigkeiten wie Liebe oder Haß beeindruckten Leiser Nussen nicht im geringsten. Dafür war er ein zu praktischer Jude. Reiseles Warnung an Reb Avram Ber, ihm nicht zu trauen, erwies sich als nutzlos. Er mußte ihm einfach vertrauen, denn das war Leiser Nussens Wunsch, und wenn Leiser Nussen etwas wünschte, so ging es nach seinem Wunsch, selbst bei Leuten, die schlauer waren als Reb Avram Ber.

Jedoch, als die Zeit gekommen war, die Möbel aufzubauen, erachtete er seine Aufgabe als erledigt und er verpflichtete Reb Baruch, zusammen mit Selig, dem Diener des Tzadik, die Arbeiten zu erledigen.

Trotz der Tatsache, daß der alte Baruch dauernd protestierte, daß von Rechts wegen er der oberste der Persönlichen Begleiter des Tzadik wäre, und, hätte der Vater des gegenwärtigen Tzadik noch gelebt (sein Andenken sei gesegnet!), kein anderer als er, Baruch, wäre der Macher am Hof gewesen, und Leiser Nussen wäre nichts als ein Niemand, aber der alte Tzadik (sein Andenken sei gesegnet!) hatte dieses Leben vor vielen Jahren verlassen und hielt jetzt möglicherweise Hof im Paradies ... trotz alledem stand Reb Baruch unter dem Befehl von Leiser Nussen und mußte nach seiner Pfeife tanzen, und alles was er machen konnte, um seine Entrüstung auszudrücken, war eine Prise Schnupftabak zu nehmen. Um sicher zu sein, fand er Trost auch im Whisky, pur getrunken. Aber die alte Henya, Baruchs Ehefrau, bestand immer darauf, daß erst seitdem Leiser Nussen ihm das Recht als ältester Schammes weggenommen hatte, er angefangen hatte zu trinken. Doch viele Leute, die sich an die guten Zeiten erinnerten, als der alte Tzadik noch in vollem Glanze gewesen war, erzählten, daß Baruch nie ein Feind gewesen war von einem gutgefüllten Glas. Trotzdem, ein großer alter Mann war Reb Baruch, niemals betrunken, wenn auch immer trinkend, und wenn er auch oft, davongetragen von seinen Träumen, anfing, seine Geschichten von früher zu erzählen und dabei in verblüffendem Ausmaß log, sie mit phantastischen Beschreibungen ausstattete, mit genauesten Einzelheiten, so mußte man ihn doch liebhaben, und darüber hinaus wurde man tief verstrickt in seine Lügengeschichten. Ein Blick auf Reb Baruch war genug! Es war faszinierend, Reb Baruch zu sehen, wie er in Verzückung geriet. Seine schwachen alten Augen leuchteten wieder, und ein Lächeln spielte auf seinen Lippen. Er selber glaubte voll und ganz diese fremdartigen Ereignisse und Wunder, die zu Lebzeiten des alten Tzadik (sein Andenken sei gesegnet!) geschehen waren, als er, Baruch, das Sagen am Hof hatte, und Leiser Nussen noch nicht geboren worden war. Deborah bewunderte diese Lügengeschichten und den Erzähler auch. Und sie begann, Leiser Nussen zu hassen, weil er des alten Baruchs Autorität an sich gerissen hatte. Selbst Reisele hatte ihn gern. Sie wunderte sich nur immer, wie ein so alter und schlaffer Mann, mit einem Fuß im Grab, eine so fruchtbare Phantasie besaß.

Selig baute die Betten auf – hölzerne Betten mit geschnitztem Oberteil – Betten, die in mancherlei Hinsicht bemerkenswert waren. Zum einen sahen sie unverwechselbar aus, zum anderen waren sie spottbillig, kosteten (wie Leiser Nussen sagte) so gut wie nichts. Tatsächlich waren fünfundzwanzig Rubel für ein Paar Betten ein ganz ordentlicher Preis, aber dann gibt es (wie Leiser Nussen sagte), Betten und Betten. Was für Betten! Welch eine Politur und Glitzern und die Kunstfertigkeit in den Schnitzereien!

„Ihr mögt sie nicht?" sagte Leiser Nussen zu Reisele. „Was, ihr denkt, das Holz sei billig? Ihr wollt mir doch nicht erzählen, daß es auf das Holz ankommt. Unsinn, ihr wollt doch nicht mit den Betten kämpfen! Ach, der Herr gebe euch Gesundheit und Glück in ihnen!"

„Was ist das? Sie werden anfangen zu ächzen, wenn ihr euch hineinlegt? Unsinn! Gebt ihnen ein bißchen Öl, und schon sind sie geheilt. Ha, ha, sicherlich, sie sind nicht besser als sterbliche Menschen," philosophierte Leiser Nussen und, nachdem er Selig gesagt hatte, was zu tun war, ging er weg.

Baruch leistete Hilfe, indem er zum Rhythmus von Seligs Hammer ächzte und die falschen Werkzeuge reichte. Wenn die Zange gewünscht war, lieferte er den Schraubenzieher. Dies ärgerte Selig ganz schön, aber er sagte Baruch kein böses Wort. Schließlich war Baruch doch einer der Persönlichen Begleiter des Tzadik und nebenbei ein alter Mann. Tatsächlich hatte Baruch Enkelkinder, die genauso alt waren wie Selig. Darüber hinaus mochte er den alten Mann.

Nachdem er mit den Betten fertig war und sie gerüttelt hatte, um ihre Stärke auszuprobieren, wandte Selig seine Aufmerksamkeit dem Kleiderschrank zu. Auch der hatte seine guten Punkte, wenn man nach ihnen schaute.

„Er ist ein wenig schmal geraten," sagte Selig, „und zu leicht gebaut. Schaut, ihr könnt ihn auf dem Rücken davontragen."

Jedoch, der Tisch war ein solides Stück und entschädigte für alles andere: Er war groß und robust mit einer starken Politur, durch die große Tintenflecken sichtbar waren – offensichtlich war er aus zweiter Hand, aber das war Nebensache. Es war ein Tisch – mit seinen vielen Schnitzereien an den Rändern, mit so einer Politur, ein so feierliches Möbelstück – nicht zu vergleichen mit anderen Tischen. Wenn ein Mann an einem solchen Tisch sitzt, die Füße fest auf den Boden gesetzt wie Bärentatzen, dann gibt ihm das zusätzliche Inspiration zum Studium des Talmud (sagte Leiser Nussen); und sogar das Essen, auf einem solchen Tisch serviert, erhielt zusätzliche Würze. Andererseits war der Küchentisch brandneu. Wie die Küchenbank. Die Anrichte war tip-top in Ordnung und stand eindrucksvoll gegenüber der Tür. Und die Bank hatte an beiden Enden gebogene Armlehnen. In jeden Bogen war sehr künstlerisch ein Loch gebohrt worden, und aus jedem der Löcher sandte ein Messingknopf goldene Strahlen aus.

„Eine Schande, daß sie nicht lackiert sind. Wenn ich an eurer Stelle wäre, würde ich sie lackieren lassen," sagte Selig nachdenklich zu Reisele. „So werden sie sofort schmutzig."

„Sei kein Esel!" mischte sich Baruch ein und nahm eine Prise Schnupftabak. „Lackiert – scharniert! Erst wenn sie dreckig werden, dann lackiert man sie, nicht vorher! Esel!"

Selig weigerte sich entschieden, ein Trinkgeld anzunehmen. „Möge es euch zum Wohl sein bei bester Gesundheit!" sagte er und seine Werkzeuge einsammelnd ging er. Baruch folgte ihm hinaus, und die Familie war wieder eingezogen in einem eigenen Heim, für das der Herr gepriesen sei!

Reisele hatte alles neu: neue Möbel, ein neues Heim, eine neue Stadt, ein neues Leben... Aber mit all dieser Neuheit stahl sich etwas anderes über sie – ein neues Gefühl der Düsterkeit, das sie grundlos traurig machte, ein Gefühl von Bedrängnis, das Tag für Tag stärker wurde, während Reiseles Geldbeutel Tag für Tag leichter wurde. Nicht, daß dies die Quelle für diesen merkwürdigen Kummer war, der in dem neuen Heim lauerte, welches Reisele für die Zwischenzeit so gut wie möglich halten wollte.

Andererseits kehrte Reb Avram Ber jeden Tag mit neuer Kunde der Freude aus der Jeschive heim: Studenten strömten von allen Teilen des Landes, die Jeschive war bereits eine der bedeutendsten und größten in Polen, bald würde es keine freien Plätze mehr für Neuankommende geben, und man würde sie zurückweisen müssen, wenn nicht ein neuer Flügel dem Gebäude hinzugefügt werden würde.

Am letzten Schabbes hatte der Tzadik bei seinem regelmäßigen Festessen, als er die Thora erklärte, viele Bibeltexte, Anspielungen und Andeutungen in seine Predigt eingefügt, um nachzuweisen, wie groß die himmlische Belohnung sei, die den Wohltätigen zuteil würde, die armen jüdischen Studenten dazu verhelfen, ihre Talmudstudien zu verfolgen. Er bat – nicht doch! er befahl – allen Bewohnern von R–, sich die himmlische Belohnung zu sichern, indem sie einen solchen Studenten mindestens an einem Tag in der Woche zur Familientafel einluden, wie es der Brauch frommer Juden sei. Diese edle Tat konnte noch edler überboten werden durch wohlhabende Leute, die es sich leisten konnten, ihre Tafel mehrere Tage in der Woche mit Studenten zu teilen. Der Tzadik gab bekannt, daß für die Zwischenzeit die Studenten aus einer Gemeinschaftsküche verpflegt würden, die am Hof eingerichtet würde, daß diese Küche auch in Zukunft bleiben würde, aber, um das Werk der Jeschive weiterzuführen, wäre es unabdingbar, daß Hilfe von außen freiwillig gegeben würde, und feierlich verpflichtete er seine Anhänger, sich an dieser heiligen Aufgabe zu beteiligen. Feierlich zeigten zwei Reihen von Bärten den Tisch entlang nach unten. Feierlich schüttelten die Scharen der Chassidim, die um den Tisch herumstanden, ihre Köpfe. Danach kehrte der Tzadik zu seiner üblichen Predigt zurück und entschwand in himmlischem Entzücken... Des Tzadiks Aufruf breitete sich bald überall in der Stadt aus, und die Juden halfen, selbstverständlich, und luden die Studenten zu sich ein. Nun – sicher nicht für mehrere Tage in der Woche, aber eine große Zahl lud Studenten für einen Tag in der Woche nach Hause ein.

Reb Avram Ber hielt seine Vorlesungen Tag für Tag. Michail lernte in der Gesellschaft von Studenten, die viele Jahre älter waren, aber er war nicht ein Körnchen hinter ihnen zurück. Deborah hatte eine Menge Arbeiten im Haus, die sie beschäftigt hielten. Reisele allein empfand, daß die Zeit nur schwer verging. Irgendwie fand sie keinen Gefallen an den Büchern, die sie in die Hand nahm; sie hatte sich noch nicht niedergelassen, hatte sich noch nicht an das Gefühl der neuen Couch gewöhnt, die zufälligerweise, wie sie selber, eine schwache Konstitution hatte.

„Weißt du, du wärest gut beraten, einen Besuch bei des Tzadiks Ehefrau zu machen. Es wäre eine angenehme Abwechslung. Sie ist schon eine außergewöhnliche Person mit wahrer Würde. Sie kommt aus sehr gutem Haus – der Belzaker Tzadik ist ihr Vater – und sie ist sehr, sehr klug," sagte Reb Avram Ber, und als er diese letzten Worte sagte, schaute er auf Reiseles Gesicht, um zu sehen, welchen Eindruck sie bei ihr hinterließen. Reisele lächelte, sie überlegte, daß sie tatsächlich bei Gelegenheit hingehen sollte, damit sie sich kennenlernen konnten.

Die Gelegenheit ergab sich ganz einfach. An einem sonnigen Morgen schickte des Tzadiks Frau ihr Mädchen mit einer Einladung. Das Mädchen sah überhaupt nicht wie eine Dienstbotin aus, gekleidet wie sie war, in einem hübschen weißen Kleid mit einer kleinen Schürze darüber und Lacklederschuhen an ihren winzigen Füßen; auch ihr Gesicht verriet sie nicht – eine schöne Blonde mit einem einnehmenden Lächeln. Als sie eintrat, brachte sie einfach neues Leben in das Haus.

„Des Tzadiks Frau (sie soll leben!) bittet euch, Rebezen, so gut zu sein, sie heute Nachmittag zum Tee zu besuchen," sagte sie zur Begleitung eines solch strahlenden Lächelns, daß selbst Reiseles dünne Lippen zu lächeln begannen.

Des Tzadiks Frau, gekleidet in ein langes schwarzes Seidenkleid, mit einer langen Kette von teuren Perlen um ihren weißen molligen Hals und einer kostbaren Perücke auf dem Kopf, stand auf, als Reisele eintrat, auch in einem schwarzen Kleid und mit einer Perücke auf dem Kopf, aber ohne Perlenkette auf ihrem dünnen häutigen Hals. Sie kam der Besucherin entgegen, um sie zu begrüßen, und bat sie, sich zu setzen. Reisele mochte sie auf der Stelle. Der kluge offene Ausdruck der Frau, besonders der Augen, mußte gefallen, und sicherlich war Reisele eine kundige Richterin von Charakteren. Darüber hinaus war alles in dem Zimmer so originell angeordnet mit so viel gutem Geschmack, die Hausherrin und ihre Umgebung harmonisierten so perfekt, daß das Ergebnis nur gefallen konnte. Die Wandbehänge, der Seidenvorhang an der Tür und den Fenstern, dunkelblau und ruhig, die Möbel einfach und doch künstlerisch fein – alles paßte und atmete den Geist der Bewohnerin. Die Stimmung in dem Zimmer war von sanfter Freundlichkeit; es tat dem Herzen gut, beruhigte das Gemüt, vertrieb bedrükkende Gedanken und charakterisierte die Person, die so gut wußte, dies alles anzuordnen. Reisele fühlte sich ausgezeichnet, wie ein Fisch im Wasser. Dies war die Atmosphäre, die ihr wirklich fehlte.

Des Tzadiks Frau zeigte ihr eine Ausgabe eines kürzlich erschienenen Buches, das sie erst an diesem Morgen erreicht hatte und das von einem ihrer Neffen gesandt worden war (der zufälligerweise der Autor war). Dann führte sie Reisele zu ihrem Bücherschrank, öffnete die Glastüren und stellte ihr etwas vor, was sie ihre „Freunde" nannte – eine seltene Sammlung von Büchern, auf die sie sehr stolz war. Sie empfand sich als so etwas wie einen Kenner und bewies Reisele, daß sie wußte, was man lesen sollte. Gegenüber dieser imponierenden Ansammlung von Büchern fühlte Reisele sich arg versucht, als ob sie plötzlich einen großen Garten mit köstlichen Blumen betreten hätte, von denen sie keine pflücken durfte, auch wenn die Besitzerin ihr sie höflich anbot. Des Tzadiks Frau schloß den Bücherschrank wieder. Sie setzten sich und das Mädchen mit dem angenehmen offenen Gesicht servierte Tee und Gebäck auf einem geschmückten Silbertablett, das tiefe Zeichen des Alters trug. Die Löffel, die Zuckerdose, die Zuckerzange, alles trug dieselben Spuren des wertvollen Vererbten. Man konnte sehen, daß sie alle von einer alten und mächtigen Familie stammten.

„Wie, ihr habt euren Tee noch nicht angerührt? Bitte laßt ihn nicht kalt werden. Möchtet ihr lieber einen Fruchtsaft haben?"

„Oh nein, danke. Macht keine Umstände."

„Wie ich sagte, wir können nie einsam sein, wenn wir unsere Bücher haben, ich meine natürlich die richtige Art Bücher," sagte des Tzadiks Frau weiter, sprach dabei für Reisele wie für sich selber und ließ nochmals anklingen, daß Reisele freien Zugang zur Büchersammlung haben könnte, falls sie es wünschte. „Ihr seht, ich weiß alles über euch. Der Rabbi (Reb Avram Ber) hat mir alles erzählt und die Leidenschaft für Bücher ist ein Laster, das wir beide teilen."

Reisele lächelte mit echtem Vergnügen.

Als sie nach Hause zurückkehrte und Reb Avram Ber erzählte, wo sie gewesen war, hinzufügte, daß sie des Tzadiks Frau als angenehme Gesellschaft empfunden habe, strich Reb Avram Ber seinen Bart mit einer solchen Jubelmiene, er hätte nicht zufriedener sein können, wenn ein unbekannter Onkel ihm Millionen Rubel hinterlassen hätte.

„Und was für eine wunderbare Sammlung von Büchern sie hat," fügte Reisele hinzu.

„Siehst du! Habe ich dir nicht immer gesagt, daß es dir hier (der Herr sei gepriesen) an nichts fehlen wird? Du hast nie jemanden in Jelechitz gehabt, um ein Wort mit ihm zu wechseln, aber hier hast du schon (dem Herrn sei gedankt) so eine gute Freundin. Sie ist eine sehr feine Frau, eine edle Seele."

„Wirklich," stimmte Reisele zu.

„Jetzt hast du nur einen ersten Eindruck. Du wirst noch mehr von ihr halten, wenn du sie gut kennst," sagte Reb Avram Ber und strahlte über das ganze Gesicht, und er fuhr fort zu erzählen, wie angesehen des Tzadiks Frau bei den Chassidim ihres Mannes sei, daß viele von ihnen nicht im Traum daran dächten, ihn zu besuchen, ohne bei ihr vorbeizuschauen, um sie zu begrüßen.

„Das zeigt, wieviel sie von ihr halten. Und, um dir die Wahrheit zu sagen," setzte Reb Avram Ber hinzu, senkte seine Stimme, als fürchtete er, die Wände könnten Ohren haben, „ich selber halte mehr von ihr als von..." Reb Avram Ber beendete seinen Satz nicht.

Reisele verstand. Sie war still.

In der Jeschive ging alles, wie es sollte. Sie stand in einer Ecke des weiträumigen Hofes der Residenz des Tzadiks, voller Majestät mit ihren neuen Ziegeln im feurigen Rot, und ihr Wellblechdach glühte unter dem brennenden Atem der Sonne. Die großen Fenster waren weit geöffnet und verbreiteten einen süßen melancholischen Gesang, der über den Hof flutete, sich wendete und drehte, anschwoll, bis er die Straße erreichte, dann zurückging, sich geheimnisvoll einigelte voller Mysterien, aber bald füllte er wieder mutig den gesamten Hof und über alle Stimmen, die im Gesang verschmolzen, war Reb Avram Bers sanftes und väterliches „Yesch Orim" zu hören.

Mottel jubelte über die unvorhergesehene Gelegenheit, als eines Morgens Reb Avram Ber, der seine Pfeife zu Hause vergessen hatte, niemand anderen als ihn herauspickte, um sie holen zu lassen. Mottel, der nun seine Mahlzeiten in der Gemeinschaftsküche zu sich nahm, war lange Zeit nicht in Reb Avram Bers Haus gewesen. Er hatte gehofft, eines Tages eine Einladung zu erhalten, aber das war Reb Avram Ber überhaupt nicht in den Sinn gekommen, denn er sah den Jungen jeden Tag, und wie sollte er vermuten, daß Mottel einfach brannte vor Verlangen, Deborah zu sehen. Mottel machte sich auf den Weg zur Pfeife wie ein Pirat zu einem verborgenen Schatz, aber das Schicksal war gegen ihn. Was nicht sein soll, soll nicht sein, sagt das Volk. Deborah hatte an genau diesem Morgen entschieden, auszugehen, um einen Blick auf den Tzadik zu werfen. Sie hatte ihn noch nicht persönlich gesehen und hatte von Michail gehört, daß er dabei wäre, die erste einer Reihe von Vorlesungen in der Jeschive zu halten; deshalb lag sie auf ihn wartend in einem der vielen

Eingänge des weiträumigen Hofes. Der Platz war so gut wie leer bis auf ein paar alte Frauen, die wie Enten hereinwatschelten, dann herauswatschelten, um wieder eine Leere zu hinterlassen, und einen aufgeregt aussehenden jungen Mann (der eine starke Ähnlichkeit mit Mottel hatte), der aus der Jeschive herauseilte, als stünde das Gebäude in Flammen.

Die Zeit verging, und immer noch geschah nichts, bis sie zu denken begann, sie hätte sich zum Narren gemacht. Eine weit entfernte Uhr schlug die volle Stunde – elf Schläge. Der letzte Schlag war kaum erstorben, als der Tzadik plötzlich im Hof mit einem seiner Persönlichen Begleiter erschien. Der Tritt war fest und bestimmend, und seine Stiefel traten klar und gerade auf die Steine, widerhallend durch den riesigen Hof wie das Hämmern von Pferdehufen. Deborah wich zurück, so als würde sie eine heilige Gegenwart entweihen, aber nachdem sie ihn ein zweites Mal angeschaut hatte, war es ein Gefühl von Beunruhigung und nicht von Ehrfurcht, das Besitz von ihr nahm. Der Mann ängstigte sie durch seine schiere Größe. Niemals in ihrem Leben hatte sie einen so riesigen Juden gesehen. Welch eine Höhe, welch ein Umfang – und welch ein Bauch! Niemals in ihrem Leben hatte sie so eine enorme Kreatur gesehen. Sein glänzender schwarzer Seidengabardin war nicht zugeknöpft und auf seiner vorgestreckten Wampe beulte sich ein weißer Talleskuten mit den schwarzen Streifen, als wäre eine starke Brise dahinter. Sein Bart war fürchterlich lang, er reichte hinunter bis zur Hose. Und sein Gesicht war eine glänzende rote Masse von Fleisch – ausgesprochen grob. Es war nichts Heiliges an seiner Erscheinung, trotz der Länge des Bartes. Da war ein listiges und selbstzufriedenes Glitzern in seinen kleinen leuchtenden Augen. Deborah starrte. Konnte dies wirklich der Tzadik selber sein? Sie verglich ihn mit dem Bild ihres Großvaters, ihres Vaters! Wie auffallend verschieden! Da gab es keinen Vergleich. Wirklich, ein merkwürdiger Tzadik.

Plötzlich, als sie noch über den Tzadik nachgrübelte, vergeblich versuchte, sich von dem Erstaunen zu erholen, wurde ihr bewußt, daß zwei brennende schwarze Augen auf sie gerichtet waren: Ein großer und dürrer junger Mann kam näher, gekleidet oder eher gehüllt in einen langen schäbigen Gabardin, zusammengehalten von einer halbzerrissenen Schärpe. Er ging rasch vorbei, schien über den Boden zu schweben. Seine Augen waren groß und lagen tief in einem schmalen bleichen Gesicht mit starken Backenknochen. Im Vorbeigehen blitzten die Augen sie noch einmal an. Sie hatte das Gefühl, als drangen sie ihr durch den Leib. Und dann verschwand auch dieser junge Mann im Eingang der Jeschive.

„Nun, das ist ein komisch aussehender Tzadik," überlegte Deborah und bemühte sich, nicht an den jungen Mann zu denken. Vielleicht hatte sie sich geirrt? Vielleicht war der große fette Mann nur einer der Begleiter? Aber nein, kein Begleiter würde einen Seidengabardin an einem Werktag tragen, auch hatte er keinen Fellhut wie ein einfacher Rabbiner. Dieser Hut war leicht dreimal so groß wie der ihres Vaters, und wie komisch er aufgesetzt war auf dem Kopf. Beide, Kopf und Hut, hatten so einen wissenden Ausdruck, als ob sie beide bei einer Verschwörung dabei wären.

Sie lachte laut.

Aber der junge Mann mit den brennenden Augen schaute mehr wie ein Tzadik aus. Bei diesem Gedanken wurde sie rot. Aber unbestreitbar war da etwas tief Geistiges und Intellektuelles an diesem dürren Menschen. Auf dem Heimweg ging sie zum Metzger und kaufte Kotelett für das Abendessen. Später am Tag war eine neue Überraschung für sie bereit, als sie versuchte, ihrer Mutter den Tzadik zu beschreiben. Reisele zeigte nicht die geringsten Zeichen von Erstaunen. Sie hörte einfach mit einem amüsierten Lächeln zu.

„Nun, das ist hervorragend. Ich bin froh zu hören, daß der Tzadik so rüstig und gesund ausschaut. Hervorragend."

Das war der einzige Kommentar ihrer Mutter. Es war alles sehr seltsam.

Kapitel 5

Aus Wochen wurden Monate, und Reiseles Geldbörse schrumpfte, bis sie eindeutig schwindsüchtig war. Es gab kaum noch genug Geld, um Essen davon zu kaufen, und immer noch unterließ es der Tzadik, irgendwelche Zahlungen zu leisten. Zu dieser Zeit begann sogar Reb Avram Ber, der sich sonst immer vorgestellt hatte, daß es die Absicht des Tzadik wäre, mit einem Mal zu zahlen, unsicher zu werden und endlich sprach er ihn darauf an (obwohl er einen harten inneren Kampf auszutragen hatte, bevor er sich dazu durchringen konnte).

„Kommt um fünf Uhr vorbei, und dann werden wir sehen, was wir für euch tun können," war die Antwort des Tzadik, als ob er es mit einem Bittsteller zu tun hatte.

Reb Avram Ber litt, aber er tat, was ihm gesagt worden war. Man mußte leben… Es galt, an die Familie zu denken…

Der Tzadik bat ihn sich zu setzen. Dann erzählte er Reb Avram Ber, daß er in Kürze wegreisen würde zu einer Badekur. Mit befehlender Stimme verpflichtete er Reb Avram Ber, die

Jeschive instand zu halten und dafür zu sorgen, daß die Studenten säßen und lernten. Danach wandte er sich dem Thema Gemeinschaftsküche zu, deutete an, daß in der Abwesenheit seiner Mutter, die ihn in den Badeort begleiten würde, die Einrichtung von Leiser Nussens Frau geführt werden würde. Geld würde er selber für diesen Zweck bereitstellen. Dann schweifte er zu einem verwickelten Talmudproblem ab, die ganze Zeit jedoch sich den Kopf zerbrechend wegen eines Tricks, um aus seinen Verpflichtungen flüchten zu können. Dann kam eine brütende Stille, am Ende bezwang er seinen eigenen Widerwillen. Er stellte sich auf die Füße, zog einen dunkelgrünen Plüschvorhang zur Seite und verschwand in einer Kammer, deren Dasein Reb Avram Ber an diesem Tag zum ersten Mal entdeckte. Er hörte, wie der Tzadik mit einem Schlüsselbund klimperte, dann war da das Drehen eines schweren Schlosses. Als der Tzadik auftauchte, stopfte er schnell zwei Papierscheine in Reb Avram Bers Hände, zusammen mit einigen Silbermünzen. Reb Avram Ber händigte sie Reisele aus nach dem Abendgebet: Zusammen fünfundzwanzig Rubel. Das stellte den Glauben im Haus wieder her.

„Er scheint gerne auf einmal zu zahlen," sagte Reb Avram Ber.

„Mit einem Mal?" wandte Deborah ein. „Es fehlen noch über einhundert Rubel."

„Sei nicht dumm. Das ist erst einmal ein Bißchen, damit wir für eine Weile auskommen" versicherte ihr Reb Avram Ber. „Ich bin sicher, er gibt mir den Rest, bevor er wegfährt."

In der Zwischenzeit waren die Vorbereitungen für die kommende Abfahrt am Hof des Tzadiks in vollem Gange. Wieder vergingen einige Wochen, ohne daß Reb Avram Ber weitere Zahlungen erhielt. Die Familie begann, die Not zu fühlen; jeder vergehende Tag brachte sie dem mittellosen Elend näher. Reb Avram Ber konnte das alles nicht verstehen; aber der Tzadik wahrscheinlich – nur zu gut! Er erging sich über die Errungenschaften der Jeschive fast täglich, beeindruckte die Öffentlichkeit, welch eine heilige Mission dies war, und wie es die Pflicht eines jeden sei, alles in seiner Macht stehende zu tun, um das materielle Wohlergehen der Einrichtung zu sichern. Er steigerte sich fast in eine Raserei, als er sich an die Einwohner der Stadt wandte, damit sie in ihren Wohnungen so viele Studenten wie möglich aufnähmen, um die Last der Gemeinschaftsküche zu erleichtern. Der gesamte Hof gab diese Aufrufe wieder.

Nun endlich war der Termin für die Abreise gekommen, und immer noch hatte Reb Avram Ber nichts von ihm gehört. Als Reb Avram Ber, nach vielen gebrochenen Entschlüssen, sich dazu brachte, zu dem Tzadik darüber zu sprechen, sagte der Tzadik, beizeiten würde er ihm geben. Die Zeiten vergingen und nochmals Zeiten, und immer noch geschah nichts. Aus dem einen oder anderen Grund wurde die Reise abgesetzt, keiner wußte warum. Reb Avram Ber hoffte immer noch.

Dann, als alle Vorbereitungen beendet waren, bis zum letzten Detail, nahm der Tzadik, umgeben von einer wahren Armee von Persönlichen Begleitern und Dienern, was sogar einen rituellen Schlächter einschloß, ohne vorherige Ankündigung seinen Abschied, und Reb Avram Ber wurde zurückgelassen mit leeren Händen. Des Tzadiks Mutter reiste ab mit ihrem eigenen persönlichen Gefolge, seine Frau folgte bald mit dem ihren. Als sie von Reisele Abschied nahm, fragte sie, ob die Familie diesen Sommer wegfahren würde. Irgendwie hatte des Tzadiks Frau vermutet, daß nicht alles war, wie es sein sollte, und sie hatte die Frage mit der Absicht gestellt, ihren Verdacht zu überprüfen. Die ganze Wahrheit in der Angelegenheit – daß ihr Ehemann Reb Avram Ber absolut ohne einen Pfennig zurückgelassen hatte – war so unmöglich, daß sie ihr nicht in den Kopf kam. Reisele gab zur Antwort, sie wisse noch nicht, sie werde sehen. Danach verstand des Tzadiks Frau mehr als Reisele wollte, daß sie verstünde. Des Tzadiks Frau schickte nach Reb Avram Ber, gab ihm ein Darlehen von fünfundzwanzig Rubel und sagte, daß sie ein Gespräch mit dem Tzadik über seine Pflichten haben werde, obwohl sie nicht behaupten könne, daß sie einen sehr großen Einfluß ausübe, aber hier verschwand ihre Stimme in einem Gemurmel, unhörbar für Reb Avram Ber.

Es gab Unruhe in der Jeschive. Es gab Ärger in der Jeschive. Die Gastfreundschaft, die die Juden der Stadt den Studenten gewährten, war weit entfernt davon auszureichen, um sie Tag für Tag zu ernähren, oder selbst nur jeden zweiten Tag. Was die Gemeinschaftsküche betraf, so wurde die Suppe von Mahlzeit zu Mahlzeit dünner – wie die Studenten. Sie begannen, ausgezehrt auszuschauen durch Unterernährung. Viele von ihnen verließen die Stadt. Reb Avram Ber war natürlich machtlos sie zurückzuhalten. Auch konnte er den Zurückgebliebenen keine Begeisterung für ihre Studien einflößen. So litt auch der Talmud... Leiser Nussens Frau zeigte keine Neigung, etwas von ihrem eigenen Geld für die Küche zu verwenden. Die geringfügige Summe, die der Tzadik in ihrer Obhut zurückgelassen hatte, war bald aufgezehrt. Die Studenten verlangten nach Nahrung, aber da war keine zu haben. Der Fleischer, der Bäcker, der Gemüsehändler, sie alle hatten sich abgesprochen, nichts ohne Geld zu liefern. Sie würden nicht ihre Waren weggeben und dann zum Tzadik gekrochen kommen, um ihre Außenstände zu kassieren, ihm nachlaufen wie Bettler, die Almosen suchten; dies war ihr unwiderlegbares Argument.

Die Jeschive ging zu Bruch. Wenn ein Student ein Heim hatte, zu dem er gehen konnte, dachte er nicht zweimal über die Abreise nach. Reb Avram Bers Kopf begann sich zu verwirren, es war alles wie ein Alptraum, und er sah kein Mittel ihn loszuwerden.

Wieder verbrachte Reisele ganze Tage liegend auf ihrer Couch. Deborah war geworden – weniger die Haushälterin, als die Putz- und Waschfrau der Familie. Diese Arbeit wurde ihr gelehrt von den Nachbarn, die nie müde wurden, ihr zu erzählen, daß Arbeiten nicht schaden würde, es wäre gesund, und was gut wäre für die eigene Tochter, wäre auch gut für sie. Deborah lernte sie zu hassen. Es war offensichtlich, daß die Nachbarn großes Vergnügen daran hatten, sie auf den Knien zu sehen, und sie fragte sich, was daran ihnen so große Freude verschaffte, wenn sie den Boden schrubbte?

Mottel nahm wieder seine Mahlzeiten – so wie sie nun waren – mit der Familie. Er beschimpfte den Tzadik ganz fürchterlich (nicht, natürlich, in der Gegenwart von Reb Avram Ber, der es nicht erlauben würde, trotz allem). Michail kam jeden Abend aus der Jeschive nach Hause mit einer neuen Sammlung von Scherzen auf des Tzadiks Kosten. Diese Scherze wurden witziger und beißender, je schlimmer die Not der Studenten wurde. Michail selber war der Autor von vielen von ihnen. Er machte auch den Tzadik nach, wie er eine Propagandarede für die Jeschive hielt; seine Stimme bebte verzückt und seine Hände waren über den Kopf geworfen in einem Rausch der Heiligkeit. Hierin war Michail unübertrefflich und seine Vorstellungen wurden von lautem Lachen begleitet. Dies waren die einzigen Momente von Heiterkeit, die die schwere Düsternis durchstießen. Dank Michail lachten nicht nur Deborah und Mottel, sondern auch Reisele, die dabei ihre Sorgen für einen Moment vergaß.

Auch der junge Mann mit den leuchtenden dunklen Augen und den herausragenden Backenknochen, (der, den Deborah an jenem beunruhigenden Morgen gesehen hatte, als sie ausgewesen war, um einen Blick auf den Tzadik werfen zu können), besuchte jetzt oft ihre Wohnung als persönlicher Gast von Reb Avram Ber. Deborah fühlte, daß da etwas Geheimnisvolles an ihm war. Zum einen weigerte er sich ständig mitzuessen, sagte immer, er habe gerade ein Mahl beendet, hier oder dort. Diskussionen aber schienen seine Leidenschaft zu sein – talmudische Debatten mit ihrem Vater. Sie wußte den Grund dafür nicht, aber wann immer er ihre Wohnung besuchte, schien alles heller zu werden, alle Sorgen waren vergessen und das Leben wurde wunderbar. Er schien allen Kummer zu zerstreuen und war dabei doch selber nichts weniger als heiter. Er schien eher ein düsterer Charakter zu sein. Selbst Reisele war beeindruckt von ihm, sagte, es wäre eine Freude ihn reden zu hören, obwohl er mit ihr gar nicht redete, mit Deborah auch nicht. Er war außergewöhnlich zurückhaltend, hielt sich abseits, wenn er neben jemandem war. Deborah kam zu dem Schluß, daß er ein religiöser Fanatiker sein mußte. Der Mutter zu gefallen, dies war eine Leistung, die bei Deborah Schmerz und Vergnügen hervorrief – Schmerz, weil sie selber ihrer Mutter offensichtlich so wenig Freude machte, und Vergnügen, weil ... einfach, weil es ihr Vergnügen machte!

Sie hatte einmal Reisele mitangehört, wie sie ihn Reb Avram Ber gegenüber lobpries.

„Ein seltener junger Mann, ein edler außergewöhnlicher Geist," hatte ihre Mutter gesagt. „Er hat offensichtlich große Kräfte zur intellektuellen Konzentration, und da ist nichts Großmäuliges an ihm. Es ist schon eine Freude, ihn hier zu haben."

„Nun, er ist bei weitem der brillanteste Student, den wir haben, weißt du. Er ist ein wundervoller Junge. Ich wünschte nur, ich hätte die Mittel, ich würde ihn als Ehemann für unsere Tochter nehmen." Darüber lachte Deborah immer. Es wäre nicht schlecht, so zur Braut zu werden. Ah, wie ihre früheren Freundinnen sie beneidet hätten! Und dieses Weib, Surka, im Gemüseladen, würde es nicht wagen, immer noch grob zu ihr zu sein. Deborah konnte sich schon als Braut vorstellen...

Nur in manchen Dingen schien er unvernünftig. Weshalb konnte er nicht bedächtig zu Fuß gehen wie andere Leute? Was ließ ihn immer so eilen? Nach welchen Dingen waren seine Augen ständig auf der Suche? Wenn er über den Talmud mit ihrem Vater diskutierte, warum mußte er so entschieden und schneidend sein? Bei solchen Gelegenheiten schienen seine Augen ein noch tieferes Schwarz zu bekommen, und sie traten aus ihren Höhlen hervor, feuersprühend. Aber selbst wenn er nur zuhörte, waren seine Augen verschieden von denen anderer Leute. Sie waren dunkel und schön und enthielten auch ein Geheimnis. Merkwürdige Augen! Er war eine Schönheit. Wäre er besser angezogen, dachte sie, er wäre eine große Schönheit, eine sehr große Schönheit.

Es war nicht zu leugnen, ihre Stimmung wuchs in festliche Höhen in seiner Gegenwart. Sie war so eingenommen von ihm, daß sie nicht einmal Mottels Eifersucht wahrnahm. Der wurde grün vor Neid, wenn der strahlende Ausdruck auf ihrem Gesicht erschien, sobald der Fremde eintrat. Sie hatte Mottel auch gern. Er lieh ihr Bücher und unterhielt sich mit ihr, wann immer er die Möglichkeit hatte. Er borgte ihr einmal ein Buch und warnte sie, daß keine Menschenseele erfahren durfte, daß sie so ein Buch lesen würde und auch nicht, von wem sie es bekommen hatte. Er vermittelte ihr den Eindruck, daß dies die einzige Art von Büchern sei, die ein aufgeklärter Mensch lesen sollte. Nicht nur konnte man Nutzen ziehen durch das Lesen solcher Bücher, es war eines Jeden heilige Pflicht, sie zu lesen, und dann vertraute er ihr als ein feierliches Geheimnis die Tatsache an, daß es der dunkeläugige Fremde war, der diese Literatur verbreitete. Dies war ein fürchterlicher, überraschender Schlag für sie. Aber nach und nach gewöhnte sie sich an den Gedanken. Mottel erzählte ihr bei Gelegenheit, daß der Fremde ein Freidenker war. Sie redete nie zu jemand anderem darüber. Sie hatte geschworen, es nicht zu tun. Aber es war nicht anständig von Mottel gewesen, ihr solch ein Geheimnis mitzuteilen. Vielleicht fühlte sie sich deshalb von dem Fremden mehr angezogen.

Im weiteren Verlauf des Sommers brachen eine Reihe von Feuern im Hof des Tzadiks aus. Sie waren nicht von ernsthafter Natur und bald gelöscht. Aber sie entwickelten sich zu einer kleinen Epidemie; kaum eine Woche verging ohne ihr Feuer. Hier wurde eine umgeworfene Kerze brennend auf einem Tisch gefunden, dort hatte ein fallengelassener Zigarettenstummel den Holzboden schwelen lassen. Dann fing der Stoff der Kaminverkleidung in der Gemeinschaftsküche Feuer. Flammen konnten überall emporschießen. Keiner konnte das verstehen, aber es gab eine Menge Vermutungen. Nichts Derartiges war jemals zuvor geschehen. Wie auch immer, da die Feuer immer schnell unter Kontrolle waren, mit jeweils geringem tatsächlichen Schaden, wurde der Herr für seine Milde gepriesen, wie ihm gedankt wurde, für die nicht geringe Gnade, daß er die Stadtleute mit einem Gesprächsstoff versorgte in diesem schläfrigen Sommer, da keiner Neigung hatte zu arbeiten, und es daneben nichts zu tun gab, als mit seinen Nachbarn ein Schwätzchen zu halten. Der Tzadik und jeder andere, auf den es ankam, war weg, der Strom der Chassidim war in der Zwischenzeit zum Erliegen gekommen, die Gemeinschaftsküche so gut wie geschlossen. Im Moment waren deshalb die Feuer doch eine kleine Segnung, beanspruchten die Köpfe und Zungen der Nachbarn, die in den engen Straßen und auf den Plätzen herumlungerten, unter einer glühenden Sonne, die die ganze Stadt einschläferte.

Deborah fand mehr Abwechslung in ihrem Leben als jemals in Jelechitz. Dort vergingen die Tage gewöhnlich ohne Hoffnung darauf, daß etwas Unerwartetes geschehen könnte; von morgens bis abends und von abends bis morgens ging die Zeit ihren lästigen Weg mit ungebrochener Monotonie. Nun war das Leben ungeordnet, harsche Umstände spielten Chaos mit ihnen. Ärger und Sorgen drangen aus allen Richtungen auf die Familie ein, schwärmten auf sie zu wie Ungeziefer von den Wänden eines zerfallenen schmutzigen Gebäudes, krochen voran aus jeder Ritze, und jedesmal, wenn eine Ritze gestopft war, taten sich zwei andere an ihrer Stelle auf. Ihren Höhepunkt aber erreichten die Dinge, als eines Morgens eine Frau, gekleidet ganz in Schwarz, an ihre Tür kam und lautstark die Miete verlangte. Das war etwas, womit sie überhaupt nicht gerechnet hatten! All die Zeit hatten Reb Avram Ber und die Familie geglaubt, daß das Haus, in dem sie lebten, Eigentum des Tzadiks sei, und daß sie, wie er ihnen zugesagt hatte, ohne Miete dort wohnen konnten. Er hatte nie ein Wort gesagt über Bezahlung von Miete, und selbstverständlich war ihnen eine solche Möglichkeit nicht in den Kopf gekommen. Es stellte sich jedoch heraus, daß Leiser Nussen für das erste Quartal im voraus bezahlt hatte, und die nächste Zahlung war nun überfällig. Das Haus gehörte tatsächlich dieser trauernden Witwe, die am Ende jeden Quartals von Warschau herüberkam, um die Miete einzukassieren. Madam war eine Querulantin. Sie hielt nichts davon, die Gefühle von anderen zu schonen. Reisele versicherte ihr zum hundertsten Mal, daß der Tzadik die Miete zahlen müßte und nicht sie, und daß er sicherlich vollständig zahlen würde nach seiner Rückkehr aus dem Badeort. Aber die Frau wollte davon nichts wissen.

„Ich kenne keinen Tzadik. Welche Vereinbarungen ihr auch immer mit einem Tzadik habt, ist eure Angelegenheit. Es interessiert mich nicht. Alles, was ich weiß, ist, daß ihr hier lebt und deshalb die Miete zahlen müßt," sagte sie stur, und nichts konnte sie bewegen.

„Aber warum habt ihr euch nicht vorher gezeigt? Warum seid ihr nicht zuerst mit uns in Verbindung getreten? Dann hätten wir all diese Unannehmlichkeiten vermieden." Reisele drängte die Frau, aber sie, sich auf einen Stuhl am Fenster setzend, knöpfte ihren kostspieligen schwarzen Mantel auf, löste einen schwarzen Schleier von ihrem schwarzen Hut, legte ihre schwarzen Glacéhandschuhe auf den Tisch, kreuzte ihre Beine (in schwarzen Seidenstrümpfen) und ließ sich so nieder, als ob sie ewig warten würde – bis sie ihre Miete hätte, selbstverständlich.

Reb Avram Ber war zu dieser Zeit in der Jeschive. Deborah rannte, ihn zu holen. Sie erzählte ihm hastig die Geschichte, in so kurzen Worten wie möglich.

„Mama ist kein Mensch mehr. Etwas muß gleich geschehen. Diese Frau wird nicht weggehen, sie wird nicht weggehen!"

„Hm!" brummelte Reb Avram Ber, schaute erst in die eine dann in die andere Richtung, als ob er etwas verloren hätte. „Oh barmherziger Gott, Schöpfer von Himmel und Erde und allem, was lebt, verlasse mich nicht. Ich flehe dich an, hilf mir! Hilf mir!" Reb Avram Ber bat, wie ein Kind seinen Vater bittet und zerschlagen von der Nachricht – das letzte, was er hätte erwarten können – eilte er, ein gebrochener Mann, nach Hause.

„Guten Morgen!" sagte er halb in die Welt hinein, halb an die Frau gerichtet. Aber seine Augen blickten ängstlich auf Reisele.

Die Frau machte eine Bewegung.

„Bitte setzt euch! Setzt euch!" sagte Reb Avram Ber, immer noch der vollkommene Herr.

Sie blieb sitzen.

„Könntet ihr uns vielleicht einige Wochen Aufschub geben? Mit Gottes Hilfe, werden wir euch nicht lange warten lassen, und ich versichere euch, nicht einen einzigen Groschen werdet ihr verlieren."

Weder Reb Avram Ber noch Reisele waren gewitzt genug zu erkennen, daß diese Frau keine rechtsmäßige Forderung an sie hatte, da Leiser Nussen die Wohnung in des Tzadiks Namen gemietet hatte. Die Frau wußte das sehr wohl, aber sie versuchte ihr Glück. Warum sollte sie warten? Sie konnte ihr Geld genauso gut jetzt wie später kassieren.

„Ihr seht, ich bin eine Witwe. Gott gebe, es soll euch nie geschehen! Nur eine arme Witwe," erklärte sie Reb Avram Ber, „und es ist doch nicht richtig, mich auf mein Geld warten zu lassen, nicht wahr? Eine einsame Witwe, das bin ich, und ich habe niemanden, der für mich sorgt. Wenn ich keine Witwe wäre…"

„Dort oben," sagte Reb Avram Ber und hob seine Augen himmelwärts, „dort oben werden Witwen und Waisen geschützt."

Er sprach diese Worte mit solcher Ernsthaftigkeit und Sicherheit, daß der Mund der Frau mit den bitteren Furchen an jeder Seite irgendwie weich wurde, und eine schimmernde Feuchtigkeit trat in ihre Augen. Sie stand von ihrem Stuhl auf, setzte den Hut auf den Kopf und ließ den Schleier vor ihrem Gesicht herab.

„Nun, dann habe ich euer Versprechen, daß ihr mir innerhalb der nächsten vier Wochen bezahlen werdet?"

„Ja, so Gott es will! Aber ich sagte nie, in vier Wochen. So weit ich weiß, kann ich vielleicht in der Lage sein, euch das Geld noch früher zu geben – alles ist möglich mit Gottes Hilfe! – aber vielleicht dauert es auch ein bißchen länger. Er ist allmächtig!" fügte Reb Avram Ber hinzu, als ob er zu sich selber spräche.

Die Frau streifte einen schwarzen Handschuh über die Finger und entschuldigte sich bei Reisele. Wäre sie nur keine Witwe...

„Was werden wir nun machen?" wollte Reisele von Reb Avram Ber wissen, der, was sicher kein Zufall war, die gleiche Frage an Gott den Allmächtigen gerichtet hatte.

„Ich verstehe nicht, warum die Frau uns die ganze Zeit in Frieden gelassen hat. Es sieht ihr nicht ähnlich, einen Mieter auszulassen. Von allen Plagen hätte ich nie geträumt, nie mir vorgestellt, daß diese auf uns kommen würde. Niemals! Nun, ich nehme an, daß wir jetzt der Frau eine ordentliche Summe schulden."

„Ja, aber der Tzadik versprach uns freie Unterkunft, und ich denke kaum, daß er seinen Ruf aufs Spiel setzen würde wegen so einer Frau, die sicherlich nicht zögert, seinen guten Namen zu beschmutzen. Sie ist um so gefährlicher, weil sie nicht hier aus der Gegend ist; und ich denke, wenn er wieder zurück ist, wird er ihr die Miete geben ohne weiteres Trara."

Das schien Reisele nicht vollkommen unvernünftig, aber wo gab es da eine Sicherheit?

„Hast du ein Stück Papier, eine Art Vertrag, deine Ansprüche abzusichern?" fragte Reisele, hauptsächlich, um es gefragt zu haben. Sie wußte sehr gut, daß Reb Avram Ber nichts Derartiges hatte, und daß ihm so etwas auch nicht in den Kopf kommen würde.

„Natürlich nicht! Du stellst dir doch nicht vor, daß ich den Tzadik nach einer schriftlichen Vereinbarung fragen würde."

Natürlich nicht!" wiederholte Reisele Reb Avram Bers Worte und wandte sich von ihm ab. Sie nahm ein Buch in die Hand, aber sie konnte kein einziges Wort entziffern, sie konnte auch nicht das nervöse Zittern ihres ausgemergelten Körpers unterdrücken, der – wie ein Stück außerhalb von ihr – heftig zuckte und bebte und nicht zu beruhigen war.

„Willst du etwas essen, Papa?"

„Ich habe noch nicht das Morgengebet gesprochen," erwiderte Reb Avram Ber, der im Zimmer auf und ab, auf und ab wanderte mit zusammengedrückter Stirn. Er zog unablässig an seinem Bart und murmelte etwas Unverständliches, die ganze Zeit zu sich selber sprechend.

„Sei bitte ruhig," sagte er endlich zu Reisele. „Der Herr wird uns nicht verlassen. Glaube mir, alles wird sich zum Besten wenden. Diese Probleme werden vorübergehen, und in der Zwischenzeit solltest du dich nicht mit Sorgen kaputtmachen."

Seine Bitten blieben unbeantwortet. Er ging zurück in die Jeschive.

„Wer schreit denn da so, Deborah?"

„Es ist nichts, Mama. Es ist nur wieder diese Frau."

„Ja, aber man redet doch Polnisch."

„Sie ist es aber. Mit den anderen Mietern streitet sie auf Polnisch. Ich glaube, sie hofft so, die Miete schneller zu bekommen," erklärte Deborah und konnte das Lachen nicht zurückhalten.

„Sie soll nur nicht zurückkommen!" dachte Deborah auf einmal. Sie traute sich nicht, das auszusprechen, aber alle Heiterkeit war erstickt. Nervös verfolgte sie das Schreien der Frau durch das Haus. Gott sei gedankt, sie war verstummt.

„Ugh! Was für eine fürchterliche Frau! Meinst du nicht Mama?"

Reisele gab keine Antwort.

Dahin war es gekommen! Dahin! Das Bild der Frau mit dem Benehmen eines Gerichtsvollziehers und ganz in schwarz gehüllt verfolgte sie immer noch, saß immer noch in dem jetzt leeren Stuhl am Fenster.

In Jelechitz hatte Reisele zumindest ein kleines Nest für sich gehabt, ein wenig Frieden und Sicherheit. Sie hatte nie einen Grund gehabt zu zittern, daß eine bedrohliche schwarze Krähe über dem Heim der Familie auftauchen könnte, um die Familie irre vor Furcht zu schrecken.

Dort war das Dach über dem Kopf ihr eigenes gewesen, und es kam alles zu ihr zurück, wie durch einen seltsamen Zufall ein langgehegter Wunsch Wirklichkeit geworden war, wie ein Haus auf der Grundlage eines vorüberfliegenden Gedankens gebaut worden war. Es war alles völlig unerwartet gekommen, und die Erinnerung daran stieg nun klar in ihrem Kopf auf. Es hatte alles damit begonnen, daß der wohlhabende Dorfbewohner Herschel Schweiger sich in den dicken Kopf gesetzt hatte, daß Schloime, sein Sohn (der einen nicht weniger dicken Kopf hatte als sein Vater), um jeden Preis ein Gelehrter werden sollte. Und wie er von Reb Avram Ber daraufhin ein festes Versprechen erhalten hatte, daß dem Jungen alles beigebracht werden würde, was man ihm auch beibringen konnte. Herschel Schweiger war so ergriffen, daß er Reb Avram Ber drängte, einen Vorschuß von hundert Rubel zu akzeptieren. Und sie, Reisele, nahm es an sich für Reb Avram Ber. So hatte es begonnen. Dann hatte sie, Reisele, Reb Avram Ber gutgelaunt erzählt, sie würde das in ein Häuschen investieren, und sie hatte diese zufällige Bemerkung sofort vergessen. Aber Reb Avram Ber teilte dies dem dicken Mendel mit, der herzhaft lachte und scherzend den Versammelten nach den Gebeten in der Synagoge erzählte, daß der Rabbi sich für hundert Rubel ein Haus bauen wollte. „Wie gefällt euch dieser Gedankenblitz?" fragte er und alle kicherten. Aber Reb Joseph Cahn, ein Mann, der ein weitgestrecktes Waldgebiet besaß und der nur in das Dorf kam, um die Gottesdienste zu besuchen am Jahrestag des Todes seiner Eltern, nahm die Scherze übel. Ohne damals ein Wort zu sagen, faßte er schweigend den Entschluß, das Traumhaus in die Wirklichkeit umzusetzen, und einige Tage später schickte er eine riesige Ladung Holz mit seinen Empfehlungen zu Reb Avram Ber. Nun war Reb Joseph Cahn ein Mann von großem Einfluß, und wenn er etwas tat, taten alle dasselbe, und bald strömten die Geschenke aus allen Richtungen. Jemand schickte eine Ladung Ziegel, ein Holzhändler fuhr mit einem Karren voll Balken, einige andere der Dorfbewohner gaben Bargeld. Innerhalb einer kurzen Zeit gab es Baumaterial mehr als genug, und alles, wofür Reisele zu zahlen hatte, war die Arbeit, Schlösser für die Türen, Fensterscheiben, Zement und andere verschiedene kleinere Sachen. Und so ließ ein Scherz ein gutaussehendes Häuschen entstehen! Aber die Dinge endeten dort noch nicht, denn das Glück hatte geruht zu lächeln; und so fügte es der Zufall, das Joshua Glisker, der die Besitzungen des Gutsherren verwaltete, dem Gutsherren eines Tages die merkwürdige Geschichte erzählte, wie der Rabbi sich für hundert Rubel ein Haus baute. Dem Gutsherren gefiel diese Vorstellung. Er lachte fröhlich, und Joshua Glisker mitnehmend, suchte er den Rabbi auf.

Reisele sah alles wieder genau vor ihrem geistigen Auge, als ob es jetzt eben gewesen wäre. Sie war gerade aufgestanden. Reb Avram Ber war zu der Zeit in der Synagoge, als Joshua Glisker hereinspaziert kam, um anzukündigen, daß der Gutsherr den Rabbi zu sprechen wünschte. Sie hatte sich damals wirklich erschrocken. Welche Geschäfte konnte der Gutsherr mit dem Rabbi haben? Es war ihr die Möglichkeit eingefallen, daß er in einen Streit mit irgendwelchen jüdischen Händlern verstrickt war, daß er den Fall vor Gericht verloren hatte und jetzt wünschte, eine Rabbinatsschlichtung zu vereinbaren, denn dies war das normale Vorgehen der polnischen Nichtjuden. Es kam aber heraus, daß der Gutsherr überhaupt keine Auseinandersetzungen hatte. Er wollte mit Reb Avram Ber in einer persönlichen Angelegenheit sprechen, die nur den Rabbi etwas anging. Joshua Glisker wußte, was die Angelegenheit war, sagen würde er es nicht. Er war entschlossen, die Überraschung, die für sie bereit war, noch zu verstärken. Jetzt erinnerte sie sich, wie sie dem Gutsherren vorgestellt worden war, der braungebrannt und gutgelaunt weit die grauen Augen öffnete vor Erstaunen, als er sah, daß dies des Rabbis Frau war, aber er verbeugte sich sofort tief und erlaubte dem Lächeln, das dauernd in seinem ernsten Gesicht lauerte, an die Oberfläche zu kommen, bemühte sich so, seine Überraschung zu verbergen. Reb Avram Ber eilte aus der Synagoge nach Hause, weiß wie die Wand. Er war ganz besorgt, besonders, da der Gutsherr den Grund seines Besuches nicht genannt hatte. Aber als der Gutsherr ihn mit einem Lächeln aus der Ferne grüßte, und er mitbekam, daß Joshua Glisker auch da war, fiel Reb Avram Ber ein Stein vom Herzen.

Verwirrt wie sie gewesen war, wuchs die Verwirrung noch, als der Gutsherr, nachdem er erst Reb Avram Ber die Hand geschüttelt hatte, kurz erklärte, er hätte die Geschichte von dem Haus, das gebaut werden sollte, gehört und wollte einen Bauplatz für seine Errichtung anbieten, kostenlos und steuerfrei! Sie erinnerte sich, wie der Gutsherr es entschieden abgelehnt hatte, ihrer Einladung ins Haus zu folgen, wofür sie sehr dankbar gewesen war, denn das Haus war in fürchterlicher Unordnung gewesen. Wie, nachdem ihm gesagt worden war, sie wollten ihr Haus neben der Synagoge errichten, das Gesicht des Gutsherren von einem Lächeln beherrscht wurde, und er den Herrn Rabbi lobte, für seinen guten Geschmack, weil der Herr Rabbi sich entschieden hatte, am Rand des Dorfes, gegenüber den Wiesen zu leben. Daraufhin waren sie alle abgezogen in einer Reihe – sie selber, Reb Avram Ber, der Gutsherr mit seinem Geschäftsführer und ein großer langhaariger Hund, der immerfort mit dem Schwanz wedelte, als ob auch er entzückt wäre, wegen des guten Geschmacks von Reb Avram Ber!

Ein Lächeln kam wieder auf Reiseles Gesicht, als sie Reb Avram Ber vor sich sah, der zusammengezuckt war und versucht hatte, hier und dorthin zu gehen, um dem Hund auszuweichen, der unglücklicherweise für ihn zufällig bester Laune gewesen war und dem Ausdruck verliehen hatte, indem er von einer Person zur anderen sauste. Dann holte Joshua Glisker einen hölzernen Meßstab hervor, den er in seiner Tasche zusammengeklappt gehabt hatte, und sich auf den Boden kauernd, hatte er verschiedene Messungen gemacht, Kreidelinien gezogen, Bemerkungen gemacht und die ganze Zeit aus den Augenwinkeln geschaut, als ob er hatte sagen wollen: Wenn es euch gefällt, bin ich ein Geschäftsmann, aber wenn die

Gelegenheit entsteht, bin ich genauso gut ein Landvermesser, und ich bitte euch, sagt mir, gibt es eine Aufgabe, die ich nicht besser als jeder andere bewältigen kann?"

Und da stand der Gutsherr, groß aufgerichtet, hellhaarig, das Haar glitzernd in der Sonne, die Nase länglich, und wie es schien, lächelte er. Er hatte Löcher in den Boden gebohrt mit dem Ende seines Spazierstocks, um das markierte grasige Stück Land zu kennzeichnen, und dann wandte er sich zu ihr und sagte, sie solle das als ihr Eigentum für alle Zeiten betrachten. Reb Avram Ber, bewegt von Dankbarkeit, griff des Gutsherren Hand und drückte sie mit aller Wärme, die er aufbieten konnte. Dann brachte ein rothaariger Junge mit dummem hölzernem Gesicht zwei schlanke schwarze Pferde mit außerordentlich dünnen Beinen, schmalem Kopf und gestutztem Schweif. Wie geschickt der Gutsherr und sein Geschäftsführer auf die Rücken der Tiere gesprungen und nach einer letzten tiefen Verbeugung zu ihr in einem solchen Galopp weggeritten waren, daß Reb Avram Ber noch lange danach in Erstaunen verblieben war. „Meine Güte, meine Güte! Haben sie denn keine Angst? Schaut sie euch an!" hatte er gesagt.

Reisele begann zu lächeln auf ihrer Couch, aber nur für einen Moment. Der schwere Vorhang der Düsternis umfing sie erneut, erstickte sie, betäubte sie. Und jetzt war es soweit gekommen! Soweit! Jetzt hing sie ab von dem Mitleid einer gnadenlosen Querulantin, deren schlichte Gegenwart einem das Herz gefrieren ließ.

Das bißchen Unterkunft, daß die Familie gehabt hatte, war alles davongeschwemmt worden. Es war gedankenlos verschleudert worden, nichts war ihnen geblieben außer einigen wenigen Möbelstücken. Und was hatte die Zukunft für sie jetzt auf Lager? ...

Nach vielen Schwierigkeiten hatte Reb Avram Ber Erfolg und erhielt ein Darlehen von zehn Rubel; und damit würde er die Frau in Schwarz zur Ruhe bringen, wenn sie sicherlich nach vier Wochen auftauchte, um zu holen, was immer sie bei der Familie bekommen konnte und um herauszufinden, ob der Tzadik zurück in der Stadt wäre ...

Kapitel 6

Gegen Ende des Sommers kamen zwei kräftige graue Vollblüter durch die Straßen und Gassen von R– gejagt, um mit großem Schwung im Hofe des Tzadiks anzuhalten, wo die Vorbereitungen zum Empfang des Heiligen Meisters in vollem Gange waren.

Und jeder wußte sofort, er war gekommen, er war eingetroffen!

Reb Avram Ber, der zufälligerweise zu der Zeit die Jeschive verließ, bekam ihn so, völlig unerwartet, von Angesicht zu Angesicht zu sehen. Aber der Tzadik gab kein Zeichen des Erkennens und flankiert von zwei seiner Persönlichen Begleiter, ging er direkt durch die Tür, um sich einzuschließen in seinem Heiligtum.

Eine Menge Neugieriger versammelte sich schnell im Hof – Juden, alt und jung, und Frauen und Kinder, sogar einige Nichtjuden. Und ehrfürchtig beäugten sie des Tzadiks Pferde, welche, die Köpfe tief in den Futtersack gesteckt, ruhig ihren Hafer weiterfraßen, ohne sich auch nur herabzulassen, einen Blick auf den Pöbel zu werfen.

Der Sommer war vorüber, also kam der Tzadik mit allem Gefolge vom Badeort zurück. Auch seine Mutter kam wieder mit eigenem Gefolge. Nur seine Frau war zurückgelassen worden: Sie hatte ihre Kur noch nicht beendet.

Und wieder begann der Hof mit Leben zu pulsieren.

Wieder bestieg der Tzadik, mit gerade ein wenig weniger Fett an ihm, das Gesicht versengt von der Sonne und die Haut auf der glänzenden Nase in Fetzen, seinen Thron. Wieder ging sein Gefolge im Hof umher mit entschlossener und geheimnisvoller Haltung.

Nicht länger waren einfache Dienstmädchen zu sehen, sich oben auf Balkonen ausruhend, nicht länger blickten sie vom Heiligsten des Heiligtums herab, beschäftigt zu liebäugeln mit romantischen jungen Männern auf dem Kopfsteinpflaster unten.

Das alte Leben begann aufs neue. Winzige Männer schleppten fortwährend große Körbe mit Lebensmitteln in den Hof. Restaurants öffneten wieder ihre Türen. Und Hersch Laibs gesprächige Ehefrau stand wieder und verbreitete ihren Kummer über ihres Mannes lästige Pflichten an die selben alten Zuhörer. Sein war die unappetitliche Pflicht, als des Tzadiks jüngster Persönlicher Begleiter, ihn zum Klosett zu führen. Es war nicht die richtige Art von Arbeit, protestierte sie, für so einen gutaussehenden Kerl mit so ordentlichen Manieren und solch einem lieblich gelockten Bart…

„Der Tzadik ist müde und kann keine Besucher empfangen," war Leiser Nussens strenge Antwort für alle – sogar persönliche Freunde, die den Tzadik nach seiner Ankunft besuchen wollten.

„Der Tzadik wird jetzt Besucher empfangen," war die Nachricht, die ein wenig später die Herzen jener persönlichen Freunde erfreute, die geradezu danach dürsteten, einen Blick auf des Heiligen Mannes schmieriges sonnenverbranntes Gesicht zu werfen.

Reb Avram Ber war nicht unter diesen, auch wenn er offiziell immer noch des Tzadiks engster Vertrauter war. Er hatte kein Bedürfnis, den Mann zu sehen, noch weniger die Neigung, ihm Schalom zu sagen, zu einer Zeit, wo Traurigkeit, Verzweiflung und Bitternis seine eigene Seele quälten. Wegen diesem

Mann hatte er sein altes einfaches Vertrauen in die Menschen verloren. Reb Avram Ber war sich dessen verschwommen bewußt, und trotz allem beklagte er tief diesen Verlust. Wegen diesem Mann kannte er zum ersten Mal ein fürchterliches Gefühl des Selbstekels. Er konnte Reisele nicht ansehen, ohne sich zu schämen. Es quälte ihn fürchterlich, sie leiden zu sehen, schweigend im Leiden. Niemals hatte er ihr etwas gebracht, außer Leiden. Zuerst hatte er sie aus einem Haus des Überflusses genommen, um sie zu einem engen kärglichen Dasein in Jelechitz zu führen, dann hatte er sie überredet, ihn in ein „gelobtes Land" zu begleiten; aber hier, statt einer Veränderung zum Besseren, war das Elend über sie gekommen: Der Tzadik hatte ihr Leben zerschlagen, hatte ihn von einer Stellung, wo Brot und Butter gesichert waren, wo sie ein Haus gehabt hatten, weggeholt und sie buchstäblich dem Verhungern überlassen, als ob sie nichts besseres als ein Spielzeug waren, Gegenstände, mit denen er verfuhr, wie es ihm gefiel...

Am dritten Tag nach seiner Rückkehr schickte der Tzadik nach ihm.

„Friede sei mit euch, Tzadik!"

„Friede sei mit euch! Jetzt sagt mir, wie ging es während meiner Abwesenheit?

Reb Avram Ber verlor seine Beherrschung. Er war überreizt. Des Tzadiks fettes, fleischiges Gesicht und seine gesunde Röte gingen ihm auf die Nerven. Er war nicht mehr der alte Reb Avram Ber.

„Es ging nicht gut, wie nicht anders zu erwarten."

„Wieso, was auf Erden meint ihr damit?"

„Und was auf Erden, meint ihr, so überrascht auszuschauen? Die Studenten waren zurückgelassen, ohne daß für sie gesorgt worden war, sie waren hungrig und rannten davon. 'Kein Brot – keine Thora!'" erwiderte Reb Avram Ber in unfreundlichem Ton mit schlecht verborgenem Ärger. Er war drauf und dran, offen von dem Tzadik Geld zu verlangen. Der Tzadik fühlte es kommen, hatte es vorhergesehen. Plötzlich, eintauchend in tiefe Meditation, begann er im Raum umherzulaufen. Ohne anzuhalten ließ er eine Tirade auf Reb Avram Ber los:

„Euch war etwas Kostbares anvertraut. Ich ließ die Jeschive vollkommen im Vertrauen auf euch zurück, und ich muß euch verantwortlich machen für das, was geschehen ist. Hättet ihr eure volle Macht genutzt, hätte es nicht die Massenflucht von den Studenten gegeben. Innerhalb weniger Wochen habt ihr es vollbracht, die Jeschive zu einem traurigen Gerippe ihrer früheren Größe zu reduzieren. Es ist eine Schande! Eine furchtbare Schande!"

„Aber die Studenten waren dem Verhungern nahe. Es gab kein Geld in der Kasse, um die Gemeinschaftsküche laufen zu lassen, und die wohltätige Unterstützung der Leute aus der Stadt fehlte, die Lage war hoffnungslos."

„Pah, Unsinn!" rief der Tzadik aus, und sein Gesicht wurde so rot, als wäre es gekocht worden.

Er nahm wieder seinen Lauf durch das Zimmer auf. Aus der hintersten Tasche seines Gabardins schaute das Ende eines großen gelben Taschentuchs heraus und wedelte fortwährend hin und her wie ein höhnischer, höhnender Finger. Eine silberne Schnupftabakdose wurde in seiner Hand gedrückt. Er machte eine Handbewegung, als entließe er einen unangenehmen Gedanken aus seinem Gehirn und wandte ohne ein Wort Reb Avram Ber den Rücken zu. Reb Avram Ber, versteht sich, blieb nichts übrig, als zu gehen. Er ging schweigend.

Wieder vergingen einige ereignislose Wochen. Einige der alten Studenten kehrten in die Jeschive zurück. Neue wurden geworben, besonders unter jungen, verheirateten Männern der oberen Mittelklasse, gierig, den Weibern und den schwarzen Blicken der Schwiegerväter zu entkommen, deren Gastfreundschaft sie genossen. Ihnen waren Ehefrauen in sehr frühem Alter gegeben worden, in Übereinstimmung mit uralter Tradition, und dann waren sie aufmerksam versorgt worden, bis zu jenem Zeitpunkt, da sie in der Lage sein sollten, sich selbst zu ernähren. Als es aber soweit gewesen war, widersetzten sie sich oft energisch jedem Versuch, sie in verantwortungsvolle Ehemänner zu verwandeln; und in großer Zahl wandten sie sich erleichtert der Jeschive zu und setzten ihre Untätigkeit in dem schönen sauberen Gebäude fort. Einige von ihnen waren tatsächlich Studenten. Und jene jungen Männer, die sich nichts daraus machten, einige Tage ohne Essen zu bleiben, hatten die Jeschive nicht verlassen. Der Tzadik fand für sich einen neuen Schmuck in Form eines wunderbar ausschauenden Rabbis, der alle Tricks kannte und der den Tzadik schröpfte mit aller Schlauheit, die ihm zur Verfügung stand.

Michail hörte auf, den Tzadik als Feind zu sehen. Der Mann war einfach ein wohlhabender Gauner, nicht schlimmer als viele andere Betrüger. Diese Erkenntnis reizte seine Phantasie sehr und gab seinen ewigen Scherzen auf des Tzadiks Kosten eine größere Schärfe. Diese neue Haltung des Abstands machte seine Witze unwiderstehlich und sie flammten wie Blitze durch die schwärzeste der Wolken, durchdrangen die schwere Düsterkeit. Dank seiner Gabe des Spottes wurde Michail der beliebteste Student in der Jeschive, obwohl er der Jüngste war.

„Los Michail, zeig dein Zeug! Es steht uns alles bis zum Hals!" forderte man Unterhaltung, als wäre er ein berufsmäßiger Spaßmacher.

Michail wurde niemals überrascht, und nicht lange, und die Jeschive hallte wider von schreiendem Gelächter. Hahaha!

„Gut, Michail! Bravo!"

Reb Avram Ber, trotz allem, was geschehen war, setzte seine Vorlesungen mit unermüdlichem Schwung fort. Er und seine Familie hatten nicht zu essen, aber immer noch hielt er seine Vorlesungen Tag für Tag.

Und nun waren die hohen Feiertage in Sicht. Die Streifen des Sonnenlichts, welche den Sommer über sich ausgiebig im Vorlesungssaal zwischen den Bänken und Pulten niedergelassen hatten, begannen mit jedem Tag mehr zu schrumpfen. Der Himmel hing niedriger über den Dächern. Aber das heiße Wetter hielt sich, schenkte dem Wechsel der Jahreszeiten keine Beachtung. Tatsächlich, die Hitze war erstickender als jemals zuvor.

An einem Freitagnachmittag, als die Köche am Hof hart arbeiteten, und als Deborah ihre dürftigen Vorbereitungen für Schabbes beendet hatte, während Michail sich auf dem Gras einer Wiese außerhalb der Stadt ausruhte (Freitag lernt man doch nichts!), nahe bei einer Brücke über den Fluß, wo der

Anblick von nackten Mädchenfüßen und nackten, sonnengebräunten Armen, die Körbe von Pilzen tragend, seine Augen offen hielten, und Reisele zu Hause zusammengekauert auf ihrer Couch lag, schwächlicher als je zuvor; als Reb Avram Ber gerade nach Hause gekommen war, zurück aus dem religiösen Badehaus, das Wasser tropfte noch von seinem Bart und den Pejes – da war es des Tzadiks alte Mutter, die plötzlich als erste den Rauch bemerkte.

Gekleidet in ein schwarzes, seidenes Schleppenkleid, mit einer großen Blumenhaube auf dem Kopf, rannte sie hinaus zur Mitte des Hofes und schlug Alarm, schrie sich heiser, bevor sie sich verständlich machen konnte. Bald war der ganze Hof voll mit beißendem Gestank, aber die Ursache blieb ein Geheimnis, bis plötzlich die großen hohen offenen Fenster der Jeschive begannen, enorme Rauchwolken herauszustoßen. Panik brach aus. Massen versammelten sich im Hof aus den zahllosen Hausfluren und von den Straßentoren. Die Leute schrien, warfen verzweifelt die Arme in die Luft, rannten herum, taten aber nichts, bis man eine Stimme hörte, daß die Feuerwehr geholt werden müßte. Zu der Zeit als sie ankam, hatte die undurchdringliche schwarze Rauchmasse innerhalb der Jeschive begonnen, halberstickte Flammen und Funken auszukotzen. Innerhalb weniger Minuten war der gesamte Hof hell entflammt. Der Tzadik, begleitet von Hersch Laib, dem jüngsten seiner Persönlichen Begleiter, erschien auf der Szene. Er war dabei gewesen, ein rituelles Bad zu nehmen, und schimmernde Wassertropfen waren noch in seinem langen Bart zurückgeblieben, und seine Pejes tropften. Sein Gesicht und der entblößte Hals waren gerötet, als ob sie verbrüht worden wären vom kochenden Wasser; im Gegensatz dazu war die Farbe seines Hemdes ein blendendes Weiß.

„Meine guten Leute, was ist los mit euch! Warum macht ihr denn gar nichts?" Er gab einen Schrei von sich wie ein verwundetes Tier, und wie um ein Beispiel zu setzen, begann er, über den Hof zu sprinten mit der Beweglichkeit eines Jungen von zwölf Jahren – es war nichts von einem fetten, alten Mann an ihm – direkt auf sein Heiligtum zu.

Ein großer Aufruhr folgte.

Jemand rief aus: „Der Tzadik!"

Die Menge begann wie ein Chor zu rufen: „Der Tzadik! Der Tzadik! Der Tzadik ist in das Heiligtum gegangen! Hilfe! Rettet den Tzadik!"

Juden rannten Hals über Kopf mit zerzausten Bärten und ausgebreiteten Armen, um dem Tzadik in die Gefahr zu folgen. Frauen rannten Hals über Kopf, um dem Tzadik in sein Heiligtum zu folgen. Bündel von Bettwäsche, Kleidung und alle Arten von Schmuck und Schnickschnack stürzten durcheinander aus den Fenstern, Funken schossen aus dem erstickenden Rauch empor, und Hals über Kopf kam der Tzadik aus seinem Heiligtum zurück mit einer großen ledernen Mappe unter dem Arm und seine Mutter ihm auf den Fersen.

Er kletterte auf einen Haufen Bettwäsche, setzte sich nieder, umgeben von seinen Kostbarkeiten und den geborgenen heiligen Schriftrollen, die sorgfältig eingepackt worden waren in Stoff, wie umhegte Säuglinge – er saß unbeweglich wie eine Bronzefigur.

Die Feuerwehrleute waren nicht in der Lage, viel Eindruck auf den Brand zu machen. Die Flammen wurden stärker und stärker, wuchsen strahlend an, als sie sich ihren Weg fraßen, unersättlich durch das Gebäude, einhaltend nur hie und da, um ihr Mahl zu schlecken mit großem Genuß. Des Tzadiks Mutter stand, ihre Hände ringend.

Der Himmel, glühend durch die untergehende Sonne, wurde jetzt zusätzlich erleuchtet von zwei großen Bränden im Gebäude der Jeschive. In den engen Straßen außerhalb des Hofes war ein dauerndes Gejammer. Frauen, überwältigt von der Furcht, daß die ganze Stadt von den Flammen weggespült werden könnte, wurden ohnmächtig auf dem Gehsteig. Kinder schrien auf, die Männer trugen sie fort vom Ort des Feuers.

Immer noch saß der Tzadik auf seinem Haufen von Wertgegenständen, und nichts konnte ihn bewegen. Alle Größen der Stadt versuchten ihre Überredungskünste an ihm, flehten ihn an, baten ihn inständig, ihre Gastfreundschaft anzunehmen, aber er weigerte sich herabzukommen. Dann näherte sich ihm das einfache Volk, nachdem alle anderen versagt hatten, aber auch das war nutzlos. Reb Avram Ber zerriß es fast das Herz vor Mitleid, inwendig bot er dem Tzadik Vergebung an, aber was nutzte Vergebung dem Tzadik, der sich störrisch festklammerte an seinem Platz wie ein Ausgestoßener? Wie ein verlassenes Tier saß er da, umgeben von seinen Schätzen. Die Schriftenrollen und unbezahlbaren Diamanten, die in seiner Mappe eingeschlossen waren, hatte er verstohlen in seine innerste tiefe Brusttasche getan. Seine Mutter, deren Diamanten es waren, blieb sicherheitshalber an seiner Seite. Und so saßen sie Stunde um Stunde Wache haltend.

Später legte sich die Dämmerung auf den Hof (der Rest der Stadt war schon lange in Dunkelheit gehüllt). Der Tzadik erhob sich, und mit einer Gemeinde von wenigen Juden hinter sich sprach er das Abendgebet. Die Frauen und Nichtjuden zogen sich respektvoll zurück und betrachteten die ehrfurchtgebietende Szene aus der Ferne. Über ihnen war der Himmel vollständig schwarz, nun, da die beiden Brände erloschen waren. Die heiligen Schriftrollen wurden in die kleine alte Synagoge gebracht, die im Ganzen unversehrt geblieben war. Der Hof hatte nicht viel Schaden erlitten, aber die Jeschive war vollkommen zerstört; die einzig übriggebliebene Spur war ein Gewirr von Trägerbalken, ein Haufen von schwarzen Trümmern, gemischt mit nasser Asche, das ganze übersät mit leuchtender Glut. Der Tzadik ließ sein Eigentum hineintragen unter seiner persönlichen Aufsicht. Seine Augen, wenn auch tief in Fleisch gebettet, waren scharf und sahen alles.

In der darauffolgenden Zeit verbreiteten des Tzadiks Persönliche Begleiter und die örtlichen Gastwirte noch lange wunderbare Erzählungen in die Ohren der Gläubigen, wie der Tzadik den Flammen getrotzt hatte, wie, durchdrungen vom Heiligen Geist des Martyriums, er sein Leben eingesetzt hatte, die seltenen Schriftstücke und Zeugnisse zu bergen, die ihm vermacht worden waren von seinem Vater (dessen Erinnerung gesegnet sei!); und viele andere hervorragende Dinge gaben sie wieder, zahlreich waren die Wunder, die der Tzadik getan hatte an dem denkwürdigen Freitagnachmittag.

Seine Hartnäckigkeit, sich an den Haufen von Wertsachen klammernd im Hof zu bleiben, wurde auf verschiedenen Wegen erklärt. Eine Denkschule bestand darauf, daß diese Handlung eine Demonstration der Unterwerfung unter die schwere Hand der Vorsehung war. Andere bestanden darauf, daß er so gehandelt habe aus schlichter Bescheidenheit. Eine dritte Erklärung war, daß er so, gemeinsam mit den Heiligen Schriftrollen, der Heimatlosigkeit überlassen, die Gelegenheit genutzt habe zum öffentlichen Wehklagen über die Diaspora der Kinder Israels.

Was das Feuer betraf, obwohl es viele Vermutungen gab, wußte keiner sicher, wie es angefangen hatte. Es gab Gerüchte, daß die Jeschive absichtlich niedergebrannt worden war, daß es einer der Studenten getan hatte. Es war bekannt, daß es viel Aufregung unter den Studenten gegeben hatte, als der Tzadik zur Badekur gefahren war, während er sie dem Verhungern überlassen hatte. Und viele der Leute in der Stadt fanden diese Theorie sehr vernünftig. Andere taten das verächtlich ab. Die ganze Angelegenheit blieb ein Geheimnis.

Die hohen Feiertage waren nur noch wenige Tage entfernt. Und dies war die Hauptsaison des Tzadiks. Eine Menge Juden aus nah und fern strömten zu ihm, um sich seines Segens zu versichern. Der Hof und die engen Straßen drumherum waren vollgepackt. Es war ein Kommen und Gehen der Leute von morgens bis abends. Die Stadt sah viele fremde Gesichter – die von Sorgen gezeichneten, schwitzenden Gesichter von hart arbeitenden Juden. Viele dieser Fremden trugen ihre Arbeitskleider. Schuster rochen nach Leder, Schneider hatten überall Garn, Müller waren von Kopf bis Fuß in Mehl eingehüllt. Sie hatten weder die Zeit noch die Neigung, sich umzuziehen. Die Pilgerreise nach R– war ein Luxus, den sie sich nur schwer leisten konnten, auch wenn R– nur ein Katzensprung entfernt war von Warschau oder anderen jüdischen Zentren. Wenn ein Mann eine Familie zu ernähren hatte, mußte er hart arbeiten die ganze Zeit, und der Tzadik hatte zu warten. Aber am Vorabend der Heiligen Feiertage wurden harte Herzen weich. Die Stimme der Seele machte sich hörbar über dem Lärm des Alltags. Was nutzte es, das Fleisch zufriedenzustellen, wenn die Seele hungrig blieb? Das Fleisch würde umkommen, die Seele in Ewigkeit weiterleben. Und Juden, diesen Ruf hörend, sprangen auf Karren und in die Züge, um herbeizuschwärmen zu dem Tzadik (Gott segne ihn!), baten ihn für sie zu beten, baten ihn ihre Seele zu erretten, welche verborgen unter schäbiger Arbeitskleidung sich sehnte nach spirituellem Beistand. Und alle eilten herbei, als wären sie in Trance.

Des Tzadiks Persönliche Begleiter waren voll und ganz mit ihrer zweifachen Aufgabe beschäftigt: Einladungskarten für Besucher auszuschreiben und schweigend Trinkgelder in die Tasche zu stecken...

Chassidische Anhänger, die das ganze Jahr über eine innere Stimme hörten – es ist nicht diese lüsterne irdische Existenz die zählt, es ist nicht das niedere Fleisch, für das ein Jude sorgen muß, sondern die Seele, jawohl, die große und geheimnisvolle Seele, die ewig im Jenseits lebt – Anhänger, die nicht die Gewohnheit hatten, sich lediglich einen Tag zu stehlen, um den Tzadik zu sehen, sondern alle paar Wochen kamen, um in seiner heiligen Gegenwart zu feiern, solche Anhänger schlenderten im Hof mit einer Miene absoluter Entspannung herum, wie Männer, die zu Hause waren. Von oben herab betrachteten sie das gemeine Volk, das in der Reihe wartete mit gläubig entflammten Gesichtern, um den Tzadik zu sehen – zu sehen für einen vorüberfliegenden Moment, ihm eine Spende überreichend und um dann wieder nach Hause zu eilen, zu ihren Frauen und Kindern, zu ihren gemeinen Beschäftigungen, auf der Suche nach nicht mehr als Brot und Butter...

Jeder einzelne Gasthof in der Stadt war überfüllt. Nirgends war ein Bett mehr zu haben. Die Preise für Eßwaren stiegen stündlich. Die Gastwirte und ihre Familien rannten sich die Füße am Tag ab, und nachts hatten sie nicht, wo zu schlafen. Händler verließen ihren üblichen Platz am Markt und machten sich in den Straßen um den Hof herum breit, wo das Geschäft blühte. Laut priesen sie ihre Waren, vervollständigend den allgemeinen Lärm und das Durcheinander:

„Kauft, meine guten Leute, kauft! Kauft! Das ist eure letzte Chance, bevor die Preise steigen! Kommt her, was wollt ihr haben?"

„Zehn Groschen für zwei gekochte Eier! Gekochte Eier, direkt vom Huhn, alles frisch gelegt, alles noch warm!"

„Herrliche Äpfel! Sie schmecken so gut! Birnen, vier Groschen das Pfund! Nur vier Groschen!"

„Heiße Käseküchlein! Macht den Mund auf! Ich geb sie weg für nichts! So ist's richtig, legt fünf Groschen hin und nehmt euch!"

Diese letzten Anpreisungen wurden mit überschlagender Stimme von einer Frau mit riesenhafter Statur gerufen, die ein Bombengeschäft machte. Sie gefiel Michail, der unterwegs war, um sich alles anzuschauen. Es freute ihn, daß sie mehr verdiente als die anderen. In der Flut der Verrücktheiten, die durch die Stadt strömten, schien dieser Berg von einer Frau mit ihrem amüsierten Lächeln wie eine Insel des gesunden Menschenverstandes, die nie untergehen würde. Niemals zuvor hatte Michail eine solche Menge eilender Dummköpfe gesehen. Sie strömten herbei, ihre Seelen im Schlamm zu reinigen...

Michail ließ nichts aus, was wert war, gesehen zu werden, und ging dann nach Hause, die komischsten Szenen seiner Mutter vorzuspielen. Er verspottete die demütigen Mienen der in der Reihe Wartenden, die Leiser Nussen beschwörten, ihr Geld anzunehmen; er machte nach, wie Leiser Nussen sie mit einem Blick bändigte, während er ihre Münzen einsteckte.

„Michail, tu mir einen Gefallen und halt den Mund," sagte Reisele, „ich habe fürchterliche Kopfschmerzen, und ich will nicht, daß es noch schlimmer wird, wenn ich deinen Unsinn über den Tzadik hören muß. Sei jetzt still!"

„In Ordnung, Mama, aber du hättest Leiser Nussen sehen sollen. Du hättest ihn sehen sollen, er war wunderbar. Er hat den ganzen Mob vollkommen unter seinem Daumen, und sie bestanden alle darauf, daß ihre Einladungskarten von ihm ausgeschrieben wurden. Es war wie eine Herde Kühe, die nur von ihm gemolken werden wollte. Die anderen Persönlichen Begleiter wurden überhaupt nicht beachtet und standen hilflos dabei und schauten traurig aus. Schau Mama, das war der Ausdruck auf ihren Gesichtern. Was den armen alten Baruch betrifft, er war todunglücklich. Armer Kerl, er hatte kein bißchen Geschäft den ganzen Tag lang. Der Haufen hatte sich nun einmal entschlossen, sich von Leiser Nussen schröpfen zu lassen, und sonst von niemandem!"

Deborah ärgerte sich wegen Michails Spott über den „Haufen". Unwissend und naiv wurden sie hereingelegt und ausgenommen, aber niemand versuchte, sie zu informieren, niemand wagte, den Tzadik und seine Kumpane bloßzustellen, sie zu zeigen, wie sie waren; und so schüttete der „Haufen" fortwährend seine Geschenke über sie in aller Unschuld.

„Aber du kannst von diesen einfachen ehrlichen Leuten nicht erwarten, daß sie es besser wissen," hielt sie Michail vor. „War nicht Papa genauso, hat er nicht auch immer viel von dem Tzadik gehalten?" Über einfache Menschen kann man gut lachen. Deborah fühlte sich verletzt, ihretwegen und wegen der Leute. Sie teilte ihr Schicksal. Sie war ein Arbeitstier, mit Verachtung behandelt von denen, die sie von vorne und hinten bediente, und wenn sie je versuchte, ihre Verantwortung abzuschütteln, protestierend, daß sie für etwas Besseres gemacht wäre, wurde sie mit höhnischem Lächeln gefragt:

„Glaubst du nicht, daß Arbeit im Haus genug ist für dich? Nun, warum studierst du nicht den Talmud, und eines Tages wirst du vielleicht ein Rabbi werden."

So war das Leben, sinnierte Deborah bitter. Die Leute verhöhnten andere, aber keiner zeigte seine Irrtümer.

Was Michail betraf, dieser verrückte Sturm zum Tzadik war für ihn nichts als die unvermeidliche Manifestation der unkorrigierbaren menschlichen Narrheit, und er war dementsprechend amüsiert. Er überließ es Deborah, weiter zu moralisieren.

„Mama, warum erzählt niemand den einfachen Leuten die Wahrheit über den Tzadik? Warum sollen sie nicht wissen, daß er ein Schurke ist!"

„Ja, aber wer soll es ihnen erzählen?"

Deborah dachte nach.

„Warum tut es Papa nicht?"

„Sonst hat er nichts mehr zu tun? Sei nicht albern!" sagte Reisele und fiel wieder in ihre frühere Schwermütigkeit zurück.

„Nein, mach schon Mama, sag mir, warum kann Papa es nicht tun?"

Reisele war für eine Weile still. Dann erinnerte sie sich, daß sie Deborahs Frage noch nicht beantwortet hatte.

„Was für einen Sinn gibt es, ihnen die Wahrheit zu sagen, wenn sie dir doch nicht glauben werden?" sagte Reisele. „Sie würden denjenigen steinigen, der zu ihnen redet. Siehst du, sie sind ganz einfache Leute und können nicht anders, als sich an eine Stütze klammern oder eine andere. Sie können nicht alleine stehen. Wenn es nicht der Tzadik wäre, dann jemand anderer. Sie brauchen ein Götzenbild, um ihre Opfer zu bringen. Der Tzadik ist ihr goldenes Kalb."

„Sie stecken einen Rubel in den Schlitz und heraus kommt das fette Kalb," setzt Michail durch die offene Tür aus dem Nebenraum hinzu.

„Und was für ein Kalb!" sagte Reisele.

„Ein richtiges Rindvieh!" lachte Deborah.

„Wer ist ein Rindvieh?" fragte Michail, der hereingelaufen war, um bei der Unterhaltung dabeizusein. „Ihr könnt den Tzadik kein Rindvieh nennen. Er ist ein Schlächter, und die Menge ist seine Herde. Rindvieh, das sind sie."

„Hör auf! Das reicht! Ich will kein weiteres Wort über den Tzadik und seine Herde hören. Es ist nicht deine Angelegenheit."

„Wie aber kommt es, daß auch gelehrte Juden an ihn glauben?" ließ Deborah nicht locker.

„Deborah, verdreh mir nicht weiter den Kopf!"

„Nun, jetzt sag mir aber, Mama, ist es so?" Deborah war hartnäckig.

„Es ist, weil die sogenannten gelehrten Juden, die um den Tzadik herumhängen, in Wirklichkeit nur mittelmäßige Talmudisten sind. Er hat eine große, aber arme Anhängerschaft, und so können sie mit dem bißchen Wissen, das sie haben, glänzen und die Rolle von großen Juden spielen, die die Vertrauten des Tzadik sind. Woanders würden sie kaum irgendeine Aufmerksamkeit erregen, überhaupt nicht."

„Würden aber die Leute noch gelaufen kommen, wenn man ihnen die Wahrheit sagt, daß der Tzadik ein gewöhnlicher Lügner ist?"

„Um Himmels willen, hör auf, du bist ein vollkommener Narr!" schnappte Reisele nach ihr, die vollkommen die Geduld verloren hatte.

„Kein Wunder, daß im Talmud geschrieben steht, daß 'jene, die da ohne Wissen sind, ihre Fragen stellen um Fragen zu stellen' ", wandte sie sich mit einem Lächeln Michail zu.

Deborah verstand das hebräische Zitat nur halb, erfaßte aber den Sinn. Sie wandte sich betroffen ab, und mit dem Schwur, niemals würde sie mehr den „Großen" dienen, nur um dann verspottet zu werden, wie diese armen Leute, die darum kämpften, den Tzadik zu sehen...

Fast jede Nacht im Bett, beschloß sie ganz fest, ihre Pflicht, die Hausarbeit zu machen, aufzugeben und stattdessen ein Student zu werden. Bereits seit ihrer Kindheit hatte sie danach verlangt, gebildet zu werden, damit aufzuhören, die Null in der Familie zu sein. Sie würde Dinge lernen, Kenntnisse erhalten, dann wäre nicht nur Papa ein großer Talmudist, nicht nur Mama würde einen grenzenlosen Vorrat an Wissen besitzen, nicht nur Michail wäre ein glänzender Student, sondern sie, Deborah – von der ihr Vater gesagt hatte, sie wäre ein Niemand, wenn sie ausgewachsen wäre – würde eine Person, eine Frau von echter Bedeutung werden. Sie würde beweisen, daß auch aus einem Mädchen ein Jemand werden kann. Sie würde ihr eigenes Leben führen.

Aber all diese Gedanken waren sehr schön — zur Bettzeit. Wenn sie dann am nächsten Morgen aufstand, wurde sie unwiderstehlich in die gewöhnliche triste Routine hineingezogen, und jeder Tag war wie die erbärmliche Wiederholung des vorhergegangenen. Wieder machte sie die Arbeit im Haus, wieder übernahm sie die Last der Verantwortung, die so schwer wog auf ihren kindlichen Schultern. Es fehlte ihr an Mut, und sie war zu gefühlsgebunden, um ihrer schwächlichen Mutter die Arbeit zu überlassen, und so – ohne dafür Dank zu erhalten – machte sie sich wieder an die Arbeit, umsomehr jammernd und leidend wegen der vergeblichen Hoffnung auf Freiheit – Freiheit, die in greifbarer Nähe schien.

Sie hatte nicht einmal Freundinnen um auszugehen, um sich für eine Weile zu erholen. Zwei frühere Kameradinnen, beide aus wohlhabenden Familien, waren eines Tages zu ihr gekommen, während sie auf den Knien war, den Boden schrubbend, das Kleid hochgesteckt wie eine gojische Putzfrau. Und seitdem waren sie nie wieder zu ihr zurückgekommen, auch sie hatte keinen Versuch unternommen, von sich aus die Freundschaft zu erneuern.

Es war sicherlich ein Trost, auf dieses russische Buch zurückgreifen zu können, das Mottel ihr geliehen hatte. Er hatte sie in sein Vertrauen gezogen und ihr all seine Geheimnisse erzählt. Er studierte Russisch, heimlich, und eines Tages hatte er sie auf der Wiese getroffen und war Puschkins Verse mit ihr durchgegangen. Bald kannte sie fast das ganze Buch auswendig. Mottel selber sprudelte über vor Begeisterung. Deutsch lernte er auch.

Dann brachte er ihr auch die lateinischen Buchstaben bei und sie lasen Bücher auf Deutsch. „Die Deutschen," sagte Mottel, „haben Verstand." Sie schaute ihn an und hielt sich schon für ein bißchen gebildet.

„Deutsch!"

Michail äffte sie nach: „Wer reitet so spät durch Nacht und Wind..."

Deborah hatte ein wenig Angst vor ihm, aber sie antwortete mit Begeisterung: „... es ist der Vater mit seinem Kind." –

„Und das kennst du, Michail? 'Es blüht ein...?'"

Michail unterbrach sie: „Es blüht ein kleines Blümchen auf einer großen Au..."

Michail wußte nicht, wie es weiterging, und Deborah beendete es mit Vergnügen: „Sein Aug' ist wie der Himmel so heiter und so blau, es hat nicht viel zu sagen in allem steht dasselbe: Vergißmeinnicht."

„Die Deutschen," sagte Mottel, „sind wundervoll. Sie schreiben hervorragendes Zeug. Schau, du findest keine Poesie wie die in irgendeiner anderen Sprache!"

Bücher veränderten sie vollständig. Die Düsterkeit, die sie umgab, wurde festlich. Sie lebte in einer neuen und geistigen Welt. Aber sie konnte kaum die Zeit finden für solche Abwechslung; es gab immer etwas zu tun im Haus. Sie sagte nichts; sie machte ihre Arbeit, da doch keiner da war, es an ihrer Stelle zu tun. Es machte sie tieftraurig, trotzdem. Warum sollte sie vor allem die Hauptlast der schweren Zeiten, die über sie gekommen waren, tragen. Es hätte der Familie nicht sehr weh getan, ihr Anerkennung zu zeigen, statt es als selbstverständlich anzusehen, daß sie als Küchenmagd schaffte, die nichts besseres verlangen dürfte, deren Träume die Träume einer Närrin waren. Solche Gedanken hatten sie schon lange gepeinigt, und sie hatte immer Trost gesucht in den zerfledderten gelben Seiten von Mottels Büchern. Manchmal hatten auch die Gedichte nicht gewirkt, ihren gequälten Kopf wieder zu beruhigen, und dann rannte sie aus der Wohnung, den Flur hinunter, auf den Hof. Dort lehnte sie sich gegen eine alte Laterne, einige Schritte entfernt, seit Jahren nicht mehr erleuchtet, und beobachtete die Kinder beim Spielen, starrte auf die Männer und Frauen, die kamen und gingen, bedacht auf ihre einfachen Aufgaben, vollkommen erfüllt von ihrem stumpfsinnigen bescheidenen Leben.

– Gesunde Menschen arbeiten und es kommt ihnen nie in den Kopf zu fragen, warum das alles so ist? –

Wofür lebten sie? Warum? Warum?

Kapitel 7

Die hohen Feiertage waren vorüber. Vergangen waren die feiertäglich süßlich klagenden Gefühle, und an ihre Stelle kam triviale alltägliche Düsterkeit. Alles war still im Hof des Tzadiks, unangenehm still. Von Zeit zu Zeit kam ein sanfter, schläfriger Singsang aus der uralten kleinen Synagoge, aber es klang, als ob eine matte Mutter ihr krankes Kind in den Schlaf lullte, oder als ob ein halbernüchterter Trunkenbold schwermütig alte Gebete vor sich hinsingen würde.

Vom Morgen bis in die Nacht lagen die Gastwirte dösend auf Bänken vor ihren Lokalen oder zogen durch die Straßen, seufzend, wie schlecht die Geschäfte wären.

Die Sonne war warm und hell. Sie hatte nicht auf den Kalender geschaut, brannte Tag für Tag: das holprige Kopfsteinpflaster der gewundenen Gassen brannte heiß unter nackten Füßen, und es schien, als ob der starrsinnig verweilende Sommer nie Platz machen würde für den Herbst. Aber nach und nach hatte der Kalender einen sichtbaren Einfluß auf die Jahreszeit. Die Morgendämmerung kam später, der Tag begann lustlos mit klebrigen Augen, Tropfen von Tau verharrten an jedem Fenster wie Tränen. Auch wenn es noch erstickend heiß am Nachmittag war, stieg die Sonne doch nie hoch am Himmel, sondern hielt sich nahe an den Dächern, als wollte sie sich davonschleichen.

Ein furchterregender Geist der Hoffnungslosigkeit spukte durch Reb Avram Bers Heim. Ganz plötzlich war Reb Avram Ber derjenige in der Familie geworden mit dem praktischsten Sinn. Er konnte klar die Ankunft des Winters sehen. (Es gab keine Jahreszeiten wie Frühling oder Herbst in Reb Avram Bers Denken.) Kohle wurde gebraucht, warme Kleidung und hundert und mehr andere Sachen. Und er hatte keine Möglichkeit, etwas davon zu bezahlen. Wenn die Jeschive nicht niedergebrannt wäre, dann wäre noch eine kleine Hoffnung gewesen, ein paar Kopeken zu verdienen. Wie die Dinge jetzt lagen, konnte der Tzadik die Familie betreffend seine Hände in Unschuld waschen, um sie dem Elend überlassen — einem wirklich gründlichen Elend!

Und während sie sich an Entbehrung gewöhnten, sah Reb Avram Ber ganz deutlich, daß ein neues Kapitel bitterer Not begonnen hatte — ein Kapitel, das dunkler war als je zuvor, denn nicht nur war alles Geld ausgegeben, auch ihre Kraft war aufgebraucht. Hier war Reisele, so matt wie eine flackernde Kerze, bei der es nur eines Hauches bedurfte, sie auszublasen! Wie sollte sie das alles überleben? Reb Avram Ber war fürchterlich niedergeschlagen, und er konnte nur zu Gott um Gnade bitten.

Der Tzadik, sicherlich, hatte bei mehr als einer Gelegenheit gesagt, die Jeschive würde wieder aufgebaut. Aber das war ohne großen Nutzen, denn Geld hatte er nicht gegeben. Reb Avram Ber, nach einem langen und bitteren inneren Konflikt, hatte sich dazu durchgerungen, den Tzadik zu fragen, wie es für ihn weitergehen solle. Woraufhin der Tzadik erklärt hatte, ein Heilmittel müsse gesucht werden, daß der Herr niemals eines seiner Kinder verlassen würde, und mit diesen Worten war das Gespräch zu Ende gewesen…

Reiseles Vater hatte sogar begonnen, von Zeit zu Zeit kleinere Beträge zu schicken. Aber da war das alte jüdische Sprichwort: Du kannst keinen zerrissenen Sack füllen.

Der Winter setzte ein. Die Dächer hüllten sich in glänzendem Schnee. Ein verwaister kleiner Baum im Hof des Tzadiks wurde steif; seine armen gefrorenen Zweige zeigten wie hilflos anklagende Finger auf den Rauhreif, der dauernd auf dem Rinnstein lag. Die Steine des Straßenpflasters glitzerten im kalten strahlenden Sonnenlicht. Und tagelang krächzten die Krähen vor den Fenstern, verliehen der wintrigen Atmosphäre einen größeren Nachdruck in den Heimen der Armen.

Reb Avram Ber war nun kaum zu Hause zu finden. Reisele verließ fast nie mehr ihre Couch. Sie las immer. Deborah begann verhärmt und angespannt auszusehen, und sie hatte einen Ausdruck nervöser Furcht. Sie verzweifelte rasch, regte sich fürchterlich über jedes kleine Mißgeschick auf, während ihr Verstand zu betäubt war, um die wirklich entscheidenden Probleme aufzunehmen. Selbst Michail war im Verlauf von wenigen Wochen zu schweigsam und ernst für einen Jungen in seinem Alter geworden, und besonders von seiner Natur. Wenn er je einen Witz machte, war der so beißend, so zynisch, daß seine Zuhörer zusammenzuckten. Ganz plötzlich war er zu einem Mann geworden, einem bitteren Mann von fünfzehn Jahren.

Reb Avram Ber bemühte sich sehr, eine neue Gemeinde zu finden, aber ohne Erfolg, trotz des Spruches, den er immer wiederholte: „Er, der da sucht, wird also auch finden…"

Die junge Frau des Tzadiks half ihnen von Zeit zu Zeit mit Geld aus (selbstverständlich durfte Reisele davon nichts wissen), aber es war wie ein Tropfen im Meer.

Und, wie das Unglück es wollte, erwies der Winter sich als sehr streng. Die schlüpfrigen Bürgersteige und Haufen von Schnee, hart gefroren wie Eisen, immer in kurzen Abständen neben dem Rinnstein, halfen Deborah daran zu erinnern, wann immer sie sich hinauswagte, daß ihr leichter kleiner Mantel ganz unpassend war, um einkaufen zu gehen.

Da gab es Momente, wenn Michail sich von allem losriß und zum Fluß runterrannte, um zu schlittern. Aber es war nicht wie in alten Zeiten. Es fehlte die freudige Energie. Er hatte schon verstanden, daß schlittern nicht wirklich wichtig war. Er konnte nicht länger so tun, als wäre das Leben ein Spiel. Er hatte ernsthaft begonnen, daran zu denken, selber Geld zu verdienen. Aber wie? Womit? Bei wem? Was konnte er schon?

Von ihm aus wäre er Lehrling bei einem Schneider geworden, oder ein Laufbursche, aber zu Hause wagte er nicht einmal, solche Vorschläge anzudeuten. Es hätte nur einen Skandal verursacht. So ein verrückter Einfall! Sollte er, Michail, ein gewöhnlicher Arbeiter werden? Trotzdem, das verzweifelte Bedürfnis, etwas zu tun, ließ seinem früh erwachsenen Hirn keine Ruhe. Sein Gesicht war bleich und düster geworden. Irgendwie schaute er viel größer aus als noch vor kurzer Zeit, und seine gewohnheitsbedingte Gebeugtheit war nun viel offensichtlicher.

Die Scheiben an Fenstern und Türen waren immerfort von Frost gekennzeichnet. Kunstmalerei. Die Wohnung war bitterkalt. Wann immer ein Feuer angezündet wurde, weigerte es sich, ordentlich zu brennen. Die Kohlen schienen zu wissen, daß sie in eines armen Mannes Kamin lagen. Der Winter zog sich und zog sich, aber — wie alle irdischen Dinge — war er endlich doch vorüber.

Es war zu Beginn des Frühlings. Der Schnee taute bereits und schaffte überall Pfützen und kleine Bäche. Im Fluß, am Rande der Stadt, trieben riesige Eisklumpen. Wieder waren die Juden zu sehen, deren Gabardine bis zur Taille mit Matsch bespritzt waren. Eine Pessach-Atmosphäre war in den Straßen. Wieder einmal wandten die Juden ihre Gedanken den Matzen, der Wohltätigkeit und anderen heiligen Dingen zu. Und mit dem Kommen des Frühlings, dem Längerwerden der Tage, der Sonne, die höher in den Himmel stieg, schien auch ein heller Strahl in Reb Avram Bers düsteres Heim, gab es eine Hoffnung für ihn.

Ganz zufällig hatte Reb Avram Ber in der Synagoge die Bekanntschaft eines wohlhabenden Mannes gemacht, der für etwa sechs Wochen gekommen war, um mit dem Tzadik zu beten. Der Mann erzählte ihm, daß er vergleichsweise ein Fremder am Ort sei, denn bis dahin war in seiner Heimatstadt ein eigener Tzadik gewesen, der – unglücklicherweise – verschieden sei vor kurzem, ohne einen Erben zu hinterlassen. Nun kam heraus, daß der Fremde, der sich selber Reb Avram Ber angeschlossen hatte, ein tatsächlich sehr reicher Mann war – und ein gebildeter Jude dazu, der seine Bücher kannte – und es war sein ernsthafter Wunsch, daß ein neuer Tzadik gefunden werden sollte, um die Würde seiner Heimatstadt aufrechtzuerhalten. Es war auch angenehmer, einen Tzadik am Ort zu haben, und so war die

Suche im Gange nach einem heiligen Mann, auch wenn bis dahin noch keiner gefunden worden war. Kein eingeführter Tzadik würde im Traum daran denken, von einem Ort zum anderen zu ziehen. Andererseits war da kein Platz für einen Schwindler.

„Kein Platz für einen Schwindler!" sagte der wohlhabende Besucher mit Entschiedenheit, als er Reb Avram Ber seine Geschichte ausbreitete. Reb Avram Ber dachte, daß die freigewordene Stelle, wäre sie für einen Rabbi gewesen, eine goldene Gelegenheit gewesen wäre. Er sagte das, halb bedauernd, und dachte nicht weiter daran. Aber da war so ein ernsthaftes einfaches Lächeln auf seinem Gesicht als er sprach, daß der andere Mann sofort beeindruckt von ihm war. In diesem Moment gewann Reb Avram Ber das Herz des Fremden und ein Gedanke, eine Hoffnung war geboren.

„Nun, tatsächlich brauchen wir auch einen Rabbi, denn, seht ihr, unser früherer Tzadik (gesegnet sei sein Angedenken!) war für uns auch der Rabbi. Aber hier taucht unser Problem auf. Unglücklicherweise gibt es eine Menge Snobs in unserer Stadt – so wie sie in jeder anderen Stadt auch sind. Sie sind alle zufälligerweise Anhänger des Tzadiks von Ger und hielten nie sehr viel von unserem Tzadik Sie waren tatsächlich seine geschworenen Feinde und verspotteten und verlachten ihn immer. Nun, da er dies Leben verlassen hat, wollen sie überhaupt keinen Tzadik mehr, sondern beabsichtigen, einen selbst ausgewählten Rabbi einzusetzen. Ihr werdet es kaum glauben, aber der Kandidat, den sie aufgetan haben, ist der Schwiegersohn von unserem früheren Tzadik. Dieser Emporkömmling ist ein Mann nach ihrem Herzen, denn er ist ein leidenschaftlicher Anhänger des Gerer Tzadiks und hatte nie ein gutes Verhältnis zu seinem Schwiegervater. Könnt ihr folgen? Das ist die eine Seite von der Angelegenheit. Der Rest von uns, das sind alle bis auf die Handvoll Snobs, mögen diesen Emporkömmling von einem Schwiegersohn nicht, und wir wollen ihn um keinen Preis." Hier begann dem Erzähler die Galle hochzukommen. „Natürlich sind wir zahlreicher und mächtiger, als der arrogante Abschaum aus Ger, der immer oben schwimmen möchte; und glaubt mir, am Ende werden wir unseren Willen durchsetzen. Die Snobs haben keine Chance. Was wir wollen, ist nicht so sehr ein Rabbi, sondern ein

Rabbi und Tzadik kombiniert. Nun sagt mir, wärt ihr bereit, diese Position zu übernehmen? Wollt ihr zu uns kommen?"

„Natürlich nicht!"

„Und sagt mir bitte, warum nicht?"

„Einfach, weil ich kein Tzadik bin."

„In Ordnung, dann machen wir euch dazu."

„Gott behüte! Zum Tzadik wird man nicht ernannt, Chassidim machen einen aus, aber Chassidim können einen nicht zum Tzadik machen, wenn man es nicht ist."

„Soll schon gut sein; aber ich sage euch, daß ihr soviel Recht habt, ein Tzadik zu sein, und so berufen seid, wie jeder Tzadik auf der Welt," erklärte sich der Fremde ohne Zögern zu seinem Chassid. „Ich weiß, daß ihr es seid. Aber, wenn mein erster Vorschlag euch nicht zusagt, was ist hiermit? Werdet unser Rabbi, und was den Tzadik betrifft, könnt ihr euch später entscheiden, nachdem ihr eine Weile bei uns gelebt habt."

Als gewitzter Geschäftsmann hatte dieser wohlhabende Besucher einen klugen kleinen Plan in seinem Hinterkopf, um die Snobs zu überlisten. Er unterbrach Reb Avram Ber, der begonnen hatte zu sprechen.

„Ja, ja, ich weiß, mit wem ich spreche. Ich weiß mehr über euch als ihr euch denken könnt. Ihr ward für einige Jahre der Rabbiner von Jelechitz, und man hat dort viel von euch gehalten."

„Von wem habt ihr das?"

„Das ist doch egal. Es gibt auch viele Leute hier am Ort, die mit mir über euch gesprochen haben, und sie schätzen euch genauso hoch." Reb Avram Ber lächelte: Er kämpfte sehr, den Schmeicheleien nicht zu erliegen.

„Ich verstehe euch so, daß ihr bereit wäret, schlicht und einfach unser Rabbi zu werden," fuhr der Fremde fort. „Über meinen ursprünglichen Vorschlag könnt ihr später entscheiden. Wir werden euch dann einfach zum Rabbi machen, und der Gerer Frechdachs bleibt draußen vor der Tür. In der Zwischenzeit würde das den Snobs zeigen, wo und wer sie sind."

Wieder begann er über die Snobs zu schäumen.

„Es ist nicht gut, sich in Streit und Uneinigkeit einzulassen," protestierte Reb Avram Ber, unglücklich darüber, daß, wenn es schon eine Möglichkeit gibt, es auch gleich einen Fehler dazu gibt. Der Fremde war mehr und mehr von Reb Avram Ber verzaubert. Er hatte sein Herz an ihn verloren. Aber er behielt klaren Kopf und tat inwendig Reb Avram Bers Widerspruch gegen Streit und Uneinigkeit ab — Leben war nur Streit und Uneinigkeit – und bat Reb Avram Ber, sich für eine sofortige Abreise bereitzuhalten, wenn er die Angelegenheit geregelt hätte und die Angesehenen der Gemeinde ihn, Reb Avram Ber, rufen würden.

„Wenn ihr unser Einladungsschreiben erhaltet, werdet ihr damit sicher sein können, daß aller Widerstand ausgeschaltet wurde; und da wird es keine Auseinandersetzung für euch geben," sagte er abschließend. Reb Avram Ber war nicht wohl bei der Angelegenheit, er konnte sich nicht vorstellen, daß sich daraus etwas Ernsthaftes entwickeln würde, antwortete aber: „Nun, wenn die Dinge sich soweit entwickelt haben, werden wir darüber nachdenken."

„Gott wird geben, sie werden sich so entwickeln, und noch ein ganzes Stück weiter! Ich versichere es euch! Und jetzt nehmt mein Ehrenwort, daß, wenn wir nach euch senden, alles glatt sein wird."

Zwei Wochen später erhielt Reb Avram Ber von seinem Freund einen Brief, der auch die Unterschrift anderer Mitglieder der Gemeinde trug, mit dem Inhalt, daß sie ihn zu ihrem Rabbiner zu ernennen wünschten; daß sie um die Ehre eines Besuches bäten, und, wenn er bereit wäre zu kommen, würden zwei Mitglieder der Gemeinde geschickt werden, ihn abzuholen; daß die zwei geschätzten Mitglieder Reb Avram Ber ein offizielles Einladungsschreiben bringen würden, unterschrieben von der ganzen Gemeinde; und darüberhinaus, daß im unwahrscheinlichsten Fall seiner endgültigen Ablehnung ihres Angebotes, alle Ausgaben, die er gehabt hätte, ihm zurückerstattet werden würden, und das gerne!

Reb Avram Ber war nach Singen und Tanzen zumute. Er war aber nicht ganz zufrieden, ein Punkt machte ihm große Sorgen – war er nicht dabei, einem anderen Mann, dem „Emporkömmling von einem Schwiegersohn" seinen Lebensunterhalt wegzunehmen? Reisele wußte nichts von dem Gerer Emporkömmling oder den „Snobs", da Reb Avram Ber von ihnen nichts erzählt hatte. Er schickte einen Brief zurück, in dem stand, er wäre bereit.

Die Antwort kam an einem Morgen in den Hof von Reb Avram Bers Haus gefahren in Form einer bequemen Kutsche, gezogen von zwei nicht gerade arm aussehenden Pferden. Zwei Männer stiegen aus, die in ihre Mäntel gehüllt waren, als ob es ein frostiger Wintertag wäre. Die Kutsche fuhr sofort wieder davon, und es dauerte noch lange, bis die Nachbarn in ihren Fenstern aufhören konnten, auf die Einfahrt zu starren, durch die ein solch seltener Anblick erschienen und verschwunden war.

Die zwei eingehüllten Männer fragten nach Reb Avram Ber.

Reisele war überrascht. Sie stieg von ihrer Couch herab, bat die Besucher in das Wohnzimmer, forderte sie auf, sich zu setzen, und sagte zu Deborah, sie solle gehen und sofort den Vater holen.

Als er die Neuigkeit hörte, vergaß Reb Avram Ber ganz seine Gewissensbisse wegen des „karrieresüchtigen Schwiegersohns". Er war voll von Freude.

„So sind sie wirklich gekommen, ja? Gott sei Dank!"

Er fügte etwas ganz leise hinzu, was wie ein Gebet klang, und eilte sofort nach Hause, wo er strahlend eintrat.

„Bitte setzt euch, setzt euch!"

Die Besucher setzten sich wieder.

Reb Avram Ber bat Deborah, Tee zu machen. Reisele blieb aus Höflichkeit ein bißchen sitzen, entschuldigte sich aber nach kurzer Zeit und kehrte zu ihrer Couch zurück. Deborah hatte bereits die besten Löffel ausgesucht und die Gläser poliert, so daß sie funkelten wie Kristall. Es war mit größter Begeisterung, daß sie den durchsichtig roten Tee einschüttete und die Besucher beobachtete, die ihn tranken. Sie waren beide sehr bescheiden, und es bedurfte Reb Avram Bers freundlicher Überredung, bis sie ihre Mäntel auszogen. Jeder von ihnen wickelte einen unglaublich langen blauen Schal von seinem Hals. Reb Avram Ber drängte sie dann, mit der Familie zu frühstücken.

An diesem Morgen bat Deborah um mehr Gemüse auf Kredit, als sie es je getan hatte, und zum Ausgleich war sie verpflichtet, alle drängenden Fragen der Krämerin zu beantworten: Wer die Besucher waren? Ob es ihre eigene Kutsche war, in der sie gekommen waren? Welche Angelegenheit sie hierher gebracht hatte? Waren sie Verwandte oder nicht? Wann war mit ihrer Abreise zu rechnen, oder beabsichtigten sie für einige Zeit bei der Familie zu bleiben? Wie knauserig Deborah auch zu bleiben versuchte, der Krämerin Durst nach Information war schließlich nahezu befriedigt.

Nach dem Frühstück erschien die Kutsche wieder im Hof. Die Besucher legten wieder ihre Schals um und rieten Reb Avram Ber, die wärmsten Kleider, die er hatte, anzuziehen, denn die Kälte war bitter, sagten sie, im offenen Land. Sie halfen ihm in die Kutsche zu klettern, packten ihn so gemütlich sie konnten ein, vergaßen sich selber auch nicht, und fuhren fort.

Michail hatte Wind von dem Besuch bekommen und eilte rasch nach Hause, aber es war zu spät. Die Kutsche war abgefahren.

„Geschieht dir recht," neckte ihn Reisele. „Wenn du nicht herumgelaufen wärst, sondern in der Synagoge studiert hättest, wie du solltest, hättest du alles mitbekommen."

Zwei Wochen vergingen ohne ein Wort von Reb Avram Ber, außer der kurzen Postkarte, die er bei der Ankunft am Ziel abgeschickt hatte. Inzwischen war es kurz vor Pessach. Reisele erhielt einige Rubel von ihrem Vater und wußte kaum, was sie mit dem Geld machen sollte, denn es gab so viele Löcher zu stopfen. Auf jeden Fall drängte die Gemüsehändlerin und Deborah weigerte sich strikt, in den Laden zu gehen, bis sie ihr Geld geben könnte, um die Schulden zu begleichen. Die Dinge waren soweit gekommen, daß sie dort herumstand und beobachtete, wie später gekommene Kunden bedient wurden, während sie nicht beachtet wurde, und am Ende wurden ihr dann die Waren zugeworfen wie milde Gaben. Die Krämerin war dabei immer frecher geworden und hatte ganz offen gefragt, was sich zu Hause tun würde. Also ging es nach Deborahs Willen, und die Familie war wieder ohne einen Pfennig.

Die milde Frühlingsbrise duftete bereits nach dem leckeren Geruch frischgebackener Matzen. Die jüdischen Stadtteile waren voll mit Seife und Wasser, roter Rübensuppe, allen Arten von Gemüse, mit Sorgen, Erschöpfung und Kopfschmerzen wegen des nötigen Kleingeldes für die Heiligen Feiertage – kurz, voll vom kommenden Pessachfest. Jeder Stein des Straßenpflasters, jeder vertrocknete Busch und Baum schienen in Pessachstimmung. Die Lastenträger der Stadt hatten alle die Gesichter sauber gewaschen und trugen Papierhüte auf den Köpfen und neue Sackleinen auf den Schultern. Man konnte sie sehen, wie sie melodische Liedchen pfeifend aus den unterirdischen Backhäusern kamen mit riesigen Körben voll Matze gefolgt von erhitzten, sorgenvoll blickenden Hausfrauen. Sehr religiöse Juden waren zu sehen, mit Stücken von Schmieres, die sie zärtlich hüteten wie umhegte Säuglinge.

Überall in der Stadt herrschte fröhliches Treiben. Selbst die täglichen Sorgen und Probleme erhielten einen eigenen, neuen Geschmack. Juden schwirrten umher, ihre Gabardine flatterten im Wind. Die Bauern, die zum Markt kamen, erzielten großartigen Gewinn mit ihren Karrenladungen von Kartoffeln, lebendem Geflügel und Eiern. Was die Eier betraf, waren die Preise, die kurz vor Pessach gezahlt wurden, absolut phantastisch! Das Gedränge auf dem Marktplatz war unheimlich. Die Standbesitzer brüllten wie wild geworden. Die Bauern, die ihre Produkte in die Stadt gebracht hatten, wurden von eifrigen Käufern belagert. Sie fuhren mit leeren Karren zurück, noch bevor sie sich umgesehen hatten.

In Reiseles Heim aber gab es noch keinen Hinweis auf das nahende Pessach. Schweigend, wie sonst auch, lag sie auf der Couch, nachgrübelnd über ein Buch, die kleinen Füße unter den Körper gesteckt, als ob ihr nicht bewußt war, daß es nur noch zehn Tage bis dahin war. Die Luft war voll von einer schweigenden Traurigkeit – sie hing wie ein Fluch, den jeder bereit war zu ignorieren. Eine Frage peinigte alle: was konnte mit

Reb Avram Ber geschehen sein? Warum hatte er nicht einen von Reiseles Briefen beantwortet?

Endlich, nur sechs Tage vor Pessach, kam Reb Avram Ber zurück. Nun, wie schon einmal in Jelechitz, setzte er sich auf einen Stuhl vor Reiseles Couch und sagte – aber diesmal mit angehaltenem Atem – daß alles gut werden würde, der Herr sei gepriesen, wenn nur... wenn nur... sie, Reisele, einverstanden wäre. Woraufhin sich Reiseles Augen vor Erstaunen weit öffneten, und sie ihren Ehemann anstarrte mit einem fürchterlichen Verdacht: würde dieser Mann ihr nochmals solche Sorgen machen? „Es ist so," sagte Reb Avram Ber und versuchte gelassen zu scheinen, aber die extreme Beklommenheit, die ihn erfaßt hatte, offenbarte sich in jeder Falte seines Gesichts. „Es ist nicht ein Rabbi, nach dem die Gemeinde am Ende sucht, sondern..."

Reiseles Augen öffneten sich noch weiter.

„Sondern...?" wiederholte sie.

Reb Avram Ber saß da und schwieg. Er konnte den Mund nicht aufkriegen für ganze fünf Minuten.

„Sondern ein... Tzadik."

„Was?"

„Nun, schau, so ist die Lage. Ihr früherer, langjähriger Rabbi war gleichzeitig ihr Tzadik. Es ging ihm sehr gut dabei und er war hoch angesehen. Jetzt suchen sie jemanden, der seinen Platz einnimmt, einen neuen Tzadik."

„Und was soll das?" warf Reisele ungeduldig ein. All dieses Gerede über den früheren Tzadik erschien ihr bedeutungslos.

„Also haben sie mich gebeten..." fuhr Reb Avram Ber fort in einem solch leisen Flüstern, daß Reisele sich anstrengen mußte zu verstehen, was er sagte. „Sie sind zu mir gekommen... Tatsache ist, sie haben gesagt bekommen, ich wäre aus einer sehr berühmten Familie, und ich darf dazu sagen, daß mein eigener Ruf ihnen auch nicht unbekannt ist, wirklich; und es heißt, ich gefalle ihnen sehr, – Gott sei Dank! – Sie versprachen mir ein bequemes Auskommen. Doch, sie behandelten mich mit größtmöglichem Respekt und äußerster Rücksichtnahme. Die ganze

Gemeinde bat mich richtig zu kommen, zu ihnen, als ihr... Siehst du, sie wollen einen neuen Tzadik..."

„Und ich weiß immer noch nicht, worauf du hinaus willst," sagte Reisele. „Und wenn sie einen neuen Tzadik wollen? Was hat das mit dir zu tun? Du willst mir doch nicht sagen, daß ihre offizielle Einladung an dich, ihr neuer Rabbi zu werden, nicht mehr war als ein Fetzen Papier, oder ist es das, was du mir sagen willst?"

Reb Avram Ber fühlte, wie ihm das Blut in den Kopf stieg. „Nicht so genau, aber die Schwierigkeit ist diese: ein Schwiegersohn des früheren Rabbiners hat seine Forderung als einziger legitimer Nachfolger angemeldet, und er sagt, er würde nicht Platz machen auf dem Stuhl des Rabbiners für einen Fremden. Jeder Versuch, ihn auszuboten, würde bedeuten, sich niederzulassen in einer Atmosphäre der Zwietracht, und dazu noch hat dieser Schwiegersohn eine kleine, aber wortreiche Gefolgschaft in der Stadt. Er ist selber ein Gerer Chassid und alle anderen Gerer Chassidim in der Umgebung sind ganz stark auf seiner Seite. Während sie über den Schwiegervater spotteten und ihn lächerlich machten bei jeder Gelegenheit, halten sie sehr viel von dem jungen Mann, und sie sagen, sie würden eher Blut vergießen, als ihn gehen zu sehen. Mit der Ausnahme dieser kleinen Opposition war die offizielle Einladung an mich tatsächlich von praktisch der ganzen Gemeinde unterschrieben. Und diese guten Leute sagen mir, daß sie (mit Gottes Hilfe) im Laufe der Zeit triumphieren werden über die Minderheit, aber man brauche Geduld. Bis dahin wollen sie, soll ich erst einmal kommen. All unsere Sorgen werden bald vorüber sein! Gott sei dank! Ich kann diesen Leuten vertrauen, sie sind alle ehrenhafte Männer, und ich habe nichts zu fürchten vor ihnen. ‚Zu Beginn werdet ihr unser Tzadik, oder eher Führer, sein' sagten sie mir, ‚und bald schon werdet ihr unser Rabbi werden!' Erst wollte ich nichts davon hören, aber nach einer Weile wurde ich überzeugt, daß ich nicht wirklich die Möglichkeiten des Schwiegersohns gefährde, denn er ist unannehmbar für die Gemeinde als ganze. Was passiert, ist, daß die Stelle sicher dann an jemanden von außen gehen wird. Da gibt es nicht den geringsten Zweifel daran. Und meine nicht für einen Moment, diese guten Leute würden versuchen, mich zu betrügen. Nein, es ist ihnen todernst! Sie

meinen es mit ganzem Herzen! Tatsächlich, weißt du, was sie taten? Sie gaben mir fünfzig Rubel, damit wir Pessach feiern können. Natürlich wollte ich das Geld erst nicht annehmen, aber es nutzte mein ganzes Reden nichts. Sie drängten mir das Geld einfach auf, obwohl ich ihnen nichts Endgültiges zugesagt habe, weil ich mir nicht sicher über deine Haltung war. ‚Bitte' sagten sie zu mir, als würde ich ihnen einen Gefallen tun, ‚bitte akzeptiert das und macht damit ein Pessachfest wie für einen König!'"
Reisele blieb unerschütterlich still.

Reb Avram Ber war es endlich müde zu sitzen. Er stand auf und begann, im Zimmer umherzulaufen, wischte sich beim Gehen mit dem gelben, gepunkteten Taschentuch über die Brauen. Eine Viertelstunde verging. Eine halbe Stunde. Immer noch sagte sie kein Wort, machte nicht einmal den Versuch, etwas zu sagen, aber folgte nur jeder seiner Bewegungen mit einem traurigen Ausdruck in diesen großen grauen Augen, der ihn verbrannte wie brennende Glut.

Deborah kam herein. Sie war einkaufen gewesen. Als sie ihren Vater erblickte, wurde sie rot vor Freude.

„Hallo! Papa, wann bist du zurückgekommen? Warum ziehst du nicht den Mantel aus? Es ist ganz warm hierinnen. Soll ich dir einen Tee einschütten?"

Und ohne auf eine Antwort zu warten, beschäftigte sie sich mit dem Samowar. Bald stand ein glänzendes Glas Tee vor ihm auf dem Tisch.

„Wie geht es dir, Papa?"

„Nicht schlecht, Deborah, nicht schlecht." sagte Reb Avram Ber, dankbar, daß jemand mit ihm redete.

„Wirst du dort Rabbiner werden?" fragte sie, unfähig, ihre Neugier noch länger zu zügeln.

„Wahrscheinlich."

Und dabei blickte Reb Avram Ber verstohlen zu Reisele, die immer noch in gleicher Haltung wie zuvor auf der Couch lag, und schwieg – schwieg verbissen, verbittert und stur. Und neben den Mundwinkeln hatten sich die Falten tiefer eingeschnitten. Sie lächelte? Oder war es ein bitterer Hohn? Bedeutete diese Grimasse, daß sie weinte? Oder vielleicht lächelte und weinte sie zugleich? Ihr ganzer Körper zitterte.

Eine Wärme stieg in Reb Avram Bers Brust, und bald ließ ihn diese übermäßige Wärme sich krank fühlen. Er begann zu ersticken und hustete. Stotternd bat er Deborah, ihm ein Glas Wasser zu bringen. Sie gab es ihm und wunderte sich, was auf Erden geschehen sein konnte. Erst da bemerkte sie, daß ihre Mutter am ganzen Körper zitterte. Reb Avram Ber schlürfte ein wenig Wasser, verschränkte seine Hände hinter dem Rücken und begann, wieder im Zimmer auf- und abzumarschieren, hastiger noch als zuvor.

„Oj, oj, oj! Gott, du Allmächtiger! Ich bete zu dir, rette uns! Gnädiger, mitleidiger Erschaffer der Welten oben und unten, was bleibt mir sonst zu tun?" Er wandte sich plötzlich zu Reisele, als ob sie der gnädige Vater wäre. „Möchtest du lieber sehen, daß wir uns zu Tode hungern? Sag schon, hast du etwas anderes? Du weißt sehr wohl, daß ich mich nicht für einen Tzadik halte! Sie haben mich gebeten, ihr geistiger Führer zu werden, das ist alles. Ihr Führer. Ich bin doch sicher gut genug dafür; gut genug, einfachen ehrlichen Juden die Grundlagen des Talmuds zu erklären, und ihnen eine Art geistiger Führer zu sein..."

Reisele sprach noch immer nicht.

„Sag doch, wem geschieht da Unrecht, wem schadet das? Nun rede doch, bleibt mir etwas anderes übrig?"

Er flehte sie an wie einen strengen Lehrer, aber sie schwieg. In diesen zwei tiefen Falten um den Mund, da ruhte ein Lächeln, das hart, fast zynisch erschien, doch gleichzeitig war es kläglich, bemitleidenswert und voller flehender Bitten, wie ein kindlicher Schmollmund. Plötzlich brach sie in Lachen aus, etwas, was ihr sonst fremd war, und lachte ausgelassen wie eine Besessene.

„Oh meine Güte, es ist komisch, dich zu hören! Kaum bist du in das Gewerbe eingetreten und schon hast du alle Karten im Ärmel. Alle Tricks des Berufes stehen dir zur Verfügung," sagte sie mit soviel Hohn, mit so tiefer Verachtung in der Stimme, daß Reb Avram Ber sich wand wie ein gewöhnlicher kleiner Wurm. „Am Anfang sagtest du, diese g u t e n L e u t e wollten dich als

Tzadik. Jetzt hat deine Erinnerung dich verlassen, und du hast es verändert in einen geistigen Führer. Du hast dich ganz schön enthüllt. Jetzt sage mir, wie kannst du dich über den Tzadik von R– beklagen, wenn du von der gleichen Sorte bist?"

Als sie ihm diese Frage gestellt hatte, schaute sie ihn an mit der Strenge eines Richters, der auf die Antwort eines Angeklagten wartet. Jetzt war es an Reb Avram Ber, sprachlos zu sein. Er wußte nicht, was als Antwort zu sagen. Er ekelte sich vor sich selber. Er erkannte, daß sie vollkommen Recht hatte, so zu ihm zu reden. Es war widerlich, daß er auch nur daran gedacht hatte, solch eine Sache zu machen. Eine Menge geschickter Zungen und sein eigenes Elend hätten beinahe Erfolg gehabt, ihn zu verführen. Und er war bewegt von Dankbarkeit ihr gegenüber, daß sie ihn vor so einer Versuchung beizeiten gerettet hatte. „Sie hat immer recht!" sagte er sich. „Immer! Sie ist immer die Gescheite!"

Und mit einem Gefühl der Erleichterung, als ob eine schwere Last von seinem Herzen genommen wäre, setzte er sich nieder und begann mit Freuden den Tee zu schlürfen, obwohl er schon lange kalt geworden war.

„Schläfst du?" wollte Reb Avram Ber wenige Stunden später wissen, und weckte Reisele im anderen Bett.

„Nein" flüsterte Reisele, immer noch böse.

„Weißt du, du hast vollkommen recht. Höre, ich habe nochmals ganz sorgfältig nachgedacht, und da kann kein Zweifel sein, du bist vollkommen im Recht. Ich bin auch nur ein Mensch, und jeder Mensch kann verführt werden, besonders, wenn er in so einer Not ist wie wir. Ich ließ mir den Kopf verdrehen. Ich werde ihr Angebot ablehnen, und was das Geld betrifft, das sie mir gegeben haben, borge ich ein bißchen, um uns über die Feiertage zu bringen, und schicke den Rest sofort zurück. Ich nehme an, etwas wird schon kommen. Gott wird uns nicht verlassen. Und vielleicht kannst du mit den Kindern weggehen und bei deinem Vater leben. Es wird die Sache viel leichter machen für dich und auch für mich. Es ist nur für eine kurze Zeit, bis der Herr etwas schicken wird. Es wird mir die Freiheit geben, herumzureisen, und nach einer neuen Stelle zu schauen."

Reisele war versöhnt ... und Reb Avram Ber, ermüdet und zufrieden, schlief ein.

Bereits am nächsten Morgen wurde Deborah und Michail gesagt, daß des Vaters Reise erfolglos gewesen war. Deborah betrachtete das als ‚reines Unglück', hatte aber wenig Zeit übrig für müßige Spekulationen. Pessach war ganz nah, und es war noch nichts vorbereitet. Mehr noch, ihr Vater sagte ihr, es wäre Geld da für Pessach (Gott sei gedankt!), und das war sicherlich ein Trost. Nach einer langen und gewissenhaften Suche nach einer Putzfrau führte sie im Triumph eine alte verrostete Jüdin nach Hause, und ihre Kräfte vereinigend begannen sie, mit Schwung zu arbeiten.

Die Frau schlurfte im Zimmer umher mit einer ziellosen Haltung, aber da waren große Fähigkeiten in ihren knochigen verwachsenen Händen – die aussahen wie die blattlosen Äste eines Baumes –, als sie die Tische, Stühle und Böden schrubbte. Jede ihrer Bewegungen war begleitet von dem Zucken ihres fleischlosen runzligen Doppelkinns, und von ihren ewig währenden Seufzern. Immer wieder hielt sie inne, um über die roten kranken Augen zu wischen und erzählte Reisele von ihren Sorgen, beklagte sich, wie arm sie war, und wie ihr trauriges kleines Heim bar jeglicher Spur der kommenden Festtage wäre.

„Wenn man nicht schnorren kann, ist es bitter, man arbeitet sich zu Tode. So ist das Leben." philosophierte sie, und als sie mit den Fingern über das schwarze Gesicht wischte, waren die Flecken, die sie auf der Nase produzierte, die einzige Spur der kommenden Festtage. Sie hatte mit aller Kraft gearbeitet, um das Chumez aus dem Haus zu haben. Reb Avram Ber bestellte Schmieres für sich und Reisele. Die Matzen wurden rechtzeitig geliefert; alles war fertig zu seiner Zeit. Auch die Putzfrau wurde von Reisele nicht vergessen, so daß am Ende die Flecken auf der Nase nichts waren, verglichen mit den vielen guten Sachen, die sie mit nach Hause nahm.

Michail hielt sich fern aller Anstrengung. Er lag ganz behaglich auf einer Synagogenbank (in einer anderen Synagoge, weit weg von dem Tzadik) und übte eifrig seine Hand „Gesichter machen". So hatte Reb Avram Ber Michails Bemühungen als Portraitzeichner genannt, denen er sich seit kurzem mit großer

Begeisterung zugewandt hatte. Wenn er für die Mahlzeiten nach Hause kam, blieb er nicht sehr lange, denn die Putzfrau trieb ihn einfach aus der Wohnung. Jedoch am Abend, als sie die Arbeit beendet hatte, und sich bereitmachte, nach Hause zu gehen, verschaffte sie ihm reichliche Entschädigung. Er schlenderte zufällig in die Küche und fand sie, das Kleid immer noch hochgesteckt, sich an ihren zahlreichen Paketen im braunen Papier ergötzend, gestapelt auf dem frisch geschrubbten Boden. Es kam ihm die Idee, daß sie ein wunderbares Studienobjekt wäre, und nicht lange überlegt, waren schon Bleistift und Papier bereit. Niemand beachtete ihn, am wenigsten die Putzfrau. Aber als er sie nur gebeten hatte, den Kopf ein wenig zu drehen und den Rock etwas zu heben, starrte sie ihn mit so einem erschreckten Blick an, und ihr Gesicht wurde so ausdrucksvoll, daß Michail Grund hatte, ihr für den Rest seines Lebens zu danken, denn dies war seine erste und letzte Zeichnung, die er nie zerstörte.

Unmittelbar nach den Feiertagen schickte Reb Avram Ber dreißig Rubel zurück, zusammen mit einer Entschuldigung. Er schrieb, daß er bedaure, der Gemeinde freundliches Angebot nicht annehmen zu können, und er bedaure noch mehr, seine Unfähigkeit, das gesamte Geld zurückzuschicken. Er versprach, den Unterschied bei der ersten Gelegenheit zu begleichen. Als Antwort auf diesen Brief erschienen wieder die zwei schätzenswerten Herren, die ihn schon einmal besucht hatten. Aber alle Argumente, alle Beschwörungen waren erfolglos. Reb Avram Ber gab ihnen eine eindeutige Ablehnung. Die Männer reisten wieder ab, niedergeschlagen und ratlos. Himmel, welch eine Demütigung. Sie konnten im Leben nicht verstehen, welche guten Gründe Reb Avram Ber haben konnte, sich abzuwenden von einfachen, aber ehrlichen Juden, die wünschten, ihn als ihren Tzadik zu ernennen, die ernstlich wünschten, ihn zu ehren und ihm ein bequemes Leben zu verschaffen. Er hatte sich geweigert, ein Tzadik genannt zu werden. Das war eine Nebensache, die ihnen keine Schwierigkeiten bereitete. Er hatte es vorgezogen ein ‚geistiger Führer' gerufen zu werden. Gut, dann ‚geistiger Führer'. Aber jetzt schien es, daß kein Zugeständnis ihn zufriedenstellte. „Wir sind ihm nicht gut genug, das ist es! Wenn nur die Snobs ihn gefragt hätten, ihr Tzadik zu sein, er wäre geplatzt vor Freude!" sagten sich die zwei enttäuschten Männer, als sie wegfuhren.

Zwei Tage später begann ein Austausch von Briefen zwischen Schwiegersohn und Schwiegervater. Reb Avram Ber begann, als er einen sehr langen Brief schrieb. Neben den üblichen respektvollen Titeln sprach er jetzt seinen Schwiegervater an als „einer der Großen der Kinder Israels, ein Träger der Weisheit und des Wissens..." und so weiter und so fort. Er beschrieb voll und ganz die Not, in der die Familie war. Dann machte er eindeutig klar, daß er, Reb Avram Ber, alles getan hatte, was in seiner Macht lag, um für Frau und Kinder zu sorgen, und er war in keiner Weise zu beschuldigen, für das, was geschehen war, denn alles im Leben war vorherbestimmt von der Vorsehung, der kein Mann, wie stark er auch sei, widerstehen könne. Deshalb müßten Reisele und die Kinder bei ihrem Vater für eine Weile bleiben, vorübergehend, versteht sich, bis die Dinge besser würden, und Reb Avram Ber hatte den Glauben, schrieb er, daß sie bald besser würden. Gott würde ihn sicher nicht vernachlässigen. Diese Ausführungen zogen eine Antwort nach sich, in der Reb Avram Ber schlicht als „mein geschätzter und werter Schwiegersohn" angesprochen wurde – der Rest der üblichen Titel fehlte. Die Antwort ging dann weiter, und es stand kurz, daß „meine geliebte Tochter" und ihre Kinder willkommen waren – Gott behüte, es solle anders sein! – nur war es eine Tatsache, daß Reb Avram Ber geboren war als Dummkopf, geblieben war ein Dummkopf und immer ein Dummkopf bleiben würde...

Kapitel 8

Aber der Himmel wollte es anders. In der folgenden Woche geschah etwas Merkwürdiges. An genau dem Tag, als Reisele und die Kinder wegfahren sollten, um in ihres Vaters Haus zu leben, brachte Reb Avram Ber einen Gast nach Hause — ein dunkelhäutiger, helläugiger Mann, mit einem langen, gepflegten und, wie es schien, vernünftigen Bart. „Guten Nachmittag!" sagte der Fremde mit einer angenehmen Stimme. Sein freundlicher Gruß traf auf eine kühle Entgegnung von Reisele. Sie stellte sich vor, er wäre ein weiterer von diesen heiteren Exemplaren, mit denen sich Reb Avram Ber immer Ärger zuzog. Nicht, daß es darauf ankam, denn sie kehrte unter das elterliche Dach zurück, und es würde wahrscheinlich sehr lange dauern, bis Reb Avram Ber sie dazu bewegen konnte, zu kommen und wieder mit ihm zu leben. Ihr Becken der Bitternis war übergelaufen! Aber als Reb Avram Ber sie in das Nebenzimmer rief, konnte sie nicht grob sein und sich weigern, und so, ihren Widerwillen verbergend, begab sie sich in die Gesellschaft.

Reb Avram Ber zog einen Stuhl für sie heran und begann in seiner enthusiastischen Art zu erzählen, daß Reb Salman (das war der Name des Besuchers) ein Warschauer war, aber für einige Tage nach R– gekommen wäre, um den Tzadik zu sehen, wegen einiger Dinge, die Jeschive betreffend, und daß genau derselbe Reb Salman der Ansicht war, daß Reb Avram Ber, wenn er nur wollte, ein Bezirksrabbiner in Warschau werden könnte.

„Was natürlich großartig wäre!" lächelte Reisele, ein bißchen skeptisch, ein bißchen aber auch mit Hoffnung, obwohl sie der Meinung war, daß es soviel Chancen hatte, wahrzuwerden, wie, daß der Samowar, der auf dem Tisch stand, sich an dem Gespräch beteiligte. Jedoch sie fand es angenehm, Reb Salman zuzuhören, als er bei einem Glas Tee weitersprach. Seiner Meinung nach gab es in Warschau eine bestimmte Gegend, wo ein Rabbi dringend benötigt wurde. Sie hatte eine dichte jüdische Bevölkerung und da keiner der „offiziellen" Rabbiner – das bedeutete, jene, die von der zentralen Rabbinatsstelle ernannt wurden – innerhalb einer vernünftigen Entfernung von den Juden dort lebte, befanden sich die orthodoxen Juden in großen Unannehmlichkeiten. Zum Beispiel, wenn Zweifel auftauchten, ob eine Speise koscher war oder nicht, gab eine Hausfrau ihrem Mädchen den Auftrag, einen Rabbiner zu befragen. Aber dieses Mädchen könnte faul sein – und die meisten Dienstboten waren faul – und nicht tun, wie ihr gesagt worden war, und dann – Schrecken aller Schrecken! – würde gegen die Heiligen Gesetze gesündigt und Treifenes gegessen! Nun hatte Reb Salman eine große Anzahl von Freunden in dieser Gegend, und er war sicher, daß, mit ein klein wenig Zureden von ihm, würden sie sich gerne an einem Gehalt für Reb Avram Ber beteiligen. Zufälligerweise war Reb Salman als Schiedsmann wohlbekannt mit einigen der offiziellen Rabbiner. Und vielleicht würde er es sogar schaffen, einen Zuschuß für Reb Avram Ber von der Zentralstelle zu erhalten. Er würde deren Aufmerksamkeit richten auf die bösen Praktiken, die gegenwärtig im Umlauf waren in dieser Gegend, wegen des Fehlens eines Rabbis. Und so weiter, und so fort...

Innerhalb kürzester Zeit war Reb Salman vollkommen vertraut, nicht nur mit Deborah, die ihm zwischendurch das Glas wieder gefüllt hatte, und nicht nur mit Michail, der ihm gegenübersitzend, einen schwachen Versuch machte, vorzugeben, er würde ein religiöses Buch studieren, er war auch vertraut mit den vier Wänden, mit dem Tee auf dem Tisch und sogar mit Reisele, die allem, was er sagte, zugehört hatte und zu dem Schluß gekommen war, er wäre ein kluger Jude.

„Mit dem Tzadik werde ich auch reden. Er braucht meine Hilfe, und er wird mir, versteht sich, nichts abschlagen. Mir sagt man nicht ‚nein', mich weist man nicht ab," fügte er mit vollkommener Selbstsicherheit hinzu. „Worum ich ihn bitten werde – oder eher von ihm verlangen – ist, daß er seinen vielen Chassidim in der Gegend in einem Brief mitteilt, sie sollten mir ihre ganze Unterstützung geben. Glaubt mir, wenn ihr meinem Rat folgt, werdet ihr es nie zu bedauern haben. Warschau ist eine durch und durch jüdische Stadt, wenn es je eine gab! Was ist so gut daran, sich in einer engen kleinen Stadt wie R– zu verstekken?"

Die letzte Bemerkung traf Deborah wie ein Schlag. Wie konnte jemand R– eine kleine, enge Stadt nennen; sicherlich hätte er so etwas nicht gesagt, wenn er schon einmal in Jelechitz gewesen wäre.

„Ich habe keine Bedenken, euch zu sagen, daß Warschau eine wunderbare Stadt zum Leben ist," fuhr Reb Salman in mitteilsamster Laune fort, als ob ihm die Stadt gehörte. „Gutes altes Warschau! Es ist die Stadt der goldenen Gelegenheiten! Wenn ein Mann dort kein Geld verdient, dann nirgends! Es gibt eine ganze Anzahl von „inoffiziellen" Rabbis. Und sie alle machen sich ein schönes Leben. Es gibt keinen Grund, warum ihr das nicht auch könnt. Tatsächlich seid ihr in einer besseren Lage als die anderen, denn die Notwendigkeit, einen Rabbi zu kriegen, ist in dieser Gegend sehr groß."

Reb Salman beließ es nicht dabei, sondern machte weiter, als ob seine eigene Zukunft auf dem Spiel stünde, als ob sein eigenes Dasein davon abhinge, ob oder ob nicht Reb Avram Ber glücklich in Warschau untergebracht wäre. Und er sprach mit einer solchen Eindringlichkeit, dabei aber so ruhig, und da war ein derartig unerschütterliches Selbstvertrauen in seinen offenen braunen Augen, daß sein Plan sich entfaltete wie ein Lebewesen, wie eine Blume ihre Blätter im Sonnenlicht öffnet; und jeder am Tisch war gepackt von der dringenden Notwendigkeit aufzustehen und nach Warschau zu eilen. Es klang alles sehr vernünftig, was er sagte, er wog vorsichtig jede Einzelheit ab, überließ nichts dem Zufall, und am Ende gab es kein Stückchen Platz für Einwände oder Zweifel. Es wurde entschieden, daß Reb Avram Ber mit Reb Salman nach Warschau fahren und dort sein Glück versuchen sollte. Währenddessen würden Reisele und die Kinder ihre Abreise hinausschieben, ein oder zwei Wochen.

„Fahren könnt ihr doch immer noch. Das bleibt immer noch als letzter Ausweg." erklärte Reb Salman.

Deborah war ganz verdreht vor Aufregung. Es war alles wie im Traum, der wahr werden konnte. Aber was, wenn ihr Vater von der neuen Reise zurückkehren würde und sagen: „Es ist alles gut. Der Herr sei gepriesen! Wir werden in Warschau wohnen!" Was dann? Es wäre einfach wunderbar! Soviel besser als im Haus ihres Großvaters zu wohnen! Nein, sie hatte nicht die Ferien vergessen, die sie vor Jahren mit ihrer Mutter dort verbracht hatte. Welch ein Leben war es gewesen!

Da war die Großmutter, immer zugange, immer beschäftigt, Marmelade und Fruchtsäfte zu machen und Stachelbeertörtchen und Eingemachtes. Da gab es den altmodischen Ofen in der Küche, in dem ein enormes Feuer vom Morgen bis in die Nacht brannte; nicht für einen Moment wurde ihm erlaubt, auszugehen.

Natürlich war es ein Haus voll des Überflusses, aber es war mehr als das – ein Haus voller Dinge, die nicht angerührt werden durften. Alle diese Kirschen, die Stachelbeeren, die Preißelbeeren, die Blaubeeren, wurden für den Winter eingekocht und durften jetzt nicht angerührt werden. Man hätte glauben können, der Sommer wäre die Jahreszeit der Sklaverei und all die wohlschmeckenden Früchte, Pflaumen, Zwetschgen, Birnen, Rüben, welche im Sonnenschein reiften, waren nur dazu gedacht, aufbewahrt und im Winter genossen zu werden – es war so blöde!

Andererseits war ihre Großmutter nicht gerade übel. Auf jeden Fall fütterte sie die Familie mit dem Besten vom Besten: Fisch und Fleisch und Suppen im Überfluß. Und sie schien echtes Vergnügen darin zu finden, wenn sie anderen zusah, die sich vollstopften, wie ein Truthahn. Es kostete sie fast das Leben, wenn jemand nicht essen wollte. Aber nicht naschen! Oh nein, damit war sie nicht einverstanden! Und gerade das liebte Deborah am meisten, bevorzugte es, vor den ausgeklügelten Gerichten, die so üppig am Tisch gereicht wurden. Wenn sich Deborah mal eine einzige Stachelbeere grabschte, wurde sie sofort verurteilt – gieriger Schlingel, hoffnungsloser Fall, eine Mietze, eine Katze, usw.!

Um die Dinge noch schlimmer zu machen, marschierte die Großmutter als erstes am Morgen weg, um in der Synagoge die Gebete zu sagen; und wohin die Großmutter ging, ging auch der Bund mit den Schlüsseln. Alle Schränke waren verschlossen. All das geschah, weil sie mal ein Dienstmädchen beim Klauen erwischt hatte. Und wenn Deborah auch verhungern würde, nun, so würde sie verhungern! Es gab nichts, außer darauf zu warten, daß Großmutter ihre Gebete beendete. Natürlich war das Frühstück, das dann folgte, eine Mahlzeit wie für einen König – schwarze Johannisbeeren und Sahne, wohlschmekkende warme Brötchen mit zerlassener Butter und Käse und Kaffee mit einem wunderbaren Aroma – aber alleine durfte man nicht daran gehen!

Dann, wenn es Donnerstag geworden war, wurde man ein doppelter Gefangener, denn das war der Tag, an dem die „lange" Malke, die nicht im Haus lebende Küchenhilfe, das Kommando übernahm, und mit ihr war nicht zu scherzen. Allein die Arbeit, die die Frau an einem Donnerstag erledigen mußte! Großmutter konnte selber kein Brot backen, sie brauchte dazu die „lange" Malke. Und die „lange" Malke wußte es, und wie sie im Haus herrschte! Sie benahm sich wie ein Zar. Denn sie backte nicht nur die Challes, sie mußte auch den Butterkuchen machen und den Fruchtkuchen und den Eierkuchen und die Brötchen und die Lebkuchen und die Ölkuchen. Und wenn sie dann fertig war, mußte sie noch mehr Teig kneten, ihn flach rollen und in Streifen zu Nudeln schneiden. Nun, eine Frau, die all das konnte, war ein vollkommener Schatz im Haus. Unglückliche Deborah, wenn sie verdächtig nahe an den Knettrog kam, oder plötzlich versucht war, sich davonzumachen mit einem warmen Lebkuchen. Dieser Schatz von einer Frau hätte nicht mehr Aufruhr gemacht, wenn es ihr Eigentum gewesen wäre, das gestohlen wurde. Der Aufruhr endete dann nicht, er begann erst richtig. Nachdem die „lange" Malke mit dem Schreien aufgehört hatte (und sie konnte schreien!), begann die Großmutter zu moralisieren. Dann folgte eine Predigt von einer Tante, die mit ihrer immer größer werdenden Familie unter dem elterlichen Dach ausgehalten wurde, seit sie vor zwanzig Jahren geheiratet hatte, und sich aus diesem Grund – oder eher trotzdem – für eine der Autoritäten im Hause hielt. Danach würde der Onkel etwas dazugeben, mit gutmütigem Humor, und als Letztes kam dann ein fürchterlicher Verweis von ihrer Mutter.

Und war das schon genug? Nein. Als letzten Punkt gab ihr die Großmutter einen großen Korb mit Lebensmitteln und sagte, sie solle sie unter den respektablen Armen der Stadt verteilen. Da war ein Laib Brot (so groß wie der Kopf der „langen" Malke) für jede Familie und ein halbes Pfund koscheres Fleisch. Es konnte in Strömen regnen, oder die Sonne konnte brennen wie das Feuer im Herd an einem Donnerstag; tat nichts, sie mußte sich aufmachen – mit zehn Brotlaibern, und zwanzig Pfund Fleisch –, um seinen Inhalt loszuwerden, dann wiederkehren um – nochmals zu gehen. Manchmal waren auch einige Stücke gekochter Fisch dabei, für die sehr respektablen unter den Armen; und Gott behüte, wenn sie versuchen sollte, sich vor dieser edlen und wohltätigen Arbeit zu drücken.

Nun, der Ärger mit dem Großvater war von ganz anderer Art. Er verbrachte jede Minute des Tages in seinem privaten Studierzimmer, grübelnd über dem Talmud, seine Bücher abfassend, und keiner bekam ihn zu Gesicht. Bei den seltenen Gelegenheiten, wenn er herauskam, um die Glieder zu strecken, wollte sie einfach ein Wort mit ihm reden, oder mindestens ihn reden hören (denn sie liebte ihn leidenschaftlich), aber er hatte eine merkwürdige, unverständliche Sprache, wie Türkisch, die ausschließlich aus „nu" und „nujoh" bestand. Mehr hörte man nicht! Diese „nuhs" und „nujohs" hatten etwas sehr tiefsinniges an sich, das fast die Liebe, die sie für ihn empfand, einschüchterte, so daß ihr Respekt die Liebe überwog. Reisele war die einzige Person im Haus, zu der er sprach. Und in der Gegenwart von ihm, der so weise war, so erhaben, konnte Deborah, die so klein war, so leichtfertig, nur ein Gefühl der tiefen Scham über sich selber empfinden. Wenn er ihr zulächelte, hatte sie das Empfinden, sich in eine Ecke verkriechen zu müssen; denn in dem Moment, wo er so gnädig war, sie zu bemerken, mußte er auch sehen, wie gering sie war – ein kleiner Wurm im Vergleich zu ihm...

Dann waren da noch die Kinder der Tante in Betracht zu ziehen – diese unverschämten Gören! Während des ganzen Aufenthaltes hatten sie Deborah wie eine Betrügerin behandelt, als ob sie alleine, geboren und aufgewachsen in diesem Haus, die echten Enkel waren, während Deborah eine Fremde war; und was hatte sie sich gedacht, hier einzudringen? Schon wahr, sie war ein Gast, und als solche erhielt sie von der Großmutter einen vollständigen Satz neuer Kleidung. Am Ende aber war das doch kein Segen, denn danach wurde die Luft heiß für sie. Ihre Cousinen und Cousins ließen alle vorgetäuschte Freundlichkeit fallen und überwältigten sie fast mit ihrem Neid. Sie verspotteten sie, trieben ihre Scherze und machten ihr das Leben zur Qual, so daß sie die schönen neuen Kleider verabscheute und viel lieber ohne sie geblieben wäre. Und dann am Ende, als Reisele von ihren Eltern in ein Bad zur Kur geschickt worden war, und Deborah – armes Kind! – zurückgelassen sich selber durchschlagen mußte, hätte sie genauso gehen können und sich auf den höchsten Ast des höchsten Baumes, den sie finden konnte, aufhängen!

Natürlich war jetzt alles anders. Trotzdem war die Aussicht, nach Warschau zu ziehen, eindeutig viel attraktiver... Aber warum sich zum Narren machen? War so eine Sache tatsächlich möglich? Sicherlich, sie hatte eine Menge reden hören über die wunderbare Stadt Warschau. Zum Beispiel fuhr der „kleine" Mendel immer nach Warschau, um die besten Waren für seinen Laden zu kaufen. Und Joseph Cahns Sohn, hieß es, war ein Student an der Universität von Warschau. Aber daß ein Rabbi gesucht wurde in Warschau, und dann kein anderer als ihr Vater – den sowohl der Großvater wie ihre Mutter für einen netten Einfaltspinsel hielten – den Posten bekommen sollte, das war eine verrückte Vorstellung. Und doch beharrte Reb Salman darauf, daß es sehr wohl möglich wäre – nicht doch, eine Wahrscheinlichkeit! Nun, vielleicht ja, vielleicht nein!

Michail fand es ganz selbstverständlich und war überaus glücklich. In letzter Zeit ging er umher und hatte selber daran gedacht, nach Warschau zu gehen. Er hatte sich so gut wie entschlossen, seine Studien aufzugeben, von zu Hause wegzulaufen und eine Arbeit in der großen Stadt zu suchen. Und nun kam von ganz allein so eine Gelegenheit! Es war kaum zu glauben! Aus lauter Freude begann er zu pfeifen. Reb Avram Ber schaute ganz erschrocken.

„Was ist das? Bist du das, Michail?"

Michail ließ den Kopf ein wenig sinken und entschuldigte sich mit einem freundlichen Lächeln auf seinem rot gewordenen Gesicht, daß es ganz unabsichtlich geschehen war, daß er selber nicht verstünde, wieso er gepfiffen hätte. Sowohl Reb Avram Ber wie Reisele versicherten Reb Salman, daß dies das erste Mal war, daß der Junge so etwas gemacht hatte.

„Nun, ist alles geregelt?" fragte Reb Salman, schob den Stuhl zurück und stand auf.

Reb Avram Ber schaute auf Reisele. Sie begann zu überlegen. Schließlich schien es ein machbarer Plan, und sie hatte nichts zu verlieren. Darüberhinaus war Warschau keine Stadt, wo man von einer Handvoll Leute abhängig wäre. Und nach Hause fahren mit den Kindern, das konnte warten. Reb Salman hatte vollkommen recht.

„Sag mir," Reb Avram Ber verlor fast die Geduld, „sollen wir es versuchen?"

„Ja, ich denke. Es schadet nichts, es auszuprobieren."

Deborah wurde unruhig. Vielleicht, wenn sie nach Warschau kam, konnte ihr der kluge Student mit dem schmalen Gesicht und den leuchtenden Augen wiederbegegnen, der junge Mann, den sie zuerst gesehen hatte, als sie versuchte, einen Blick auf den Tzadik zu werfen, und der sie immer mit einem so merkwürdigen Blick beehrt hatte. Sie hatte seinen Namen so gut wie vergessen. Simon, das war er! Kurz bevor die Jeschive niederbrannte, war er plötzlich verschwunden, und Mottel hatte ihr gesagt, daß er in die Hauptstadt gereist war. Die Erinnerung an ihn war so schmerzhaft lebendig, daß sie ganz unvernünftigerweise ihren Vater fragte, ob Simon nun in Warschau sei.

„Wen meinst du? Ach, ich weiß. Ich habe keine Ahnung, wo er überhaupt ist. Jemand hat ihm einen Brief in die Jeschive gebracht, und da ist er eilig zum Bahnhof gerannt, das war das Letzte, was wir von ihm gesehen haben. Er hat sich nicht einmal die Mühe gemacht, zurückzukommen und sich zu verabschieden. Ich denke mir, er hatte schlechte Nachrichten bekommen. Vielleicht war jemand in der Familie krank geworden. Ich frage mich oft, wo er ist. Aber sag mir, warum wolltest du das wissen?" Deborah wurde rot.

„Ach, nichts. Ich hab' nur gefragt."

„Nun, alles ist besprochen. Wir werden morgen früh nach Warschau fahren." sagte Reb Salman und wünschte der Familie eine gute Nacht. „Ein kluger Jude," bemerkte Reisele, nachdem sich die Tür hinter ihm geschlossen hatte. „Aber er übertreibt sehr gerne."

„Er ist ein Mann, dem du unbedingt vertrauen kannst," sagte Reb Avram Ber, „gutherzig und klug. Und ein gewitzter Geschäftsmann. Kennt alles, kennt jeden, ist überall und hat noch keinen im Stich gelassen. Er ist so; er ist immer gerne bereit, dir zu helfen. Er ist sehr beliebt. Wir kennen einander seit Jahren."

„Ist er ein Chassid?"

„Nein, das nicht. Er macht Geschäfte mit dem Tzadik, deshalb kam er. Die zwei arbeiten schon lange zusammen."

Reisele ächzte unwillig. Sie hatte ihr Vertrauen in Reb Salman verloren. Aber, der Vorschlag war immer noch wert, ausprobiert zu werden. Besonders gerne ging sie nicht zurück, um ihres Vaters Brot zu essen.

Gegen zehn am folgenden Morgen nahm Reb Avram Ber mit Reb Salman einen Zug nach Warschau, und nach zwei Wochen kehrte er mit der frohen Nachricht zurück, daß er bereits eine Wohnung für sie gemietet habe.

„Wirklich, ohne jemand zu fragen?"

„Nun, Reb Salman sagte, es wäre nicht notwendig für mich zu fragen," entschuldigte sich Reb Avram Ber. „Und ehrlich, es war besser so. ‚Verzögerungen sind fatal' sagte Reb Salman zu mir. ‚Entscheidung ist alles. Trödelt nicht rum! Wenn ein Mann anfängt zu zögern, macht er normalerweise alle seine Pläne kaputt!' Wißt ihr, Reb Salman hat mir erzählt, daß der Tzadik alle Unkosten bezahlen wird. Er hat es ihm versprochen. Deborah, sag, kannst du deinem Vater ein Glas Tee bringen?"

„Also haben wir ein Versprechen vom Tzadik. Da haben wir was, ein Haus drauf zu bauen," sagte Reisele lachend.

„Wart und schau. Dieses Mal wird alles gut werden."

„Das hoffe ich!"

Als er seinen Tee schlürfte, erzählte Reb Avram Ber von seinen Erfahrungen. „Der Warschauer Jude hat vor allem eine offene Hand, er ist freundlicher und großzügiger."

„Nicht so ehrgeizig, kleinlich und grob, nicht wahr?" vermutete Reisele. „Absolut!" sagte Reb Avram Ber, noch mehr von Reiseles Klugheit begeistert, als von der offenen Hand der freundlichen Juden in Warschau. „Geld bedeutet nicht viel für sie. Sie können es verdienen, und sie können es ausgeben. Du kennst doch Reb Salman. So sind sie alle. Wenn sie einen erst mögen, gehen sie für ihn durch Feuer und Wasser (mit Gottes Hilfe!), um ihm zu helfen. Ich glaube, ich hatte Glück, weil sie alle schienen mich gern zu haben. Ihr hättet sehen sollen, wie sie mich in der Synagoge empfangen haben. Sie holten eine Flasche Branntwein heraus und tranken auf meine Gesundheit. Und alle begrüßten mich mit so einer Wärme, da war so eine liebe Freundlichkeit überall, ein jeder hätte geglaubt, diese Leute kennen mich schon ihr ganzes Leben lang. Man hat es ihnen vom Gesicht ablesen können... Und wißt ihr, sie brauchen wirklich einen Rabbi in der Gegend, denn sie haben mir erzählt, daß der jetzige Zustand einfach schockierend ist. Schockierend! Ein Mann, der ziemlich wichtig zu sein scheint, kam auf mich zu und sagte: ‚Es freut mich, euch zu treffen! Es ist eine gute Sache, daß wir jemanden haben werden, dei darauf achten kann, daß unser Haus in Ordnung ist; es ist schon böse, keinen Rabbi zu haben. Und ich glaube, ihr seid genau die richtige Art von Mensch für uns – ein ehrenhafter Mann ohne scheinheiligen Unsinn. Keiner von den Rabbis, die nur ihre Bezahlung im Kopf haben, und wenn jemand, der kein Geld hat, sie um einen Rat zu bitten, ihn wissen lassen, sie würden schlafen und könnten nicht gestört werden. Nicht von dieser Sorte! Ihr seid ein Mann nach unserem Herzen!' sagte er zu mir ‚und ich hoffe, ihr werdet es bequem bei uns haben und ein gutes Leben!' und mit Gottes Wille so soll es sein! Reb Salman hat unendlichen Einfluß auf diese Leute. Er ist einer von den ganz Hohen. Sie alle respektieren ihn sehr. Den ganzen Abend war er mit mir in der Synagoge und machte eine Liste von Spendern. Da war keiner, der es wagte, ihm ‚nein' zu sagen, und er vermied es sorgsam, einen oder zwei zu fragen, die eher zweifelhaft erschienen. Es war ein echtes Vergnügen, ihm zuzuschauen. Er hat seinen Kopf auf dem rechten Platz, der Reb Salman. Ein teurer Jude, ein großherziger Mensch! Ihr könnt euch nicht vorstellen, was er alles für mich getan hat! Ich wußte nicht, wie ihm zu danken.

Angefangen hat es damit, daß er darauf bestand, mich bei sich aufzunehmen. Und er stellte mich seiner Frau vor. Nun, sie ist eine wunderbare Frau, ein wirklicher Engel, das ist sie! Was sie alles getan hat, damit ich mich ganz zuhause und wohl fühle. Sie sorgte sich um mich die ganze Zeit – nehmt euch davon, und davon nehmt euch auch! – und das Nachtgewand, das sie mir gab, war gemacht für einen König. Noch als ich schon im Bett war, schickte sie einen Jungen, zu fragen, ob ich noch ein Kissen wollte. Sie konnte nicht genug für mich tun. Und Reb Salman gab eine ganze Woche dafür, eine Wohnung zu finden. Ich wurde ganz müde, mit ihm herumzulaufen, denn wieviele Wohnungen wir auch sahen, keine war ihm gut genug. Ein ganz besonderer Mann, der Reb Salman. Er kritisierte und schaute, er hätte nicht pingeliger sein können, wenn die Wohnung für ihn gewesen wäre. Er wollte eine Wohnung finden, die alle Bequemlichkeit hat und wenig Miete kostet. Und da muß man schon suchen. Ihn störte kein Streit, und er schien, während er sich um mich kümmerte, seine Geschäfte ganz zu vernachlässigen. Schaden hin – Schaden her! Endlich fand er, was er gesucht hatte. ‚Seht ihr' sagte er zu mir, ‚wer sucht, der wird auch finden!' Er war so glücklich, man hätte glauben können, er hätte einen versteckten Schatz gefunden. Ich denke schon, die Wohnung ist besser als die anderen, die wir angeschaut haben. Aber um die Wahrheit zu sagen, ich selber konnte keinen großen Unterschied entdecken."

Reisele lächelte ein gönnerhaftes Lächeln, welches zu sagen schien „Himmel, was für ein naiver Einfaltspinsel du doch bist!" Trotzdem kam ihr zum ersten Mal der Gedanke, daß ihr eigener Skeptizismus nicht das Vernünftigste war im Leben, und nur ein solch starker Glaube, wie er Reb Avram Ber bewegte, führte auf die Hauptstraße des Lebens, nur durch vollkommene Einfachheit und den kindlichen Glauben an die Mitmenschen konnte man die ganze Welt erringen, nur mit diesen Eigenschaften konnten die wahren Freuden des Lebens gesichert werden; tatsächlich waren diese Eigenschaften an sich die schönsten Dinge, die das Leben zu bieten hatte, und ein weiser Mensch war nur der, der diese Gaben akzeptieren konnte. Was nutzte es, immer dabei zu sitzen, das Leben zu richten und nie zu einer eigenen Entscheidung zu kommen.

Für die folgenden zwei Wochen verließ Reisele ihre Couch und machte wieder Gebrauch von ihren Beinen. Sie half Deborah, alles für die Reise fertigzumachen, nahm sogar den Ärger auf sich, die Wäsche zu überprüfen, die von der Waschfrau zurückkam. Sie hatten extra – es ging ja nach Warschau! – eine Waschfrau angestellt. Deborah und Michail hatten ihre Mutter niemals zuvor so beschäftigt gesehen, und wunderten sich, was plötzlich über sie gekommen war. Es erfreute ihre Herzen. Michail, angeregt durch ihr Beispiel, half bereitwillig mit, und verbrachte keine Zeit damit, faul herumzulungern, wie er es damals in Jelechitz getan hatte. Er wirkte einfach Wunder. In einem Moment brach er sein schrilles Pfeifen ab und begann stattdessen lautstark zu singen. Dann zerbrach er einen Glastopf. Dann nahm er einen schwerbeladenen Koffer und rannte damit in einem leeren Zimmer herum so schnell er konnte. Deborah, wie üblich, machte die meiste Arbeit, und die ganze Zeit war ihr Kopf dabei erhitzt von den seltsamsten Bildern, wie Warschau wohl aussehen würde, und selbst jetzt noch konnte sie sich nicht an den Gedanken gewöhnen, daß es Warschau war, wo sie bald leben würden.

Endlich brach der große Tag an. Ganz früh an einem Dienstagmorgen fuhr ein großer Karren in den Hof und die Möbel wurden dort wie Kraut und Rüben hineingestopft. Dann kam ein zweiter Karren für den Rest des Haushalts. Als die Wohnung ganz leer war, und die Stimmen widerhallten, wurden die Planen über die Rahmen der Karren geworfen und festgemacht, und nach erstem vergeblichem Scharren auf den Steinen – begleitet vom lauten Rufen der Unterstützung – begannen die Pferde sich zu bewegen, und die Karren rumpelten davon. Die Familie zog die Mäntel an. Reisele ging nach unten, bekleidet mit einer schwarzen Samtjacke über dem langen schwarzen Kleid und mit einem schwarzen Seidenschal über der Perücke. Der Schal warf Schatten auf das Gesicht und ließ es hagerer denn je erscheinen. Reb Avram Ber folgte ihr, eingehüllt in seinen Wintermantel, obwohl das Wetter sehr milde war, und mit seinem alten Rabbinerhut auf dem Kopf. Es war gut zu sehen, daß er wieder seine

Rabbinerkleidung trug (in R– hatte er nur ein Samtkäppchen getragen). Er schüttelte den Nachbarn die Hand und nickte sogar dem Frauenvolk zu.

„Hast du dich vom Tzadik verabschiedet?" fragte Reisele.

„Ja. Ich habe vergeben und vergessen. Laß uns hoffen, daß auch Gott ihm vergibt," sagte Reb Avram Ber, offensichtlich nicht ohne Zweifel. „Auch ich muß sagen, daß er mir eine nützliche Lektion gegeben hat. Erst jetzt verstehe ich wirklich die echte Weisheit in ‚Setze dein Vertrauen nicht in Menschen, denn deine Unterstützung liegt nicht bei ihnen'. Natürlich, die Welt ist voll mit guten und gutherzigen Menschen, aber nur zu einem Wesen dürfen wir uns um Unterstützung wenden, und das ist unser Vater im Himmel. Er ist ein liebender und großmütiger Vater..."

Reb Avram Ber schaute zum Himmel, der sommerlich und tiefblau war. Dann kam die Kutsche des Tzadiks und das Paar Vollblüter, das alle Leute in der Stadt so gut kannten. Der Tzadik hatte besonders darauf bestanden, daß diese seine eigene Kutsche Reb Avram Ber zum Bahnhof bringen sollte.

„Und hast du dich von seiner Frau verabschiedet?" fragte Reb Avram Ber.

„Natürlich!"

„Und seine Mutter?"

„Nein, ich hatte keine Lust darauf."

„Hat auch Deborah sich nicht von ihr verabschiedet?"

„Nein."

„Macht nichts."

Leiser Nussen und Reb Baruch waren in des Tzadiks Kutsche, und Reb Avram Ber und Michail stiegen zu ihnen. Reisele und Deborah nahmen einen gemieteten zweirädrigen Wagen mit nur einem Pferd, einem schwerfälligen Tier mit dicken krummen Beinen und buschigen grauen Fesseln. Die Familie nickte noch einmal zum Abschied den wenigen Leuten zu, die sich in der Einfahrt versammelt hatten. Deborah vergaß nicht einmal den fürchterlichen Frauen zuzuwinken, die so große Freude daran gefunden hatten, ihr die Kunst des Bodenschrubbens beizubringen. Eine kurze Dusche von Segnungen, und weg waren sie!

Deborah wandte noch einmal den Kopf zurück für einen letzten, langen Blick auf den bekannten Platz, für den sie nichts als Abscheu empfand. Plötzlich gewahrte sie Mottel, der ein wenig abseits von der Menge stand. Wie mitleiderregend war das Lächeln auf seinem Gesicht, er schien den Tränen nahe. Es war ein Lächeln bitteren Protests – Protest dagegen, zurückgelassen, alleingelassen zu werden. Er schaute ihnen nach. Sie hatte vorher nicht einmal an ihn gedacht. Jetzt empfand sie großes Mitleid mit ihm, so daß, hätte sie die Möglichkeit, und hätte sie sich dessen nicht geschämt, sie wäre zurückgelaufen, um sich wieder und wieder von ihm zu verabschieden, und ihm zu erklären, daß sie selber einer ungewissen Zukunft entgegenfuhren. Aber Mottel war bald vergessen und an seine Stelle trat das Bild von Simon. Simon! Vielleicht würde sie ihn in Warschau treffen, eilend, wie er immer eilte, seinen abgewetzten Gabardin eng um den schmalen Körper geschlungen, mit glühenden Augen, so edel trotz seines schäbigen Aussehens, so geistig!

Michail rief Mottel einige freundliche Worte zu, aber Mottel schien ganz taub zu sein. Jetzt stand er stocksteif, starrte die schmale Straße entlang, als ob er erwartete, daß die Kutschen, mit denen Reb Avram Ber und seine Familie davonfuhren, anhalten würden, um ihn mitzunehmen...

Michail war bester Laune!

„Galoppiert, meine guten Pferde, und mögt ihr eher tot umfallen als umzukehren!" preßte er durch geschlossene Zähne heraus, in der dramatischen Weise eines Helden aus einem Roman, den er vor kurzem – heimlich – gelesen hatte.

„Galoppiert weiter, ihr fetten Teufel, ihr habt nur noch einen kurzen Weg vor euch. Bringt uns zum Bahnhof und nicht weiter!"

Dann, in eine lustige Laune zurückfallend, sagte er zu Feiwisch, dem Kutscher: „Habt ihr jemals daran gedacht, eure Pferde wie den Tzadik zu behandeln? Wenn ihr euch darum kümmert, könnt ihr den Mob dazu bekommen, eure Pferde zu verehren, wie sie den Tzadik verehren, und sie würden alle sich um die Tiere versammeln, um ihren Segen zu erhalten. Ich wette, ihr habt nie daran gedacht!"

Feiwisch wandte ihm ein paar dumme, verwirrte Augen zu und brach einige Minuten später in schallendes Gelächter aus.

„Verzeiht, wollt ihr mir so sagen, daß ihr den Scherz endlich verdaut habt?" sagte Michail.

„Wovon plappert der Kerl? Welchen Scherz?" fragte sich Feiwisch und lachte wieder, als ob er gleich platzen würde.

„Ist es nicht schön?" keuchte er. „Kannst du es nicht sehen?"

„Was?"

„Dort drüben!" sagte Feiwisch und zeigte mit seiner Peitsche auf eine abgemagerte Mähre mit einem wunden Fleck an der Seite, geschirrt an einen schwerbeladenen, wackligen Karren mit einem Verdeck aus zerrissenen Säcken. Es war ein fürchterlich deprimiert ausschauendes Tier, den Kopf sehr tief haltend, und sein schäumendes Maul schien mehr Arbeit zu verrichten als seine Beine, welche sich träge bewegten, als ob sie sich ungern vom Boden erhöben.

„Selber Schönheit! Du solltest dich schämen, über ein armes altes Skelett zu lachen, das schon im Grab sein sollte. Feiwisch, mein Junge, du wirst selber nicht viel mehr als ein Skelett sein, wenn der Tzadik mit dir fertig ist. Du wirst Wunden zu ertragen haben, du wirst nur Haut und Knochen sein, ein wirklich alter Klepper!"

Feiwisch war ein erstklassiger Kutscher und wußte, wie die Pferde zu behandeln. Sie hielten mit Schwung vor dem Bahnhof an. Mit sehr zeremonieller Haltung entriß Leiser Nussen Reb Avram Ber einen Koffer, der Manuskripte enthielt, und brachte ihn in den wartenden Zug, wo er ihn in einem Gepäcknetz verstaute. Dann, ohne Grund, schimpfte er Reb Baruch an, er wäre ein fauler Schuft; wieder und wieder fragte er die Familie, ob sie bequem untergebracht wären, und – mit einem süßen Lächeln für alle – ging er weg. Baruch blieb zurück und übergab Reb Avram Ber ein Abschiedsgeschenk, einige Prisen Schnupftabak, welche er in ein kleines Papierstückchen verpackte mit zitternden Händen, einiges auf den Boden fallenlassend.

„Hier, das ist für dich! Das ist etwas, ohne das kein Mann auf Reisen geht. Du wirst es sehr anregend finden. Schau her, Michail, das ist für dich. Ich bin nicht sicher, daß du es verdienst, aber ich gebe dir trotzdem etwas..." Und er steckte eine Prise zwischen Zeigefinger und Daumen, „Komm, zieh es hoch wie ein Mann. Aber richtig, hör auf mich. So, und jetzt hebe noch diesen Koffer in das Netz, Michail! So ist es richtig!" Michail zog den Schnupftabak richtig hoch, nieste und lachte so sehr, daß er fast erstickte.

„Hatschi! Hatschi!"

„Ihr werdet doch einen alten Freund nicht vergessen, oder? Vergeßt nicht, hin und wieder zu schreiben!" Reb Baruch schüttelte Reb Avram Ber die Hand. „Und ihr," er wandte sich an Reisele. „Ihr macht keinen Unsinn mehr. Von jetzt an will ich, daß ihr gesund und stark bleibt. Und du, Michail, bist ein Reformierter geworden. Da wird kein Tzadik sein, wo ihr jetzt hinfahrt, und ich möchte, daß du dich auf deine Studien konzentrierst, klar!" Michail gluckste.

„Nun, ich werde jetzt gehen," sagte Baruch endlich. „Behüte euch Gott!"

Er kletterte das Wagentreppchen hinab; sein Körper hing durch, als ob er eine Flickenpuppe wäre. Der Zug fuhr an, als hätte er die ganze Zeit nur darauf gewartet, daß Baruch ausstieg.

„Zum Glück sind wir den los," sagte Michail, aber Reb Avram Ber hieß ihn schweigen.

„Wie sie mich alle ignorieren! Sogar Baruch hielt es für unnötig, mit mir ein Wort zu reden," grübelte Deborah, und auch als sie versuchte, die Angelegenheit als unbedeutend zu betrachten, schmerzte es sie immer noch tief. „Keiner hat mich gern, keiner!"

„Michail, komm weg von der Tür! Deborah, stecke deinen Kopf nicht aus dem Fenster!" sagte Reisele immer wieder, zuerst bittend, dann bissig; aber sie konnten sich nicht fortreißen, denn in der Ferne war die sich ausbreitende Stadt, mit ihren grauen, kleinen Häusern, zwischendurch einmal ein rotes, wie ein Farbspritzer. Die Häuser sahen aus wie Spielzeug und das Ganze überragten drei hohe Kirchtürme. Darum herum bewegte sich die grüne Landschaft wie verzaubert, die Bäume mit ihren Ästen voll roter Knospen hatten die freundliche Haltung einer dummen Schönheit, wie sie vorbeirauschten, außer sich vor Eile, als würden sie sich verspäten zu einer wichtigen Verabredung. Über ihren Köpfen trieb der Rauch vorbei und dahinter zeigte der Himmel ein kühles, leuchtendes Blau. Kein Wunder, daß Reiseles Nörgelei unbeachtet blieb.

„Deborah!"

„Was?"

„Mama ist eingeschlafen!"

„Sei still, ich weiß."

„Ist das nicht ein großartiger Anblick?"

„Es ist wunderbar. Warum versuchst du nicht zu zeichnen? Ich würde keine Zeit verlieren, wenn ich du wäre. Danach zerreißt du es dann wieder. Du kannst dir aber auch Ärger ersparen, wenn du das Blatt gleich zerreißt."

Merkwürdig genug, Michail war nicht beleidigt.

„Schau, Deborah, siehst du die Linie, wo Himmel und Erde sich treffen? Man nennt sie Horizont. Jetzt verfolge sie, soweit du kannst. Je länger du die Augen darauf richtest, umso schläfriger wirst du, und am Ende mußt du einschlafen."

„Ich muß? Warum bist du dann nicht eingeschlafen?"

„Ich?"

„Man muß wohl nicht."

„Wie lange fahren wir den schon, Närrin!"

„Still, Papa schläft jetzt."

„Da! Was hab' ich dir gesagt."

Michail, so schien es, hörte nicht länger den Ruf der Kunst, denn mit plötzlicher Ungeduld packte er Bleistift und das Blatt Papier zurück in seine Tasche; und dann standen sie beide nebeneinander, die Nasen plattgedrückt an der Fensterscheibe. Jemand hinter ihnen schloß das gegenüberliegende Fenster. Beide drehten ihre Köpfe, aber nahmen eilig die alte Haltung wieder an. Sie konkurrierten miteinander, wer die meisten interessanten Sachen erblickte, keiner von ihnen wollte auch nur einen Bach auslassen, einen Busch, nicht zu reden von den kleinen grünen Hügeln, mit den komischen Buckeln, oder den abgestandenen Tümpeln daneben, deren Oberfläche ganz bedeckt war von tiefgrünem Moos.

„Es muß ein Dorf in der Nähe sein," sagte Deborah.

„Warum muß es?"

„Siehst du nicht diese Kühe dort drüben? Und was ist mit dieser Schafherde? Schau, da ist ein Schäferjunge!"

Die Lokomotive vor ihnen gab plötzlich einen schrillen Pfeifton von sich. Eine Rauchwolke schwebte an den Fenstern vorbei und trieb in die Wagen. Alle Fenster wurden mit einem Knall geschlossen. Der Zug kam zum stehen, und alle Kupplungen ruckten nacheinander. Sie waren in einen Bahnhof gekommen. Reb Avram Ber wachte plötzlich auf. Reisele auch. Ein Schaffner kam herein, sein dienstliches Gesicht ganz verzerrt von dienstlicher Langeweile.

„Fahrkarten bitte!" rief er mit überschlagender Stimme, als ob er zu müde wäre, sich zu räuspern. Er entdeckte, daß es keine blinden Passagiere gab in diesem Abteil und ging zum nächsten, in der Hoffnung, dort mehr Glück zu haben.

Eine alte Frau mit riesigem Einkaufskorb in der Hand stieg aus, klammerte sich an die Griffe über den Treppen, wie ans eigene Leben, als sie die drei Stufen in Angriff nahm. Endlich waren sowohl sie wie der Korb sicher auf dem Bahnsteig angekommen. Ein alter Mann mit einem Sack über der Schulter folgte ihr genauso vorsichtig. Dann kam ein mutiger junger Mann, der die Hände ganz frei hatte, mit einem Sprung, aber er verfing sich mit einem Fuß in der Stufe, und als er sich wieder aufgerappelt hatte, spritze Blut aus seiner Nase.

„Geschieht ihm recht!" sagte ein zusammengekauerter alter Mann, sich den dünnen, unordentlichen Bart kratzend.

Der Zug fuhr wieder an. Er traf auf einen sehr langen Güterzug, der in die entgegengesetzte Richtung fuhr. Dann gab es Abwechslung in der Landschaft – ein Stückchen Wald, dazwischen zahlreiche Lichtungen. In einer stand eine kleine Gruppe Bauernhütten. Sie waren alle so winzig, daß ihre Schornsteine fast auf dem Boden zu stehen schienen, aber es war Leben in ihnen; aus jedem Schornstein kam ein flatterndes Band schwarzen Rauchs – tiefschwarz im Gegensatz zu dem hellen Weiß der angestrichenen Mauern. Michail winkte tatsächlich einem Bauernmädchen zu...

Und jetzt war in der Ferne eine Menge von ungeheuren Schornsteinen zu sehen, so gewaltig hoch, als ob sie sich an den Himmel lehnten. Auch aus ihren Spitzen kamen Rauchbänder. Ein Wirrwarr von grauen Gebäuden rückte rasch näher, und in dieses Wirrwarr raste der Zug kopfüber mit Höchstgeschwindigkeit. An allen Seiten begannen die Reisenden eilig ihr Gepäck aus den Netzen zu holen. Der Zug hielt rasch mit einem Zischen und Fauchen des Dampfes. Es erschien Deborah, daß sie kaum das Dorf zurückgelassen hatten, denn sie waren nur eine kurze Strecke gefahren. Aber um sie herum waren enorme Gebäude – größer als alles, was sie je in R– gesehen hatte. Konnte das Warschau sein?

„Wo sind wir Papa?"

„Wenn ich mich nicht irre, ist das Prage – eine Schwesterstadt von Warschau."

„Und müssen wir noch weit fahren, bis wir nach Warschau kommen?"

„Nein, wir sind praktisch da. Hier steigen wir aus."

„Und sieht Warschau so ähnlich aus?"

„Ja, ganz genau so."

„Nun, das ist komisch! Es war nur eine kurze Reise. Und, weißt du, ich dachte immer, daß Warschau hunderte von Meilen entfernt ist."

„Ja, so bist du, ein großer Denker, nur denkst du immer das Falsche," sagte Michail lachend, und Deborah wurde rot.

Was für ein fürchterlich geschäftiger Bahnhof. Und der war überall mit glatten Steinplatten gepflastert – genau wie die Beschreibung eines großen Bahnhofes in einem der Romane, die sie gelesen hatte.

Die Leute wimmelten aufgeregt durcheinander – ein Gewirr wie ein Schwarm Bienen. Keiner hielt an, außer um sich eine Zeitung aus dem Zeitungsstand zu schnappen. Warum diese Eile? Waren sie alle verrückt geworden? Warum konnten sie nicht vernünftig gehen wie normale Menschen? Sie waren schon ein komisches Volk.

Michail nahm ihr Gepäck aus dem Netz, Reb Avram Ber und Deborah halfen, und Reisele rückte bereits im Stehen ihren Schal auf dem Kopf zurecht. Alle anderen hatten schon den Waggon verlassen, und die Familie stieg aus, blieb auf dem Bahnsteig, wo sie sich, das Gepäck zu ihren Füßen, aneinanderkauerten. Eine endlose Schlange von Trägern kam und bot ihre Dienste an, aber Reb Avram Ber schüttelte den Kopf mit einem höchst bedauernden Lächeln, als ob er sie um Vergebung bat wegen seiner Ablehnung.

Aber hier kam Reb Salman, ein Lächeln der Begrüßung steckte in seinem gepflegten, langen schwarzen Bart. Er war bei ihnen, bevor sie ihn in der dichten Menge entdeckt hatten.

„Hallo! Wie geht es? Hallo, ihr alle! Ich habe es gerade noch geschafft zu kommen. Meine Droschke wurde im Verkehr aufgehalten. Ich hoffe, ich habe euch nicht warten lassen."

„Überhaupt nicht. Wir sind gerade aus dem Zug gekommen."

„Das ist herrlich! Ich habe es genau abgepaßt. Wißt ihr, ich kenne alle Fahrpläne der Eisenbahn auswendig. Wenn ihr jetzt einen Moment hier wartet, laufe ich raus und besorge eine Droschke." sagte Reb Salman so forsch und fröhlich wie immer und eilte davon.

Reb Salmans Eintreffen verlieh der fremden, und, wie es schien, amtlichen Atmosphäre des Bahnhofs einen kleinen heimeligen Ton. Sein bloßes Auftreten beruhigte die Familie und festigte den Grund unter ihren Füßen, als würden sie hier schon jeden Winkel kennen. Sie würden es nicht wagen, sich wegzubewegen von diesem kleinen Hafen, wo er sie gebeten hatte, auf ihn zu warten; ein Tritt zur Seite bedeutete schon Fremde, Feindseligkeit. Es war dann nicht mehr Reb Salmans Hof.

„Ist er nicht ein wunderbarer Mensch? Ein eigener Bruder könnte nicht eifiger sein. Und vergeßt nicht, er ist ein beschäftigter Mann. Er macht sich die ganze Arbeit nur uns zuliebe." sagte Reb Avram Ber.

„Ja, er ist ein außergewöhnlich freundlicher und vernünftiger Kerl." stimmte Reisele zu.

Es dauerte nicht lange, bis Reb Salman zurück war. Geschäftig nahm er mit jeder Hand einen Koffer auf und weigerte sich, einen Träger zu rufen.

„Ihr wollt doch nicht euer Geld zum Fenster hinauswerfen, oder? Statt zu streiten, sollten wir jetzt gehen!"

Michail ließ er den verbliebenen Koffer tragen, während Deborah die kleine Tasche ergriff. Für Reb Avram Ber und Reisele blieb nichts zu tragen, und so folgten sie Reb Salman, der mit großen Schritten voranging.

Außerhalb des Bahnhofs half ihnen ein Droschkenkutscher in schäbiger Uniform mit wettergegerbtem Gesicht in den Wagen. Reisele und Deborah belegten die hinteren Sitze, Michail zwischen sich, während Reb Avram Ber und Reb Salman ihnen gegenüber auf Klappsitzen saßen, einem unsicheren Platz für zwei erwachsene Männer, aber glücklicherweise war keiner von beiden besonders massig gebaut. Der Kutscher kratzte sich eine Weile im Stehen den Kopf, als ob er gleich protestieren würde, fünf Fahrgäste in einer Kutsche zu haben, aber dann sagte er doch nichts, setzte sich auf den Kutschbock und fuhr rasch auf holprigen Steinen an.

Bald kamen sie zu einer Brücke. Die Fahrbahn darüber schien besonders gut gepflastert zu sein, denn die Droschke beschleunigte mit größtmöglicher Ruhe. Bevor sie weit gekommen waren, gab es einen Stillstand im Verkehr vor ihnen; ihre eigene Droschke hielt auch an, wie eine lange Reihe von Straßenbahnen, Lastwagen, Kraftwagen, Droschken, Fahrrädern und Bauernkarren. Welch eine große Anzahl von

Bauernkarren für eine große Stadt, was machen sie hier? Und was bedeutet dieser plötzliche Halt? Vor kurzem noch eilten im Bahnhof und auf dessen Vorplatz alle wie verrückt durcheinander, welch gute Gründe konnten sie gehabt haben, anzuhalten, wie verschiedene Teile von einem Körper mit einer Seele. „Meine Güte!" sagte Reisele. „Was für seltsame Sachen. In einem Moment rennen sie alle wie bei einem Goldrausch, im nächsten Moment bleiben sie stehen, als ob die Zeit sie nicht kümmern würde."

Deborah freute sich sehr. Ihre Mutter und sie hatten dasselbe gedacht. Was den plötzlichen Stillstand betraf, das war das Beste, was ihr passieren konnte, denn auf beiden Seiten der Brücke war der mächtige Fluß Weichsel, dessen ruhige Oberfläche das tiefe Rot der Abendsonne widerspiegelte. Dann ließ ein Schiff sein Horn ertönen. Das tanzende Sonnenlicht wurde entzweigeschnitten, als unter der Brücke ein Vergnügungsdampfer sichtbar wurde, Stückchen um Stückchen näherkommend, mit weißem Schaum um sich herum. Einige Ruderboote, nicht größer als Spielzeuge, die sie schon vorher im Wasser beobachtet hatte waren im Kielwasser des Dampfers gefangen und sie hüpften fröhlich auf und ab, als ob sie gar keine Angst hätten in diesem fürchterlichen Fluß! Es schien alles unwirklich wie ein Traum. Und jetzt kam noch ein anderer Dampfer.

„Ui, was für ein großes Schiff!" sagte sie zu Michail.

„Ein Walfisch von einem Schiff!" sagte Michail und fügte mit der Miene eines Abenteurers hinzu: „Ich würde keine Angst haben, die Taue hoch zu klettern. Da wette ich mit dir!"

Deborah lachte wie eine erwachsene Schwester.

Am Ufer lagen Reihen von Frachtkränen. Und soweit das Auge reichte, waren Stapel von Bauholz, Berge von Schutt, Haufen von altem Eisen und unendlich viele Fässer – Fässer von enormer Größe, wie sie sie noch nicht gesehen hatte. Die Frachtkräne waren fest verankert, aber diese Berge von Sachen direkt am Ufer schienen jeden Moment weggeschwemmt zu werden, denn sie waren ohne sichtbare Befestigung.

Es gab eine plötzliche Unruhe in dem Wirrwarr der Wagen und Karren, und wie durch ein verabredetes Signal setzten sie sich in Bewegung. Sie fuhren weiter und hatten nach einigen Minuten die Brücke passiert. Der Fluß war nicht mehr zu sehen, und sie kamen zu breiten Straßen mit beeindruckenden Häusern an beiden Seiten.

„Das ist das richtige Warschau," sagte Reb Salman mit ernster und wichtiger Miene. „Wie gefällt es euch? Einige Leute, wißt ihr, meinen, Warschau wäre die feinste Stadt der Welt. Das meinen sie."

Alle bestätigten ihm, daß es die schönste Stadt der Welt sei.

Reb Salman rieb sich vor Freude die Hände, aber es genügte ihm nicht und deshalb wandte er sich an den Kutscher:

„Nun, Fahrer, eine schöne Stadt, unser Warschau, eine feine Stadt, nicht wahr?"

„Sehr schön, sehr fein!" sagte der Kutscher mit sarkastischem Brummen im klaren Jiddisch.

Deborah schaute auf, als wollte sie ihren Ohren nicht trauen.

„Was, ist der Kerl ein Jude?" wunderte sie sich.

„Offensichtlich," sagte Reisele, selbst erstaunt.

„Er ist ein Jude, auf den wir stolz sein können. Seinem Aussehen nach ein Mann von echter Geistigkeit," warf Michail ein, aber Reb Avram Ber protestierte.

„Du sollst einen Mann nicht nach seinem Aussehen beurteilen. Jeder hat seine schlechten und guten Seiten. Außerdem glaube ich, daß seine Uniform Schuld an seinem groben Aussehen ist."

„Vielleicht ist er ein Nichtjude, der nur ein paar Worte Jiddisch aufgegriffen hat," überlegte Deborah laut. Sie konnte nicht glauben, daß ein Kutscher mit glattrasiertem Kinn und gesunder Gesichtsfarbe tatsächlich ein Jude war.

„Ein Jude!" sprach der Fahrer plötzlich für sich selber, ohne den Kopf zu drehen. „Ich bin ein richtiger Jude! Ich muß es ja wissen. Ich hab zu schaffen wie'n Pferd für das bißchen Leben. Bei jedem miesen Wetter bin ich unterwegs! Kein Wunder, daß ich wie'n Vieh ausseh. Muß halt arbeiten, um mein verflixtes Leben zu verdienen," jammerte er und schlug heftig auf sein Pferd ein.

„Laßt euren Ärger nicht an dem Pferd aus, wenn ihr ein Jude seid," sagte Michail.

„Ein Glück, daß er dich nicht gehört hat. Gut, daß er es aus dem Pferd rausholt. Er hätte es von uns nehmen können," sagte Reb Salman mit einem Grinsen.

Deborah schaute ganz aufmerksam umher. Sie drehte den Kopf hierher und dorthin. Es gab soviele wunderbare Dinge zu sehen, sie konnte nie lange genug bei einem verweilen. Jetzt wies sie auf ein Wunder, aber sofort wurden ihre Augen gefangen von einem anderen, noch größeren Wunder. Als die Straßen vorbeizogen, fühlte sie ein Bedauern, soviele gute Dinge verpaßt zu haben. Sie machte die Augen weiter auf als je zuvor, sie war entschlossen, alles zu sehen! Michail aber saß einfach still und starrte geradeaus. Er hatte keine Wahl, denn er war eingequetscht und konnte sich nicht bewegen. Aber er hatte ein Bild von unüberlegter Eile; die Stadt war ein Inferno, in dem die Sünder sich umherdrehten, endlos, ziellos, als ob Satan selber sie in einen kochenden Kessel getan hätte. Wenn Warschau auch die Hölle wäre, Michail wäre trotzdem jubelnd dorthin gesprungen...

„Markttag in Jelechitz!" sagte Deborah, ohne jemand besonders anzusprechen und hüpfte auf ihrem Platz umher. Sie hatte keine Zeit für nutzlose Gespräche. Sie waren schon eine Weile unterwegs und immer noch war die Stadt genauso lebendig, immer noch neue Straßen, Geschäfte, Menschenmengen, immer neuer Verkehr. Überall war es voll, überall raste und drängte es, ein unvorstellbarer Prozeß von Laufen, Eilen, und wohin? Man sieht doch nicht, daß jemand irgendwo einmal stehenbleibt. Wo fängt Warschau an, wo hört es auf?

„Ein Stückchen Stadt." sagte Reisele still und verwundert.

„Ja, ja, es ist schön," griff Reb Salman Reiseles Bemerkung mit Freude auf, als ob ihm jemand einen Vertrag anböte, daß Warschau von jetzt an ihm gehören würde.

„Prage ist auch eine schöne Stadt," sagte Reb Avram Ber.

„Naja, naja, wie kann man es mit Warschau vergleichen!" fühlte Reb Salman sich ein wenig beleidigt. „Was für ein Vergleich!"

Reb Avram Ber lächelte gutmütig. „Mit Warschau ist Prage sicher nicht zu vergleichen."

Reb Salman beruhigte sich.

„Ich habe gedacht, daß Prage und Warschau wie eine Stadt sind. So ähnlich sind sie."

„In Wirklichkeit ist Prage nichts als eine Vorstadt."

„So, eine Vorstadt," sagte Deborah. „Ich hätte geschworen, Prage ist Warschau. Jetzt sagt mir der Papa sogar, daß wenn das eine aufhört, fängt das andere an."

„Jetzt sehe ich den Unterschied. Zwei Katzen in einem Sack." lachte Michail.

„Zwei Säcke und ein Kater," meinte Deborah.

Aber Reb Salman hatte seine Freude. „Es gefällt euch hier, hä?" fragte er Deborah, und eine ganze Welt des Stolzes und des Glückes lag in der Frage. War es doch kein anderer als er, Reb Salman, der sie hierher gebracht hatte.

„Ja, ja."

„Ein liebes Mädchen."

Dann hielt die Droschke an, und der Kutscher sprang auf den Bürgersteig. „Nun, da sind wir!" sagte Reb Salman. „Ich zeige euch jetzt euer neues Heim. – Nein, hier ist es nicht! He, Fahrer, ich habe doch gesagt, Nummer 24!

„Schon gut! Kein Grund, mich anzubrüllen! Bin doch nicht taub," antwortete der Kutscher mürrisch und am Zügel ziehend ließ er die Droschke vor Nummer 26 zum Stehen kommen.

„Nein, 24, mein Bester, 24!" brüllte Reb Salman.

„Schon gut, verliert nicht den Kopf, verliert nicht den Kopf!"

Michail, der sich zwischen Deborah und Reisele durchzwängte, war der erste, der draußen war, und er half den anderen heraus. Er mußte seine Mutter fast hinaustragen, weil Reisele bemerkt hatte, daß ein Bein eingeschlafen war. Als die Nachbarn sie zuerst sahen, dachten sie, Reisele wäre lahm auf einem Bein. Deborah, die Tasche in der einen Hand und einen Schal in der anderen, wachte über das Gepäck, das auf dem Bürgersteig gestapelt wurde. Michail steckte den Kopf noch einmal in die Droschke, um zu schauen, ob sie nichts zurückgelassen hatten. Währenddessen führte Reb Salman eine lebhafte Auseinandersetzung mit dem Droschkenkutscher, der mehr Geld wollte, als ihm zustand. Er fluchte wortreich, schlug dann aber die großen roten Hände ineinander zum Zeichen des Einverständnisses, überprüfte die Münzen, die Reb Salman in seine Handfläche gelegt hatte, und nachdem er auf die Geldstücke gespuckt hatte (was Glück bringen sollte), steckte er sie in eine Brieftasche, verstaute die tief in einer hinteren Tasche seiner glänzenden Hose, knöpfte den blauen Mantel zu, kletterte auf seinen Sitz und mit einem Knallen der Peitsche zum Abschied fuhr er davon.

„Seht nur, Leute, Provinzvolk zieht in unser Haus!" schrie ein kleines Mädchen von etwa zwölf, mit einem zerzausten Zopf.

Ein anderes Mädchen, eine rotharige mit einem kleinen sommersprossigen Gesicht und einer entzündeten Nase, über die sie fortwährend mit der sommersprossigen Hand wischte, brach in Gelächter aus.

Die Neuangekommenen, die sich im Torweg versammelt hatten, zogen auch die Aufmerksamkeit der Klatschmäuler auf sich, die in dem unvermeidlichen kleinen Gemüseladen, der in einer Ecke des Hofes verborgen lag, tratschten.

„Weißt' wer das is', Malkele? Das is' unser neuer Rabbi, Gott segne ihn! 's is' doch schön, einen Rabbi bei uns im Haus zu haben. 's is' doch eine Ehre für uns!" bemerkte eine alte Frau, deren lebhaftes Gesicht ein Muster von Falten und Runzeln war, und aus deren Perücke die Haare ausgefallen waren.

„Sicher doch! Sie kommen 'her, weil ich hier leb'. Ich bin doch eine jüdische Tochter! Oder?" sagte Malkele erfreut über die eigene Schalkhaftigkeit. Sie wartete auf Antwort, aber es kam keine. Sie gluckste lautlos vor sich hin, dann zog sie ihren zerlumpten Schal fest um die knochigen, schmalen Schultern und verschwand mit einem Milchkrug in der Hand in einem der Eingänge des Hofes.

„Ich frage euch, wer ist diese dürre, junge Frau da drüben, armes Ding," forschte eine riesige, fette Frau, auf Reisele deutend. Die fette Frau war bisher beschäftigt gewesen, sich Heringe herauszusuchen und hatte die Unterhaltung verpaßt. „Ihr solltet es wissen!" fuhr sie fort, als die Händlerin ihre Frage nur mit einem finsteren Blick beantwortete.

„Ich weiß gar nichts!" erklärte die Händlerin giftig. „Was ich weiß, ist, daß ihr eure Finger in alle meine Waren steckt! Was erlaubt ihr euch, nehmt die Finger aus der Soße! Wenn ihr meint, die sauren Gurken sind nicht in Ordnung, geht woanders hin! ... Ah, ihr wollt, ich soll es euch anschreiben? Hab' ich mir schon gedacht!"

„Sei verflucht und fahre zur Hölle!" fügte die Händlerin dann hinzu, als die fette Frau außer Hörweite war. „So eine Frechheit! Manche Kunden hier sind unmöglich."

Reb Salman, in jeder Hand einen Koffer, führte sie in einen der zahllosen Eingänge des Hofes und eine schwach erleuchtete Treppe hoch, immer weiter, bis alle außer Atem waren. Nach einer Weile gewöhnten sie sich an die Düsterkeit und konnten klar die Stufen sehen – schmutzige graue Stufen, glatt geworden von zahllosen Füßen und übersät mit Müll. Ein- oder zweimal machten sie eine Pause, gingen dann weiter, rutschten auf den Abfällen aus, bis sie endlich einen Absatz erreicht hatten, wo Reb Salman erklärte, hier wäre ihr Ziel. Er wühlte in seinen Taschen und fand den Schlüssel, steckte ihn in das Schloß einer eindrucksvollen braunen Tür und öffnete sie, soweit er konnte und rief: „Hier seid ihr zuhause! Hier lohnt es sich zu wohnen."

Reb Avram Ber stellte einen Stuhl für Reisele bereit, und sie ließ sich ganz hilflos hineinfallen.

„Nun, ist das keine wunderbare Wohnung?" sagte Reb Avram Ber und richtete seine Augen fest auf Reb Salman. „Hierfür und für viele andere Dinge müssen wir Reb Salman danken. Ein Freund in der Not ist ein wahrer Freund; und kein Mann kann einen besseren Freund haben als Reb Salman." Reb Avram Ber hatte nicht widerstehen können, Reb Salman dieses kleine Kompliment zu machen. Es sah ihm überhaupt nicht ähnlich, denn üblicherweise pries er Leute hinter ihrem Rücken. Die Ernsthaftigkeit dabei erreichte Reb Salmans Kopf und auch seine Beine, denn obwohl er „Pah!" sagte und abwinkte, fühlte er doch, wie die Knie nachgaben aus Freude.

Um auszuruhen, setzten sie sich alle entweder auf Stühle oder das Gepäck. Dann ging Reb Salman fort und nahm Michail mit sich. Nach etwa einer halben Stunde kehrten sie zurück. In seinen Händen war ein großes Paket, eingewickelt in braunem Papier voller Fettflecken. Er ließ Michail den Tisch in die Mitte des Zimmers ziehen und stellte die Stühle um ihn herum – das war ein unbekannter Tisch mit unbekannten Stühlen. Wo waren sie hergekommen?

Reb Salman breitete ein wohlhabend ausschauendes, gestärktes Tischtuch aus.

Gerade in diesem Moment klopfte es an der Tür. Reb Salman ließ eine beleibte Frau in ihren frühen Vierzigern herein, die eine gepflegte, blonde Perücke trug, in der kostbare Spangen befestigt waren; ihre Hände waren weiß und weich, und wenn sie lächelte, waren kindliche Grübchen deutlich zu sehen, genauso wie ihre Goldzähne. Als Reb Salman sie anlächelte, wurde sie rot wie ein Kind, sogar das Doppelkinn errötete und geriet ganz durcheinander. Sie wußte nicht, wohin sich zu drehen. Reisele begrüßte sie und bot ihr einen Stuhl an, woraufhin sie sich immer noch völlig verwirrt setzte. Endlich schaffte sie es, sich zu beruhigen, stand wieder auf und begann eine geflüsterte Unterhaltung mit Reb Salman und deckte dann den Tisch mit Geschirr, das sie in einem Korb mitgebracht hatte.

Dann ging sie in die Küche und kam mit einer großen Schüssel voll Suppe zurück, die sie austeilte; ohne ein Wort stellte sie ein gekochtes gelbes Huhn ab, ein gutgenährtes, und wie sie selber hatte es eine verlegene Haltung, als würde es sich seiner Nacktheit schämen – sie vergaß auch nicht einen Gewürzständer, Brotscheiben, einen Syphon mit Sodawasser und saure Gurken. Als letztes legte sie das Besteck auf den Tisch – alles aus massivem Silber, widerhallend auf dem Tisch mit schwerem, silbernem Ton – und sie bat Reisele, so gut zu sein, und darauf zu achten, daß nichts davon verlorenginge.

„Ihr wißt, wie leicht Sachen zerbrechen und verlegt werden... wenn alles vollkommen durcheinander ist... ihr wißt, was ich meine..." rechtfertigte sich die Frau verlegen lächelnd.

Reisele beruhigte sie und bemühte sich, ihr zu danken, wußte aber nicht, was zu sagen. Die Frau hatte auch sie verlegen gemacht. „Ich bin euch ewig dankbar." brachte sie endlich heraus.

„Nicht! Nicht!" antwortete die Frau und ging zurück zur Tür mit offensichtlicher Erleichterung.

„Sie wohnt nebenan," erklärte Reb Salman. „Ihr werdet sehen, sie sind ein sehr nettes Paar. Außergewöhnlich wohlhabend und besonders religiös. Ihr Ehemann ist überhaupt kein ungebildeter Mensch, und was noch mehr ist, er ist ein sehr, sehr anständiger Kerl. Sehr großzügig. Noch kein Jude in Not wurde von ihrer Tür gewiesen. Wenn sie nur ein Kind hätten, wären sie glücklich von morgens bis abends. Es ist ein Jammer, daß sie keine Kinder haben können, solch ein Jammer!" Reb Salman schüttelte bedauernd den Kopf. „Als sie mich vor ein paar Tagen sah, versprach sie, alles bereit zu haben, und wie ihr seht, hat sie Wort gehalten. Denkt aber nicht, daß sie eine Ausnahme ist. Die Juden von Warschau sind alle so. Sie sind gutherzig und wissen wie zu leben und leben zu lassen."

Wieder einmal geriet Reb Salman in Begeisterung, wegen des edlen Charakters der Juden von Warschau.

„Ganz so! Ganz so!" rief Reb Avram Ber aus und strich seinen Bart mit Zufriedenheit.

Reb Salman blieb zum Abendessen bei der Familie, und war offensichtlich dem Verhungern nahe gewesen.

Bald nach Einbruch der Nacht gingen Reb Avram Ber und Michail mit Reb Salman in die Synagoge, kehrten aber ohne ihn zurück. Dann, spät in der Nacht, kamen die Möbelwagen an, und die Möbel wurden im schwachem Licht der Gasstrahler des Treppenhauses nach oben gebracht. Der gutherzige Ehemann der gutherzigen Nachbarin erschien auch. Er war von kleiner Statur, hatte eine massivgoldene Kette quer über seinem wohlgerundeten Bauch und trug einen grauen Mantel, der ein Zwischending zwischen Gabardin und Gehrock war, und er tapste umher, geräuschlos in glänzend hohen Stiefeln. Er lächelte reichlich und enthüllte dabei – wie seine Ehefrau – einen Mund voller Goldzähne.

Er begrüßte Reb Avram Ber mit viel Wärme, schüttelte sogar Michail die Hand und schenkte den Frauen ein schlichtes Nicken mit dem Kopf – es war ein kurzer, breiter und freundlicher Kopf. Nach einer kurzen, höflichen Unterhaltung, in deren Verlauf er Reb Salman bis zum Himmel hoch pries, und Reb Avram Ber versicherte, daß sie alles nur mögliche tun würden, damit es ihm gut ginge, entledigte er sich seines Mantels, rollte die gestärkten Manschetten von seinem fleckenlosen Hemd hoch und half, die Betten aufzustellen, eine Aufgabe, an der sich Michail seit einiger Zeit vergeblich versucht hatte. Eine dicke blaue Vene trat auf seiner niedrigen Stirn heraus, aber schließlich hatte er es geschafft. Er zog den Mantel wieder an, schaute auf seine Uhr aus massivem Gold, nickte allen freundlich zu und verabschiedete sich „Gerade Mitternacht vorbei," bemerkte er, als er die Tür öffnete. „Gute Nacht, ihr alle!"

Nicht Reb Avram Ber, nicht Reisele, nicht die Kinder wußten, wohin die Nacht gegangen war, so daß sie ganz verwirrt waren, als sie mitten in ihrem Schlummer ein lautes, beharrliches Klopfen an der Tür hörten. „Wer ist das? Schaut, es ist heller Tag!"

Sie zogen sich eilig an und öffneten die Tür für – Reb Salman. „Ihr habt wohl fest geschlafen," Reb Salman begrüßte sie mit einem Lachen. „Ich kann mich nicht erinnern, daß für mich schon einmal eine Nacht so schnell vorbeigegangen ist. Ich sehe, die Möbel sind angekommen."

„Ja, sie kamen spät in der Nacht."

„Jetzt wird dieser junge Mann alles für euch aufstellen," erklärte Reb Salman, woraufhin sich alle Augen auf einen Jungen mit ungewaschenem, pickligem Gesicht richteten, der unbemerkt hereingeschlüpft war. Er hörte, daß er vorgestellt worden war, und begann, die Möbel zu verrücken. Reb Salman rührte sich nicht, bis alles tiptop in Ordnung war. Der junge Mann verfluchte ihn im Stillen, daß er ein „pingeliges altes Weib" wäre, und alles müßte nach seiner Laune gehen. Aber schließlich konnte Reb Salman nichts mehr finden, um sich zu beklagen. Er ging fort, damit er sich endlich wieder seinen eigenen Geschäften widmen konnte; und wieder einmal war die Familie in einem Heim eingezogen, und wieder einmal waren sie Fremde in einer fremden Stadt.

„Horcht auf das Schreien da unten!" sagte Reisele, als sie sich auf ihrer Couch niederließ.

„Ja, ich frage mich, worum es da geht. Wir haben keinen Ton gehört letzte Nacht," sagte Deborah, ziemlich durcheinander. Den Kopf aus dem Fenster haltend, konnte sie unter sich eine Anzahl Männer und Frauen in Lumpen und Fetzen sehen, die in den Hof gekommen waren, um ihre Waren anzupreisen, und dann wieder gingen, normalerweise, ohne einen Kunden gefunden zu haben.

„Heiße Baigerlach! Heiße Baigerlach! Ganz heiß!"

„Alte Lumpen! Alte Stiefel, Galoschen, alte Hüte, alte Lumpen! Werft eure Lumpen nicht weg! Verkauft sie mir!"

„Fenster zu reparieren? Fenster zu reparieren? Fenster!"

„Kuchen! Kuchen! Kuchen!"

„Mein Gott, da muß man ja verrückt werden!" verlor Reisele alle Geduld.

„Nach einiger Zeit bemerkst du es gar nicht mehr. Du gewöhnst dich daran," beruhigte sie Reb Avram Ber. „Reb Salman hatte mich gebeten, euch vorher zu warnen, so daß ihr euch nicht aufregt. Ich habe nur vergessen, es zu tun. Sie müssen halt Geld verdienen. Schau, all diese Leute sind sehr, sehr arm und versuchen, anständig zu leben. Die meisten von ihnen sind Juden." fügte Reb Avram Ber mit einem Seufzer hinzu.

„Also fehlt es nirgendwo an Armut – nicht einmal in Warschau. Man findet doch das Unglück überall..."

Kapitel 9

Bei Licht besehen hatten die Juden von Warschau keine Ähnlichkeit mit den Übermenschen, die Reb Salmans Phantasie bevölkerten. Sie schienen dem guten Ruf gegenüber, den Reb Salman für sie aufgebaut hatte, völlig gleichgültig, und versuchten nicht einmal vorzugeben, sie könnten das Geld mit der gleichen Leichtigkeit verdienen, wie sie es ausgeben konnten. Deborah hatte sich vorgestellt, daß sie alle in Luxus leben würden, märchenhaft reich wären. Bald würde sie wissen, daß dies nur ein Gerücht war...

Jetzt saß sie aber schon bald drei Wochen in der Wohnung (in Warschau!) und konnte nicht auf die Straße gehen. Und weswegen? Wegen ein bißchen Geld, und sie ärgerte sich über die Warschauer Juden.

Sie konnte es sich nicht leisten, einen Hut zu kaufen, konnte die paar Münzen nicht zusammenkratzen für eine so einfache Sache wie einen Hut. Und deshalb war sie verpflichtet, drei Wochen lang in der Wohnung zu bleiben, wie ein ungeduldiger Hund angekettet an seinen Zwinger.

Reb Salmans älteste Tochter, Fräulein Ruschka, die – nach ihrem Vater – so alt wie Deborah war, und sie schon am ersten Schabbes besucht hatte, machte es ganz klar, daß ohne Hut ging man in Warschau nicht auf die Straße. So war hier das Gesetz!

Sie blieb also in der Wohnung. Es war kein Geld für einen Hut da, und der Mantel war auch abgetragen.

In den ersten Tagen war Fräulein Ruschka wieder und wieder gekommen, um zu schauen, welche Entwicklung die Hutfrage genommen hatte, aber eines Tages zerfloß sie in Tränen, als ihr Vater, Reb Salman, sich vergaß und ihr widersprach, sie sogar „Rachelchen" rief und meinte, es schade nichts, man könne auch ohne Hut ausgehen; und um das zu beweisen, hatte er es noch schlimmer gemacht, indem er ohne nachzudenken ausrief: „Du bist auch einmal so herumgelaufen, vor acht Jahren, als wir gerade aus Jilkovka hergezogen waren. – Und sie war damals schon ein erwachsenes Mädchen." (Da hatte sich Reb Salman sehr unglücklich ausgedrückt!) „Vergiß das nicht!"

Seit damals kam sie nicht mehr. Deborah war ihrer Einsamkeit überlassen; statt genug von Fräulein Ruschka zu haben, hatte sie genug von sich selber.

Für Michail war alles in Ordnung. Er hatte kein Hut-Problem. Er konnte gehen, wohin er wollte. Auch wenn sein Gabardin (an den Ellenbogen) durchgescheuert war, war er nicht von der Art, sich darum zu kümmern. Er hatte sich in der kleinen Synagoge in der Gnoia-Straße niedergelassen, wo er sich dem Talmund widmete, wenn er nicht damit beschäftigt war, seinen Witz mit anderen Studenten zu messen. Den Rest der Zeit verbrachte er damit, durch die Straßen von Warschau zu bummeln, wie ein Besucher, niemals wissend wo er hinging, aber immer den Weg zurückfindend. Das paßte ihm vollkommen.

Dann erschien eines Tages Reb Salman mit einem Jugendlichen mit breiter Brust, der ein bemerkenswert ausdrucksvolles, dunkles Gesicht mit großen klagenden Augen hatte und einem großen Buckel auf dem Rücken, der den Gabardine ausbeulte, und an den abstehenden Stellen glänzende Flecken verursachte. Michail, der gerade seine Pajes in das Haar gekämmt und seinen Gabardin gebürstet hatte, um fertig zu sein für seinen täglichen Spaziergang in der Stadt, wurde an der Tür von Reb Salman aufgehalten, der erklärte, daß Michail in Zukunft mit Josef (das war der Name des Buckligen) gemeinsam arbeiten und das Geld eintreiben müßte, das die Juden versprochen hatten, für den neuen Rabbi, Reb Avram Ber, zu zahlen.

„Siehst du, so wie jetzt kann es nicht weitergehen," sagte Reb Salman, die tiefe Logik der Situation erklärend. „Die Unterzeichner meinen es gut, aber sehr oft finden sie nicht die Zeit, um mit ihrem Beitrag vorbeizukommen; oder die einen haben es vergessen und die anderen das Geld gerade nicht zur Hand; aber wenn du zu ihrer Tür gehst und darum bittest, dann bringst du sie Auge in Auge mit der Wirklichkeit, und das Bargeld kommt gerollt..." Michail widersetzte sich dem Vorschlag nicht. Ganz im Gegenteil, hier war eine wunderbare Gelegenheit, eine Menge Fremder in einer fremden Stadt kennenzulernen. Was es betraf, in Häuser zu gehen, an die Türen zu klopfen und anderer Leute Geld einzustecken, konnte sich Michail nichts vergnüglicheres vorstellen. Sicherlich vergnüglicher, als über dem trockenen Talmund hockend die Zeit zu verbringen. Aber sehr bald, nach wenigen Wochen, änderte sich seine Meinung. Er war auf üble Blicke der Frauen gestoßen, die protestiert hatten, sie wüßten nichts über die Geschäfte ihrer Ehemänner, und auf Dienstmädchen, die sowohl Josef als auch ihn klar wissen ließen, was sie von ihnen hielten, die so skeptisch und aufdringlich waren und nicht glauben wollten, daß niemand zu Hause sei. Manchmal wechselten sich Josef und er darin ab, an Türen, die hartnäckig geschlossen blieben, zu klopfen, und am Ende erschien eine der Nachbarinnen auf der Szene und befahl ihnen, wegzugehen und aufzuhören, ihren Frieden zu stören. Es war auch gar nicht erfreulich, die Treppen auf und ab zu laufen. Mehr noch, ein widerwärtiger Hauch von Verfall und Armut plagte die Nasen in jedem Hof und in jedem Treppenhaus. Und als die Sonne heißer wurde, der Frühling dem Sommer wich, wurde aus dem Hauch ein Gestank, der immer ekliger und ekliger war.

Der Tumult vor den Häusern wurde immer unerträglicher. Mehr und mehr Kinder kamen herausgestürmt aus ihren erbärmlichen, übervölkerten Wohnungen und weigerten sich zurückzukehren, bis lange nach Sonnenuntergang. Den ganzen Tag lang spielten sie in den Höfen, den ganzen Tag klangen ihre Schreie und Rufe aus allen Ecken der Stadt. Ihre schrillen Stimmen, froh und sorglos, nun, da der trübe Winter vorüber war, betäubten fast die Erwachsenen, die selber ganz schön laut waren. Und da war immer noch der endlose Zug der zerlumpten Männer und Frauen, die so erpicht wie je waren, heiße Kuchen zu verkaufen, alte Lumpen einzukaufen und gebrochene Fenster zu reparieren. Die festen, hochaufragenden Mauern erzitterten unter dem Aufprall ihrer Angriffe. Dann die Musik! Kaum kam die kratzende Anstrengung einer Grammophonplatte aus einem Fenster heraus, da tauchte unvermittelt ein Bettler im Hof auf und setzt sein Grammophon dagegen. Militärmärsche und Arien, Walzer und Ragtime Musik plärrten einander zu, kämpften mit aller Macht und Kraft, einander zu ertränken, und als sie wütend miteinander rangen, war bald das eine, dann das andere siegreich zu hören. In ihren Pausen tauchte dann eine alte Goje auf, die versuchte, wie ein Vogel zu singen.

Ihr folgten weitere Bettler, die alle das selbe melancholische jiddische Lied trällerten, und nur ihre gesungenen Bitten um Mildtätigkeit variierten:

„Liebe Leute, habt Mitleid mit einer mittellosen kranken Witwe von sechs Kindern; habt Mitleid mit meinen armen Würmchen, sie warten auf mich, warten auf Nahrung von meiner Brust. Laßt die nicht verhungern! Werft herunter, alles was ihr entbehren könnt...!" "

„Werft runter alles, was ihr entbehren könnt. Ich bin ein Krüppel und Waise. Schaut zu mir herunter, aber schaut nicht auf mich herab!"

Bettelnde Augen – schwache und trauernde Augen und helle und kluge Augen – wandten sich nach oben zu den weit geöffneten Fenstern vom Morgen bis in die Nacht. Hin und wieder warf eine Schlampe ihren Abfall hinab auf den Hof...

Nicht lange, und Michail hatte mehr als genug und wollte nicht mehr mit Josef zu tun haben. Eine einsame Figur nun, trug der arme Bucklige seinen Höcker von Tür zu Tür, trottete durch nicht endende Straßen und Höfe, kletterte unendliche Stiegen empor und wieder herab; während Michail ledig aller Verantwortung, umherstrolchte, mit den Händen in der Tasche, sich vergnügend an dem Frieden und der Ruhe der eleganten Wohngegenden, wo die Straßen voller Bäume waren, die blühten, wo bunte Blumen in Vasen in den Fenstern standen, und wo jeder heruntergezogene Vorhang die selbe Geschichte erzählte – die Bewohner waren in ihren Landhäusern oder im Ausland...

Deborahs Herz zersprang fast, so sehr wollte sie dieses Traumland selber sehen, wo Michail so frei umherwandern konnte, während sie eine Gefangene im eigenen Heim war – alles wegen eines jämmerlichen Hutes.

Wie glücklich könnte sie sein, wäre sie nur als Junge geboren worden. Nicht ohne guten Grund war es gewesen, daß ihr Vater, lange zurück in Jelechitz, darauf bestanden hatte, daß aus Mädchen nichts würde. Nun, warum auf Erden konnten Männer und Frauen nicht die gleichen Kleider tragen? Wenn sie einen Gabardin tragen würde wie Michail, dann, wie er, könnte sie gehen, wohin sie wollte. Jedoch, anstatt auf eine so umwälzende Reform warten zu müssen, fand sie eines Tages das Hut-Problem gelöst.

Es begann alles ganz früh an einem Morgen, als die Familie etwa zwei Monate in der neuen Wohnung verbracht hatte. Da war ein lautes Klopfen an der Tür, und als Deborah ging, um zu schauen, wer da war, schrak sie überrascht zurück, denn beim ersten Blick dachte sie, der Besucher wäre der Tzadik von R–, verkleidet in einem Straßenanzug und mit glattrasiertem Kinn.

„Ein Wort mit dem Rabbi, bitte." dröhnte er sie an mit einer Stimme, die wie das Donnern einer Tuba war. Er hatte einen Bauch, der beim Herz begann und auf den Oberschenkeln endete; sein Rücken war wie die Kuppel einer großen Kathedrale, und auf seinem Hintern hätte man eine Stadt aufbauen können.

„Papa ist in der Synagoge."

„Wann, denkst du, is' er zurück?"

„In etwa einer halben Stunde."

„Kann ich auf ihn warten?"

Hier wurde Deborah tödlich bleich. Starr vor Furcht führte sie ihn in das Studierzimmer ihres Vaters und bat ihn, sich zu setzen. Er hob eine geballte, fette Faust, schob seine Ärmel zurück und entblößte ein breites Lederband an seinem Handgelenk, verglich dann die Zeiger der Armbanduhr mit denen der großen Taschenuhr, die an einer enormen goldenen Kette vor seinem Bauch hing, und nachdem er sich für eine Weile auf den geröteten Kiefer geschlagen hatte, ließ er sich vorsichtig auf einen Stuhl herab, welcher heiser ächzte wie unter großen Schmerzen. Er schaute zu Deborah mit gutmütigem Zwinkern in seinen pfiffigen, diebischen, kleinen Augen.

„Ich denk', du hast Angst vor mir, Frolleinchen," sagte er.

„Nein, überhaupt nicht. Ich meine, es ist lächerlich, warum sollte ich Angst vor euch haben?"

Er betrachtete sie von oben nach unten mit wissender Miene.

„Na, los! Sag' die Wahrheit! Haste' Angst vor mir?"

„Natürlich nicht" versicherte ihm Deborah und ging rückwärts aus dem Zimmer und floh in das Schlafzimmer, wo Reisele immer noch im Bett lag.

Flüsternd erzählte sie ihrer Mutter von dem Besucher und der Furcht, die sie vor ihm hatte. Sie bat die Mutter sogleich aufzustehen, aber Reisele schaute sie nur mit spöttischem Blick an.

„Höre auf, dich zum Narren zu machen. In dieser Gegend leben keine Kannibalen, er wird dich nicht fressen. Jetzt gehe und leiste ihm Gesellschaft. Weißt du nicht, daß es ungezogen ist, einen Besucher ganz alleine zu lassen?"

„Aber Mama, nie hast du einen so fürchterlich ausschauenden Mensch in deinem Leben gesehen. Wirklich, er ist sogar dicker als der Tzadik."

Reisele lachte laut los.

„Weg jetzt mit dir! Lauf rein, wie ein gutes kleines Mädchen, wie Mamas kleiner Liebling."

Deborah machte sich im Studierzimmer ihres Vaters zu schaffen, stellte die Bücher in ihren Regalen gerade, staubte den Tisch ab, sammelte die verstreuten Manuskripte ein, über die ihr Vater während der Nacht sinnend gesessen hatte, und die er zu müde gewesen war, wegzuräumen. Sie suchte Arbeit, um dem Blick des Besuchers auszuweichen, aber all die Zeit war sie damit beschäftigt, die Geräusche des Stuhles zu verfolgen, der unter seiner grausamen Last stöhnte. Glücklicherweise hatte Reb Avram Ber seinen Talles vergessen, so daß er früher als erwartet in Erscheinung trat.

„Guten Morgen, Rabbi!" brüllte ihm der Mann entgegen, aufstehend mit einer übertriebenen Haltung der Ehrfurcht, während der Stuhl einen Seufzer der Erleichterung von sich gab.

„Guten Morgen!" erwiderte Reb Avram leise, selber tief beeindruckt.

„Nun, was kann ich für euch tun?" fügte er hinzu und vermied, ihn anzusehen. Und er bewegte den Besucher, sich an den Tisch zu setzen. Aber wie um für einen momentanen Fehltritt zu büßen, schaute er dem Mann voll in das Gesicht, ohne eine Spur von Zurückhaltung und so lieb, daß der Besucher sofort erleichtert war, und eine Welle von Vertrauen überschwemmte ihn. Reb Avram Ber war für ihn jetzt Vater und Bruder – ein freundlicher Vater, der bereit war, ein fürchterliches Bekenntnis seines sündigen Sohnes zu hören.

„Schäme dich nicht... mir kannst du alles erzählen," schien Reb Avram Bers freundlicher Bart ihm zu sagen. Und seine freundlichen Augen schienen hinzuzufügen: „Nun, auch der Beste von uns ist doch nur ein Mensch, und wir müssen lernen, einander zu verstehen und zu vergeben. Ja, Vergebung ist alles!..."

Der Besucher, der Chef einer mächtigen Bande von Kriminellen und eine berüchtigte Figur der Warschauer Unterwelt war, ein wahrer Tzadik von Ganoven (wie Reb Avram Ber später einmal dachte), litt an einem geheimen Kummer, und war begierig, ihn mit jemandem zu teilen. Reb Avram Bers Ausdruck war ermutigend, und der Gangster fühlte die Worte von allein auf seine Zunge strömen. Jedoch, es wäre einfacher, könnte er seinen Kragen öffnen und die Luft tief einatmen. Er steckte den Finger an den Hals und fand sich im Schweiß. Aber, wenn er erst einmal den Anfang gefunden hätte, das wußte er, würde er nicht aufhören, bis alles erzählt war. Nur das Problem war, wie sollte er anfangen? Er schaute nochmals in Reb Avram Bers Gesicht, räusperte sich, und gerade als er sein schneeweißes Taschentuch in die Tasche zurück tat, hatte er einen Geistesblitz. Ja, jetzt war es ihm eingefallen. So herum würde er zur Sache kommen:

„Heiliger Rabbi, was mich heute zu euch bringt, ist eine Frage des jüdischen Gesetzes..."

„Ah, das ist gut so! Fahrt fort!" erwiderte Reb Avram Ber mit Begeisterung, sich die Hände reibend bei dem Gedanken, daß dieser brutale Mensch empfänglich für Fragen des jüdischen Rechts war. Der Schöpfer verleiht selbst dem häßlichsten seiner Geschöpfe eine heilige Seele. Es war wunderbar!

„Das is' die Sache" fuhr der Gangster fort, bemüht flüsternd zu sprechen, aber jedes Wort, das er sprach, konnte deutlich in der ganzen Wohnung gehört werden.

„Seht, Rabbi, ich bin a' gottesfürchtiger Jud', ja das bin ich! A' Jud', jedes Gramm von mir, un' mein Haus wird streng koscher geführt. So bin ich! Zuhause ist Zuhause und Geschäft ist Geschäft. Die Jungs kommen mir nich' über die Schwelle. Die Pest soll über sie kommen, in mein Haus nehm' ich sie nicht hinein. Sie würden umgebracht, wenn sie eins meiner Kinder anrühren, oder etwas verschweigen! ‚Kinder', sag ich ihnen, ‚ihr sollt wissen, daß mein Name is' Berel Fass –' un' das is' genug. Wenn sie versuchen, mich für dumm zu verkaufen, brech' ich ihnen den Hals un' werf' sie in die Weichsel. Verstanden? Sie wissen, ich werd' ihres nich' verlangen. Un' sie verlangen meins auch nicht! Auf ihre Ordentlichkeit kann ich den letzten Groschen geben. Un' wenn mir einer sagt, so viel hat er gemacht un' nich' mehr, glaub' ich ihm. Weil ich weiß, daß sie ehrlich sind. Ehrlichkeit, sag, ich immer, is' die beste Taktik. jetzt wißt ihr's. Aber man kann nie klug genug sein! Nein, mein Herr! Man kann allen Problemen ausweichen, bis man selber denkt, man wär' der größte Schlawiner in der Stadt, un' dann – wie a' blutiger Narr, steckst du selber drin! Ich bin ja nich' neu in dem Geschäft! Fragt wen ihr wollt, ob ich a' Trottel bin, fragt nur, wen ihr wollt: Was sie auch über mich sagen werden, Trottel wird mich keiner nennen! Nein mein Herr! Aber jetzt sag' ich euch, was geschehen is'.

Vor zwei Wochen kam a' schönes Stück Ware vom Land – un' ich mußt' sehen, wo's zu verstecken, hier und dort. Es ist ja Brot und Butter für mich, davon leb' ich! Un' 's is' nich' wie's früher war, wißt ihr. Nein mein Herr! Die Polizei ist ganz schön streng heutzutage. Nehmen tun sie's schon, un' es darf nich' zu wenig sein, nich' zu wenig! Sie müssen an ihre Stellung denken, sagen sie, und erklären tun sie's so: ‚Wir wollen einen anständigen Teil von der Beute, und wenn du dich nich' an die Spielregeln hälst, werden wir wohl dem Ruf des Gesetzes folgen.' 's is' a' richtige Gaunerei geworden. Ich hab' die Polizei nie gern gehabt, aber ich sag' euch besser nich', was ich heut' von ihnen halte; auf jeden Fall muß a' Mann den Kopf arbeiten lassen, und ich hab' mich entschlossen, diese neumodischen Bullen nich' um a' Gefallen zu Bitten. Was hab' ich gemacht? Ich hab' die Ware in meinem eigenen Heim verschlossen. Ihr versteht mich?"

„Ja, aber wo ist die Verbindung mit dem jüdischen Gesetz?" fragte Reb Avram Ber. Er konnte der Geschichte überhaupt nicht folgen, und er schaute Berel Fass mit unverhüllter Verwunderung von oben bis unten an.

„Nun, da werd' ich noch dazu kommen. Ich wollt' euch gerad' von der heißen Brühe erzählen, in die ich rein gekommen bin. Bin ich da in einer miesen Sache drin! Un' was für a' miese Sache! Seht, ich hatte da a' jungen Kerl, der für mich gearbeitet hat, ihr wißt, einer von den zuckrigen schönen Kerlen, 's war seine Arbeit auf die Mädchen aufzupassen. Er verstand seine Arbeit, die Mädchen waren ganz verrückt nach ihm. A' junger Mensch, der weiß wie auszuschauen, mit a' Berg schwarzer Haare und a' schönen kleinen Schnurrbart. Er hat a' Spazierstock unterm Arm und stolziert umher, wie a' verdammter Herr... Ihr wißt welche Sorte ich meine! Er kann mit a' Mädchen schlafen, schneller als ihr mit den Augen zwinkert, und was tut meine eigene Tochter nun; sie hurt mit ihm rum, das tut sie! Bringt Schande über den eigenen Vater, macht ihn zum Narren, an' eigen' Vater; das tut sie! Was für a' Unglück und wenn ihr Ehemann davon hört – und er muß nich' weit gehen, denn der andere Kerl hat tatsächlich die Frechheit, ihm davon zu erzählen, damit zu prahlen, das hat er gemacht – wie ich gesagt hab', wenn der Ehemann davon hört, geht er in die Luft wie a' Bombe! Er will nichts mehr mit ihr zu tun haben! Es ist Schluß für ihn! Er hat genug! Alles was er will, is' sich scheiden zu lassen, und sonst nichts wird ihn beruhigen! Aber das is' nur der Anfang der Geschichte. Der gemeine Teil daran is', daß meine Tochter a' Kind erwartet. Und ihr Ehemann, der sagt, er glaubt nich', daß er der Vater is'. Er glaubt es kein bißchen. Er will nich' mehr der Mann von dem Mädchen sein und nich' der Vater von dem Kind. So is' das! Und es nutzt auch nichts, auf ihn einzureden, oder ihm zu drohen. Er macht sich keine Sorgen, ob ich ihm a' Messer verpasse. Wenn ich daran denke, es is' nur a' Jahr her, da hab ich a' kleines Vermögen für a' große Hochzeit ausgegeben. Tolle Sache is' das gewesen! Ich hatt' mich entschlossen, sie mit a' angesehenen, ehrlich arbeitenden Menschen zu verheiraten. A' richtig anständiger Kerl. Ihr würdet doch das selbe für eure Tochter tun, würdet ihr auch, wenn ihr bis zum Hals im Dreck stecken würdet. (Hier machte er eine kleine Pause und legte die Hand unter das Kinn, um zu zeigen, wie hoch der Dreck reichte.)

Nun, ihr seht, man kann nich' klug genug sein! Man kann nich' die ganze Zeit Gott den Allmächtigen zum Narren halten. Er is' wie die Polizei, schnappt er euch nicht gleich, schnappt er euch a' bißchen später! Nein, man kann nich' überklug sein! Wenn ihr dann bekommt, was euch zusteht, alles was ihr dann tun könnt, is' einstecken und euch noch a' Tritt dazu geben! Ich hab zu ihr gesagt, mit Tränen in den Augen: ‚Du mieses Miststück du, wohin bist du gekommen, was hast du deinem alten Vater getan? Was hast du dir gedacht, mir so übel mitzuspielen, du schmutziges Flittchen?' Sie sagt kein Wort, aber guckt auf dich nur, und es bricht dir das Herz. Nun, sie is' ja schließlich und endlich doch dein eigen Fleisch und Blut! Der dreckige Hund hat doch nur mit ihr angebändelt, weil er den Ehemann zum Gespött machen wollte, der zu hochnäsig war, mit Leuten wie ihm zu reden: Zu hochnäsig, wißt ihr! Schon eine gute Erklärung, aber sie ändert nichts an dem Dreck, dem verfluchten, in dem wir jetzt sin'! Ich schäm' mich nich', euch zu sagen, daß ich nur ein klein bißchen schon zurückgeholt hab! Ich hab dem falschen Hund was gegeben, wie Hackfleisch sieht der jetzt aus; da wird er sich noch lang' an mich erinnern, er ist jetzt im Hospital. Wenn er raus is', wird einer meiner Jungs die Sachen für mich erledigen. Er wird die Gänseblümchen von unten anknabbern, bevor der Monat zu Ende is'. Ich mach ihn fertig, ich schwörs bei Gott, das mach ich! Aber ist da was, was ich in der Zwischenzeit tun kann, um die Dinge in Ordnung zu bringen? Das will ich wissen. Mein Schwiegersohn, der dumme Trottel, er hätt' besser die Augen offen gehalten, besteht darauf geschieden zu werden. Nun gut, soll er seine Scheidung haben! Was mich angeht, kann er gehen und sich aufhängen, wenn ihm danach is'. Aber was is' mit dem armen kleinen Wurm? Warum soll das unschuldige Baby leiden? Es ist doch nich' sein Fehler!

Das arme Ding wird Waise werden, sozusagen, wenn Vater und Mutter noch gesund und munter sind... Was können wir da tun?"

Reb Avram Ber spuckte in sein Taschentuch und hatte nicht übel Lust, seinem Besucher die Tür zu weisen. Aber vor allem hatte er Angst vor ihm und – noch wichtiger – es war seine Pflicht und Schuldigkeit, die Frau sowohl von ihrem rechtmäßigen Ehemann wie von ihrem Liebhaber zu scheiden. Es war ein außergewöhnlich ernster Fall. Reb Avram Ber war nicht in der Lage gewesen, bei dem ersten Teil der Geschichte schwarz und weiß zu unterscheiden, aber verstand nur zu gut die Natur der begangenen Sünde, und das von einer verheirateten Frau (Lieber Gott im Himmel)! Es war abscheulich. Er fühlte sich ganz krank.

„Wie alt ist das Kind?" fragte er.

„Nich' so schnell! Sie erwartet's jetzt, jede Minute. Was ich möchte, is', daß eure Heiligkeit mir das sagen: angenommen, es is' a' Junge, könnten wir dann die Beschneidung vornehmen lassen, ohne daß der Vater anwesend is'?"

„Selbstverständlich können wir! Tatsache ist, ihr müßt! Inzwischen muß eure Tochter die Scheidung von jedem der beiden Männer erreichen," fällte Reb Avram Ber seine Entscheidung. „Und sie muß es sofort tun, verstanden? Man darf nicht warten!"

Berel Fass, der „Tzadik", stand unverzüglich auf, brummend wie ein verwundetes Tier. Dann, sich über die Augen wischend, seufzte er laut.

„Eure Heiligkeit, ihr werdet mir den Gefallen tun, und euch um die Angelegenheit kümmern, und sie beide scheiden. Lieber Vater im Himmel, ich wußte nie, daß ich zwei Schwiegersöhne hab."

Es dauerte ein wenig, bis Reb Avram Ber antwortete. Er saß da, das Gesicht in den Händen vergraben.

„Gut, gut denn! Seid hier mit eurer Tochter und ihrem Ehemann um zehn am Morgen, in vier Tagen von heute ab. Dann werde ich die Papiere fertig haben. Später könnt ihr den anderen Mann vorbeibringen."

„Ich danke euch sehr, Rabbi! Ich bin euch sehr verpflichtet, seid sicher. Gott segne euch, und mögen nie solche Sorgen zu euch kommen, solange wie ihr lebt!"

Und mit dieser Segnung zum Abschied verließ Berel Fass mit großen Schritten den Raum, zwei riesig große Tränen füllten seine winzig kleinen Augen.

Reb Avram Ber lief im Zimmer auf und ab mit einem Tumult im Kopf. Es war unglaublich. Eine jüdische Tochter! Welch eine Abscheulichkeit! Waren lebende Menschen wirklich fähig, so tief zu sinken, in so widerwärtige Tiefen? Er konnte nicht darüber hinwegkommen. Er ekelte sich sogar vor sich selber, da er sich bereiterklärt hatte, beide Scheidungen durchzuführen. Aber, es war doch seine Aufgabe als Rabbiner, da man sich an ihn gewandt hatte. Zweitens lebte er davon. Was ihn peinigte, war der Gedanke, daß er sich nicht getraut hatte, „nein" zu sagen zu diesem häßlichen Kerl von Mensch, wie auch immer die Umstände waren. Reb Avram Bers Gedanken wanderten umher. „Er ist gewesen wie ein Tzadik, ein Tzadik von den Ganoven, und da kann er doch nicht selber ein Ganove sein... Wie alle Tzadiks auf der Welt." Reb Avram Ber konnte sich ein bitteres Lachen nur mit Mühe verkneifen.

„Was bedrückt dich?" fragte Reisele, als Reb Avram Ber bei ihr war. „Nichts. Jemand kam vorbei und legte mir eine Frage vor, die jüdischen Gesetze betreffend." Und plötzlich lächelte er – er konnte nicht anders –, ein flüchtiges Lächeln, das keine Spur von Heiterkeit in seinem gekräuselten Bart hinterließ.

„Aber, warum im Himmel, muß er dann so laut schreien, wie er nur kann?"

„Nichts, worüber es sich lohnt, zu reden." sagte Reb Avram Ber mit ungeduldiger Geste, und Reisele vermutete sofort, daß es etwas war, was nicht für Deborahs Ohren geeignet war.

Später am Morgen hörte sie dann die ganze Geschichte. Reb Avram Ber begann auf Warschau zu schimpfen. „Das ist genau die Art von Geschichte, die nur in einer großen Stadt passieren kann. Du hörst nie von solchen Dingen in einer kleinen Stadt. Wenn so viele Menschen zusammengedrängt sind, verlieren sie den Blick auf den eigenen Wert als menschliches Wesen mit einer heiligen Seele..."

„Ich frage mich, warum in aller Welt hat er uns ausgesucht?"

"Wer weiß? Vielleicht hat ihn jemand geschickt, vielleicht hat er einen Fremden nach dem nächsten Rabbi gefragt, und ich war der Unglückliche."

Reb Avram Ber stieß einen Seufzer aus und suchte eine Erklärung, warum er den Fall angenommen hatte.

„Jedoch, es ist wunderbar, wenn man es so sieht: Offensichtlich ein brutaler Kerl, glaubt er doch an Gott und hält es für notwendig, einen Rabbi aufzusuchen. Ein böser Mensch, ein gemeiner Mensch, hat er doch noch den göttlichen Funken in sich." So wandte sich Reb Avram Ber einer freundlicheren Betrachtungsweise zu und ging fort in die Synagoge. Dieses Mal den Talles fest unter den Arm geklemmt.

Vier Tage später erschien Berel Fass pünktlich um zehn Uhr. Innerhalb der kurzen Zeit schien er sehr gealtert zu sein. Trotz des Fettes in seinem Gesicht machte er einen ausgezehrten Eindruck. Selbst sein Bauch schien geschrumpft zu sein. Schlurfend kam ihm seine Tohter nach – eine Frau von etwa zweiundzwanzig, möglicherweise noch jünger – mit einem bleichen, runden Gesicht, brennenden, pechschwarzen Augen, die Lippen halb geöffnet unter einer kleinen Stupsnase. Geschmackvoll angezogen mit einem blauen Cape, mit einer kleinen Haube auf dem Kopf, sah sie sehr attraktiv und anmutig aus. Es war etwas sehr sanftes sowohl in ihrem Ausdruck wie in ihren Bewegungen. Sie konnte wirklich die Tochter eines Tzadiks sein. Ihr folgte ihre Mutter, eine Frau in den Vierzigern, mit einer langen, spitzen Nase, mit Sommersprossen und Warzen überall im Gesicht, mit häßlichen, faulen Zähnen im Mund und mit trüben, verweinten Augen.

Reb Avram Ber schloß das Buch, das er gelesen hatte, und sagte Berel Fass, er solle sich setzen. Wenige Minuten später erschien der Schreiber, begleitet von Süßkind, dem Schammes, der, auch wenn er in der Synagoge im Stadtteil arbeitete, immer noch Zeit fand, hier und da Reb Avram Ber auszuhelfen. Süßkind brachte eine lange Holzbank von dem Tisch zu der Wand, damit die Frauen sich darauf setzen konnten. Als letzter tauchte der rechtmäßige Ehemann auf; er war ein kräftig gebauter, junger Kerl mit einem wuchtigen, glattrasierten Kinn, welches aber die schwarzen Wurzeln des Bartes zeigte. Er grüßte die Gruppe am Tisch, und gab sich große Mühe, seinen Schwiegervater und die Frauen an der Wand zu ignorieren. Wenige Worte wurden gesprochen, da die Möglichkeit einer Versöhnung in letzter Minute ausgeschlossen war. Der Ehemann weigerte sich hartnäckig, sich zu setzen und lief rasch im Zimmer umher, hielt nur mit einem plötzlichen Ruck an, wann immer er von Reb Avram Ber angesprochen wurde. Er schien fürchterlich verbittert, und wenn sein Auftreten kalt und trocken war, so war das nur, weil er sich hart machte (mit zusammengepreßten Fäusten), denn da war ein unheiliges Feuer in seinen Augen, das seine tiefe Bewegung enthüllte, seine Qual und seinen Zorn. Seine junge Ehefrau ihrerseits war vollkommen ruhig, nur ihre Mutter heulte und putzte sich ununterbrochen die Nase, und ununterbrochen war ein großer Tropfen von Schweiß auf der Nasenspitze, als ob auch da eine Träne war.

Unmittelbar nachdem die Scheidung vorüber war, verschwanden beide Parteien. Berel Fass wandte in der Tür den Kopf, um zu sagen, daß er mit dem anderen Mann vorbeischauen würde, wenn der wieder soweit hergestellt war, daß er das Hospital verlassen konnte. Nachdem er den Schammes und den Schreiber bezahlt hatte, blieben Reb Avram Ber vier Rubel. Niemals zuvor war eine Scheidungsangelegenheit so ergiebig für ihn gewesen.

Einige Wochen später hinkte der andere Mann in Reb Avram Bers Studierzimmer, sich auf einen kräftigen Stock stützend, und den Kopf mit Verbänden umwickelt. Die junge Frau hatte in der Zwischenzeit ihr Kind bekommen, und sie war jetzt noch bleicher und dünner. Gekleidet in ein eng anliegendes schwarzen Kostüm schaute sie mädchenhafter denn je aus. Sie hatte diesmal nicht ihre Mutter dabei, aber ihr Vater war da, und es war nichts Gedrücktes jetzt mehr an ihm. Ein triumphierender Ausdruck blitzte und funkelte in seinen winzigen Augen in ihren Fettaschen. Zwei stämmige Männer, die Mützen trugen, nahmen wachsam Position an der Tür ein. Einer von ihnen fingerte die ganze Zeit an einem unförmigen Gegenstand in seiner Hosentasche herum, während sein Kumpane, ein dunkelhäutiger Kerl mit sehr kurzen Beinen und ungewöhnlich breiten

Schultern, ihm immer auf die Zehen trat, um ihn daran zu erinnern, daß es unanständig war, hier zu pfeifen; was er aber immer wieder vergaß.

„Das is' der Typ, von dem ich euch erzählt habe, Rabbi. Hübsch isser, nich'? Ihr werdet es nich' glauben, aber er wollte diesen Besuch überhaupt nich' machen. Er sagt, es gefällt ihm doch, so wie's jetzt is', ohne daß ein Rabbi es zurechtrückt. Das denkt er sich. Aber ich hab' ihm meinen Standpunkt erklärt, daß ich's will, und er wird nich' viel komische Sachen mitmachen, bis ich fertig mit ihm bin. Guckt doch mal kurz auf die zwei Knaben an der Tür! Schaut sie euch an, Rabbi! Ich kann ihnen vertrauen wie meinem eigenen Vater."

Erst da nahm Reb Avram Ber ihre Gegenwart wahr.

„Bitte setzt euch," sagte er.

Die beiden Männer schauten sich an und mußten sich das Lachen verbeißen. Von Zeit zu Zeit schielte der Liebhaber unter den Verbänden hervor auf die junge Frau, die unfähig war, den Fluß ihrer Tränen, der langsam ihre beiden Backen herunterrann, einzuhalten. Er schien nicht sehr interessiert an dem, was vor sich ging, tat aber, was ihm gesagt wurde (er hatte keine Wahl). Als alle Formalitäten erledigt waren, schnippte Berel Fass triumphierend mit den Fingern den zwei Männern an der Tür zu, die einen wissenden Blick austauschten, und dann ihrem Chef so zuzwinkerten, daß dies Bände sprach.

„Nun, Rabbi, das war das! Und wenn ich zufrieden bin mit einem schönen Stück Arbeit, hübsch gemacht, kommt's mir nich' auf's Geld an! Ne Herr! Da, Rabbi, nehmt zehn Rubel und schimpft nich'! Schließlich bin ich ein Jude!" rief er aus und legte den Schein mit einem so mächtigen Krachen der Faust auf den Tisch, daß alle Möbel im Zimmer emporhüpften. „Keinen Groschen weniger!" schrie er, obwohl Reb Avram Ber kein Wort gesagt hatte. „Ihr habt jeden Fitzel davon verdient. Nehmt schon! Adieu, Rabbi!"

„Guten Tag!"

Berel Fass griff seine Tochter am Arm und schleppte sie aus dem Zimmer. „Komm, du Miststück. Und ihr Leute, schnappt ihn euch!"

Der hinkende Mann wurde von den zwei Gangstern hinausgedrängt im Eilschritt.

Reb Avram Ber schaute sich um, als ob er sich vergewissern mußte, daß das Zimmer wirklich leer war. Er seufzte erleichtert. Als er dabei war, in das Nebenzimmer zu gehen, wurde er zurückgerufen.

„Ihr habt das Geld auf dem Tisch vergessen," sagte Süßkind, der Schammes, und seine Augen funkelten eigenartig, wie bei einer Katze, die eine Maus gesehen hatte. Reb Avram Ber gab ihm sein Geld, holte dabei die Münzen aus zahlreichen Taschen seiner Bekleidung (er konnte sich nie daran gewöhnen, seine Sachen in immer dieselbe Tasche zu tun). Der Schammes ging doppelt befriedigt weg, denn er mußte noch später am Tag der Beerdigung eines reichen Mannes beiwohnen.

„Alles vorbei?"

„Ja, Gott sei Dank!"

Reisele bekam die Zehn-Rubel-Note zu Gesicht, die Reb Avram Ber behutsam zwischen den Fingern hielt.

„Was! Er gab dir zehn Rubel?"

Reb Avram Ber legte den Schein neben sie auf die Couch.

„Ich hätte wirklich eine so große Summe nicht annehmen sollen, aber ich habe es nicht gewagt, auch nur ein Wörtchen zu sagen, denn er hat sich heute wie ein Teufel benommen. Ich glaube wirklich, er hat den Teufel in sich."

„In den alten Zeiten haben sie eine Frau gesteinigt, wenn sie eine solche Sünde beging." sagte Reisele.

„Es ist fürchterlich. Ich hoffe, Gott wird uns unser täglich Brot auf anderen Wegen senden..."

Und Reb Avram Ber richtete seine Augen aufwärts wie im Gebet.

Er kehrte in sein Studierzimmer zurück. Deborah brachte ihm ein Glas Tee. Er schaute sie zärtlich an und erpicht darauf, sie an seiner Seite zu haben, bat er sie aufzuräumen. Sie schnippte die Zigarettenasche vom Tisch, fegte, und stellte die Stühle wieder zurecht.

„Du bist ein teures Kind, Deborah. Glaubst du, du kannst mir noch ein Glas Tee bringen?"

Deborah holte ihm ein zweites Glas Tee. Er hatte einen Band vom Talmud aus dem Bücherschrank genommen, und erst, als er sich in dessen trockenen, gelben Blätter vertieft hatte, fand seine Seele ihren Frieden zurück.

Deborah hatte sich selber einen Hut gekauft. Sie mußte nicht länger im Haus bleiben und mußte nicht Michail darum bitten, ihr die wunderbaren Sehenswürdigkeiten von Warschau zu beschreiben. Auf jeden Fall hatte sie nie ein Wort geglaubt von dem, was er erzählt hatte: alles, was er tat, war, phantastische Lügengeschichten zu erzählen, um ihrem quälenden Verlangen gierig verschlungene Nahrung zu verschaffen. Am Schabbes wurde kein Geschirr mehr gespült nach dem Abendessen (dies war der Tag des Ausruhens), und den Tisch aufzuräumen war ein Kinderspiel, besonders, da ein flottes neues Kleid im Schrank hing, darauf wartete, angezogen zu werden, garnicht zu reden von dem Hut, der atemberaubend schick war – seine Schönheit war nicht zu leugnen – nicht einmal von Fräulein Ruschka. Diese junge Dame, so war es, würde vorbeikommen, und sie zu einem Spaziergang durch ausgewählte Teile von Warschau ausführen, dem „richtigen" Warschau, wie Michail es nannte. Und Deborah war in großer Aufregung und noch mehr in Jubelstimmung, als sie wagte zu zeigen.

Jetzt klopfte es an der Tür. Das, ganz sicher, war Fräulein Ruschka.

„Hallo, wie geht es? Möchten sie sich nicht setzen?"

„Oh, nein, danke, es macht mir nichts, zu stehen." sagte Fräulein Ruschka, sich sofort hinsetzend. „Ach, bitte, keine Umstände. Ich hatte gerade meinen Tee."

„Dann nehmen sie doch vom Obst." bat Deborah sie, als sie sich den Hut vor dem Spiegel aufsetzte.

Fräulein Ruschka kam, ihr zu helfen.

„Nicht doch so! So wie jetzt. Da, er steht Ihnen so viel besser," sagte sie, den Hut in einen verwegenen Winkel zerrend. „Finden sie nicht?" Deborah nickte feierlich mit dem Kopf. Der neue Hut nickte feierliche Zustimmung und sie gingen weg, die Treppe hinab wie ein Wirbelwind.

Fräulein Ruschka mußte sich anstrengen, um mit Deborah Schritt zu halten, die schließlich ihre Eile drosselte. Sie mußte sich sehr anstrengen, um ein wenig ihre ungestüme Aufregung zu verbergen.

Vor der Tür schien die Sonne hell, als ob ihr die Bedeutung des Tages bewußt wäre. Die Straße war voller Bewegung, voll von atmendem Leben. Sorglose Spaziergänger drängten sich auf dem Bürgersteig. Während die älteren Leute in aller Ruhe bummelten, benutzten junge Paare in Eile ihre Ellenbogen. Da waren Mädchen mit ihren Freunden, und Mädchen ohne Jungen, Mädchen mit jungen Männern, die den traditionellen Gabardin trugen, aber mit neumodischen, hübschen kleinen Käppchen und hohen glänzenden Stiefeln. Mädchen mit jungen Männern, die Straßenanzüge trugen – jeder hätte meinen können, sie wären Nichtjuden, und andere Mädchen mit jungen Männern, die wie Mischlinge aussahen, denn sie trugen Mäntel, die wie eine Kreuzung aus Gabardin und Gehrock waren, und hatten steife Kragen und steife Manschetten, von denen außer den Trägern keiner wußte, daß sie aus Pappmaché waren. Da waren Frauen mit ihren Ehemännern und Frauen ohne Ehemänner. Dünne Frauen und dicke Frauen. Männer mit langen Bärten und Männer mit kurzen Bärten. Und da waren Kinder von jedem Alter und jeder Größe.

Unter den drängenden Menschen waren auch viele sündige junge Leute, die dabei waren, den Schabbes zu brechen; sie eilten in fremde Viertel, wo sie heimlich die Straßenbahn bestiegen, die sie zu den entfernten Bagatell-Gärten brachten. Die Nicht-Orthodoxen eilten zu den herrlichen Sächsischen Gärten, wo ein Schild „Kein Zutritt für Juden, die Gabardin tragen, und Hunde", den anderen den Zugang verwehrte. Was die arbeitenden Leute betraf, sie gingen zum größten Teil in die Kreszinski Gärten, wo sie ihre traditionellen Verabredungen hatten. Auch ein schlichtes Herumstrolchen in den Straßen war nicht zu verachten! Dies war der heilige Schabbes, wenn Arbeit, Arbeitslosigkeit, Sorgen und Ärger, Gläubiger und alle andere Pest vergessen waren, wenn jeder Mann sein eigener Herr war; und in fast jedem Haus war ein Vorrat an Essen für den Tag. Was den üblichen Stadtgeruch betraf, so nahm kein Mensch, der bei

Verstand war, Notiz von ihm. Der Staub, der in das Auge geblasen wurde, und die unangenehmen Straßensteine, die die Füße schikanierten, diese Dinge waren so vertraut, daß keiner wirklich und wahrhaftig seinen Spaziergang ohne sie genossen hätte.

Die Straße, in der sie waren, war wie zuhause für Deborah. Das Bild, das sie besonders am Schabbes bot, war ihr so vertraut, daß sie dachte, sie könnte jedes einzelne Gesicht wiedererkennen, jeden Sprung in einer Mauer, jeden Straßenstein. Sie konnte sie mit geschlossenen Augen sehen nach so vielen aufmerksamen, schwermütigen Stunden, die sie am Fenster verbracht hatte. Sie kannte vom Sehen alle diese barhäuptigen, dickbusigen Mädchen mit den angemalten Gesichtern und den vielfarbigen Schals auf dem Rücken, die an Arbeitstagen hin- und hereilten, und jetzt am Schabbes, obwohl sie dieselben Kleider trugen, eine festliche Stimmung verbreiteten. Diese Mädchen hatten merkwürdige Angewohnheiten: sie winkten jedem Mann zu, der an ihnen vorüberging. Sie wunderte sich deshalb, und, nichts von Rouge wissend, wunderte sie sich auch, wie die Mädchen zu ihrer roten Gesichtsfarbe kamen.

Heute hatten Deborahs Backen selber eine tiefrote Färbung. Sie war ganz schwindlig vor Freude. Alles, wonach sie sich seit Wochen sehnte, war jetzt zum Greifen nahe. Nur... die alte Weinhändlerin mit der blonden Perücke kam auf sie zu, um sie zu begrüßen, und die alte Frau hatte eine Menge zu erzählen.

„Hallo, Deborah. Mir gefallen deine neuen Kleider. Wünsch dir alles Glück beim Tragen! Wie gehts Mama? Hab ich dir erzählt, daß vor ein paar Tagen..."

Deborah hörte kaum dem Geplapper der alten Frau zu und hoffte, es würde nicht immer so weitergehen.

„Nun, ich will sie nicht länger aufhalten," platzte Deborah heraus nach einer Weile und flüchtete aus den Klauen der alten Klatschbase.

„Das, wissen sie, ist die Krulewskistraße," verkündete Fräulein Ruschka. „Sie ist wunderschön, und schauen sie, wie sauber es ist!"

„Das beste kommt noch. Wir kommen bald zur Marszalkowskistraße, und ich sage ihnen, das wird sie packen. Wir gehen hier um die Ecke. Nun, jetzt sind wir da. Es ist wunderbar, finden sie nicht auch?" fragte Fräulein Ruschka mit großem Stolz.

Deborah wußte nicht was zu sagen. Sie war ganz benommen. Auf der Sonnenseite der Straße waren die Schaufenster der Geschäfte ein einziges Funkeln von widergespiegeltem goldenem Licht mit Glaspfeilern, glitzernd wie Kristallplatten. Von hohen Samtsockeln kamen Ströme von Crêpe de Chine, Batist und zarte Bänder, fein wie Spinnweben, hinabgeschossen wie ein Wasserfall in einem Märchen. Bahnen von Stoff, Wandteppichen, Samt, Seide und Mousselin fluteten sanft aus der Höhe auf den Boden, als ob nichts sie stützte außer einer zarten Brise. Es schien unvorstellbar, daß all diese Sachen bald in Stücke geschnitten und benutzt werden würden. Weniger noch, daß es so viele Leute gab, wohlhabend genug, all diesen Luxus zu verbrauchen.

Deborah und Fräulein Ruschka gingen von Schaufenster zu Schaufenster, jedes mit seinen königlichen Auslagen von kostbaren Stoffen, Blumen, Möbeln, Kunstgegenständen, Gemälden und Juwelen. Alles war großartig. Wieder und wieder merkte Deborah, wie sie sich nicht losreißen konnte. Der Glanz war überaus blendend, wirklich.

Was für ein Verkehr! Was für ein Lärm! Räder auf Räder rollten vorbei, Automobilfahrer drückten auf die Hupen, Kutscher ließen die Peitschen knallen, Pferdehufe trabten ununterbrochen auf weichem Straßenbelag, und elegante Damen und Herren legten sich so anmutig in ihren Kutschen und Wagen zurück; das Kommen und Gehen ließ Deborah ganz schwindlig werden. Was sich hier alles tat!

Ohne ein Wort zu sprechen, schwelgten ihre Augen in all diesen Wundern, und je mehr sie schwelgte, um so hungriger wurde sie. Sie stellte jetzt fest, daß Michail nicht im geringsten übertrieben hatte. Ganz im Gegenteil, seine Beschreibungen verblichen vor der Wirklichkeit. In der Dämmerung durchbrach die Szene, so sah es Deborah, alle Grenzen der Vorstellungskraft. Ganz plötzlich leuchteten die Geschäfte auf. Die Stoffe in den Fenstern waren phantastisch anzuschauen, unwirklich. Die erleuchteten Kugeln hoch auf den Masten an beiden Seiten der Straße verloren sich in der Ferne wie zwei Bänder von Milchperlen, freihängend in der Luft. Die Leuchtreklamen vor den Kinos erschienen und verschwanden dann wieder, als ob sie den Passanten zublinkten. Und aus den Cafés heraus, denen sie vorher wenig Beachtung geschenkt hatte, kam der sanfte Klang betäubender Musik.

Die Reklame und die Schilder beeinträchtigten ein wenig die Schönheit des Anblicks, brachten die Alltäglichkeit herein. Und bald nach dem ersten Feuer der Pracht war der Glanz getrübt vom plötzlichen Zustrom großer Mengen, die aus den Gärten kamen. Leute begannen einander vom Bürgersteig zu rempeln und sich um die Schaufenster zu scharen wie Motten ums helle Licht, sich nur verstreuend, wenn das Licht unhöflicherweise ausging. Viele Geschäfte wurden geschlossen, aber in manchen wurde ein trübes Licht brennen gelassen. Wie durch einen Zauber hatte sich die Straße bis zur Unkenntlichkeit verändert. Die Harmonie war aus ihr verschwunden. Trotzdem hörte Deborah nicht auf, die vielen Herrlichkeiten der Marszalkowski-Straße zu bewundern.

„Ich kann ihnen sagen, es ist noch schöner als mein Bruder erzählt hat..." Fräulein Ruschka war sehr zufrieden. Wie Michail begann sie all die anderen Sehenswürdigkeiten zu rühmen, die Deborah niemals gesehen hatte.

„Und was ist mit den Sächsischen Gärten? Ich glaube, da sind sie bis jetzt noch nicht gewesen, oder?"

„Nein."

„Wenn sie wollen, nehme ich sie morgen dorthin mit. Es ist so unwahrscheinlich vornehm. Sie werden die feinsten Leute dort finden, Leute mit Titeln und Geld und allem... Juden, die Gabardine tragen, werden nicht hereingelassen, und Mädchen ohne Hut auch nicht, das zeigt ihnen, was für ein piekfeiner Ort das ist. Dürfen sie weggehen, wann immer sie wollen?"

Deborah hielt an, um zu überlegen. Sie konnte es wirklich nicht sagen.

„Ich kann!" bemerkte Fräulein Ruschka, die Nase im Triumph rümpfend.

„Ich nehme nicht an, daß Mama irgendwelche Einwände hat. Ich schlage vor, sie holen mich morgen ab."

„Nein, sie holen mich ab!"

„Ich finde den Weg nicht," mußte Deborah bekennen. Es war unangenehm, die Landpomeranze zu sein.

Sie gingen nach einem Händedruck auseinander.

Lieber als Fräulein Ruschka zu erzählen, daß sie nicht die geringste Erinnerung an den Weg nach Hause hatte, wanderte Deborah ziellos durch die Seitenstraßen, welche jetzt auf sie einen düsteren und tristen Eindruck machten. Sie hielt mehrere Leute an, fragte sie, aber ihr gebrochenes Polnisch behinderte sie sehr; sie war verwirrt von den Richtungen, in die sie geschickt wurde. Sie wandte sich nach links und rechts, rechts und links. Am Ende, als sie alle Hoffnung aufgegeben hatte, jemals wieder nach Hause zu kommen, rannte sie eine düstere Gasse hinauf, die einen bedrohlichen Eindruck vermittelte, und plötzlich befand sie sich in der kleinen Straße, die sie so gut kannte.

„Nun, hat es dir Spaß gemacht?" fragte Reisele lächelnd, amüsiert über die Art, wie Deborah dastand, mit einer Miene der Verwirrung, als ob sie ihr eigenes Heim nicht wiedererkennen würde, das sie erst vor wenigen Stunden verlassen hatte.

Deborah war froh, die Stimme ihrer Mutter zu hören. Ja, das war zuhause! Mit einem fröhlichen Lachen rannte sie auf ihre Mutter zu und begann sie zu küssen.

„Oh, Mama, ich habe einen so wundervollen Nachmittag verbracht. Wir gingen in die Marszalkowski-Straße, und da verschlug es mir fast den Atem. Es ist ganz nah! Man kann dahin spazieren. Ich war so überrascht, weil, nachdem was Michail erzählt hatte, habe ich mir vorgestellt, es ist Meilen und nochmals Meilen entfernt..."

„Du meinst wohl, eine Straße muß weit weg sein, um schön auszusehen!" rief Michail hinter dem Vorhang am Fenster hervor. „Eine Straße ist genau wie ein Mädchen. Wenn sie Alltagskleider hat, sieht sie mies aus wie die Nacht, hat sie Geld, kauft sie sich ein neues Kleid, einen Hut, und sieht aus wie ein Mensch... Was für eine Verkleidung hast du heute an?"

Deborah hatte ihn erst jetzt gesehen.

„Und die neue Welt, die Vorstadt mit den Alleen, hast du sie gesehen?" fragte Michail von oben herab.

„Nein? Dann weißt du wirklich noch nicht, was es heißt: schön; dorthin ist es aber nicht so nah! Die Füße werden dir anfangen zu brennen, bis du dorthin kommst. Bevor du aber die Allee nicht gesehen hast, hast du Warschau nicht gesehen, das sage ich dir." Michail hatte echtes Vergnügen an den Alleen, die nicht so nah waren, wie die Marszalkowski-Straße.

„Komm schon Deborah, zieh dich um und mach ein Glas Tee." sagte Reisele. Deborah wollte das nicht hören.

Sie fühlte nicht die geringste Neigung, ihre Pracht abzustreifen und sich wieder in das Arbeitstier der Familie zu verwandeln. Das Leben war im Moment zu süß für solch eine stumpfsinnige Aufgabe, wie die Glut im Samowar anzublasen. Wieder dachte sie wütend, daß es nicht gerecht war; warum konnte ihre Mutter nicht Michail bitten, die Arbeit zu machen; er konnte es doch gerade so gut! Aber dann, bei nochmaligem Nachdenken, wurde ihr bewußt, daß sie Dankbarkeit empfinden sollte für die herrlichen Kleider, die man ihr gegeben hatte, und ohne ein Wort ging sie in das Schlafzimmer und kehrte wieder mit aufgekrempelten Ärmeln, bereit zur Arbeit.

Reb Avram Ber erschien überraschend, sein Gesicht strahlte vor Freude, wie immer. Er schien es nicht zu bedauern, daß der geliebte Schabbes vorüberging. So willkommen der Schabbes auch war, wenn seine Freuden vorüber waren, fand er neue Freuden. Zum einen war da die Vorfreude auf den frisch gemachten Tee (natürlich durfte der Samowar während des Schabbes nicht angefaßt werden). Zum anderen waren da die Segensfeier für den Neumond. Das beste aber war, kurz nach Sonnenuntergang, da gab es das Schabbes-Ausklangsfest, wo ein Mann Gäste bewirten konnte, singen und sich freuen, mit ihnen gemeinsam auf bessere Zeiten hoffend, in den Tagen die da kommen werden...

„Möge die neue Woche Zufriedenheit bringen," sagte Reb Avram Ber, alten jüdischen Gebräuchen folgend.

„Hallo Deborah. Ich sehe, du bist fleißig. Gut so! Ich hoffe, du vergißt unsere Freunde nebenan nicht."

Und schwungvoll legte er die eine Hand in die andere und ging fort zu den Juden im Studierzimmer. Deborah polierte die Gläser sorgfältig, füllte sie und stellte sie auf ein Tablett.

„Weg mit dir, Michail, zum Fest! Dein Platz ist bei den Männern, und ich bin froh, wenn ich dich los bin." sagte Reisele.

„Schon gut, Mama, ich bin schon weg! Aber nicht heute. Ich werde zu der Feier gehen, wenn der Winter kommt. Im Winter bekommt man eine schöne Portion Rindfleisch und leckeren Borschtsch. Das gefällt mir. Aber im Sommer ist ein Stückchen Hering alles, was sie auf den Teller tun; und das ist mir nicht genug."

„Idiot" schimpfte Reisele mit ihm voller bester Laune.

Am nächsten Tag kam Fräulein Ruschka wieder. Die Mutter hatte überhaupt nichts dagegen. Deborah war gebührend beeindruckt von den Sächsischen Gärten. Obwohl sie Bäume und Wiesen und Blumen schon in Hülle und Fülle in ihrem Leben gesehen hatte, war sie niemals zuvor in einem angelegten Garten gewesen.

Seine großstädtische Schönheit – die vielfarbigen Blumenbeete in solch vollkommener Harmonie, trotz des Meeres an Farben, die wohlgeformten großartigen alten Bäume, die langen schattigen Alleen – ergaben ein erstaunliches Bild. Anders als die Dinge vom Vortage, besänftigten sie die Nerven, statt vor Erregung zu dröhnen. Alle Leute im Park hatten solch ein ruhiges und gelassenes Aussehen, als ob die Zeit nur von geringer Bedeutung wäre. Gepflegte junge Paare schlenderten höchst friedlich vorbei, selbst wenn etwas im Weg stand, klammerten sie sich aneinander, so Gefühle enthüllend, die nicht ganz so friedvoll waren. Ältere Herren steckten ihre Gesichter in Zeitungen oder saßen rauchend oder die Brille putzend. Geschmackvoll gekleidete Kinder spielten Versteck, die Kinderschwestern nicht beachtend, auch nicht die Soldaten, die die Arme um die Kinderschwestern hatten. Diese Kinder hatten überhaupt keinen Respekt vor Erwachsenen, nicht einmal vor den Trägern glänzender Uniformen.

Die Durchgangsstraßen um den Park herum waren weniger lärmend als gestern. Es gab auch weniger Glitzern. Marszalkowski-Straße war halb leer. Die meisten Geschäfte waren geschlossen, hatten die Rolläden herabgelassen. Ältere Damen und Herren, oft mit Gebetbüchern unter dem Arm, schöpften Luft mit feierlichem und frommem Benehmen. Selbst die Studenten und ihre jungen Damen blödelten sehr viel gedämpfter herum. Die Geschäftsschilder schienen über Nacht bis zur Unscheinbarkeit geschrumpft. Nur wenige Leuchtreklamen waren hier und da zu sehen, und sie waren kaum wahrnehmbar im Tageslicht. Eine lang Reihe von Droschken wartete untätig, ohne daß jemand die dösenden Kutscher störte, denn dies war Sonntag, der Tag der Ruhe.

„Fräulein Ruschka, wie wäre es, wollen wir zu den Alleen gehen?"

„Nein, nicht heute. Wir können Schabbes dorthin gehen, wenn sie wollen. Heute werden sie dort alles absolut tot finden, aber an einem Schabbes ist es absolut famos!"

Nun gut denn, der nächste Schabbes sollte es dann sein. Fräulein Ruschkas Wort war Gesetz...

Allmählich gewöhnte sich Deborah an das Leben in Warschau, bis sie es als selbstverständlich empfand, daß sie ein Teil davon war und es ein Teil von ihr. Mit der Zeit wurden alle Sachen gewöhnlich, nüchtern und bestenfalls behaglich. Nichts überraschte sie, nichts überwältigte sie. Marszalkowski-Straße hatte ihren Zauber verloren. Die Stadtstreicher beiderlei Geschlechts, die zusammengekauert unter den Vordächern und auf den breiten Steintreppen vor den Kirchen lagen, hörten auf, ihren Kopf zu peinigen, sie erregten kaum ihr Mitleid. Sie nahm sie niemals wahr, wie sie als formloses Bündel dalagen, und die einzige Zeit, wenn sie ihnen doch Beachtung schenkte, war, wenn sie gut bei Kasse war und ein paar Kopeken entbehren konnte. Das Leben zu Hause entwickelte sich zu einer beruhigenden Alltäglichkeit. Reb Avram Bers Position wurde stärker und stärker. Die Juden des Viertels nahmen die Gewohnheit an, ihre Streitfälle zu ihm zur Schlichtung zu bringen, sie zahlten ihre Gebühren pünktlicher, und es gab wenig, sich zu beklagen. Michail entfernte sich von der Synagoge und dem Talmud; er machte dafür die Bekanntschaft von jungen Männern und gelegentlich auch von Mädchen aus anderen Kreisen.

Er begann in Wohnungen zu verkehren, die Reisele und Reb Avram Ber schockiert hätten, wenn sie davon gewußt hätten. Aber sie wußten nie etwas, und Michail machte das beste aus beiden Welten...

Reb Salman blieb ein guter Freund der Familie. Kaum ein Tag verging ohne einen Besuch von ihm. Nachdem er Reb Avram Ber zu vergleichsweisem Wohlstand verholfen hatte, war er nun ängstlich besorgt, ihm auch in anderen Dingen zu helfen; und die Situation sorgfältig überdenkend, kam er zu dem Schluß, daß da eine Sache war, die Reb Avram Ber noch brauchte (und bitter brauchte), einen Ehemann für seine Tochter. Da dies so war, hatte Reb Salman immerzu ein offenes Auge für in Frage kommende junge Männer, und fast jeden Tag stürmte er in das Haus mit einem neuen, wunderbaren Heiratsplan. Zuerst sang er ein Lied des Lobes auf einen wohlhabenden Kaufmann, der einen Sohn hatte. Obwohl der wohlhabende Kaufmann nicht gerade ein Talmudist war, so war es doch ganz falsch, ihn als ausgesprochenen Ignoranten zu bezeichnen; der Sohn war ein Mann von großer Gelehrsamkeit, auf jeden Fall, würde er eines Tages einer werden, wenn er seine Studien fortführte. Dieser Sohn war vollkommen in jeder Weise, nur ein bißchen einfach im Kopf, aber das, argumentierte Reb Salman – und Reb Avram Ber stimmte zu – konnte nicht als Fehler betrachtet werden, denn der Vater war so wohlhabend, daß der Sohn reichlich ausgesorgt hatte für den Rest des Lebens.

Dann, einige Tage später, erschien Reb Salman mit einer Entdeckung, die alles andere schlug: ein absolut unbezahlbarer junger Mann – nein, in Wirklichkeit ein Heiliger; ein junger Mann, der wirklich und wahrhaftig ein großer Talmudist war, und bis dahin das Leben eines Asketen gelebt hatte. Sein Vater, wurde gesagt, sei ein enger Freund des großen Tzadiks von Ger; der Vater war zwar auf keinen Fall ein wohlhabender Mann, aber es war eine Ehre – eine große Ehre – in seine Familie hinein zu heiraten. Ah! Und dann, am Ende der gleichen Woche, kam Reb Salman triumphierend an. Endlich hatte er die richtige Verbindung getroffen; einen litauischen Juden, dem trotzdem zu trauen war, so klug, wie man klug sein konnte, ausgestattet mit der Gabe der Redegewandtheit; sicherlich hatte er die Gabe, nicht auf den Mund gefallen zu sein, denn er war ein Prediger, hatte einen Haufen von Geld, hatte sich von der ersten Frau scheiden lassen, weil sie ihm keine Kinder geboren hatte; eine Gelegenheit, wie sie nicht noch einmal vorkam. Aber leider, leider verweigerte sich Deborah den Freiern, einem wie dem anderen.

Sie wollte noch nicht verheiratet werden und bat Reb Salman, sie in Frieden zu lassen. Sie sagte, sie könne warten und könne das noch lange Zeit. Dies war ein Rückschlag für Reb Salman. Er ließ ab für zwei Wochen – und fing dann wieder an. Schließlich, ein Mädchen muß verheiratet werden, früher oder später, und besser früher als später, denn wenn ein Mädchen keinen Ehemann erwischt, wenn sie jung ist, kann geschehen, daß sie überhaupt keinen bekommt, besonders, wenn sie keine Mitgift hat. Das wäre eine schöne Sache für Deborah, eine alte Jungfrau zu werden, eine sehr schöne Sache! Aber was nutzte das, wenn man zu ihr redete? Man konnte genauso gut gegen die Wand reden.

„Jetzt versuche mich zu verstehen," redete ihr Reb Salman zu, „du weißt ganz genau, daß ohne mich würdet ihr noch die schäbigen alten Kleider tragen, du wärst nicht in der Lage, dein Gesicht in der Straße zu zeigen, und euer Heim wäre immer noch eine Höhle des Jammers. Du weißt ganz gut, denke ich, daß ich ein guter Freund von dir bin, und ich habe mehr Erfahrung im Leben gehabt als du. Glaubst du, ich würde dich drängen, wenn es nicht zu deinem Besten wäre? Glaube mir, ich weiß, was du wert bist, und welche Art von Ehemann du verdienst."

„Zugegeben, Reb Salman, aber ihr könnt nicht erwarten, daß ich dahergehe und so einen Mensch heirate, der euch zusagt."

„Gut, dann sage mir, wer meinst du, ist gut genug für dich?" sagte Reb Salman mit schlecht verborgenem Verdruß.

„Nein, der Punkt ist, sie sind alle zu gut für mich," erwiderte Deborah scharf, und das Blut strömte ihr ins Gesicht.

„Ich weiß, welche Art von Mann du willst" mischte sich Reb Avram Ber in die Unterhaltung ein, ärgerlich über sie. „Du möchtest einen dieser neumodischen Ehemänner, die nicht den orthodoxen Gabardin tragen, ist das so? Verlaß dich darauf, ich werde dir keinen von diesen neumodischen Ehemännern geben, die sich den Bart schneiden lassen!"

So wurde gar nichts aus Reb Salmans Bemühungen, und Deborah blieb eine einsame Jungfer.

Kapitel 10

Am Ende des Sommers gab Deborah ihre letzte, übrig gebliebene Hoffnung auf, Simon wiederzusehen. Währenddessen waren die hohen Feiertage näher gekommen, und Reb Avram Bers Haus war ein einziges Durcheinander geworden. Den ganzen Tag lang war da ein Kommen und Gehen von Leuten, die Reb Avram Bers Rat suchten. Sein Tisch war übersät mit Nachschlagewerken, und seine Brauen waren zusammengekniffen in tiefster Meditation. Selbst der Bucklige mischte eifrig mit; am Abend, wenn er von seiner täglichen Runde zurückkehrte und seine gebeulten Taschen leerte, war der Haufen von Kupfermünzen größer als gewöhnlich, enthielt oft sogar einen Anflug von Silber...

Jedoch, was zuerst nicht mehr als ein Durcheinander war, entwickelte sich zu einem vollkommenen Aufruhr, als Reb Salman der Familie kurz Nachricht gab, er habe sich entschlossen, vorübergehend eine Synagoge in ihrer Wohnung zu organisieren, für einen Gottesdienst an den hohen Feiertagen.

„Jetzt hört mir zu," sagte Reb Salman, „es ist ein guter Rat, den ich euch gebe. Wir schaffen Sitzgelegenheiten, und dann laßt ihr Karten drucken. Ich vertreibe sie bei meinen Freunden, und wenn wir sie nicht verkaufen, dann esse ich meinen Hut auf. Ihr, Reb Avram Ber, werdet den Gottesdienst leiten. Die kleine Gemeinde wird die intime Atmosphäre einfach lieben, und es wird rundherum eine gute Sache. Jetzt folgt meinem Rat, und ihr werdet es nie bedauern!"

Reisele schüttelte zweifelnd den Kopf, führte alle Arten von Einwänden auf, aber am Ende ging es nach Reb Salmans Kopf. Wann ging es nicht nach Reb Salmans Kopf?

Daraufhin ging das Chaos richtig los. Alle Möbel wurden im Schlafzimmer abgestellt, gemietete Holzbänke und Tische hereingebracht, Arbeiter mit Schürzen und mit lauten Stimmen fühlten sich wie zu Hause, klopften mit aller Kraft mit dem Hammer umher und ließen alle Türen weit offen. Deborah plagte sich unaufhörlich. Sogar Michail war etwas zu arbeiten gegeben worden. Reb Avram Ber wiederum ging andauernd von Zimmer zu Zimmer, lobte laut die verrichteten Arbeiten und gab froh allen Vorschlägen, die gemacht wurden, seinen Segen.

Reisele beteiligte sich nicht an der Betriebsamkeit, welche für sie wie eine Erinnerung an einen unangenehmen Vorfall aus ihrer Mädchenzeit war, als sie, die Hauptstraße des Dorfes entlang gehend, gefangen wurde in einer Menge von wilden, erregten Menschen, und obwohl sie nicht im geringsten interessiert war an dem Schwein, das da herumtobte und Ursache der Aufregung war, so mußte sie doch den ganzen Krach ertragen, das Schreien und Stoßen. Es war nicht ihre Idee gewesen, daß die Wohnung auf den Kopf gestellt werden sollte (wie sie bei mehr als einer Gelegenheit deutlich kundtat). Aber als Reb Salman, der seine eigene Zeit opferte, und persönlich nichts an dem Unternehmen verdienen konnte, ihr versicherte (bei zustimmendem Nicken von Reb Avram Ber), daß ein kleines Vermögen auf dem Spiel stand und niemand es sich leisten konnte, ein kleines Vermögen wegzuwerfen, wenn der Winter kommt und Vorbereitungen aller Art zu treffen sind, tat sie so, als ob sie die Gründe einsah. Dem zum Trotz aber rührte sie sich nicht von der Couch, außer wenn diese von einem Platz zum anderen geschoben werden mußte (und das geschah sehr häufig).

Das Durcheinander, das immer zu dieser Jahreszeit herrschte, wurde schlimmer. Reb Avram Ber hatte eine endlose Reihe von Besuchern. Die Wohnung war öde und kahl. Und die engen Reihen von Tischen und Bänken legten Zeugnis ab, daß die hohen Feiertage zum Greifen nahe waren: Bald würde Jom Kipur, der Tag der Versöhnung mit aller Schrecklichkeit hereinbrechen. Das war die Zeit geistiger Erbauung, wenn jeder Mensch seine Seele zu erheben hatte aus der Trägheit des unreinen Fleisches, sie läutern mußte. Dies war die Geschichte, die die unlackierten Tische und Bänke erzählten. Die Zettel jedoch, die an den Tischen angeheftet waren, sie erzählten eine ganz andere Geschichte. Sie waren Zeugnis für die Tatsache, daß bis jetzt nur wenige Plätze gebucht worden waren, und das ganze Unternehmen schien dazu verdammt, ein Fehlschlag zu sein. Statt ein kleines Vermögen zu machen, war es warscheinlich, daß Reb Avram Ber Geld verlieren würde; es blieben nur noch wenige Tage, und nicht viel mehr als eine Handvoll Synagogengänger hatten Plätze reserviert. Das Schlafzimmer war vollgestellt wie ein Gebrauchtwarenladen, und die Familie mußte eine Menge klettern, um ins Bett zu kommen. Selbst in der Küche gab es keine Ruhe, dort war Raum geschaffen worden war für notleidende Leute, die dort für nichts einen Platz reservieren konnten, oder auch einen bekommen konnten für fast nichts, wenn sie genauso stolz wie arm waren...

Reisele starrte auf die nicht reservierten Plätze (es schien, daß besonders die teueren Sitze ganz verlassen bleiben würden) mit gemischtem Spott und Kummer. Reb Avram Ber war niedergeschlagen wegen der unerwarteten Pleite und fühlte schneidend die Verachtung seiner Frau. Er beklagte seine Schwäche, daß er Reb Salmans Rat nachgegeben hatte. Es war wirklich eine Schande, solch ein fürchterliches Durcheinander in der Wohnung ohne allen Nutzen angerichtet zu haben. Die Feiertage waren verdorben, und mehr denn je bewunderte er Reiseles Weisheit und Weitsicht.

„Weitsicht und Weisheit gehören zusammen," sagte Reb Avram Ber als Reb Salman hereinschaute, um zu sehen, ob sich schon Juden angemeldet hatten.

„Genauso ist es" sagte Reb Salman „und ich würde den Mut nicht verlieren an eurer Stelle. Wartet ab und guckt was kommt! Im letzten Moment werdet ihr enormen Andrang haben, Juden werden schreien nach Plätzen. Sie werden wegen der Plätze über euch herfallen! Und ich sage euch auch den Grund dafür. Nur Leute, die viel unterwegs sind, nicht fest irgendwo dazugehören, von denen kann man erwarten, daß sie hierher kommen, da sie nicht regelmäßige Besucher einer Synagoge sind. Und normalerweise sind sie beschäftigte Leute, ihr Kopf dreht sich um andere Sachen; aber im letzten Moment erinnern sie sich, und sie zahlen euch wieviel ihr wollt. Und sie werden Gott und euch danken, daß sie noch einen Platz kriegten."

Reb Salmans Worte waren prophetisch. Am Ende waren die meisten Plätze belegt, was eine nennenswerte Summe von Geld einbrachte (aber doch kein kleines Vermögen). Reb Salman rieb sich die Hände voll echtem Vergnügen. Nur eines bedauerte er.

„Ich muß euch sagen, Reb Avram Ber, es ist eine Schande, daß ihr entschieden habt, freie Plätze in der Küche anzubieten, eine Schande vor Gott! Eure Verantwortung für euch und eure Familie ist wichtiger als eure Pflicht Fremden gegenüber," sagte er ziemlich wehmütig, aber nun, da der Schaden geschehen war, nahm Reb Salman ihn sich nicht echt zu Herzen.

„Und jetzt werde ich euch ein kleines Geheimnis erzählen. Als ich sah, daß die Sache nicht gutging, habe ich mich extra angestrengt, und da ich Warschau von innen und außen kenne, habe ich mit der richtigen Sorte von Menschen geredet, und das hat geholfen. Wo ein Wille ist, ist auch ein Weg; und wenn ich mir einen Mann vorknöpfe, und ihm etwas vorschlage, sagt er nie nein!"

Reisele lächelte, denn erst vor wenigen Tagen hatte Reb Salman kundgetan, daß Fremde von alleine herbeiströmen würden. Aber Reb Avram Ber sah nicht, was es zu lächeln gab; es wurde ihm nie bewußt, daß Reb Salman sich widersprochen hatte. Alles, was für ihn zählte, war, daß Reb Salman zweifellos ein guter Freund war, wie ein Mann ihn sich nur wünschen konnte, und sich freudig den Bart streichend, bat Reb Avram Ber Deborah Tee und Kekse zu servieren.

Es war am Vorabend von Jom Kipur, daß Reisele begann mitzuhelfen. Das Geflügel, welches nach uraltem Zeremoniell – Gott zu Ehren – zubereitet wurde, mußte gekocht werden, und das Abendessen mußte vor Sonnenuntergang fertig sein, denn dann begann das Fasten. Es gab genug zu tun. Inzwischen galt es, an die Seele zu denken, denn an dem furchtverbreitenden Jom Kipur wurden alle ihre Makel niedergeschrieben in das große Buch der Urteile im Himmel...

Reb Avram Ber war wie ein Besessener! An dem Tag mußte Michail, der arme, für alle begangenen Sünden Buße tun, sein Vater hielt ein scharfes Auge auf ihn; und wie er sich wund scheuerte im frommen väterlichen Joch.

Die Familie hatte das feierliche Abendessen eingenommen, hatte ihren Durst gelöscht mit Tee, Sodawasser und Leitungswasser, um über die Fastenzeit auszukommen. Synagogengänger begannen einzutreffen mit ihren Gebetsumhängen, Gebetsbüchern, Taschentüchern und Pantoffeln, Riechsalz und Sünden. Jeder Mann hatte sein eigenes Päckchen und jede Frau das ihre... Die Sonne war am Sinken. Reb Avram Bers Studierzimmer, wo die heilige Lade mit den Thorarollen vor der nach Osten gerichteten Wand stand, verhängt von einem mit goldenen Stickereien reich verzierten grünen Samtumhang, war voll von der üblichen Unruhe. Auf dem Pult des Vorsängers, des Chassen, neben der Lade, war der gleiche Stoff wie der Vorhang ausgebreitet. Die brennenden hohen Wachskerzen, eingebettet in Sandbehälter, warfen große unscharfe Schatten an die braunen Wände. Fetzen von rötlichem Licht, Überreste der untergehenden Sonne, verloren sich rasch im Kerzenschein – vereinigt zu einem flackernden wellenden Schimmer.

Reb Avram Ber, eingehüllt in einen fließenden weißen Umhang mit einer weißen Seidenkappe stand sich wiegend über dem Vorsängerpult, sanft vor sich hinsingend. Seine Lippen bewegten sich kaum, als ob er in Trance wäre. Seine ganze Person war erfüllt mit einer Verzückung aus heiliger Furcht und Freude. Selbst der Goj, den Michail herumführte, verstand die Bedeutung des Tages…

Reisele trug ein altmodisches weißes Seidenkleid (ihre Hochzeitskleidung). Ihre Haltung war ernst. Ihr kleines Gesicht mit den großen, weit geöffneten grauen Augen schaute wunderbar unschuldig aus, ihre Haut war eigenartig durchsichtig geworden. Ihre Zerbrechlichkeit war schmerzhaft anzusehen. Deborah, in kleinem weißem Kittel mit einer weißen Schleife im Haar, sah wie ein großes ernstes Kind aus; was Michail betraf, so war er ein Bild der Frömmigkeit in seinem schwarzen Seidengabardin und dem schwarzen Samtkäppchen. Er hatte seine Pajes heute nicht zurückgesteckt, und sie baumelten sehr auffällig vor seinen großen roten Ohren.

Im letzten Moment kam eine alte Frau hereingetaumelt, nach Luft schnappend. Sie trug eine Kleidung aus längst vergangener Zeit, und die grünen Pailletten, die ihre ärmellose Samtjacke schmückten, spiegelten geisterhaft die letzten, verschwindenden Sonnenstrahlen wider. Die schwarzen Fransen ihrer uralten Perlenhaube umgaben ihre winzigen, verhärmten Züge wie ein düsterer schwarzer Rahmen – schwarz zum Zeichen der Trauer. Sich einen freien Stuhl in der Küche aussuchend, vor der offenen Tür, die in das Studierzimmer führte, bewegte sie eilig ihre runzligen langen Finger – zitternde untaugliche Finger, welche schmerzhaft kämpften, um einen Knoten zu öffnen in ihrem Taschentuch, in das sie ihr Gebetbuch eingewickelt hatte. Es war ein modriges, altes Exemplar (fast so uralt wie sie selber) und fiel in ihren Händen auseinander. Nachdem sie seine gelben Seiten wieder zusammengelegt hatte, holte sie eine Flasche mit Riechsalz hervor, und nachdem sie sich mit einem einzigen Zug überzeugt hatte, daß der Duft stark genug war, um eine Leiche wiederzuerwecken, wischte sie sorgfältig die einzig verbliebene Linse ihrer Brille, die an einem langen, schwarzen Band befestigt war, und alles war bereit…

Es gab eine plötzliche Stille. Das erste Gebet, Tfilla Zaka, wurde begonnen und war bald vorüber. Reb Avram Ber wandte sich der Gemeinde zu, hob den Zeigefinger und deutete mit ihm auf mehrere der betenden Männer. Sie standen auf und umgaben die heilige Lade, hielten für einen Moment inne, bevor sie den Vorhang zur Seite zogen, als ob sie sich für ihre heilige Aufgabe wappnen wollten. Ihre Hände mit großer Ehrfurcht ausstreckend, nahm jeder von ihnen eine Schriftrolle auf und stellte sich um Reb Avram Ber, der mit kräftiger reiner Stimme zu singen begann, woraufhin alle anderen einstimmten: „Al daz hamoken waal daz hakool."

Und da war kein verirrter Ton, den feierlichen Chor zu trüben. Danach stimmte Reb Avram Ber „Kol Nidre", das Totengebet an. Ein lautes, tränenreiches Jammern erhob sich im Wohnzimmer, wo die Frauen versammelt waren; aber von allen Klagen war keine so trauernd wie die, die aus der Küche kamen. Diese erbärmlich aussehenden Frauen auf den billigen und kostenlosen Plätzen schluchzten, als ob ihre Herzen zerspringen würden. Die Frau in der ärmellosen schwarzen Jacke klagte am lautesten von allen. Außerdem war sie die einzige dieser Frauen, die die Gebete lesen konnte, und während des gesamten Gottesdienstes sang sie einen Zwiesang mit dem Chassen (Reb Avram Ber), der einen Bariton hatte, während sie ein Alt war. Um ihre Armut zu verbergen, hatten die Betenden in der Küche weiße Schleifen in die schäbigen Haare ihrer Perücke gesteckt, und hatten ihre Lumpen mit weißen Kitteln bedeckt, und nun, um ihre Unwissenheit nicht zu offenbaren, drängten sie sich um die alte Frau und sprachen ihr jedes Wort nach, aber so sehr sie es auch versuchten, nichts war zu verheimlichen. Obwohl die alte Frau fortwährend so laut sie konnte jammerte, war es unmöglich, ein Wort von dem zu verstehen, was sie sagte. Sie würde deutlicher gewesen sein, wenn ihr Ton nicht so schrill gewesen wäre. Da es ihnen an Führung mangelte, begannen die Gefährtinnen, Gebete eigener Zusammenstellung zu murmeln und fielen in einen weinenden Ton, ohne dabei einzelne Worte oder gar Sätze wirklich auszusprechen.

Am folgenden Tag hatte Reb Avram Ber sowohl Scharis wie auch Musif gebetet. Er blieb den ganzen langen Tag auf den Füßen, war sich aber der Anstrengung kaum bewußt. Seine Stimme strömte in aufmerksame Ohren, wie reiner, süßer Wein in ausgedörrte Kehlen: lebensspendend, kräftigend und berauschend.

Das Frauenvolk weinte und weinte und war sich (zwischen den Gebeten) einig, daß dies das beste Weinen war, das sie je erlebt hatten; jeder neue Ausbruch brachte neue Tröstung, als ob der Herr im Himmel selber eine schwere Last von ihren Herzen nahm. Reisele drängte den Fluß der Tränen zurück; nur die Augen mit dem auf dem Pult bereitliegenden Taschentuch betupfend, wenn die Tränen plötzlich doch überflossen. Auch Deborah wischte sich dauernd die Augen.

Als der Tag voranschritt, wurde die Luft in der Wohnung schwüler. Die Kerzen wurden weich, und als der Strom des geschmolzenen Wachses in den Sandbehälter tropfte, schienen auch die Kerzen zu weinen. Die Betenden hatten nur Strümpfe an den Füßen, und der Geruch von schwitzenden Füßen mischte sich mit dem Duft des Riechsalzes.

Gesichter wurden tödlich bleich, und in der drückenden Hitze trübte sich der Blick, und die Wände begannen sich zu drehen. Aber keiner schenkte den körperlichen Beschwerden auch nur die geringste Beachtung; der Seele allein galt es zu dienen, und an diesem Tag wurde das Fleisch traurig vernachlässigt. Endlich mischte sich die rötliche Tönung der untergehenden Sonne wieder mit dem gelben Kerzenlicht, und „Nilla" wurde gesungen. An diesem Punkt brachen die Frauen völlig zusammen, so daß sogar die Männer angesteckt wurden und hin und wieder ein Schluchzen von sich gaben. Aber sie unterdrückten es, so gut sie konnten, und fanden ihre Selbstkontrolle bald zurück. Sie wären nie damit einverstanden gewesen, Anfälle wie Frauen zu bekommen.

Das letzte Abendgebet war eine eher gewöhnliche Angelegenheit und bald vorüber. Das Fleisch kam wieder zu sich und erholte sich kräftig. „Los jetzt, gehe nur aus dem Weg", sagte das Fleisch in seiner brutalen Art zur Seele. „Du hast alle Aufmerksamkeit bekommen, die dir gebührt und ein bißchen mehr als dir gebührt. Geh jetzt wieder schlafen und laß mich für mich selber sorgen."

Die Seele gab kein Wort zur Antwort. Mit süßer Bescheidenheit hatte sie Verständnis für die Berechtigung der unverschämten Forderungen des Fleisches.

Sofort nachdem die Gebete vorüber waren, tauschten die Anwesenden gute Wünsche aus und brachen auf, eilten nach

Hause, so schnell wie ihre geschwächten Beine sie tragen konnten.

Deborah deckte den Tisch (auch so schnell wie sie konnte). Merkwürdig genug, Reisele, die normalerweise sich zu schwach zum Stehen fühlte, fand heute neue Kraft. Sie half Deborah tatsächlich das Nachtessen zu servieren. Reb Avram Ber strahlte. Michail war schon beim Essen. Deborah kaute schon, als sie die Gerichte hereinbrachte.

Als sie alle um den Tisch herumsaßen und den letzten Gang erreicht hatten, verkündete Deborah, daß ihr Ledergürtel fehlte.

„Ich habe überall geschaut, konnte ihn aber nicht finden."

„Macht nichts," sagte Reisele, „früher oder später wirst du schon auf ihn stoßen. Ich habe gesehen, wie du ihn heute früh getragen hast."

„Ja, Mama, aber später habe ich ihn ausgezogen. Er war ziemlich unbequem, da habe ich ihn auf den Stuhl in der Küche gelegt, und ich glaube, daß er gestohlen wurde."

„Blödsinn! Als ob jemand am Jom Kipur stehlen würde! Ich glaube, das Mädchen ist verrückt!" Reisele wurde rot vor Zorn.

Aber Deborah ärgerte der Verlust ihres Gürtels, und sie ließ nicht locker:

„Es macht mir nichts, was du mir sagst, aber ich habe meinen Verdacht, und die Frau, die ich meine, ist die alte Frau, die neben der Tür in der Küche gesessen und so eine Aufregung mit ihrem Beten verursacht hat."

„Deborah, um Gottes Willen, hör auf!" mischte sich Reb Avram Ber ganz aufgeregt ein, „verrückt, so eine Beschuldigung auszusprechen, wenn du nicht den geringsten Beweis hast, und doppelt verrückt am Jom Kippur! Du meine Güte, du überraschst mich."

„Aber Papa, vergiß nicht, daß Jom Kippur jetzt vorbei ist," erinnerte Michail seinen Vater.

„Halt deinen Mund! Hört zu, ihr beiden, ich will nichts mehr hören!" Reb Avram Ber war jetzt sehr zornig.

„Ja, Papa, du kannst dich darauf verlassen, daß ich still bin. Alles was ich sagen will, ist: es ist eine Schande, die Frau zu verdächtigen. Wofür im Himmel sollte sie einen Gürtel stehlen? Ich bin sicher, daß wenn es etwas gibt, das sie in Versuchung führen könnte, wäre es eine ärmellose Jacke, und dann auch nur, wenn sie eine Doppelgängerin finden würde, zu der, die sie trug," sagte Michail und tat so, als ob er husten mußte.

„Und bitte, wie kommt es, daß du weißt, was sie anhatte?" rief Deborah triumphierend aus. „Du hast doch im Nebenzimmer gesessen und hattest keinen Grund ein Auge auf die alte Frau zu werfen!"

„Idiot. Wie hätte ich verhindern können, sie zu bemerken. Schließlich war sie wie ein zweiter Chassen..."

Michail konnte seine Heiterkeit nicht länger zurückhalten. Er konnte die komische alte Frau vor seinem geistigen Auge sehen, und er eilte in die Küche, um sich auszulachen. Dabei stöberte er in den Kochtöpfen herum und kam zu irgendwelchen gedünsteten Früchten, die für das Abendessen am nächsten Tag übriggelassen worden waren. Er probierte, fand sie wohlschmekkend und aß sie alle auf.

Am nächsten Tag, als die Arbeiter kamen, um Bänke und Pulte abzuholen, tauchte auch der Gürtel wiede auf, sehr zertreten und verschmutzt.

„Mama, ich habe ihn!"

„Was?"

„Den Gürtel!"

„Habe ich es nicht gesagt?"

„Da, das ist der Beweis dafür, daß man Tatsachen zur Hand haben muß, bevor man einen Verdacht aussprechen kann," sagte Deborah. Das war eine günstige Gelegenheit für Michail:

„Gut gesagt, Deborah! Gut gesagt. Der durchschnittliche Mensch hört auf zu verdächtigen, wenn er die Fakten kennt, du aber fängst dann erst an!"

„Immer die Nase da hineinstecken, wo man sie nicht gebrauchen kann," sagte Deborah lachend. Gegen ihren Willen bewunderte sie seinen raschen Verstand. Schon als sie gesprochen hatte, mußte sie feststellen, daß sie durcheinander gekommen war; aber wie schnell war er von Begriff. Reisele lachte auch, und wieder war Michail mit sich zufrieden.

Die Zeit der Feiertage war vorüber. Es war ein jüdisches Schaltjahr und fast Ende Oktober. Am frühen Morgen waren die Fensterscheiben mit Rauhreif beschlagen. Und hin und wieder fiel auch schon ein wenig Schnee.

„Wir haben für einen Vorrat an Kohle gesorgt für den Winter, unsere dicken Mäntel sind zurück vom Schneider," sagte Reb Avram Ber, „die Nächte werden länger, und an den langen Winterabenden werde ich in der Lage sein, mich mehr als sonst auf den Talmud zu konzentrieren. Alles ist gut. Der Herr sei gepriesen!"

Reisele wickelte sich noch enger in ihre Samtjacke, und auch sie konnte sich besser auf ihre Lektüre konzentrieren. Die Schätze an Weisheit in ihren Büchern funkelten heller denn je im wintrigen Licht.

Michail setzte seine Studien mal so und mal so fort. Er kam nur zu den Mahlzeiten nach Hause, denn Tag und Nacht war er sehr damit beschäftigt... nichts Besonderes zu tun, gemeinsam mit einer Gruppe von Freunden, die auf gleiche Art beschäftigt waren. Er genoß die Gesellschaft seiner lustigen Freunde, gewann ihren Respekt durch seine scharfe Art von Humor, und er war vollkommen zufrieden mit dem Leben im allgemeinen und sich im besonderen.

Deborah war die Ausnahme. Sie war unzufrieden, unruhig. Sie fühlte, daß etwas in ihrem Leben fehlte. Was das etwas war, konnte sie nicht sagen. In früheren Tagen war ihre große Leidenschaft der Glanz des Stadtlebens gewesen. jetzt war sie in Warschau, in der größten Stadt von Polen. Bald nach ihrer Ankunft war es ihr ein brennendes Verlangen gewesen, einen Hut zu bekommen und eine Ausrüstung mit neuen Kleidern, so daß sie sich frei in den Straßen der Stadt bewegen konnte. Auch dieses Verlangen war befriedigt worden. Was wünschte sie sonst noch, was war es, das ihr keine Ruhe gab?

Wie kam es, daß ihre Mutter es schaffte, so tief Wurzeln im Leben zu schlagen, obwohl sie sich kaum von der Couch fortbewegte und nur mit sich alleine war? Was ihren Vater betraf, er wußte, wie mit dem Leben zu spielen und zu lachen. Dann wieder Michail, ihm bot das Leben Interessantes mit freizügiger Hand. Er mußte sich niemals abstrampeln wie eine verlorene Seele, sondern wußte immer, was er wollte, und nahm den kürzesten Weg, es zu erreichen. Sie alleine war geplagt. Sie alleine konnte keinen Platz für sich finden.

Wenn sie die Hausarbeit machte, fühlte sie, daß sie ihre Zeit vergeudete. Sie haßte es, nur das gewöhnliche Arbeitstier zu sein. Aber wann immer sie die Arbeit verweigerte und in einer Ecke schmollte, langweilte sie sich zu Tode. Natürlich gab es Bücher zu lesen. Aber irgendwie hatten sie ihren Zauber verloren, warum sollte sie sich etwas vormachen? Sie gaben ihr nicht das, was sie ihr gegeben hatten, als sie in R– gewesen war oder auch in Jelechitz.

Was Fräulein Ruschka betraf, das Mädchen war eine furchtbare Langweilerin. Deborah kam besser ohne sie zurecht und war sehr zufrieden, als Fräulein Ruschka eine plötzliche schlechte Laune bekam und ohne einen Grund fortblieb. Wenn Deborah jedoch die Einsamkeit nicht länger ertragen konnte, stattete sie ihr einen Höflichkeitsbesuch ab. Und eines Tages hörte sie von keiner anderen als Fräulein Ruschka, daß es Abendkurse in Warschau gab, die für alle zugänglich waren. Deborah machte dort mit und es gab ihr neuen Schwung im Leben. Sie freute sich auf die Abende. Sie hörte nicht nur aufmerksam den Lektionen zu, sondern fraß sie in sich hinein. Wann immer dem Kurs aufgegeben worden war, etwas auswendig zu lernen, war Deborah die erste, die das schaffte. Darüberhinaus begann sie eine Bekanntschaft mit einem Mädchen, viel älter als sie, was aber das Mädchen nicht kümmerte. Diese Freundlichkeit wußte Deborah sehr zu schätzen. Besonders, da Bailke (so wurde sie gerufen) so eine gutherzige und fröhliche Seele war, so interessant und klug. Nach und nach wurden sie Freundinnen und hingen sehr aneinander.

Von Zeit zu Zeit spielte Bailke dunkel auf eine Art von „Verein” an, wo man mit wichtiger Arbeit beschäftigt war, mit einer heiligen und ernsten Arbeit. Dann, nach einer Weile, begann sie offener zu sprechen und fragte Deborah, ob ihr daran liege, in den Verein einzutreten. Deborah wußte nichts über den Verein (oder Partei), war aber natürlich bereit, mitzumachen. Sie hatte vollkommenes Vertrauen zu Bailke. Tatsächlich begann sie voller Ungeduld, den Tag zu erwarten, an dem Bailke sie, wie versprochen, den Genossen der Partei vorstellen würde. „Wenn die Genossinen und Genossen der Ansicht sein werden, daß du vor allem loyal bist, daß du demokratische Neigungen hast und ein Mensch mit festem Willen bist, mit einem starken Charakter, werden wir dich mit Vergnügen aufnehmen," sagte Bailke.

Deborah war voller Eifer. Sie hatte nicht die mindeste Vorstellung, um wen es sich handelte, aber da gab es Genossinnen und Genossen, Loyalität; so war es aller Wahrscheinlichkeit nach eine gute Sache. Schließlich hatte sie etwas über die Genossen in Mottels Buch gelesen. Es waren alles großartige Männer und Frauen.

„Für meinen Teil, ich werde dich garantiert empfehlen," versicherte ihr Bailke. „Ich sage dir was, komm bei mir am Samstag um sechs Uhr abends vorbei, und wir werden alles besprechen; wir werden spazieren gehen und uns auch so gut unterhalten."

Deborah nahm die Einladung mit weit offenen Armen an.

Der Schabbes war kaum vorüber, da war sie schon auf dem Weg, auf dem Weg zu Bailke!

„Hallo, Deborah, ich bin froh, daß du gekommen bist. Du hast doch nichts dagegen, wenn wir spazieren gehen? Weißt du, während der Woche bin ich so beschäftigt, daß die einzige Zeit, zu der ich frische Luft schnappen kann, der Samstagabend ist" sagte Bailke, als ob sie sich entschuldigte, weil sie Deborah nicht hereinbat, und weil sie schon mit Hut und Mantel zur Tür gekommen war.

Sie bummelten umher, Bailke redete und lachte fröhlich die ganze Zeit. Sie erzählte Deborah eine Menge Witze (aber interessantere als Michail!). Sie sah so herzlich aus und so gesund, daß Deborah wirklich ganz begeistert von ihr war. Sie war angesteckt von der Fröhlichkeit und lachte mit ihr mit, auch bei Witzen, die sie schon gehört hatte.

„Was für ein wunderbarer Mensch du bist!" wandte sich Deborah in Gedanken an Bailke und sagte es beinahe auch laut.

Bald nach sieben Uhr gingen sie hinein. Bailke wohnte in einem winzigen Zimmer, das ärmlich möbliert aber peinlich sauber war. Es hatte ein Fenster und einen kleinen, rechteckigen Tisch, auf dem ein roter Stoff lag. Sie bat Deborah, sich auf das Bett zu setzen, weil der einzige Stuhl „sich nicht wohl fühlte heute". Sie lachten beide ausgiebig auf Kosten des armen zerbrochenen Stuhles, und dann beschäftigte sich Bailke mit dem Gaskocher. Sie schüttete Tee ein und setzte sich zu Deborah auf das Bett. Während sie den Tee schlürfte, erzählte Bailke ihr mehr über die Partei, ihr Programm und die Mittel, die sie einsetzten, ihr hochgestecktes Ziel zu erreichen.

„Genossinnen und Genossen von uns arbeiten überall im Land. Viele von ihnen sind sehr jung, aber wir haben auch ältere und sehr erfahrene Männer und auch ältere Frauen. Und, das kommt dir vielleicht merkwürdig vor, wir haben auch viele Genossinnen und Genossen aus wohlhabenden Familien; Leute, die ein angenehmes Leben aufgegeben haben, wenn es notwendig war. Wir haben unter uns die Söhne und Töchter von Rabbis und sogar von Tzadikim. Aber natürlich ist die Arbeiterklasse unsere Hauptstütze. Sie sind doch unser Fundament! Das muß man nicht extra betonen! Du hast doch von Karl Marx gehört, oder?"

„Ja, sicherlich, und ich habe auch ein bißchen was von ihm gelesen."

„Sage mir, was hast du gelesen?"

„Nun, den Anfang seiner ‚Politischen Ökonomie', aber am Anfang war es sehr, sehr schwer."

„Und was hast du noch gelesen?"

„Eine ganze Menge über die Nihilisten. Alles über Michail Bakunin und seine Genossin Maria, die eine Kleidermacherin war. Und dann der eigene Bruder vom Zar... Oder war es sein Onkel? Ich bin nicht ganz sicher..."

„Und wie haben diese Bücher dich beeindruckt? Haben sie dir eine Botschaft mitgeteilt, haben sie dich dazu gebracht, stehenzubleiben, und über das Leben um dich herum nachzudenken?"

„Ja, sehr oft. Aber, um dir die Wahrheit zu sagen, es schien mir ziemlich merkwürdig, daß eine kleine Handvoll von Leuten irgendwann so viel Boshaftigkeit besiegen kann."

„Und deshalb, vermute ich, hast du nie daran gedacht, selber in die Partei einzutreten? Oder hattest du vielleicht einen anderen Grund? Ich möchte, daß du ganz offen zu mir bist, denn bevor du den Sprung machst – und es kann sich herausstellen, daß es ein sehr gefährlicher Sprung ist, für dich und für andere – ist es besser, die ganze Wahrheit zu wissen, und ihr ins Gesicht zu schauen."

Deborah gab einen Bericht über sich, wie sie in einem winzigen Dorf aufgewachsen war, und bis vor kurzem in einer Provinzstadt gelebt hatte, wo sie nicht in Kontakt gekommen war mit Leuten außerhalb ihrer eigenen Klasse; ihre Mutter war eine kränkelnde Frau und aus diesem Grunde war die ganze Verantwortung für den Haushalt auf sie übergegangen. Es war erst vor wenigen Monaten gewesen, daß Bücher revolutionärer Natur ihr über den Weg gekommen waren; sie hatte ihre Eltern wirklich sehr lieb und fühlte ein Bedauern für ihre Mutter, die nur gesundheitlich schwach war, aber trotz ihres unablässigen Leidens die interessanteste und klügste Frau der ganzen Welt war...

Sie unterhielten sich lange und ernst. Deborah nahm gierig alles auf, was Bailke sagte. Jetzt erst wurde ihr klar, wie wenig sie vergleichsweise wußte. Bailke war so lebendig, voller Intelligenz und außergewöhnlich belesen; zugleich aber war sie eine lustige und vernünftige kleine Person, eine wunderbare Mischung aus gesundem Menschenverstand und Idealismus. Neben ihren politischen Aktivitäten mußte sie arbeiten, um zu leben, mußte für eigenes Essen, Kleider und Miete sorgen, und sie kam mit dem allen so gut zurecht, daß sie es sich sogar leisten konnte, für Abendkurse zu bezahlen und einer Freundin ein Glas Tee anzubieten. Deborah sah Bailke in einem neuen, einem ruhmreichen Licht und erzählte ihr ohne zögern, was sie von ihr dachte. Bailke lachte freundlich.

„Ach, du bist so ein Kind, so naiv, gerade deshalb habe ich dich lieb. Aber da ist noch eine Sache, die ich dir sagen muß, Deborah, und das ist, vollkommenes Stillschweigen zu bewahren. Wenn ich Stillschweigen sage, dann meine ich es – schweigen wie ein Grab. Wenn du dich von der ersten Aufregung erholt hast, wenn du wieder ganz ruhig bist, überdenke es sorgfältig, erinnere dich an das Risiko, das du eingehst, und wenn du immer noch das Gefühl hast, dabei sein zu wollen, dann kannst du dich zu uns zählen. Jetzt noch etwas Tee und – besser noch – etwas zu essen. Ich wette, du bist hungrig. Ich bin es, das weiß ich. Ich könnte einen Ochsen aufessen! Bleibst du zum Abendessen? Sage ja oder nein. Sei nicht rückständig. Wir legen hier keinen Wert auf Förmlichkeit. Wir reden nie viel unter Fremden, wir gleichen das aus, wenn wir unter uns sind."

„Gut, dann gib mir etwas zu essen, bitte," sagte Deborah, und zeigte ihre Courage. Bailke schnitt einen Hering auf, würzte ihn mit Essig und schnitt Brot in Scheiben. Es waren Ewigkeiten, seit Deborah eine Mahlzeit mit soviel Genuß zu sich genommen hatte. Auch Bailke schien ihr Abendessen zu genießen, so sehr, daß ihre sich beulenden Backen rot wurden, als sie kaute und kaute.

„Sag, Deborah, du hast vergessen, mir zu erzählen, wer dir all diese Bücher zu lesen gab. War es einer aus der Partei?"

Deborah drehte sich wie ein Wurm.

„Du mußt das entschuldigen, aber... Aber als ich mir die Bücher borgte, versprach ich, es nie jemandem zu erzählen." Sie wurde rot, als wäre sie bei etwas Schlimmem ertappt worden. „Du verstehst, oder? Es ist nicht mein eigenes Geheimnis, also kann ich nicht gut darüber sprechen, nicht?"

Bailke lächelte gutgelaunt.

„Das ist der richtige Geist. Und wenn du eigene Geheimnisse hast, mußt du sie genauso eifersüchtig beschützen," fügte sie ernster hinzu. „Jetzt nimm dieses Büchlein, lies es durch und gib es mir morgen zurück, oder sonst verbrenne es. Ja, besser ist, du verbrennst es, wenn keiner schaut natürlich. So, jetzt habe ich dein Versprechen, daß du, was immer passiert, nie ein Wort über alles das zu einem einzigen Menschen sagst, ist das richtig? Nichts verraten! Auch dann, wenn du am Ende doch entscheidest, nicht in die Partei einzutreten. In nüchterner Stimmung wirst du vielleicht meinen, es lohnt sich alles nicht, oder du stimmst mit unserer Politik nicht überein, aber selbst dann mußt du schweigen, denn eine einzige gedankenlose Bemerkung kann Folter und Sibirien für zahllose Genossen bedeuten. Wenn die Geheimpolizei erst einmal anfängt, aufzuräumen, da weiß man nicht, wieviele Leben dabei zerstört werden."

„Ich schwöre dir, ich werde nie ein Wort sagen, selbst wenn es Folter und Sibirien für mich bedeuten sollte. Und was das Mitmachen angeht, da habe ich mich entschieden. Ich will es mit ganzem Herzen. Ich fühle, daß mich ein anderes Leben erwartet, ein wunderschönes Leben."

Bailke schaute sie rasch an. Nein, da mußte sie keine Angst haben; dies war ein ehrliches Kind. Sie drückte echte Empfindungen aus; es waren die Äußerungen eines Menschen, der zu wahrer Begeisterung fähig war, der über eine Welt von aufgestauter Kraft verfügte, und der, richtig angeleitet, echte Dienste für die Sache leisten konnte. Hier war ein junger Mensch, der nur erweckt werden mußte aus einem kränklichen Leerlauf, um ein neues Leben zu beginnen und der waschechte Arbeit verrichten würde, Seite an Seite mit den Genossinnen und Genossen der Partei.

Bailke brachte Deborah fast bis zu deren Wohnung. Sie trennten sich mit einer Verabredung, sich am nächsten Tag zu treffen, einem Sonntag, ungefähr um fünf am Nachmittag.

„Da bist du also! Was machst du so spät?" sagte Reisele.

„Bin ich spät?"

„Aber natürlich, es ist halb zwölf."

„Ich war so mit Reden beschäftigt, da habe ich nicht gemerkt, wie die Zeit verflog. Na gut, ich hätte nie gedacht, daß es so spät ist. Willst du noch, daß ich irgendetwas für dich mache, Mama, bevor ich ins Bett gehe?"

„Nein, nichts!" sagte Reisele, und von der Couch aufstehend ging sie in ihr Schlafzimmer.

Reb Avram Ber hatte noch eines seiner religiösen Bücher auf dem Tisch. Nachdem er ein Problem (in seinem Kopf) gelöst hatte, ging auch er in das Schlafzimmer. Offensichtlich war das Festessen am Schabbes an diesem Abend früher als gewöhnlich zu seinem Ende gekommen, selbst Michail war im Bett, laut schnarchend und mit einem Buch unter dem Kissen versteckt. Geheimnisse aller Orten!

Deborah kletterte in das Bett. Reb Avram Bers Fußtritte, als er auf und ab lief, das Gebet „Schma Jisruel!" (Höre Israel!) singend, begannen zu verstummen. Ja, sie hatten aufgehört, und nun war die Wohnung in vollständiger Dunkelheit. Sie zündete eine Kerze auf dem Stuhl neben dem Bett an, verdeckte die Lehne des Stuhls mit ihrem Kleid und hüllte so den Rest des Raums in Dunkel.

Sie begann zu lesen. Sie nahm gierig den Inhalt des Büchleins in sich auf. Es war eine kleine Schrift, welche sie zu einem enormen Kampf gegen den Feind aufrief. Es beschrieb das Schicksal jener Genossinnen und Genossen, die alle ihre Kräfte, ihren großen Verstand und ihre gerechtesten Ideale der heiligsten Aufgabe gewidmet hatten, wie sie zu Opfern geworden waren und in Sibirien schmachteten, in den Gefängnissen und Festungen, leidgeprüfte Männer und Frauen, die in den Wahnsinn getrieben wurden, deren Lungen zerstört wurden, deren Nerven methodisch zerrüttet wurden, die Epileptiker wurden durch den niemals endenden Terror, die blind wurden durch die ewige Finsternis in den Kerkern. Es beschrieb das Schicksal von heldenhaften Männern und Frauen, die ihre Niederlage nicht anerkennen würden, selbst unter den Qualen der Foltern, und für die die moderne Inquisition nur ein vorübergehender, brutaler Schmerz war. Sie las weiter. Ihr Herz blutete. Ihre Augen flammten. Ihre Wangen brannten. Ihr Atem war heiß. Sie war erfüllt von leidenschaftlichem Haß auf den Feind, einem überwältigenden Verlangen nach Vergeltung und von Liebe und Begeisterung für jene Männer und Frauen, die kämpften und so bitter litten...

Zwanzig Seiten nur, aber sie erzählten genug. Als sie aufgehört hatte zu lesen, fühlte sie, daß es undenkbar war für sie, ihr gegenwärtiges, nutzloses Leben weiterzuführen; es war unmöglich, gleichgültig zu bleiben. Guter Gott, wie der Sturm über dem Lande tobte; und ohne ihn wahrzunehmen, hatte sie einfach gegessen und getrunken und geschlafen wie ein hirnloses Vieh, niemals auch nur den Finger gehoben, um die Menschen von ihrem Joch zu befreien, niemals einen Gedanken darauf verwandt, all das Elend, den Schmutz, die Ungerechtigkeit und die

Leiden vom Angesicht der Erde zu fegen... Gott im Himmel, verglichen mit den Herrschern an höchster Stelle war der Tzadik von R– ein ganz harmloses, fast schon nobles Wesen! Für sie war die Vergangenheit jetzt tot, ganz tot. Die Partei mußte sie in ihren Reihen aufnehmen. sie würde sich weigern, „nein" als Antwort zu akzeptieren. Wenn sie an ihrer Stärke zweifelten, würde sie bei allem, was ihr heilig war, ihnen schwören, diskret, nicht doch, stumm zu sein! Sie würde sich nicht schonen bei ihrer Aufgabe, sie würde übermenschliche Anstrengungen unternehmen. Ja, sie werden sie akzeptieren müssen, und da gab es keine Rückkehr auf dem Weg, der nun so klar bezeichnet war für sie. Sie drehte und wandte sich hin und her in ihrem Bett, und schließlich und endlich, als sie einschlief, quälten finstere Träume ihren Schlummer. Hin und wieder schrak sie gewaltsam auf, ihre Hand griff nach dem Büchlein unter dem Kissen, und sie freute sich, als sie feststellte, daß es ihr noch nicht gestohlen worden war.

Am Morgen machte sie Feuer im Küchenherd – wie gewöhnlich. Das Büchlein begann zu brennen auf einem Haufen neugehacktem Holz, getränkt mit Paraffin. Als sie den Flammen zuschaute, verzerrte eine düstere, nervöse Sorge ihr Gesicht. Sie konnte sich vorstellen, wie die Opfer der neuen Inquisition auf dem Scheiterhaufen brannten. Die brennenden Blätter verbogen sich. Ein oder zwei glätteten sich wieder, und auf den weichen, schwarzen Seiten zeigten sich plötzlich weiß die Buchstaben. So geisterhaft sie auch waren, konnten die Worte doch klar unterschieden werden. Deborah schrak zurück, sie schüttelte sich. Ihr ganzer Körper war angespannt, sie hatte eine Gänsehaut, sie zitterte. Die verkohlten Überreste des Büchleins begannen zu zerfallen.

Jetzt war auch ihr Vater auf den Beinen. Er kam herein, vielleicht, um sich zu waschen. Sie wappnete sich, ging auf den Rost zu und schüttete mehr Paraffin in das Feuer, das niedergebrannt war nach dem ersten Auflodern, und das dabei war auszugehen. Es erschien ihr, daß sie letzte Nacht vergessen hatte aufzuräumen, bevor sie ins Bett gegangen war. Das konnte Verdacht erregen! Von nun an achtete sie auf ihre Pflichten im Haushalt mit größtem Eifer. Zuerst ging es darum, keinen Verdacht zu erregen... Und dann wieder war es die Pflicht und Schuldigkeit, der Mutter zu helfen, die schwach und nicht in der Lage war, für sich zu sorgen. In diesem Licht gesehen war ihre Arbeit nicht länger stumpfsinnige Plackerei und gab ihr tatsächlich ein gewisses Gefühl der Zufriedenheit, sogar des Stolzes; sie half doch einem Menschen.

Wenige Tage später war Deborah offiziell Mitglied der Sozialistischen Partei.

Nun war Deborah schon einen vollen Monat lang eine Genossin und mit Bailkes Anleitung wurde sie eingeführt in die Arbeiten ihrer „Zelle". Sie kannte das Programm bald auswendig. Sie hatte ihren Platz in den Reihen eingenommen und war vertraut auch mit der täglichen Routine; die Taktik verlangte hohe persönliche Urteilskraft und Einfallsreichtum, geboren aus Erfahrung, denn es gab die dauernde Möglichkeit von Polizeirazzien, zufälligen Entdeckungen, Verrat, Spitzeleien und anderen Gefahren. Deborah wurde noch „das Kind" genannt in der Partei und es waren ihr noch keine Aufgaben von Bedeutung anvertraut worden. Sie war aber trotzdem beliebt bei den Genossen, besonders bei den jungen männlichen Genossen...

An einem Sonntagnachmittag versammelte sich die Gruppe in Bailkes winzigem Zimmer, um einen bedeutenden Genossen zu treffen, der aus der Provinz kam, zu einem sehr wichtigen Treffen, Material mitbringen sollte, und der viele unerläßliche Informationen geben würde. Auf diesem Treffen sollte er auch überarbeitete Anweisungen bringen für eine große Kampagne, die im Gange war. Stunden um Stunden sprach Bailke von diesem Genossen, seinen höchsten Qualitäten als Theoretiker und seinem Einfallsreichtum, wenn er sich über die Polizei direkt unter ihrer Nase hinwegsetzte. Sie rühmte ihn zum Himmel und versprach Deborah, sie mit ihm bekanntzumachen, obwohl es zweifelhaft war, daß es Deborah gestattet sein würde zu bleiben, wenn die eigentliche Besprechung beginnen würde, denn diese war höchst geheim und sie war nur ein Neuling. „Aber ich werde unseren Genossen fragen, wenn er kommt, und wenn er ‚ja' sagt, dann ist das gut genug." sagte Bailke und der Rest der Genossen wiederholte ihre Worte: „Wenn er sagt ‚ja', dann ist das gut genug..."

Also saß Deborah da, horchte auf der Kante von Bailkes Bett sitzend und die Finger in die Umrandung geklammert, sehr aufmerksam und ernst den Gesprächen zu, die um sie herumflogen. Sie flatterten von einem Thema zum anderen, und kehrten immer wieder zu dem Besucher zurück, den sie erwarteten. Er hatte sich bereits verspätet.

„Auf den Genossen Druschkin kann man sich verlassen, hundertprozentig!"

„Ich hoffe nicht, daß ihm etwas passiert ist!"

„Nein, da mache ich mir keine Sorgen. Was mich beunruhigt ist seine Gesundheit." sagte Bailke.

„Wieso? Was ist mit ihm los?"

„Kann ich dir nicht sagen. Aber er sieht fürchterlich aus, auch wenn er es nicht zugibt, daß etwas mit ihm nicht in Ordnung ist. ‚Bailke' sagt er immer zu mir, ‚du hast dir selber den Kopf verdreht, und ich habe die Hoffnung aufgegeben, ihn dir wieder zu richten'. Er ist voller Scherze, und macht seine Arbeit weiter wie immer, aber mir gefällt sein Aussehen nicht."

„Nun, das ist seine Sache. Er braucht keine Säuglingsschwester," sagte ein junges Mädchen, die sehr schlank war, zart wie Rauch, die aber einen sehr entschlossenen, fast grimmig ausschauenden Mund hatte. Sie beteiligte sich selten an den Gesprächen, aber wenn sie es tat, redete sie im Ton vollkommener Entschiedenheit.

„Hier ist er. Er kommt!" rief Bailke aus und schob die anderen zur Seite, um zur Tür zu kommen.

„Bremse dich, Bailke! Nicht so rasch! Du solltest sicher sein, was du tust," warnte das Mädchen mit den harten Lippen.

„Rede keinen Unsinn. Glaubst du, ich kann den Klang seiner Schritte nicht erkennen?"

Sie entriegelte die Tür. Ein großer, gebeugter junger Mann mit einem lebhaften knochigen Gesicht kam herein. Er hatte seinen grauen Mantel um sich geschlungen, so daß er sich eng an seine Gestalt anschmiegte. Er schien sich vor Kälte zu krümmen. Seine Nase war verfroren. Aber seine Augen waren sehr groß und strahlten Wärme aus.

„Guten Abend, Genossinnen und Genossen!"

„Guten Abend!"

Sie rückten zusammen, um Platz für ihn zu machen.

„Danke, Genossen! Und wie geht es euch allen?"

„Gut!" antworteten sie im Chor. „Und wie geht es dir?"

„Ganz in Ordnung, bis auf…"

Die Versammelten hielten den Atem an.

„Bis auf die Kälte, es ist bitter heute Nacht. Es tut mir leid, daß ihr euch meinentwegen gesorgt habt. Ihr könnt es mir glauben, daß alles in Ordnung ist. Die Maschine ist gut geölt und läuft so sauber, wie es sein soll. Wir werden diesmal einen Coup landen, Genossen. Aber wir mußten einen schrecklichen Verlust letzte Woche erleiden; der alte Hans hatte plötzlich einen Anfall und starb."

Er zog Hut und Mantel aus und warf beides auf das Bett, worauf alle lächelten.

„Oh, ist er wirklich tot? Armer Kerl, jetzt wird er nicht mehr umhergehen und Geschichten verbreiten. Ich bin aber sicher, wenn er in die Hölle kommt, wird er dem Teufel seine Dienste als Agent Provocateur anbieten," sagte Bailke. Sie schaute auf Druschkin mit einem Blick, der gemischt war aus grenzenloser Liebe und Achtung, als sie seinen Hut und Mantel wegnahm, um sie an einen Nagel in der Tür zu hängen.

„Tut mir leid, Bailke! Nicht zu fassen, daß ich vergessen habe, die Sachen ordentlich wegzutun!"

„Ja, nicht zu fassen!" sagte das hartlippige Mädchen spöttisch, und sie alle lachten.

„Schau her…" Druschkin war gerade dabei etwas zu sagen, hörte aber rasch auf, als er Deborah zu Gesicht bekam. Seine Augen wandten sich fragend an Bailke. Vielleicht konnte sich Deborah nach all der Zeit nicht erinnern, aber nein, da war nicht viel Hoffnung darauf. „Entschuldige," sprach er Deborah an, „habe ich dich nicht schon gesehen in R–?"

„Ja, das ist richtig."

„Und was bringt dich her? Oder, nein, wie geht es dir?"

Er veränderte rasch seinen Ton.

„Mir geht es sehr gut, danke," erwiderte Deborah ganz erstarrt. Ihre Überraschung, in diesem revolutionären Führer, Simon, den brillanten Talmudstudenten aus der Jeschive von R– wiederzuerkennen, hatte ihren Kopf leergemacht.

„Sehr schön, erzähle mir von dir. Und wie geht es deinem Vater und deiner Mutter?"

„Ihnen geht es gut, danke."

„So, so. Ihr wohnt also in Warschau? Was macht Michail? Ich wette, er hat immer noch seinen scharfen Sinn für Humor."

„Ich glaube nicht, daß er den je verlieren wird."

„Gut, ich mag ihn, er ist ein heller Bursche."

Deborah blieb still.

„Bailke, wo hast du meinen Mantel hingetan? Was für ein Ärger!" rief er mit plötzlichem Zeichen von Ungeduld.

Bailke verstand den Wink. Sie ging mit ihm zur Tür. Während er in den Taschen herumstöberte, sprach er schnell zu ihr.

„Was, zum Teufel, macht sie hier?"

„Sie ist in die Partei eingetreten."

„Das ist klar, aber wie lange ist sie schon Mitglied?"

„Etwa einen Monat."

„Unglaublich," sagte Simon Druschkin, sein Mißvergnügen zeigend. „Auf jeden Fall muß sie jetzt gehen. Sie kann nicht bei der Besprechung dabeisein! Schau, daß sie geht, bevor wir anfangen! Sie ist ein nettes Kind und meint es wahrscheinlich ernster als wir alle, aber es ist noch zu früh. Wir können keine Neulinge haben, die sich einmischen."

„Ich versprach ihr, daß ich versuchen würde, deine Zustimmung zu bekommen."

„Das ist die Lösung. Sag ihr, ich hätte nein gesagt."

„Laß sie bleiben auf meine Verantwortung. Ich garantiere dir, sie ist absolut verläßlich," bat Bailke.

„Daran zweifele ich nicht, aber sie muß doch nach Hause gehn. Es hat keinen Zweck. Verstehst du?"

„In Ordnung."

„Aber jetzt erzähle mir," sagte er, sich zu Deborah wendend, „wie behandelt dich das Leben?"

Deborah wußte nicht, was zu sagen. Ihr Kopf war immer noch ganz leer. Gott, wenn sie nur die Sprache wiederfinden könnte!

„Sage mir," fuhr Druschkin fort, „wer hat dich bekehrt?"

„Mich? Bailke." (Gott sei Dank, sie hatte ihre Stimme wieder). „Ich möchte wissen, wer dich bekehrt hat."

„Mich? Bailke! Sie kann jeden bekehren. Aber, ernsthaft jetzt, ich bin ein alter Schaffer. Und wie gefällt dir unser Verein?"

„Ausgezeichnet. Ich bin leider nur ein echter Neuling. Bis jetzt habe ich nicht mehr gemacht als dabeigesessen."

„Alles zu seiner Zeit. In der Zwischenzeit mußt du dich an unsere Regeln gewöhnen: halte Augen und Ohren offen; den Mund geschlossen! Erwähne meinen Namen bei Niemandem, zuhause oder sonstwo. Versprichst du mir das?"

Deborah nickte mit dem Kopf.

„Es wäre aber doch ein großer Spaß, das Gesicht von deinem Vater zu sehen, wenn ihm erzählt wird, daß seine Tochter und sein Schüler alle beide... Beide... 'Der Herr habe Mitleid mit uns!'"

Er holte seine Pejes aus seiner Haarmähne und drehte die Augen nach oben wie im Gebet. Alle Genossinnen und Genossen brüllten vor Lachen: „Hah! Hah!"

Deborah fühlte ein brennendes Gefühl durch die Brust jagen. Ihre Liebe zu ihm, der sie sich bewußt geworden war, war so schmerzhaft in diesem Moment!

„Ich vermute, es war dir nicht ernst, als du immer mit meinem Vater zu uns nach Hause kamst, und diese Diskussionen führtest..."

„Siehst du, jetzt redest du schon zuviel. So wird es nie etwas werden. Und was machst du, bis du gelernt hast?" nutzte Simon die Gelegenheit.

„Bis dann: schweigen," antwortete Deborah, fast in Tränen ausbrechend vor Demütigung. Simon wollte sie vertreiben und gab sich keine Mühe, es zu verbergen. Seine Motive konnte er auch nicht vor Bailke geheimgehalten! Sie fühlte es mit dem Instinkt der Frau, und auch sie war am Rande der Tränen – traurige, eifersüchtige Tränen. Es gab zahllose Genossen, so jung wie Deborah, die ihre Freiheit, ihr Alles auf's Spiel setzten und höchstwahrscheinlich hatten auch sie Freunde und ihnen teure Menschen, für die sie sich sorgten, die sie liebten. Deborah begann, ihre Sachen anzuziehen. Simon wurde fröhlicher. „Du gehst? Schon?"

„Ja, ich werde zuhause gebraucht. Mama geht es nicht gut."

„Ist sie immer noch kränklich?"

„Ja, immer noch kränklich."

Sie mußte gehen, Bailke hatte es ihr gesagt. Sie wäre so gerne geblieben. Warum konnte er keine Ausnahme machen? Simon wickelte sich wieder in seinen geräumigen Wintermantel, stellte den Kragen hoch und brachte sie nach unten.

„Auf Wiedersehen. Und noch mal, Deborah, kein Wort darüber, daß wir uns hier getroffen haben. Keinen Ton! Du verstehst, nicht wahr? Die Folgen können sehr, sehr ernst sein."

„Mach dir keine Sorgen. Ich bin nicht der Säugling, für den du mich hältst."

„Ausgezeichnet, Deborah, ausgezeichnet!"

Währenddessen hatte er unablässig ihre warme kleine Hand mit seinen langen, knochigen Fingern umklammert. Sie konnte jetzt vergeben. Höchstwahrscheinlich hatte er ein paar sehr gute Gründe gehabt, sie so zu behandeln, wie er es getan hatte.

„Schließlich, woher nehme ich den Mut, seine Taten zu beurteilen?" überlegte sie. „Nehmen wir Bailke. Sie erzählt immer wieder vom Genossen Simon, seinem Heldentum, seinem

Schwung, seiner unerschütterlichen Charakterstärke, aber als ich sie fragte, wo er lebt, wurde sie ganz steif und sagte: Überall und nirgendwo. Ich habe ihn gleich erkannt. Aber erst, als er die Pejes herausnahm, als er irgendwie aufhörte, ein Fremder zu sein, da sah ich ihn richtig, richtig!..."

Sein warmer Händedruck ließ nicht nur das Blut durch ihre Adern rasen und ihr Fleisch beben, er hatte sie auch aufgewühlt in der Tiefe ihrer Seele. Vor ihrem geistigen Auge wuchs er ins Riesenhafte und ließ alle anderen zwergenhaft klein erscheinen. Äußerlich witzelnd, war er doch ein ernster und tiefsinniger Mensch – ein großer Mann, wie Bailke ihn genannt hatte. Sie hatte es schon vor langer Zeit gefühlt. Ihr erster Blick auf ihn, als er durch den Hof des Tzadiks eilte, hatte genügt, um sie davon zu überzeugen. Dabei war er doch bescheiden, hatte sie die Treppe hinabbegleitet und sie „Deborah", wie eine alte Bekannte, genannt; was aber die Angelegenheit der Partei betraf, behandelte er sie mit Strenge; sie war ein Neuankömmling, dem man kein Vertrauen schenken konnte, bis sie sich bewährt hatte.

Es war, dachte sie, nichts als die Vorsehung, was sie mit Bailke in Verbindung gebracht hatte. Es gab genug andere revolutionäre Zirkel in Warschau, wo sie ihn wahrscheinlich nie getroffen hätte. Bailke sagte, daß mehr Genossen mit Untergrundarbeit beschäftigt waren, als die Leute sich vorstellen würden. Durch ein gütiges Geschick hatten ihre Wege sich gekreuzt. Inspiriert durch ihn würde sie unermüdlich für die gemeinsame Sache arbeiten. Ihre Ideale würden zu ihren Lebzeiten Wirklichkeit werden. Wie sie säen würden, so würden sie auch ernten. Sie würde ihm treu dienen, liebevoll sich um ihn kümmern. Sie würde ihm die Kraft geben für seine große Aufgabe. Er sah schlecht aus, viel schlimmer als in R–. Er brauchte es, daß man für ihn sorgte. Die Zeit würde kommen, wenn sein Name durch die Welt hallte. Die Massen würden auf ihn zeigen; das war der Mann, der große und heilige Mann, der die Arbeit eines ganzen Lebens ihrem Wohl gewidmet hatte, das war der Mann, der selbstlos um ihretwillen gelitten hatte, und immer wäre sie an seiner Seite. Gott allein weiß, in welch schwindelnde Höhen ihre hochfliegende Phantasie sie getragen hätte, wäre sie nicht jäh mit einem Schlag auf die Erde zurückgekommen: Ganz plötzlich fand sie sich der Länge nach gefallen auf dem Bürgersteig, und sehr nahe hörte sie eine Stimme, eine kraftvolle Stimme, merkwürdig und doch vertraut, die durch die Nacht brüllte:

„Was denkste dir dabei, du fette, lausige Leiche! He, wo is'n die große Idee dabei?"

Erst da bemerkte sie, wie zwei große, fleischige Hände ihre Oberarme griffen, und diese Hände stellten sie wieder auf die Füße mit einem so gewaltigen Satz, daß sie wieder vornüber gefallen wäre, wenn eine der Hände sie nicht aufgefangen und ins Gleichgewicht gebracht hätte. „Danke," sagte Deborah zu dem Mann, der ihr aufgeholfen hatte. Er war ein riesiger Kerl mit einem enormen Bauch, und er hatte eigenartige diebische Augen, die, auch wenn sie grimmig glühten, doch fröhlich zwinkerten.

Sie versuchte, sich aus seinem Griff zu lösen, aber er schien ihre krampfartigen Bemühungen, sich zu befreien, nicht wahrzunehmen. „Hätt' nich' übel Lust, dein'n dreckigen Hals zu brechen, wirklich nich' übel Lust. Könnt' jeden Knochen dir in deinem verdammten Leib zerquetschen, für das, was de getan hast, wirklich!"

Nun hatte Deborah den Mann erkannt: er war Berel Fass, der Tzadik der Ganoven, der einmal Reb Avram Ber besucht hatte, wegen eines Punktes im jüdischen Gesetz. Ihr sank das Herz. Sie fühlte sich krank. Sie zitterte. Sie zerbrach sich den Kopf auf der Suche nach einem Mittel, dieser widerlichen Kreatur zu entkommen und dem Haufen von Männern, die ihn umgaben. Er umklammerte fest ihren Arm. Was sollte sie tun? Sollte sie um Hilfe schreien? Der Druck seiner fleischigen Finger war erbarmungslos. Dieser körperliche Kontakt überwältigte sie, ekelte sie an, und sie war fast gelähmt vor Furcht.

„Ich bitt' euch um Verzeihung, Fräuleinchen," sagte Berel Fass in seinem sanftesten Ton, „keiner der regulären Jungs hätt' euch das angetan, das is' sicher! Nur der hier, das is'n Neuer, grad' vom Land gekommen; er is' nur'n ungebildetes Stück Dreck, das is' alles, was er is'!"

Deborah hätte ihm gerne hundertmal verziehen, wenn er sie nur losgelassen und ihr erlaubt hätte davonzulaufen. Ihr war die

Tatsache noch nicht bewußt, daß ihr ein Bein gestellt worden war. Sie dachte, daß sie auf dem eisigen Bürgersteig ausgerutscht wäre. Es war eine bitterkalte Nacht, und der Morast war hartgefroren.

„Jungs, ich stell' euch jetzt vor! Dies' Fräuleinchen is' die Tochter vom Rabbi, das is' sie! Und wenn einer von euch Kerlen ihr dick kommt zieh' ich euch die Haut vom Leib un' reiß euch die Bäuche auf! Kapiert? Was ihr mit ander'n Mädchen macht, is' nicht meine Angelegenheit! Ne', meine Herren! Spielt rum mit ihnen, solang' ihr wollt! Macht mit ihnen, was ihr wollt! Ich bin nich' einer von denen, die sich immer einmischen. Aber laßt eure Pfoten von der Tochter vom Rabbi, kapiert? Das is' ein freundlicher Hinweis, genau das, un' wer kein'n freundlichen Hinweis versteht, der kriegt was anderes von mir, und jetzt komm du mal her, du Bauerntrampel!"

Er wandte sich zu einem der Männer, einem dürren, bleichgesichtigen Jugendlichen mit einem mörderischen Glitzern in seinen wässrigen Augen. Es waren lächelnde Augen, grausam und spöttisch. Dieser Neuling in der Bande lehnte sich gegen einen Laternenmast, sehr lässig einen Strohhalm zwischen seinen nikotingefärbten knochigen Fingern drehend, gab aber sonst kein Lebenszeichen von sich. Der Strohhalm schien all seine Aufmerksamkeit zu beanspruchen; er stand auf seinem Platz und bewegte kaum ein Augenlid. Berel Fass musterte ihn scharf. Er beobachtete das spöttische kleine Lächeln und wurde ganz plötzlich so wütend, daß sein Gesicht blau anlief, und seine Augen blutunterlaufen wurden.

„Also, will'ste nich' reden, he! Das is' Dankbarkeit für dich! Nach allem, was ich für ihn getan hab', ihn aus der Gosse geholt hab! Ja, ja, das is' zu übel!"

Berel Fass ließ Deborahs Arm los, und bevor ihr klar wurde, was vor sich ging, klangen zwei enorm kraftvolle Schläge durch die klare, frostige Nacht. „Un' jetzt verdrück dich. Mensch, wenn er einer von meinen regulären Jungs gewesen wär', ich hätt' ihn umgebracht, ehrlich, das hätt' ich gemacht! Ich hätt' ihm 'n Messer in'n Bauch gestoßen! Hab hier keinen Platz für Unruhestifter. Er is' gefeuert! Wer is' hier der Chef, er oder ich?" sagte Berel Fass, sich zu einem einäugigen Kerl wendend, der kurz, aber ungewöhnlich breitschultrig war, und der der zweite Befehlshaber zu sein schien. „Wer is' der Chef hier, he! Wenn der Kerl seine Tricks hier anfangen will, zerquetsch ich ihn wie 'ne Laus, das tu ich dann! Verdammt, ich hab' diese Typen schon genug getroffen, und was haben wir mit denen gemacht? Sag's ihm nur, was wir mit denen gemacht haben!" fuhr Berel Fass fort, und schüttelte im Scherz den einäugigen Mann, dessen Gesicht ständig einen Ausdruck hatte, als ob er wissend zwinkerte. „Wir hab'n sie um die Ecke gebracht, das ham wir. Ha, ha, ha!" fuhr er glucksend fort. „Habt ihr gesehen, wie er gelacht hat, nich'? Jetzt is' es aus mit dem Lachen, aus und vorbei!"

Berel Fass brüllte vor Zufriedenheit. Er hatte plötzlich Gefahr in diesem wortkargen Neuling gespürt. Das Lächeln des Jünglings und vor allem seine ruhige Haltung bewiesen ihm einen starken, rücksichtslosen Charakter, tiefe Gerissenheit und Führungsqualität. Hier war ein möglicher Rivale. Und Berel Fass erfreute sich an dem Wissen, daß er und kein anderer der unumstrittene Chef war, immer noch im Besitz all seiner Kräfte, und er würde dafür sorgen, daß keiner in seine Schuhe schlüpfte zu seinen Lebzeiten.

„Ha, ha, ha!" brüllte er und sein mächtiger Ausbruch von Gelächter folgte Deborah durch die Straßen.

„Meine Güte, wie bleich du bist!" sagte Reisele. Sie bemerkte auch, daß Deborah am ganzen Körper zitterte.

„Bin ich bleich?" Deborah täuschte Überraschung vor.

„Komm her! Ich will dich anschauen."

Reisele fühlte ihr die Stirn.

„Doch, ich glaube, du hast Fieber! Du mußt dich erkältet haben."

„Ich, Fieber? Nein, aber ich bin hingefallen auf dem Nachhauseweg. Es ist sehr glatt draußen.

„Du liebe Zeit. Es ist nicht gut für ein Mädchen, spät in der Nacht herumzulaufen in einer großen Stadt wie Warschau. Was ist los mit dir? Du schaust so verschreckt aus; was ist passiert?"

„Nichts, Mama, du bildest dir was ein."

„Komm her und leg dich hin. Als ob wir nicht genug Ärger haben!"

„Nein, ich mache den Samowar bereit. Es ist wirklich nichts mit mir los."

„Es ist schon gut, wir kommen heute abend auch ohne dich zurecht," sagte Reisele sie zudeckend.

Wirklich, Deborah hatte die Ruhe bitter nötig; sie zitterte am ganzen Körper.

Reb Avram Ber kam auch zu ihr, um die Stirn zu fühlen. Auch er meinte, daß sie ein wenig Temperatur hätte; auch er erklärte, daß sie nicht daran denken solle, aufzustehen, und, unterstützt von Reisele und auch von Michail, versuchte er sich am Samowar.

Also ruhte Deborah wie eine Prinzessin auf der Couch ihrer Mutter und beobachtete sie bequem bei ihren Arbeiten. Trotz der ausgestandenen Furcht mußte sie lachen über die eifrigen Mienen, als sie alle drei mit einem einzigen kleinen Samowar kämpften. Dies waren revolutionäre Zeiten, ganz sicher! Sie hatte den Platz mit ihrer Mutter getauscht, und jetzt brachte Reisele ihr tatsächlich ein Glas mit dampfendem Tee...

Kapitel 11

Bald nachdem Deborah gegangen war, kamen, jeweils allein, einige weitere Genossen – Männer und Frauen, die meisten von ihnen sehr jung, und klopften in derselben vereinbarten Weise an die Tür. Nicht lange, und Bailkes kleines Zimmer war vernebelt vom Rauch, und die Luft wurde unerträglich heiß und stickig. Simons Backen wurden seltsam rot, und er kämpfte dauernd gegen einen erstickenden leisen Husten an. Ihm zuliebe warfen die Versammelten halbe Zigaretten weg, aber das Fenster mußte verschlossen und verhangen bleiben. Das zarte, hartlippige Mädchen notierte das Protokoll des Treffens in Kurzschrift und nahm auch einige Diktate von Simon auf. Bailke verteilte die kleinen Päckchen mit Propagandabroschüren, die Simon im Futter seines Mantels gebracht hatte, und zum hundertsten Male warnte sie jeden Genossen, die größtmögliche Vorsicht walten zu lassen beim Verteilen dieser illegalen Literatur an die Bevölkerung. Nach und nach sagten die Genossen „Gute Nacht!", gingen hinaus in die Lebensgefahr, bis nur Bailke und Simon zusammen mit einem Genossen blieben, der speziell aus der Provinz gekommen war, um bei diesem Treffen dabeizusein.

Karl Marx

Sie hatten Tee, und auch hier war das nicht so einfach gewesen, ihn zu machen. Bailke war beschäftigt, ein Bett auf dem Holzboden zu improvisieren. Am Ende schaffte sie es, zwei Kissen, die Decken und ihre drei Wintermäntel gerecht zu teilen, in Übereinstimmung mit den besten sozialistischen Prinzipien; selbst Bernhard Shaw hätte keine gerechtere Verteilung fordern können...

Sie drehte das Licht aus, entfernte den schweren Stoff von dem Fenster und ließ die frostige Nachtluft durch eine winzige Ritze an der Oberkante hinein. Jetzt, da der Raum dunkel war, schien er größer und luftiger zu sein. Simon legte sich auf den Rücken, die Beine aufgestellt, in Erwartung einer schlaflosen Nacht. Bailke zog ihren Wintermantel zur vollen Länge und tätschelte ihn, wie um ihn zum Wachsen zu überreden; aber am Ende war sie gezwungen, stattdessen sich zusammenzukuscheln. Es war spät und kein Ton war zu hören.

„Wie sie gewachsen ist," Simons Gedanken wandten sich Deborah zu. Sie war nicht länger ein Kind. Er fragte sich, ob ihr je der Gedanke gekommen war, daß es nur ihretwegen gewesen war, als er die Wohnung in R– häufig aufgesucht hatte? Würde sie es jetzt vermuten?...

„Was für ein großartiger Romeo würde ich sein," unterbrach er plötzlich seinen Gedankengang, um sich der Selbstverhöhnung hinzugeben. „Ja, ja, Romeo, es ist nur gut für dich, daß deine Julia nichts von dir wissen will; niemals etwas von dir wissen wollte und niemals etwas von dir wird wissen wollen. Du kannst sicher sein, sie hat mehr Verstand als du."

Aber schließlich war es natürlich für einen armen Narren, sich in genau dem Moment zu verlieben, da der Doktor ihm sagte, daß er – zum Nutzen der Gesundheit – Frauen aus seinem Leben scheiden müßte. Jetzt, ganz sicher, war die ideale Zeit, sich zu verlieben, er erstickte in Arbeit und war am Rande des körperlichen Zusammenbruchs! Ideal! Verdammnis auf die Kerkerknechte! Brennen sollen sie wie nasses Holz! Sie hatten das Leben nahezu aus ihm herausgeprügelt während des letzten Aufenthalts im Gefängnis; und jetzt dachte er tatsächlich an Liebe, Romantik... Er hustete.

Doch so war es – man konnte nicht anders, als sich in sie zu verlieben. Deshalb liebte er sogar ihren Vater. Auf jeden Fall würde sie nie etwas von seinen Gefühlen für sie wissen; wie stark auch seine Leidenschaft sein würde, er würde sich nicht selber betrügen. Aber wenn er sich auch alle Freuden des Lebens versagen mußte, bedeutete das auch, daß er alle Leiden ertragen mußte? Bedeutete das, daß die Furcht, was ihr geschehen konnte, weil sie in der Partei war, von nun an alle seine Gedanken verfolgen mußte? Warum sie nicht aus der Partei stoßen lassen? Ganz plözlich wurde er überwältigt von einem Wutanfall – und einem Hustenanfall. Sein Bettgenosse drehte sich unruhig, als ob er erwachen würde, aber er wandte sich stattdessen ab und schlief friedlich weiter. Nein, nein, er war weniger als gerecht zu sich selbst. Wenn er sicher wäre, daß sie von echtem Nutzen für die Sache wäre, würde er sich zufrieden geben, die Angelegenheit ruhen lassen. Aber Tatsache war, daß sie von keinem Nutzen war. Sie wäre nicht in der Lage, sich strenger Disziplin unterzuordnen. Terrorismus würde sie krank machen. Sie liebte die Menschheit zu kritiklos. Sie war wie Reb Avram Ber – im Unterrock.

Jetzt knarrte Bailkes Bett. Sie bewegte sich hin und her. Und sein eigener Bettgenosse schnarchte rhythmisch vor sich hin, wiederholte sich andauernd. Glücklicher Kerl, dachte Simon, tot für die Welt! Aber gerade da, wie um das zu widerlegen, streckte sein Genosse ein Bein von sich und hielt die Hand hoch mit einer komischen Geste, als ob er darauf warten würde, daß ihm jemand in die Arme fiel. Simon kicherte. Bailke drehte sich in ihrem Bett. Der Schläfer gab dann ein Grunzen der Mißbilligung von sich und schnarchte weiter…

Bailke zog sich an beim ersten bleichen Leuchten der wintrigen Dämmerung. Um sechs Uhr war sie auf den Beinen, tapste umher mit raschen, kurzen, geräuschlosen Schritten wie ein Kätzchen. Es wäre eine Schande, Simon wachzumachen, denn er war gerade erst eingeschlafen. Sie wußte es, denn sie selber war den meisten Teil der Nacht wach gewesen. Sie legte ihr eigenes dünnes Bettzeug über die zwei Männer, sie damit sanft einhüllend wie eine Mutter. Sie konnten ein wenig zusätzliche Wärme gebrauchen, denn die Luft am frühen Morgen war sehr rauh. Leise schloß sie die Türe hinter sich.

Unten, in einem winzigen Laden, verborgen in einer Ecke des Hofes, waren alle Arten von Leckereien zu haben, wie früh es auch war – wenn man nur das Geld aufbringen konnte. Bailke kaufte einen kleinen Laib Brot, einen Hering, einen Krug Milch für Simon und ein viertel Pfund gekörnten Zucker.

„Guten Morgen! Sag mir, wenn du dich anziehen willst. Aber es ist ja noch so früh, weißt du, und wenn ich du wäre, würde ich weiterschlafen. Oder bleibe einfach unter der Decke und wärme dich gut vor dem Anziehen." Sie sprach flüsternd mit dem anderen jungen Mann, um Simon nicht zu wecken. Jetzt schnarchte er, aber nicht sehr laut und keineswegs gleichmäßig – die Schnarcher kamen in Schüben. Bailke stellte fest, daß ihr der Tee ausgegangen war. Als sie wieder zurück war, hatte sich der junge Mann aus der Provinz schon angezogen, und Simon war hellwach.

„Guten Morgen, habt ihr gut geschlafen?"

„Doch, vielen Dank!" sagte Simon und grinste seinen Bettgenossen an. „Eine gute Vorstellung hast du gestern abend gegeben. Du klingst wie ein Sinfonieorchester, wenn du schnarchst, weißt du?"

„Wirklich? Es macht nicht viel Sinn, mich zu fragen."

„Na, ich sag es dir! Es ist so! Und ich erkenne eine gute Sinfonie, wenn ich sie höre."

Simon lachte. „Und jetzt, Genossin Bailke, gönne uns ein wenig Vertraulichkeit."

Sie ging hinaus.

Simon zog rasch Hosen und Pantoffeln an, Bailke kam wieder herein, und er begann beim Bettenmachen zu helfen. Sie lachte, als die beiden Männer heftig stritten, wie es zu machen sei; jeder zeigte seine eigene, die einzig ordentliche Methode: das Resultat ihrer vereinten Anstrengung war, daß die Bettwäsche am Ende wie ein Kamelhöcker aussah.

„Los jetzt, weg mit euch, ihr Schlamper! Paßt mal auf! Seht ihr? Genosse Simon, ich sage dir, du wirst dich erkälten. Du rennst doch halb nackt hier herum."

„Hör auf zu meckern."

„Simon, sei vernünftig, hör auf, in diesem eisigen Wetter herumzuhüpfen."

Mit der Widerspenstigkeit eines Kindes tauchte Simon seine Hände in das eisige Wasser; mit großem Genuß wusch er seinen abgemagerten Hals und die Brust, badete das gelbliche Gesicht in einer handvoll Wasser und streckte seinen schwarzen Haarschopf unter den beschädigten Wasserhahn, verspritzte das Wasser im ganzen Zimmer.

„Ah, herrlich!"

Bailke beschwerte sich.

„Dreh mir nicht den Kopf, Bailke, und sei nicht so dumm! Vorerst lebe ich noch. Ich werde nicht wie ein Traumwandler herumlaufen, nicht erfrischt, weil du mir eine Krankheit einreden willst! Glaubst du, du kannst mich behandeln wie einen Fall für das Totenbett? Hier bin ich, lebendig, und um mich tretend, und glaube mir, ich werde nicht degenerieren zu einem schlampigen, alten Landstreicher."

„Nein, das ist Vor- und Frühgeschichte," erwiderte Bailke lachend, und der junge Mann aus der Provinz, der beschäftigt war, den Tee einzuschütten, applaudierte vergnügt.

Es war Zeit für Bailke, zur Arbeit zu gehen. Sie schüttelte dem jungen Mann aus der Provinz die Hand und wünschte ihm „bon voyage".

„Du bleibst doch natürlich?" sagte sie zu Simon und stand stocksteif, die Augen auf ihn geheftet.

„Vergiß nicht, ich bin pünktlich um acht zuhause." Mit einem eiligen Blick auf die an der Wand hängende Uhr schloß sie die Tür hinter sich und flog die Treppen hinunter.

Simons Genosse kritzelte einige Notizen in sein Tagebuch, und nach einer kurzen Unterhaltung über die Mission, die ihm aufgetragen war, machte er sich auf den langen Rückweg in sein Heimatdorf. Simon war allein. Er kämmte sein Haar. Es wäre eine gute Sache, wenn er Michail überreden könnte, der Partei beizutreten. Der Junge hatte Mumm, während Deborah eine

Zauderin war. Es war möglicherweise genauso einfach, sie zum Zionismus zu beschwatzen, wie es gewesen war, sie zur Sozialistin zu bekehren. Sie gehörte zu der Art von Menschen, die sich an dieses oder jenes klammern mußten – irgendetwas sollte es sein, aber ein Geliebter wäre das Beste von allem! Wirklich, sie hatte die Voraussetzung zur Idealistin – eine Idealistin ohne ein bestimmtes Ideal! Konnte er aber sicher sein? Vielleicht kannte sie ihren eigenen Kopf sehr wohl. Doch, ach, wie mußte sie fähig sein zu lieben! Die Liebe, dafür war sie geboren!

Er beendete seine Toilette. An Essen dachte er nicht. Er begann, einen Haufen Papiere durchzugehen, einige davon knüllte er zusammen. Sie sollten verbrannt werden. Nein, sie durfte nicht in der Partei bleiben. Mädchen wie Deborah waren nicht erwünscht. Deborah und ihresgleichen waren die Märtyrer der Bewegung; sie endeten immer in Folterkammern, ohne von wirklichem Nutzen gewesen zu sein. Er stellte den Kessel zum Kochen auf und brühte sich ein Glas Tee. Er ging im Zimmer auf und ab, drei Schritte in jede Richtung, manchmal nur zwei. Der Tee wurde kalt auf dem Tisch. Seine Kehle war ausgetrocknet. Er setzte sich, trank Tee und begann zu lesen. Aber sie tanzte auf dem Papier. Das Mädchen hatte vollständig Besitz genommen von seinen Sinnen. Sie war jetzt allgegenwärtig. Verdammnis! Diese Papiere waren eine Plage! Schließlich war das Leben nicht nur Arbeit.

„Und wenn du deinen Arm um mich legen und mich küssen würdest? Wäre das nicht herrlich? Sei aufrichtig!"

Simon schreckte auf. Es war fast, als hätte er tatsächlich Deborahs Stimme gehört. Er nippte wieder an seinem Tee.

„Sie würde so etwas nie sagen, weil sie sich einen Dreck um mich schert! Gott, was für ein Narr ich bin!"

Eines wußte er ganz sicher: heute würde er keine Arbeit erledigen können. Ein ganzer Tag war vergeudet, und er konnte nichts dagegen tun. Er hatte eine schlechte Nacht gehabt, vielleicht hatte es damit zu tun. Sein Bettgenosse hatte einen fürchterlichen Lärm gemacht. Jedoch durfte es keine Wiederholung solcher Sachen geben, er mußte sich wieder im Griff haben. „Simon, denk an all die Gefängnisse, in denen du zum Vergnügen Ihrer Majestät gewesen bist, wieviele Hosen hast du in

Gefängniszellen sitzend durchgescheuert, erinnere dich an die Schläge, die Feuchtigkeit und die Finsternis, und vor allem erinnere dich, daß du schwindsüchtig bist; und es wäre schlimmer als ein Scherz, wenn du anfangen würdest, jetzt den großen Liebhaber zu spielen." Auf jeden Fall war es Unfug, dieses Zeug von „sich verlieben". Es war die Art von Quatsch, dem eine Frau sich hingeben würde, wenn sie nicht wüßte, was mit ihrer Zeit anzufangen. Es war Dreck, schlicht und einfach. Daß Deborah ein sehr schönes Mädchen war, war das Grund genug für ihn, den Kopf zu verlieren? Sie und alles an ihr reizte ihn. Nun gut, das nächste Mal, wenn er sie sah, würde er sie genau anschauen, und sich darüber freuen...

Wie spät war es? Halb elf! War das alles, Gott, es war ein langer Morgen! Die Zeit verging im Schneckentempo. Verdammt! Er könnte mal bei Reb Avram Ber hereinschauen und Michail aushorchen. Michail mußte jetzt ein großer Kerl sein. Er war schon immer hoch gewachsen gewesen. Und es wäre ein Spaß, den alten Mann wiederzusehen. Ein fröhlicher alter Knabe, das war er. Es tat dem Herzen gut, mit ihm zu reden. Er strahlte eine so freundliche Menschlichkeit aus, und konnte einem neues Leben geben. Netter Kerl, der alte Reb Avram Ber!

Mit diesem Gedanken zog er sich um und kleidete sich in chassidische Sachen. Er zog die hohen Stiefel an; das trockene Leder knisterte, als er seine dünnen Beine hineinstopfte. Er zog die schwarze Samtkappe auf den Kopf und die Pejes aus dem Haar; dann, in den kleinen Spiegel an der Wand blickend, sah er sich selber zerrissen in dem gesprungenen Glas. Das zerbrochene Spiegelbild grinste ihn an. Schade, daß er keinen Matsch hatte, um ihn auf den Gabardin zu spritzen. Das, ganz sicher, würde ihm den letzten Schliff geben.

Er schloß die Tür hinter sich und machte sich auf zur Suchexpedition, mit Michail als seiner beabsichtigten Beute. Auf der Treppe kam ihm ein chassidischer Jude entgegen, der ihn mit einem lauten und vertrauten „Guten Morgen" grüßte, als ob sie sich seit Lebzeiten kannten. Simon erwiderte den Gruß in gleichem Ton.

Er wanderte ziellos durch die Straßen. Es war feucht und miserables Wetter, und die beißende Kälte stach ihm bis in die

Knochen. Sein Gesicht färbte sich bläulich. Eine Straßenuhr zeigte viertel nach elf. Er könnte jetzt ganz gut hereinschauen. Auch wenn es noch ein wenig früh war, schadete es nichts. Reb Avram Ber würde ihn gleichwohl willkommen heißen.

An diesem speziellen Morgen bereitete sich Reb Avram Ber offensichtlich für einen sehr vollgepackten Tag vor, denn er war tatsächlich schon beim Frühstück – lange vor der normalen Zeit – als Simon hereinkam. Das Wohnzimmer war warm und schattig, die heimelige Atmosphäre schmeckte nach Behaglichkeit und der Ruhe des Winters. Reb Avram Ber war gerade dabei, seinen Kaffee umzurühren. Er hatte einen hoffnungslosen Kampf aufgegeben mit einem Stück Butter auf dem Spiegelei: dieses gefrorene, schlüpfrige Stück Butter weigerte sich zu schmelzen, und selbst Reisele hatte auf es keinen Eindruck gemacht. Sie saß am Tisch, versunken in ein Buch, mit einem Schal über die knochigen Schultern, und das Gesicht war tödlich bleich.

Simon klopfte an die Tür, die angelehnt war.

„Guten Morgen! Guten Morgen!" rief Reb Avram Ber und streckte die Hand aus, lange bevor Simon den Tisch erreicht hatte. „Friede sei mit dir!"

„Friede sei mit euch!"

„Was für ein seltener Gast, wirklich! Joi, joi, joi!" Reb Avram Ber war in Jubelstimmung. Er zog für ihn einen Stuhl heran. „Setz dich, Simon!"

„Dank' euch!"

„Gut, gut, gut! Und wo hast du dich die ganze Zeit versteckt? Du lebst bei deinen Eltern? Wann bist du nach Warschau gekommen? Du bist mit dem Zug gestern abend gekommen? Gottes Segen auf meine Seele, ein seltener Gast! Es ist eine Ewigkeit, seit ich dich zum letzten Mal gesehen habe. Zwei Jahre, glaubst du? Nein, nein, solange ist es nicht her. Jetzt erzähle mir, wie geht es dir?"

„So, so."

„Und was ist mit deiner Gesundheit?" sagte Reb Avram Ber mißtrauisch auf den Besucher schauend.

„Nichts, um sich zu sorgen. Ich bin vollkommen in Ordnung."

„Du willst mir doch nicht sagen, daß du ihn nicht erkennst," sagte Reb Avram Ber, sich an Reisele wendend. „Er ist Simon, du weißt, er war in der Jeschive von R– der beste Student, den ich je hatte."

Reb Avram Bers Student lächelte.

„Aber natürlich. Ich konnte euch erst nicht unterbringen. Wie geht es?"

„Sehr gut, der Herr sei gepriesen. Und wie geht es euch?"

„Schlecht, wie immer."

„Natürlich frühstückst du mit uns, oder? Ich nehme an, du hast das Morgengebet schon gesprochen, bevor du gekommen bist?" fragte Reb Avram Ber.

„Aber natürlich."

„Das ist gut. jetzt sage deinen Segen und rücke den Stuhl näher an den Tisch."

„Danke, ich habe schon gefrühstückt und kann nichts mehr essen."

„Sagst du die Wahrheit?"

„Ganz sicher!"

„Nun gut, dann trink Kaffee mit uns. Kaffee trinkt man immer. Meine Güte, meine Güte, was für eine schöne Überraschung," murmelte Reb Avram Ber wieder und wieder; er konnte sich nicht beruhigen. „Hast du deine Studien die ganze Zeit fortgeführt? Ich weiß doch, wie sehr du den Talmud liebst."

Als Antwort zog Simon den Wintermantel aus und – anstatt ihn wegzubringen – warf er ihn über die Lehne seines Stuhls. Die plötzliche Luftveränderung, die Wärme hier drinnen nach der bitteren Kälte draußen, hatten ihm die Luft genommen, er erstickte fast. Aber er bedauerte nichts. „Das genaue Abbild seiner Tochter," sagte er sich immer wieder, als er Reb Avram Bers gutmütiges Gesicht betrachtete, das eine so tiefe Freude über den unvorhergesehenen Besuch ausdrückte.

Reisele ging in die Küche, ihr Schal rutschte immer wieder von den gebeugten Schultern. Sie brachte ihm selber die Tasse Kaffee. „Wie geht es eurem Vater?"

„Es geht. Man schlägt sich durch."

Reb Avram Ber stöhnte: „Also ein bißchen Geld hat er nicht! So eine Schande! Aber er ist doch zumindest gesund?"

„Kaum."

„Oi, oi, oi!" seufzte Reb Avram Ber mit tiefempfundener Trauer. „Leben ist ein langer Kampf für deine Juden!" rief er aus, sich an Gott im Himmel wendend. Es war aber keine Spur Vorwurf in seinen Worten, hauptsächlich brachte er eine Tatsache dem Allmächtigen zur Kenntnis. Aber, daß es Reb Avram Ber schmerzte, daran konnte kein Zweifel sein.

„Hat sich etwas bei dir verändert, seit ich dich zuletzt gesehen habe? Ich wäre nicht überrascht, wenn du verlobt oder gar verheiratet wärst?"

„Nein, nein," antwortete Simon und sein Gesicht wurde rot. „Verdammt noch mal," dachte er. „Der alte Junge gibt mir einen Wink. Ich wollte nur, ich könnte das aufgreifen! Wenn ich jetzt so daran denke, hat er mich immer als einen passenden Ehemann für seine Tochter gesehen. Aber was nutzt es, es geht doch nicht!"

Er lächelte bitter.

„Was soll das zum Teufel! Hier werde ich rot wie eine Jungfrau! Was ist über mich gekommen? Ich bin verkommen zu einem ordinären Weichling. Vor kurzem hatte ich mich ganz fest entschieden, dieses Zeug mit „sich verlieben" als Unsinn zu betrachten, und jetzt fange ich wieder an, mich zum Narren zu machen. Aber um zu erröten, ist das der beste Ort..."

Der Schammes platzte ins das Zimmer und schrie sehr aufgeregt: „Er sagt, er wird nicht bei der Schlichtungsverhandlung dabeisein! Er sagt, er will gar nichts damit zu tun haben, und er wird seine Zeit nicht vergeuden und hierher kommen."

„Du hättest ihm erklären sollen, daß es für ihn, als einen Juden, Anstand und Pflicht ist, zur Schlichtung zum Rabbi zu kommen, wenn er gerufen wird."

„Ja, und als ich das sagte, gab er mir einen Schubs und machte mir die Tür vor der Nase zu, der Flegel! Der Grobian!" fauchte der Schammes. Reb Avram Ber brummte und ächzte.

„Macht nichts, er wird es sich noch überlegen."

„Wie geht es der Kleinen?" hatte Simon eine Frage im Kopf, auch wenn sie nicht zu seinen Entschlüssen paßte.

„Wie geht es eurer Tochter?" fragte der Schammes, als er Reisele half, die Frühstückssachen vom Tisch zu räumen. „Ich hörte, es ginge ihr schlecht letzte Nacht."

Simons Herz schlug schneller. Er beging fast den Fehler, Reb Avram Ber zu fragen, was sie hatte, und das hätte nicht gepaßt zu einem frommen, jungen Mann.

„Es ist gar nichts. Sie hatte gestern abend eine Freundin besucht, und auf dem Weg nach Hause rutschte sie aus und fiel hin; und da dachten wir, sie hat wahrscheinlich Fieber, und beschlossen, sie tagsüber im Bett zu behalten; aber es ist nichts Ernstes."

„Michail bat mich, so schnell wie möglich zu kommen, weil Deborah krank ist, und als ich das hörte, war ich ganz erschrokken," sagte der Schammes.

„Das ist gut, das ist gut!" nickte Reb Avram Ber zustimmend, nicht wegen der Besorgnis des Schammes, sondern wegen Michails Initiative. Simon war wütend auf sich selber.

„Weißt du nicht, daß du bald verrecken wirst?" verhöhnte er sein anderes Selbst, das revoltierend aufgestanden war. „Bald bist du in deinem Grab, und wie stark du auch protestierst, wirst du nie fähig sein, deine Wünsche zu befriedigen. Du bist ein jämmerlicher Träumer! Ich sage dir nochmals, daß all dein Verlangen Unsinn ist, reiner Wahnsinn! Verrückt! Wir werden noch sehen, wer sich besser auf die Menschen versteht, das Herz oder der Verstand. Und ich werde ein bißchen klaren Menschenverstand in dich hineinschlagen..."

Reb Avram Ber gönnte sich ein Schwätzchen mit Simon, ging dann gierig zu einem talmudischen Vortrag über. Simon empfand wenig Geschmack an der Aussicht, in eine Diskussion hineingezogen zu werden. Diese theologischen Haarspaltereien waren doch so weit entfernt vom Leben, und er hatte sie schon vor langem hinter sich gelassen. Seine Bindungen an die Vergangenheit waren zerrissen. Die letzte Zeit im Gefängnis war sein Ruin gewesen. Auch wenn seine Brust ihm vorher schon Sorgen gemacht hatte, hatten seine Lungen immer noch funktioniert. In jenen alten Tagen hatte er es geschafft, das Leben eines Schein-Gläubigen zu führen. Er war sein eigener Herr und konnte mit Leichtigkeit alle absurden, kleinen Ideen oder Versuchungen abtun, die ihm wohl oder übel in den Kopf gekrochen kamen. Er hatte gewußt, wie zu hassen, als ein vollwertiger Mann und wie jeden Nerv anzuspannen gegen die Parasiten der Gesellschaft. Als seine Pflichten ihn nach R– brachten, wo er die Verbindungen hielt zu nichtjüdischen Genossen, die zu ihm kamen in chassidischer Kluft, um Berichte abzuliefern, die in die seidenen Gabardine eingenäht waren, und um Informationen und Anweisungen mitzunehmen, in dem Futter ihrer Fellmützen; da war die Zeit ihm lang geworden, so daß er in der Lage war, sich ernsthaft auf den Talmud zu konzentrieren; er fand es auch nicht eine uninteressante Art, die Zeit zu vertreiben. Natürlich hatte er zu dieser Zeit noch ein paar Lungen zum Atmen – ach, wenn er nur einen tiefen, schmerzlosen Atemzug jetzt machen könnte, nur einmal! – und er war fähig gewesen, ohne Anstrengung ein Doppelleben zu führen. Jetzt war alles anders, und diese talmudische Diskussion enthüllte rasch, wie schwerfällig sein Gehirn seit damals geworden war. Es klang alles ziemlich verrückt und wunderbar, und er wurde ganz durcheinander. Stückchen für Stückchen aber kamen die Teile der Erinnerung in seinen Kopf zurück, und gegen Ende hatte seine Argumentation Geschmeidigkeit, Macht und Geschlossenheit gewonnen.

Reb Avram Ber mußte die Verwandlung bemerken. Er führte die Diskussion auf ein höheres Niveau und die zwei Männer verwickelten sich mehr und mehr in ihrer Kompliziertheit. Allmählich bekam Simon ein noch besseres Gespür für den Geist der Dinge. Die straffe Haut über seinen Backenknochen flammte in einer ungesunden Röte auf, wie blutbefleckt. Seine großen schwarzen Augen blitzten unter seinen überhängenden Augenbrauen. Er löste sich schließlich völlig von der unmittelbaren Wirklichkeit und gestikulierte wild, während er sprach, und seine Finger umklammerten heftig die Tischkanten, wenn er Reb Avram Bers Erwiderungen zuhörte. Reb Avram Ber schlug zurück mit allem, was er hatte. Er griff nach seinem Bart – dem bewährten Kampfgenossen – und die beiden – Reb Avram Ber und sein Bart – fochten tapfer, um Simons Ausführungen zunichte zumachen. Aber sie fanden eine schwere Aufgabe vor. Offensichtlich war Simon entschlossen, nicht aufzugeben, niemals würde er eine Niederlage ertragen. Dann endete das Streitgespräch wie alle Streitgespräche endeten, mit einem Sieg für Reb Avram Ber. Vollkommen von Schweiß bedeckt lehnte sich Simon zurück in seinem Stuhl und lächelte das vertraute ironische Lächeln eines Besiegten. Reb Avram Ber setzte sich wieder und auch er lächelte – das vergnügte Lächeln des Siegers.

„Ich habe den Eindruck, daß du nicht so fleißig studierst, wie du es getan hast, als wir zusammen waren," sagte Reb Avram Ber mit einem Hauch von Vorwurf in seiner Stimme; aber dies klang so väterlich, daß Simon für einen Moment vergaß, daß er nur eine Rolle spielte, und er begann, sich in aller Ernsthaftigkeit zu entschuldigen. „Es macht aber nichts, es ist nie zu spät, um es zu richten," fügte Reb Avram Ber eilig hinzu. Dies sollte eine vorsichtige Mahnung an Simon sein, seine Studien in Zukunft nicht zu vernachlässigen. Eine Frau klopfte an die Tür; sie hatte ein geschlachtetes Huhn unter dem Arm und wollte, daß Reb Avram Ber es untersuchte, ob es koscher wäre oder nicht. Und ihr auf den Fersen folgte der Mann, der sich so flegelhaft geweigert hatte, der Schlichtungsverhandlung beizuwohnen, und der jetzt seine Meinung geändert hatte. Simon zog den Wintermantel an und knöpfte ihn zu.

„Nun, auf Wiedersehen, Simon, und vergiß nicht, heute abend wiederzukommen. Ich würde gerne nochmals mit dir plaudern," sagte Reb Avram Ber, als er ihn zur Tür brachte und wandte sich dann den beiden Neuangekommenen zu, die ungeduldig auf ihn warteten. Simon sagte Reisele auf Wiedersehen durch die halboffene Tür ihres Zimmers, und erst, als er unten an der Treppe angekommen war, bemerkte er, daß er vergessen hatte, nach Michail zu fragen, was ja der Grund seines Besuches gewesen war. Er überlegte. Sollte er wieder zurückgehen? Das wäre nicht richtig. Er würde später nochmals kommen müssen, am Abend. Dabei würde er mit ihm über die Sache reden; dann empfand er plötzlich eine Woge des Mitleids – Mitleid mit Michail. Reb Avram Bers Heim, das süßeste Heim, und alles was darinnen war, war teurer als alles andere in der Welt. Schließlich, großer Schaden würde nicht angerichtet, wenn man Michail fallen ließ. Die Welt war voller Menschen, und ein Michail mehr oder weniger in den Reihen der Partei würde soviel Unterschied nicht machen!

Er richtete seine Schritte nach Hause, zu dem kleinen Heim, daß er für eine Weile mit Bailke teilte. Als er dort ankam, fand er es bitterkalt. Ohne sich um das Umkleiden zu kümmern, immer noch im Wintermantel, setzte er sich auf Bailkes Bett. Eine große Anzahl von Gedanken, alle ziemlich verschwommen und unzusammenhängend, gingen flatternd durch seinen Kopf; einige von ihnen verschwanden nicht, und sie alle verstrickten sich ineinander. Es waren hauptsächlich Erinnerungen an R–. Es war gut gewesen, am Leben zu sein. Er war damals ein richtiger Mann mit Idealen, stark und gesund. Obwohl er schon zweimal als „verdächtiges Subjekt" im Gefängnis gesessen hatte, war er davongekommen mit nicht mehr als einem leichten Husten und gelegentlichem Stechen, das er ignorierte. Was kümmerte ihn ein kleiner Schmerz, da er alle Luft zwischen Himmel und Erde zum Atmen hatte. Aber jetzt, jetzt war die Luft ihm verweigert, alles hatte sich geändert. Es wäre sinnlos, wenn er versuchte, sich selbst zu betrügen. Es war Tatsache, daß seine brennende Begeisterung verschwunden war, und er machte die Parteiarbeiten jetzt nur, weil sein Denken, sein einfacher Menschenverstand ihn dazu veranlaßte. Er verstand die Sache, aber er fühlte sie nicht. Da fehlte der Mut und die Sicherheit. Fehlte nicht auch die Überzeugung von dem letztendlichen Erfolg, jetzt, da er den Kampf in all seiner Wirklichkeit sah? Arbeiten konnte man nur, wenn man wirklich begeistert war, aber der Schritt war schwach, der Dreck stand bis zum Hals und das Pferd war müde – ach so müde!

Er bemerkte, daß er hungrig war. Er ging wieder hinunter auf die Straße und wählte ein Restaurant aus, das ganz sauber erschien, ohne den Anspruch der Eleganz zu haben. Er ging hinein und wollte ein Mittagessen bestellen. Der Inhaber des Restaurants, der genau wie Simon zwei Rollen im Leben spielte (er war Inhaber und er war Kellner), kam zu ihm. Er war kurz und rundlich, auf seinem dicken Bauch trug er eine Schürze von zweifelhaftem Weiß, und er trug ein großes Lächeln in seinem

Doppelkinngesicht von zweifelhaftem Rosa. Er betete die Speisekarte auswendig herunter in einem Atemzug. Simon bestellte einen Teller Suppe, eine Portion Rinderbraten und ein Glas Tee mit Zitrone.

Der fette Mann nahm die Bestellung auf und verschwand, ließ Simon in der Überzeugung zurück, daß das Essen gleich serviert würde. Aber zehn Minuten lang geschah nichts. Simon nahm, um die Zeit zu vertreiben, eine Zeitung von einem nahen Stuhl. Allmählich dämmerte ihm, daß die Nachrichten, die er las, allzu bekannt waren, also schaute er nach dem Datum. Er lachte. Die Zeitung war von historischem Interesse... gut über einen Monat alt. Nun, der Uhr über dem Tresen nach wartete er schon ungefähr eine viertel Stunde. Es blieb nichts übrig, als weiter zu warten. Dann, nach einigen Minuten stand er auf und ging, um den verlorenen fetten Mann zu suchen. Er versuchte es an allen Türen der hinteren Wand und starrte in dunkle Flure. Dann öffnete er eine kleine Tür und beeilte sich, sie wieder zu schließen. Nirgendwo war ein Zeichen von dem Mann. Außer einem Kätzchen, das mit einem Papierball herumtollte, und einem sprachlosen Kleinkind mit entzündeter Nase, das seine winzigen Hände an dem gußeisernen Ofen wärmte, der mitten im Restaurant stand, war nichts Lebendes zu sehen. Die dürftige Auswahl an Kuchen und Gebäck, die auf dem Tresen stand, war so wenig einladend, daß nicht zu befürchten war, sie würde gestohlen (und dessen war sich der fette Mann offensichtlich bewußt).

Simon verlor die Geduld, und gerade als er dabei war hinauszugehen, trabte der fette Mann herein mit einem Teller voll Kartoffeln und Erbsen, die er mit dem Anzeichen größter Eile abstellte; und bevor Simon klar wurde, daß dies nicht das Essen war, das er bestellt hatte, war das Restaurant wieder leer. Simon hatte im Sinn zu protestieren, daß dies nicht war, was er gewollt hatte; aber da gab es niemanden, bei dem er einen Protest loswerden konnte. Selbst das Kind war verschwunden, und was das Kätzchen betraf, schien es ganz unbeteiligt. Da er in der Angelegenheit keine Wahl hatte, nahm er die Kartoffeln und Erbsen in Angriff und saß dann wieder wartend, aber dieses Mal erschien der fette Mann nach einer Pause von nur fünf Minuten. Da er heute keinen Rinderbraten hatte, brachte er gute gebratene Leber. Simon fürchtete, er würde Magenschmerzen bekommen; aber Gastwirte werden geboren und nicht gemacht, und der fette Mann wer ein Meister der Überredungskunst, auf daß Leute Gerichte nicht der eigenen, sondern nach seiner Wahl aßen. Tee mit Zitrone war etwas anderes, der fette Mann war darauf vorbereitet, ihn jederzeit zu servieren, und deshalb stellte er ihn auf den Tisch, kaum daß Simon mit der Leber angefangen hatte, so daß, als er ihn trinken wollte, der Tee eiskalt war; aber das war sein eigener Fehler.

„Schaut ihn euch an, läßt sich den ganzen Tag Zeit, sein Essen zu essen!" brummelte der fette Mann vor sich hin, als er Simon beobachtete, der versuchte, die harte, gummiartige Leber zu schneiden. „Was für ein Trottel! Ich dachte, er würde in einer Minute fertig werden, und wollte nicht, daß er auf den Tee warten muß."

Simon zahlte für das Essen und ging aus dem warmen Restaurant in die schlecht erleuchteten Straßen. Es war fast dunkel geworden. Die Streifen eines grünlich schwachen Lichts, das auf das Trottoir fiel von den breiten Scheiben der Getränkebuden, die jetzt im Winter für den Verkauf von Galoschen vermietet worden waren, unterstrichen noch die allgemeine Düsternis. Was nun? Bis acht war es noch lange. Er begann, die Kälte schmerzlich zu fühlen. Als er so entlangspazierte, schienen die verstreuten, schwach erleuchteten Läden und die zusammengekauerten alten Weiber mit von Frost tränenden Augen, die entweder heiße Baigerlach verkauften, oder ihre Hände nach Almosen ausstreckten, dem schneidenden Wind eine zusätzliche Schärfe zu verleihen.

Er ging wieder in die Wohnung und zog sich um. Er fühlte sich wieder wie er selber, wenn auch weniger feierlich. Leb wohl, Talmudstudent! Ja, es war Zeit, sich wieder anständiger, ernsthafter Arbeit zuzuwenden. Aber wie sollte er die Kälte fernhalten? Er wickelte sich in die Decke aus dem Bett, und um die Dinge angenehmer zu machen, drehte er den Docht der Paraffinlampe hoch. Aber sie gab unerträglichen Rauch von sich, und er mußte ihn wieder herunterdrehen. Erst jetzt bemerkte er, daß er vergessen hatte, den Haufen zerknülltes Papier zu verbrennen, den er auf dem Tisch beiseitegelegt hatte. Das war schlecht. „Nur noch einen Moment, dann wird es schön warm," sagte er zu sich. Er tat die Papiere in den kleinen Eisenofen, fand einige frische Holzstücke und schaffte es, ein Feuer entstehen zu lassen. Jetzt wäre er fähig zu arbeiten. Aber nein, sein Kopf funktionierte nicht. Er hatte Kopfschmerzen zum Platzen. Und die gebratene Leber, die er gegessen hatte, machte ihm schon Probleme. Er konnte schon fühlen, wie sie im Magen drückte. Er hätte sie nicht anrühren sollen! Verdammt, dieser Krämer! Zum Besten des Profits geben sie dir ein Essen aus gekochten Kieselsteinen und zwingen es dir in den Mund. „Diese Sorte, diese Klasse muß unbarmherzig ausgelöscht werden!" sagte er laut. Inzwischen war das Feuer zu einem fröhlichen Brand gewachsen. „Aber selbst Krämer müssen von etwas leben," sagte eine Stimme in ihm.

„Nun, dann müssen sie sich produktive Arbeit suchen."

„Es gibt aber nicht genug Arbeit für alle," protestierte die Stimme.

„Ach, gibt es nicht? Dann muß es sie geben! Und ein Mittel muß gefunden werden. In einer anständig geordneten Gesellschaft werden alle natürlichen Reserven voll ausgebeutet werden. Es wird Arbeit geben und Wohlstand und Musse für alle. Polen, zum Beispiel, ist ein fruchtbares und reiches Land, und wissenschaftlich verwaltet, könnte es sich leicht selbst ernähren. Dasselbe gilt für andere Länder. Wenn wir nur das System ändern könnten... Zum Teufel!... Wenn ich nur die Leber nicht gegessen hätte..."

Bailke klopfte und er ließ sie herein.

„Guten Abend, Genossin!"

„Guten Abend, Genosse!"

„Und, wie bist du weitergekommen?" fragte Bailke, Hut und Mantel ausziehend. Simon gab keine Antwort.

„Hast du den Fisch gefangen?"

„Schau her, Bailke, ich habe beschlossen, diese gesegnete Familie in Ruhe zu lassen. Ich möchte sie nicht in diese Sache hineinziehen. Ich habe meine Gründe, sehr gute Gründe. Bevor ich andere bekehre, werde ich mein eigenes Leben erneuern und mich wieder an die Arbeit machen mit meiner alten, vorwärtsstrebenden Kraft. Erinnerst du dich an die vergangenen Tage;

es wäre eine gute Sache, wenn wir eine wirklich landesweite Propagandaaktion in Gang setzen könnten – auf einer neuen Linie."

„Was meinst du mit 'neue Linie'?" forschte Bailke, während sie das Hackfleisch, das sie mitgebracht hatte, in der Pfanne umrührte. Sehr bald füllte ein angenehmer Duft von gebratenen Zwiebeln, Behaglichkeit und gesundem Hunger das winzige Zimmer. „Du hast also außerhalb gegessen, und es war gebratene Leber? Und sie war hart, nicht wahr? Wirst du Tee mit mir trinken? Gut, ich schütte dir ein Glas ein. Du weißt, du hättest die Leber nicht essen sollen. Du bist wie ein kleines Kind!" „Natürlich trinke ich Tee," erwiderte Simon geistesabwesend. „Hast du noch viel Arbeit?" fragte Bailke und kaute mit Genuß auf dem Fleisch. Ihre Wangen waren erhitzt und glänzten, und ihre Augen weideten sich an Simon, wie um ihre einfache Kost zu würzen. „Schau, wenn wir eine neue Taktik annehmen, wenn wir unsere Strategie vollständig ändern..."

„Was meinst du mir ‚neuer Taktik'?" wollte Bailke wissen.

„Was ich meine? Angenommen, wir schaffen Terror als Mittel des Klassenkampfes ab..."

Für einen Moment hörte Bailke auf zu kauen.

„Ja, die alte Parole fallenlassen, daß das Ziel die Mittel rechtfertigt. Diese Doktrin der Jesuiten taugt nichts, sie ist alt und überholt und so gut wie am Ende. Ja, lange Praxis hat bewiesen, daß sie ein Fehler ist."

„Und was ist die neue Taktik?"

„Wir müssen einen neuen Anfang machen. Ein langsamer Prozeß vielleicht, aber ein sicherer. Ich gebe dir ein primitives Beispiel. Nimm einen durchschnittlichen Menschen. Erkläre ihm auf freundliche Art die Ungerechtigkeit, Verwirrung und Absurdität der gegenwärtigen politischen Lage. Wenn er dich nicht gleich versteht, verliere nicht die Geduld, sei tolerant und führe die gute Arbeit fort, überzeuge ihn mit harten Tatsachen und logischen Theorien. Und wenn du das gemacht hast, bleibe weiter freundlich zu ihm; laß ihn fühlen, daß du sein Genosse bist, auch wenn deine Ansichten sich von den seinen unterscheiden. Er wird auf deine Seite hinüberwechseln, viel eher, als du es dir vorstellen kannst."

„Ja, und in der Zwischenzeit werden die unterdrückten Massen hilflos in Ketten stöhnen und verhungern, während die feine Gesellschaft sich amüsiert und schlemmt, vollkommene Sicherheit genießt."

„Natürlich, Bailke, habe ich diese Art von Antwort erwartet. Aber du kannst nicht so einen großen Plan ausdenken innerhalb von ein paar Sekunden, und er ist schon vollkommen. Es war auch nicht mehr als ein vorüberfliegender Gedanke. Worauf ich hinauswollte, war das: wenn wir weitgestreute Sympathien für unsere Sache durch friedliche Mittel erreichen können, wenn wir als ein unwiderstehlicher Magnet handeln könnten, und alle die gesunden Elemente der Gesellschaft anziehen, dann würde die gegenwärtige gesellschaftliche Ordnung in Ruinen zerfallen, und wir könnten in vergleichsweise kurzer Zeit an ihrer Stelle etwas Wertvolles aufbauen."

„Wer wird deinen neuen Plan unterstützen? Wer soll ihn ausführen?"

„Bailke, deine Naivität überrascht mich. Du bist vollkommen kindisch. Ich habe nur laut gedacht, also stelle keine inquisitorischen Fragen."

„Schon gut, aber wenn du Toleranz predigen willst, mußt du selber ein wenig toleranter sein und mir das Recht geben zu fragen," sagte Bailke mit einem fröhlichen Lachen.

„Gut gesagt!" Simon war zufrieden mit Bailke.

„Weißt du, manchmal kommt dir ein einziger Gedanke in den Kopf, und wie dumm er auch ist, du kannst ihn nicht verjagen, er setzt dir zu und plagt dich."

„Ich glaube, du fühlst dich heute nicht wohl."

„Ja, mir ist wirklich ziemlich komisch, Ich glaube, die Leber spielt mir Streiche."

„Sag einmal, hast du vor, für einige Zeit in Warschau zu bleiben?"

„Ja, ich denke."

„Gut, dann weiß ich, wo du ein nettes, kleines Zimmer bekommen kannst, und die Miete ist auch ganz in Ordnung. Da ich so gut auf dich aufpasse, darf ich dir einige gesunde Ratschläge geben?"

„Gib dir keine Mühe! Ich weiß genau, was du sagen wirst: enthalte dich des Waschens im kalten Wasser, enthalte dich Leber zu essen, enthalte dich zu rauchen, enthalte dich von allem! In Wirklichkeit: bewege dich nicht ohne Bailkes Erlaubnis!"

„Gut, mach nur deine Witze, aber ich werde soviel sagen: du hast kein Recht, das bißchen Kraft, das du noch hast, leichtsinnig zu vergeuden. Es ist kein Privatbesitz. Deine Stärke ist unsere Stärke. Wir können es uns nicht leisten, dich zu verlieren. So ist es. Du mußt auf deine Gesundheit achten, nicht um deinetwegen, sondern unseretwegen. Es ist sehr schade, weißt du, daß meine Mutter nicht in Warschau wohnt. Sie hätte gut auf dich aufgepaßt, sie hätte dich umhegt, und in kurzer Zeit wärst du der Alte gewesen, und hättest doppelt soviel arbeiten können. Sie hätte ihr Vergnügen daran gehabt, einem gottesfürchtigen, jungen Mann aufzuwarten, einen Talmudstudenten zu bedienen. Sie hätte ein Gefühl gehabt, als würde sie sich dabei einen Platz im Himmel reservieren. Du wärst ein Sohn für sie und hättest den Platz der bösen Tochter eingenommen, die von zuhause weggelaufen ist, um eine Kleidermacherin zu werden, eine gewöhnliche Näherin. Ich Arme, ich bin das schwarze Schaf in der Familie, und mache ihr Schande im ganzen Dorf."

„Du vergißt, Bailke, daß ich den Talmudstudenten nicht länger spielen werde. Da kann es Ausnahmefälle geben, wenn es nötig sein wird, aber normalerweise werde ich mein eigenes, normales Ich sein."

„Gut, wenn es so ist, dann ist eine Flut von Flüchen alles, was du von ihr erwarten kannst, weil du so ein trauriger Sünder bist wie ich selber," sagte Bailke und sie lachte, bis ihr Busen ein einziges Beben war, so daß Simon, der sie aufmerksam über den Tisch hinweg ansah, zum ersten Mal die Frau in ihr sah, und fand, daß sie eine Schönheit war.

„Willst du noch Tee?"

„Nein, danke!"

Sie führten die Unterhaltung noch eine Zeit fort. Dann machte Bailke die Betten. Da sie in der letzten Nacht beide so wenig Schlaf gehabt hatten, wollten sie früh ins Bett gehen. Sie machte das Licht aus. Aber auch in dieser Nacht konnte sie nicht schlafen. Simon schlief fast sofort ein, sie merkte das an seinem Atem. Bailke kämpfte gegen ihr leidenschaftliches Verlangen. Es war ihr heiß, und sie drehte sich unbehaglich im Bett herum. Wie schmerzhaft war es, überschwenglich zu lieben und keine Erwiderung zu erhalten, auf unfruchtbarem Boden zu arbeiten. Sie lag lange Zeit wach. Es war nach drei am Morgen, als sie ihr Bett verließ. In ihrem langen Nachthemd erschien sie groß und schlank. Sie setzte sich auf den Rand seines provisorischen Bettes. Sie starrte auf sein blasses Gesicht, das merkwürdig weiß in der Dunkelheit ausschaute – es war mehr wie ein Gespenst als ein menschliches Gesicht. Bailke starrte ihn lange Zeit an. Sie wurde zerrissen von der Ekstase der Liebe; und ein warmes, mütterliches Gefühl des Mitleidens umfaßte sie, wie es eine Mutter bewegen würde, die über ihr krankes, erstgeborenes Kind wacht, an der Schwelle zum Tod. Sie strich seine Haare weg, streichelte sie zärtlich und setzte einen leichten Kuß auf seine Stirn. Simon schreckte auf. „Bailke, bist du es? Was ist passiert? Warum schläfst du nicht?"

Bailke begann zu weinen wie ein hilfloses Kind.

„Ist irgendetwas los? Fühlst du dich nicht wohl?"

„Simon, versuche nicht, dir etwas vorzumachen. Du mußt es wissen! Nicht, daß ich etwas gegen dich habe. Aber höre auf, mir wehzutun und meine ... Qual zu ignorieren!"

„Aber Bailke, sei nicht kindisch!" Er nahm sie in seine Arme und strich ihr behutsam über die Haare. „Bailke, du weißt ganz gut, ich bin ein ... kranker Mann. Du und ich, wir arbeiten Schulter an Schulter für dieselbe Sache. Du weißt auch sehr gut, daß ich sehr viel von dir halte – es stimmt, ich interessiere mich für dich, sehr sogar. Es ist schön, dich als Genossin zu haben ... Eine der besten. Du hast soviel klaren Verstand und eine gerade Haltung Leuten und Problemen gegenüber. Schon für diese Qualitäten habe ich dich lieb. Schau, du wirst dich erkälten. Geh zurück ins Bett, Bailke!"

Er nahm sie fest in seine Arme, deckte sie zu mit dem Federbett, das sie ihm für die Nacht gegeben hatte, während ihr nur die Überdecke geblieben war. Sie zitterte vom Kopf bis zu den

Füßen vor Kälte, vor Zärtlichkeit, die sie so lange aufgestaut hatte hinter dem klaren Verstand, vor Leidenschaft und Gefühlen, die nicht einmal vor dem strengsten und klarsten Verstand zurückweichen würden.

Sie beide vergaßen für eine Weile, daß er geschlagen war mit einer ansteckenden Krankheit, wollten vergessen.

Bailke wachte sehr früh auf. Sie dachte daran, ein paar Worte zu hinterlassen, sie habe ihn nicht wecken wollen. Aber es war nicht Bailkes Natur, den Feigling zu spielen. Sie ging nicht vor der üblichen Zeit zur Arbeit. Sie bereitete das Frühstück vor. Sie tranken zusammen Kaffee und sprachen über das möblierte Zimmer, das er finden mußte. Sie beide benahmen sich wie bisher, ohne eine Spur von Befangenheit, als ob nichts zwischen ihnen geschehen sei.

Simon ließ sich in Warschau nieder. Er setzte seine normale Arbeit für die Partei fort. Durch Stunden, die er gab, und einem kleinen Gehalt von der Partei hatte er genug, um ganz anständig zu leben. Deborah liebte ihn von Tag zu Tag mehr. Aber Simon spielte überhaupt nicht die Rolle des Liebhabers.

Seine Haltung ihr gegenüber war eher geistesabwesend, wie bei einem Erwachsenen, der versucht, freundlich zu einem gut erzogenen, aber nicht sehr klugen Kind zu sein. Schließlich, tief erschreckt bei jedem neuen Zusammentreffen mit ihr, beschloß er, sie von der Tagesarbeit der Partei so weit wie möglich auszuschließen. Am Ende, so hoffte er, würde sie die Begeisterung verlieren und ganz wegbleiben. Er behauptete sich selbst gegenüber:

„Sie kann nie die Deine sein, das ist sicher. Du hast eine Aufgabe, und deine Arbeit ist wichtiger als ihre, das ist doch klar. Deshalb mußt du sehen, wie du sie loswirst."

In den ersten Tagen redete Deborah sich ein, daß es gute Gründe gäbe, sie von den vertraulichen Versammlungen auszuschließen: sie hatte nicht ausreichende Erfahrung gehabt. Dann schien ihr, daß sie möglicherweise unter Verdacht war, weil ihr Vater ein Rabbi war und alle ihre Vorfahren Geistliche. Simon aber, der aus gleicher Familie kam, war ein Mann von großen Fähigkeiten. Seine Talente waren unverzichtbar, und die

Partei wäre soviel ärmer ohne ihn. Aber wer würde sich Sorgen machen und ihretwegen ein Risiko eingehen?

Es kam ihr nicht in den Kopf, daß dies alles Simons Tun war. Es betrübte sie und schmerzte, von ihm ignoriert zu werden, sich selber verschmäht zu sehen von einem großen Mann, der keine Geduld hatte für geringere Leute. Gelegentlich stellte sie sich sogar vor, daß er diese Haltung ihr gegenüber einnahm, um sie zu kränken. Wenn das so wäre, das ginge noch, wäre besser, als die bittere Wahrheit, daß er ihre Gegenwart kaum wahrnahm. Es war fürchterlich, sich das eingestehen zu müssen, aber es war offensichtlich. Natürlich hatten sie keine gemeinsame Basis. Aber wieso fiel der Vergleich mit anderen, einfachen Genossen zu ihrem Nachteil aus? Was hatte sie getan, daß sie das wenige Ansehen verlieren mußte, das sie bei dem Eintritt in die Partei gehabt hatte? Und warum war sogar Bailke ihr gegenüber so abgekühlt? Warum versuchte Bailke, ihr aus dem Weg zu gehen? Warum? Warum?

Fragen wie diese peinigten ihren Kopf den ganzen Winter über. Nirgendwo konnte sie einen Platz für sich finden. Und um die Dinge noch schlimmer zu machen, wurde sie zuhause dauernd mit Heiratsangeboten geplagt, die ihr den letzten Rest von Geduld raubten. Die Familie und Freunde begannen, sie entsetzt zu betrachten. Reisele empfand sie als ein Mädchen, das Ärger machte, um Ärger zu machen.

„Ehrlich, ich weiß nicht, was aus Deborah geworden ist. Ein Mädchen soll den ganzen Tag herumlaufen, weinen oder sogar herumsingen wie eine Verrückte? Und nächtelang ist sie weg, und dazu hat sie noch so ein großes Maul bekommen. Wenn man ihr etwas sagt, muß man Angst um sein Leben haben. Ich weiß nicht, was aus ihr geworden ist. Ich habe wirklich Angst auszusprechen, was ich befürchte. Was weiß ich... Nerven? Du glaubst, sie ist übernervös? Sei nicht dumm. Ich glaube, kein Mensch kann nervöser als ich sein, aber hast du schon mal gesehen, daß ich herumlaufe und heule und dann im nächsten Moment anfange zu singen? Es ist wirklich eine große Schande. Sehr bald werden alle Nachbarn sich den Mund über sie zerreißen. Ich wollte, wir könnten einen Mann für sie finden – mit Gottes Hilfe – sie verheiraten und wieder zu Verstand bringen..."

Deborah lernte ihr Zuhause zu hassen. Sie verstand zu gut, daß ihre Familie angefangen hatte, sie wie eine Verrückte zu betrachten, die nicht wußte, was sie wollte. Sie begann zu grübeln und ihre dauernden Gedanken waren – es wäre gut, wenn sie hätte, wohin zu flüchten. Junge Menschen verließen oft ihr zu Hause wegen Schwierigkeiten mit den Eltern. Wenn der Abgrund zwischen der alten und der neuen Generation unüberbrückbar geworden war, war ein Auseinandergehen unvermeidlich. Diesen Weg war Bailke gegangen. Aber sie, Deborah, war nicht Bailke! Denn Bailke war ein hervorragendes Mitglied der Partei, aber sie selber versuchte man loszuwerden. Es war eine Sache, über eine Handlung nachzudenken, eine ganz andere, sie auszuführen. Auf jeden Fall aber hatte sie nirgendwohin zu gehen, keine Möglichkeit der Flucht.

Allmählich hielt sie sich von alleine abseits von der Partei und ihren Mitgliedern. Wegen Simon vor allem, er benahm sich so, daß sie dachte, er mache sich lustig über sie, bestenfalls hielt er sie für schrecklich unfähig. Endlich, als sie ihn eines Abends mit der klaren Frage konfrontierte, warum die Partei sie übergehen würde, während später Aufgenommene mit Aufgaben dieser oder jener Art betraut würden, sagte er ihr lässig: „Um ganz offen zu sein, du erfüllst nicht alle unsere Anforderungen..."

Dies nach Tagen der Selbstqual, nach Tagen peinigender Unschlüssigkeit, bevor sie sich dazu bringen konnte, Vorsicht und Stolz in den Wind zu schlagen!

Mehr noch, als er diese „offene" Antwort gegeben hatte, wandte er den Kopf ab und starrte in eine zerfledderte Zeitschrift, die zufällig auf dem Tisch lag, als ob es sich nicht lohnte, sie anzuschauen. Währenddessen saß Bailke dabei und las auch in einer Zeitung mit einem solchen Ernst, als gelte es, ein Leben zu retten, als wünsche sie teilzuhaben an dieser Demonstration vollkommener Gleichgültigkeit.

Dies war der letzte Tropfen. Es war mehr, als Deborah ertragen konnte. Sie konnte nie begreifen, wie sie es geschafft hatte, in der Gegenwart von Bailke und Simon nicht in Tränen auszubrechen wie ein Kind. Möglicherweise war es ihre ständige Furcht, kindisch zu erscheinen, die sie rettete. Auf jeden Fall vergoß sie keine Träne in Bailkes Zimmer.

Sobald sie zuhause war, heulte sie sich richtig aus. Nach dem Sturm kam die Ruhe, und sie schwor, nie wieder einen einzigen Gedanken für ihn zu haben. Ihre Liebe machte Platz für den Haß, nicht nur auf Simon, sondern für die ganze Clique um ihn herum. Und der Sozialismus wurde mitgeopfert...

Wenn sie nur etwas gelernt hätte, und ihren Lebensunterhalt verdienen könnte, wie spärlich auch immer, sie wäre aus Warschau geflohen, vor ihren Eltern, vor sich selber und vor allem vor Simon. Sie wünschte ihn nie wiederzusehen, wünschte, nicht in derselben Stadt wie er zu leben. Und tatsächlich war es kaum möglich, wieder auf ihn zu treffen, denn nur wenige Monate, nachdem er sich in Warschau niedergelassen hatte, wurde er nach R– zurückberufen, um den Parteiapparat wieder aufzubauen, der dort zusammengebrochen war.

Kapitel 12

Währenddessen bereitete Reb Salman, keineswegs entmutigt, eine neue Verbindung für Deborah vor, und eines Abends erschien er mit einem brandneuen Vorschlag, einen, der – in diesen harten, modernen Zeiten – fast zu gut war, um wahr zu sein.

„Ich habe eine bemerkenswerte Geschichte euch zu erzählen, Reb Avram Ber, von dem Wirken der Vorsehung," sagte er, ganz außer sich vor Aufregung wegen des seltsamen Wirkens der Vorsehung. „Aber bevor ich anfange, Reb Avram Ber, ihr kennt doch Reb Baruch Laib, den Direktor der Jeschive von Berischlitz?"

„Natürlich," erwiderte Reb Avram Ber. „Jeder kennt Reb Baruch Laib!"

„Und sagt mir, habt ihr jemals die Bekanntschaft seines Sohnes gemacht?"

„Laßt mich schauen... Ich habe ihn einmal in R– getroffen. Er reiste nach Belgien und kam mit seinem Vater, extra um sich von dem Tzadik zu verabschieden. Das ist richtig, und ich lud ihn zum Essen ein. Ja, ich kenne den jungen Mann, den ihr meint."

„Ihr wißt, er ist weggefahren wegen dem Militär."

„Ich weiß, er sollte eingezogen werden."

„Ah, und jetzt hört auf diesen komischen Streich der Vorsehung! Hier seid ihr, Reb Avram Ber, mit einer Tochter an der Hand, die, sollen wir sagen, eine sehr moderne junge Dame ist, eine von diesen neuen jungen Damen, die darauf bestehen, einen Ehemann zu haben, der in diesem neumodischen europäischen Stil gekleidet ist. Ihr, für euren Teil, würdet nicht daran denken, nicht mal im Traum, einen Bewerber in diesem neumodischen Aufzug in Betracht zu ziehen. Und aus diesem Grund waren alle unsere Vorschläge von Anfang an zum Scheitern verurteilt. Da seid ihr nun und fangt an, den Mut zu verlieren. Also, was muß passieren? So geschah es, daß eines Abends Reb Baruch Laib hereinkam, um ein wenig mit mir zu plaudern. Wir redeten über das eine und das andere, und plötzlich kommt es über mich wie ein Blitz – einfach so. Das komische daran ist, daß ich mir denke, daß Reb Baruch Laib genau dieselbe Sache im Kopf hatte. Auf jeden Fall, ratet Reb Avram Ber, was ich gemacht habe? Ich schlug eine Hochzeit vor zwischen eurer Tochter und seinem Sohn. Ist das fix gedacht oder nicht? Es ist die alte Geschichte, wie man den Wolf zufriedenstellt und das Lämmchen rettet, sozusagen. Ha, ha, ha! Wirklich, ich muß sagen, die Vorsehung webt ein sehr gescheites Netz. Ich nehme an, ihr wißt, daß Antwerpen sich rühmt, eine der frömmsten jüdischen Gemeinden der Welt zu haben?"

„Ich habe etwas in dieser Art gehört."

„Nein, ich bitte euch, nehmt es nicht vom Hörensagen! Nehmt es von mir! Da ist mehr echter Glaube zu finden in Antwerpen als überall sonst. Hier in Warschau ist eine Menge Bosheit versteckt unter dem traditionellen Gabardin. Jetzt, in Antwerpen, wo sich jeder im neuen Stil kleidet, schließlich ist es ein fremdes Land, und wenn man in Rom ist, muß man es wie die Römer machen – wie ich sage, man geht halt deutsch gekleidet, aber wenn auch der Anzug anders ist, in ihren Herzen sind sie orthodoxer und strenger als viele Juden hier. Sie sind Juden im besten Sinn des Wortes; und Antwerpen ist eine durch und durch jüdische Stadt, wenn es eine gibt. Jeder dort studiert den Talmud. Der Ort ist voll mit Synagogen und chassidischen Zirkeln – mit einem Wort, ein Spiegelbild von Warschau. Nehmt Reb Baruch Laibs Sohn! Er widmet sich jeden Tag mehrere Stunden dem Talmud in einem chassidischen Zirkel, wenn er mit der Arbeit fertig ist."

„Was ist das? Wollt ihr mir sagen, daß er ein Arbeiter ist?"

„Ein arbeitender Mann, wie er euch gefällt. Denkt nicht, daß er ein Schneider ist oder Schuster oder sonst etwas Niedriges! Erlaubt mir, euch zu sagen, daß er von Beruf nicht mehr und nicht weniger ist als ein Diamantenschleifer!"

„Was?" Reb Avram Ber blieb fast der Atem weg.

„Genau das, ein Diamantenschleifer! Ich muß euch wohl kaum sagen, daß er nicht gerade kämpfen muß, um sich sein Leben zu verdienen. Wie geht der alte Spruch? Der Mann der Holz hackt, hat zumindest die Splitter. Und glaubt mir, der Mann, der schöne große Diamanten schneidet, bekommt die kleinen Diamanten. Außerdem ist es eine sanfte Kunst, ein edler Beruf. Ich muß euch ein Geständnis machen, Reb Avram Ber – ich beneide euch sehr. Ich wünsche, Reb Baruch Laib hätte meine Familie zum Hineinheiraten gewählt. Aber nein, die Vorsehung wollte es anders. Was Reb Baruch Laib sich zu Herzen genommen hat, ist in eure Familie zu heiraten. Er hat sagen gehört, daß ihr eine sehr feine Tochter habt, gut aussehend und gescheit. Und vielleicht, Reb Avram Ber, könnt ihr euch vorstellen, von wem er diese Informationen hat…" Hier lächelte Reb Salam vielsagend. „Der Punkt ist, daß Reb Baruch Laib besorgt ist, seinem Sohn eine Frau zu geben, die einen guten Einfluß hat, die ihm helfen wird, der zu bleiben, der er immer war – ein frommer, aufrechter und ehrenhafter Jude. Das ist die Idee! Schließlich, wenn ein Mädchen einen so guten Hintergrund hat wie Deborah, wenn sie aus so feiner Familie kommt, wie eure, Reb Avram Ber, ist sie verpflichtet, ein leuchtendes Beispiel für jeden jungen jüdischen Mann zu sein…"

Reb Avram Bers Hand griff nach seinem Bart. Es war alles sehr sonderbbar. Aber wer konnte es sagen? Vielleicht war da etwas dran. Auf jeden Fall würde er Reisele rufen.

Sie fand den Vorschlag ganz vernünftig.

„Aber weiß er, daß wir keine Mitgift zu bieten haben?"

„Das ist eine Kleinigkeit, um die ihr euch nicht zu kümmern braucht. Ich habe es Reb Baruch Laib schon klargemacht, was für eine Ehre es ist, in eure Familie hineinzuheiraten. Mit ein wenig Geschick überrede ich Reb Baruch Laib, die Mitgift selber bereitzustellen. Ich gehe sogar noch einen Schritt weiter, er wird auch die Ausgaben für die Hochzeit übernehmen. Überlaßt das mir. Wenn ich mir so etwas vornehme, bin ich nicht aufzuhalten. Ich halte nichts von Verzögerungen, und morgen früh werden wir einen Brief zu dem jungen Mann schreiben und ihn fragen, ob er sie heiraten will, und wenn die Antwort „ja" ist – mit Gottes Hilfe – wenn er nur damit einverstanden ist, ist die ganze Sache zu schön, um wahr zu sein!"

Der junge Mann im weit entfernten Belgien gab bereitwillig seine Zustimmung. Und warum auch nicht? Was könnte besser sein, als zu solchen Bedingungen zu heiraten? Hier war sein Vater, der ihn anflehte, eine schöne Mitgift anzunehmen, Hochzeitsgeschenke, finanzielle Unterstützung nach der Heirat und was sonst noch alles, und eine Ehefrau gab es auch noch dazu! Besser noch, sein Vater verband das Angebot mit einer hübschen Überweisung. Und das Mädchen sah auch gut aus, denn er erinnerte sich, sie in R– gesehen zu haben. Gar nicht schlecht! Er wäre ein Tölpel, hätte er den Vorschlag abgelehnt. Nein, so etwas Dummes würde er nicht machen. Er würde ein Bräutigam werden! Es war eine bequeme Sache! Er mocht bequeme Sachen. Er haßte Arbeit, und vor allem haßte er es, nach Arbeit zu suchen!

Als sie Deborah die Angelegenheit nahebrachten, betrachtete sie es als ein Mittel zur Flucht. Sie könnte weggehen und wäre in der Lage, ihr eigenes Leben zu führen. Sie würde nicht mehr die Verpflichtungen als Tochter eines orthodoxen Rabbis haben, alles würde zurückgelassen, ihre Verbindungen zur Vergangenheit wären zerschlagen. Die Vergangenheit wäre tot! So verzweifelt war ihre Ungeduld, so fiebrig ihr Zustand, daß sie es nicht vermochte, eine Alternative zu sehen zu der dramatischen Entscheidung, sich selber wegzugeben an einen Mann, den sie nie vor Augen gesehen hatte – zumindest konnte sie sich nicht an ihn erinnern – einen vollkommen Fremden, von dem sie nichts wußte. Sie war sich nur einer Sache bewußt: sie mußte davonlaufen. Und als Reb Salman redete und redete, bis sie es nicht mehr ertragen konnte, zuzuhören, sagte sie: „Ja."

Nachdem ihre Zustimmung da war, geriet Reb Avram Ber in große Freude. Reisele war weniger überschwenglich als er, sie verbarg ihre Zufriedenheit. Aber Deborah war um so mehr verletzt von der Haltung ihrer Mutter. Sie zeigte ganz deutlich, daß Reisele keine Qualen mehr haben würde, sich von ihr zu trennen, wenn sie so weit wegfahren würde. Es zeigte sich ganz deutlich, daß ihre Mutter nur darauf wartete, sie los zu sein. Nun, da dies so war, gab es für sie nur eine Sache zu tun und das war – zu verschwinden. Ihr war klargemacht worden, sie habe abzuhauen! Bedeutete das wirklich, daß ihre Mutter sich nicht darum sorgte, sie wiederzusehen, sie nie vermissen würde? Ja, das bedeutete es. Es konnte nicht anders gemeint sein, und ihr Gefühl der Überraschung war sogar noch größer als ihr Schmerz. Sie war eine Ausgestoßene. Simon wollte nichts mit ihr zu tun haben; ihre Eltern waren ganz bereit, mehr noch, froh, sie in ein fernes Land schicken zu können; die Partei hatte sie ohne Formalitäten hinausgeworfen. Und sie, arme Närrin, hatte sich die ganze Zeit täuschen wollen, daß sie Simon nicht wirklich gleichgültig war, daß da irgendwo ein Fehler gewesen war, daß ihre Eltern sie liebten, daß die Gewohnheit ihrer Mutter, ihr Predigten zu halten, Ausdruck von mütterlichen Gefühlen war.

„Natürlich, die ganze Wahrheit ist, daß sie mich haßt, mich immer gehaßt hat und vollkommen entzückt ist von der Gelegenheit, mich loszuwerden. Darauf läuft das alles hinaus. Ich bin nicht gut genug für sie, bin nicht von ihrer klugen und feinen Art. Nicht, daß ich es herausbekommen mußte, sie hat es mir immer gesagt. Und sie hat recht! Ich bin eine Närrin! Ein gefühlsduseliger Idiot, ich bemitleide und vertraue denen, die mich verspotten und verfolgen. Ich lebe in einer Scheinwelt, und sie sehen es alles als einen großen Witz. Meine eigene Mutter amüsiert sich über mich, und Michail macht es auch und Simon und alle… Alle!"

Sie würde weggehen und heiraten. Als ein Mittel zur Flucht von einem Zuhause, daß ein Zuhause nur dem Namen nach war, und das sie haßte wie Gift, als ein letzter Ausweg, von den Eltern wegzukommen, die erpicht darauf waren, sie zu verstoßen; da war eine Zweckheirat sicher nicht schlimmer als von eigener Hand zu sterben. Was den Mann betraf, den sie heiraten würde, auf ihn kam es nicht an! Wie, nicht einmal ihr Vater war zurückgewichen? Sie konnte fast hören, wie sie alle schrien: „Hau ab! Wir wollen dich hier nicht!" Nicht einmal ihrem Vater machte es das Geringste aus. Das ihr Vater sie herzlich liebte, war etwas, woran sie nie gezweifelt hatte. Jetzt sah sie die harte Wahrheit: Sie war alleine auf der Welt.

Sie begann zu heulen und laut zu schluchzen.

Reisele kam aus dem Schlafzimmer gerannt, so schnell wie ihre schwachen Beine sie trugen.

„Was ist los, Deborah?"

Für einen Moment haßte Deborah ihre Mutter wirklich. Sie wünschte nichts anderes, als sie leiden zu sehen. Sie kümmerte sich nicht um eine Antwort und schließlich, als Reisele ihre Frage wieder und wieder gestellt hatte und ganz besorgt geworden war, sagte sie, daß sie nicht weinen würde, und sie wolle ihre Mutter bitten, gefälligst das Zimmer zu verlassen. Reisele starrte sie an. Es war vollkommen neu, daß Deborah so zu ihr sprach. Sie wurde wütend, und ohne ein Wort trottete sie in das Schlafzimmer zurück.

„Es ist schlimm," sagte sie zu Reb Avram Ber, der nachgekommen war, um den Grund für Deborahs plötzlichen Ausbruch zu erfahren. „Diese Tochter tut ihr bestes, um mich umzubringen. Ich wäre sehr froh, wenn die Hochzeit schon vorüber wäre. Soll sie schon fahren! – in Frieden und gesund!"

„Natürlich sollst du froh sein, denn es ist eine wunderbare Verbindung, für welche der Herr gepriesen sei! Es ist eine sehr schwierige Sache, heutzutage einen Ehemann für ein Mädchen ohne Mitgift zu finden."

„Und dabei wählt und sucht sie auch noch. Keiner ist gut genug für sie."

„Ja. Gott sei Dank, hat sie keine Schande über uns gebracht und ist mit einem Freidenker davongelaufen, oder hat sonst so etwas gemacht!" freute sich Reb Avram Ber. „Und gleichzeitig wird sie einen Mann heiraten, der sich im deutschen Stil anzieht, was sie sich gewünscht hat. Reb Salman erzählte mir, daß dieser junge Mann in Antwerpen ein Jude ist, so gut, wie man ihn sich nur wünschen kann, gottesfürchtig und ein Talmudist. Ein teurer junger Mann; er verdient mehr als er braucht, und er wird ein glänzender Ehemann sein. Dem Herrn sei gedankt!"

Einige Tage später erhielt die Familie einen formellen Besuch von einer kurzen, pummeligen Frau, die über der riesigen

Brust eine Jacke aus schwarzem Stoff verziert mit zahllosen Seidenbändern trug und einen sehr breiten reich ausschauenden Schal aus feiner Spitze auf dem Kopf. Hinter ihr und über sie hinwegschauend, kam eine große, gebeugte, rotgesichtige Frau, die auch eine schwarze Jacke mit Seidenbändern trug, aber deren Verzierungen waren weniger und weniger glänzend, und ihr Schal war schmaler und sah gewöhnlich aus. An ihrer Seite trippelte wie eine Marionette noch eine andere Frau in einer schwarzen Jacke, aber sie war wirklich sehr dürre und winzig, und sie hatte überhaupt keine Seidenverzierungen. Der Schal auf ihrem Kopf war schmal wie ein Faden, und ihre verkniffene kleine Nase war sogar noch schmaler. Sie hatte wäßrige kleine Augen, einen kümmerlichen kleinen Mund mit Runzeln und ein noch kümmerlicheres kleines Kinn mit noch mehr Runzeln. Diese drei Damen waren Deborahs zukünftige Schwiegermutter, die Schwester der Schwiegermutter und die Schwägerin der Schwester, und sie waren alle gekommen, um Deborah zu überprüfen.

Das Wohnzimmer war für diese Gelegenheit aufgeräumt worden. Reisele trug ihr schwarzes Kleid. Die Haut oberhalb der Backenknochen war gerötet. Deborahs Gesicht glühte vor Fieber. Und die große Paraffinlampe verbreitete ihr warmes Licht über sie, auf daß sie ausschaute, wie es einer jungen Braut anstand.

Nach einer heftigen Anstrengung gelang es ihrer zukünftigen Schwiegermutter, auf einen Stuhl zu klettern. Jedoch schaffte sie es nicht, sich bequem niederzulassen und schien nur halbwegs zu sitzen. Aber dies war alles zum Vorteil ihrer langen Schwester, die gegenüber saß und in der Lage war, allen Platz unter dem Tisch für ihre Beine in Anspruch nehmen zu können. Die Schwägerin der Schwester aber hockte auf ihrem Stuhl und die kurzen Beine baumelten spielerisch wie bei einem Kind. Deborah bemerkte all diese Einzelheiten. Plötzlich brach sie in ein unkontrollierbares Gelächter aus. Die drei Frauen tauschten erstaunte Blicke, und die Hochzeitsbestrebungen hätten damit enden können, wenn Deborah nicht vieles wieder gut gemacht hätte, dadurch, daß sie auf alle Fragen, die sie ihr danach gestellt hatten, vernünftig antwortete, und wenn Reisele die Besucherinnen nicht von sich aus darüber informiert hätte, daß am Morgen etwas sehr komisches geschehen war, was Deborah nicht vergessen konnte, und was immer dieses Gelächter hervorrief.

Deborah bestand die Prüfung. Einige Tage später wurde eine Verlobungsfeier gegeben.

Deborahs zukünftiger Schwiegervater war ein großer, fetter Mann mit einem sehr langen, leuchtend roten Bart, einer glänzenden Stirn und einem fleischigem Gesicht, in dem die Augen kaum sichtbar waren, verborgen hinter dem Gewirr eines weichen Backenbartes, vorstehenden Augenbrauen und verquollenem Fleisch. Während der ganzen Zeremonie tat er nichts, als die zukünftige Braut anzustarren. Je mehr er von ihr sah, um so mehr wollte er sehen, und seine Augen klebten auf ihr bis ganz zum Schluß. Andererseits war seine Frau wieder nicht fähig, sich mit allem, was dazu gehörte, auf den Stuhl zu setzen, und ihre Augen klebten auf ihm, bis zum Schluß.

Als sie Deborah eine lange, goldene Kette zum Geschenk machten und sie ihr um den Hals hängten, zitterte sie bei der Berührung des kalten Metalls und bei dem Gedanken, daß die bösartigsten Hunde mit solch einer Kette sicher angebunden sein würden. Sie machte keinen Versuch, dem Fluß der Unterhaltung am Tisch zu folgen, noch schenkte sie dem Schwall von Glückwünschen und Segnungen, der von allen Seiten auf sie herabkam, Beachtung. Ihre Gedanken bewegten sich alle auf einem sehr schmalen Pfad: Sie nahm Rache an ihren Eltern, an Simon und an sich selber. Vollkommen davon überzeugt, daß Simon sich nicht im geringsten für sie interessierte, empfand sie doch ein abartiges Vergnügen an dem gemeinen Streich, den sie ihm spielte. Bei dem Höhepunkt der Feierlichkeiten aber, als ein Teller auf dem Boden in Scherben geworfen wurde, und alle zu kreischen begannen: „Viel Glück! Viel Glück!" setzte sich eine düstere Wolke so dunkel und fürchterlich auf sie nieder, daß sogar die Gäste es plötzlich bemerkten, trotz all ihres Jubels. Ein jeder begann zu fragen, was passiert war: War sie, Gott behüte, krank, fühlte sie sich schwach, wollte sie ein Glas Wasser oder einen Schluck vom Branntwein? Und sie baten sie, die Wahrheit nicht vor ihnen zu verbergen. Deborah versicherte ihnen, daß gar nichts mit ihr los sei, aber die tödliche Fahlheit des Gesichtes und der Ausdruck in ihren Augen straften sie Lügen. Endlich löste sich das Fest auf. Endlich hatte sich auch Reb Salman verabschiedet. Die Lampen wurden ausgemacht. Deborah lag im

Bett. Sie blickte starr in die Dunkelheit, die sie umgab. Ihr Kopf war leer. Sie war unfähig zu denken, unfähig zu empfinden. Sie bedauerte nichts, aber sie freute sich auch nicht. Sie war sich nicht voll bewußt, was an diesem Abend geschehen war. Eine Uhr irgendwo in der Ferne schlug bereits fünf. Alle Dinge um sie herum schrumpften, wurden kleiner und kleiner, bis sie aus dem Blick verschwanden. Sie fiel in Schlaf. Am Morgen, sobald sie aufgewacht war, eilte Reb Avram Ber mit strahlendem Gesicht herein, um seine Glückwünsche zu erneuern.

„Herzlichen Glückwunsch, Debojrele! Mag das für dich der Anfang eines Lebens, eines langen, langen Lebens voll Freude sein. Der Herr sei gepriesen für seine Güte! Nun, Deborah, warum sagst du nichts? Bist du nicht glücklich?"

Sie blieb still.

Er brachte einen Krug Wasser in ihr Schlafzimmer und zog ein Emaillebecken über den Boden an ihr Bett.

„Komm, Deborah, halte deine Hände hierher und ich werde das Wasser darüber schütten."

„Aber warum sollte ich meine Hände im Bett waschen wollen? Kann ich das nicht machen, wenn ich aufstehe?"

„Siehst du nicht, ich will, daß du im Bett frühstückst. Ich glaube, du hast dich gestern nicht wohlgefühlt."

Er gab ihr ein Stück Honigkuchen, das übriggeblieben war von der Verlobungsfeier, und er brachte ihr ein Glas Tee ans Bett. Deborah schaute auf den Kuchen und zuckte zusammen, als ob seine Süße vergiftet wäre und sein Honiggeruch stinkend in ihrer Nase.

„Ich kann ihn nicht anrühren, Papa, ich kann einfach nicht. Nimm ihn weg und laß mich allein."

„Was ist los mit dir, Deborah? Fühlst du dich nicht wohl?"

„Natürlich fühle ich mich wohl, ich fühle mich herrlich. Und jetzt laß mich weiterschlafen, bitte! Nein, ich will auch keinen Tee. Nein, ich will gar nichts. Überhaupt nichts."

„Nun gut, dann schlaf noch; schlafen ist gesund," sagte Reb Avram Ber und ging weg, um Reisele zu erzählen daß aus irgendwelchen Gründen Deborah sehr bleich ausschaute und sich weigerte, zu essen.

„Sie muß müde sein," sagte Reisele. Sie würde selber noch weiterschlafen und drehte sich mit dem Gesicht zur Wand. „Aber sag einmal, wie hast du es geschafft, Tee zu machen?"

„Ich habe den Schammes gebeten, einen Krug mit heißem Wasser in dem Laden unten zu kaufen."

Es war zwei Uhr nachmittags, als Deborah aus dem Bett stieg. Sie bewegte sich geräuschlos durch die Wohnung und räumte das Durcheinander der letzten Nacht auf. Ihr Gesicht war außerordentlich bleich und ihre Augen trauerten, funkelten düster und hoffnungslos.

Von dem Tag an fühlte sie sich wie eine Fremde in dem Haus – eine überflüssige Fremde. Ihren Vater, ihre Mutter, ihren Bruder betrachtete sie alle als Bekannte, die sie – Deborah – wie einen unerwünschten Gast untergebracht hatten und auf die Stunde ihrer Abreise warteten. Sie selbst begann sich auch darauf zu freuen. Das Gefühl der Resignation, bedrückend und verwirrend, verließ sie nicht, egal, wohin sie ging oder was sie tat. Sie war tief gebeugt unter der Last von schwermütigen Gedanken, von verrückten und scheußlichen Vorstellungen, welche von morgens an ihr Hirn quälten, ohne Pause, sie verzerrten ihren Blick, vergifteten das Blut in ihren Adern. Tausendmal, wieder und wieder, hielt sie es sich vor: sie konnte leicht die Verlobung abbrechen, und tausendmal, wieder und wieder, weigerte sie sich, der Vernunft zu gehorchen. Wenn die Eltern wünschten, sie loszuwerden, durfte sie nicht diese Gelegenheit verpassen um wegzugehen. Es war nackte Selbstachtung. Es gab nur eine einzige Alternative, und das war, einen Weg zu finden, wie sie sich ihr Leben verdienen könnte. Aber wie? Und was sollte sie tun? Was hatte man ihr beigebracht? Störrisch, mit immer wachsender Bitterkeit, ließ sie die Dinge laufen.

Ihre Eltern wußten sich keinen Rat. Reisele verstand Deborahs dauerndes Schweigen als Reaktion auf ihre frühere leichtfertige Redseligkeit. Vielleicht wurde sie erwachsen. Schließlich würde sie bald eine Ehefrau sein und fühlte möglicherweise bereits die Verantwortung. Über die Farbe, die aus Deborahs Gesicht verschwunden war, machte Reisele sich wenig Gedanken. Selber immer kränkelnd und vertieft in ihre Bücher, bemerkte sie die Veränderungen kaum. Sie erwähnte es wohl ein- oder zweimal Reb Avram Ber gegenüber, aber er meinte, es wäre kein Grund zur Sorge.

„Ich glaube, es ist mehr oder weniger eine normale Sache. Dies ist ein schwieriger Abschnitt im Leben eines Mädchens, du weißt, was ich meine. Es ist nur schade, daß sie nicht zu begreifen scheint, wieviel Glück sie hat. Gott sei Dank aber, daß die Dinge sich so gut entwickelten, Reb Baruch Laib, weißt du, reist überall in Rußland herum und sammelt Spenden für seine Jeschive. Das Geld strömt nur so herein. Er ist ein sehr guter Redner, nicht wahr, und wird sehr gut für seine Arbeit bezahlt... Das große Problem war gewesen, einen passenden Ehemann zu finden, der richtig deutsch angezogen ist, da hatte sie doch ihr Herz drauf gesetzt. Nun, und genau so einen Ehemann wird sie bekommen."

„Aber Papa, wie im Himmel kannst du annehmen, daß du weißt, woran mein Herz hängt?" mischte sich Deborah ein, die aus der Küche gekommen war, wo sie zufällig die Unterhaltung mitangehört hatte.

„Ja, ja," sagte Reb Avram Ber mit einem Lächeln, „wir alten Leute wissen mehr, als du dir vorstellst!"

Im Kreis der Familie begann man, sie mit ein wenig mehr Respekt zu behandeln, so als wäre sie ein selbständiger Mensch. Jeder versuchte, ihr größere Beachtung zu schenken, und besonders ihre Mutter war besorgt, sie immer gut angezogen zu sehen. Ihr zukünftiger Schwiegervater überschüttete sie mit vielen teuren Geschenken, aber sowohl er wie seine Geschenke ließen sie ganz kalt. Diese eigenartige Haltung verwirrte ihn und verletzte seinen Stolz. Seine eigenen Weiber insbesondere waren sehr erstaunt. Deborahs unjungfräuliches Verhalten war ein dauernder Gegenstand ihrer Unterhaltungen.

„Was für ein seltsames Mädchen!" murmelten sie. „Sie ist sehr klug und all das, aber so wenig vernünftig. Ich war auch ein schönes Mädchen zu meiner Zeit, ganz sicher, aber ich war mir nicht zu gut, ein Geschenk zu nehmen, wenn es mir angeboten wurde. Ach, sie ist ein so komischer Mensch, sie zieht nicht einmal ihre Juwelen an. Es scheint ihr völlig egal zu sein, ob sie ein Geschenk bekommt oder nicht..."

„Sie tut nur so, das ist es. Hört auf, ihr Geschenke zu machen, und ich wette, sie kommt gelaufen und bettelt danach. Hört auf meinen Rat!" sagte die lange Schwägerin zu Reb Baruch Laib.

Der Winter ging zu Ende und vorbei war es mit den langen Nächten, die Deborah so reichlich Gelegenheit boten, zu grübeln und grübeln, ohne daß sie fähig war, einen einzigen neuen Gedanken auszubrüten. Es war wieder Frühling... Die Straßen von Warschau tauten im Sonnenschein, und der Morast auf den Gehsteigen und Fahrbahnen wurde wie ein gewaltiger Sumpf. Die Pessachtage waren schlammig, warm und schwül (das auf jeden Fall war der Eindruck, den sie bei Deborah hinterließen). Und gleich allen irdischen Dingen, kamen auch sie wieder zu ihrem Ende, und unvermeidlich, mit der Jahreszeit verbunden, wurden die Tage länger und länger. Die Sonne kletterte immer höher und höher, nahm an Kraft zu. Und aus ihren muffigen Wohnungen, wo sie ihren Winterschlaf gehalten hatten, kamen die Stadtbewohner ins Freie geströmt, um durchzuatmen, um die Lungen mit der Sommerluft zu füllen. Kinder waren wieder überall zu sehen und machten Radau. Wieder begann der Hof in der glühenden Hitze zu stinken. Und wieder erschienen die Lumpensammler, füllten die Luft mit ihrem monotonen Rufen von morgens bis in die Nacht. Die Frau des Bäckers saß wieder fluchend in ihrer Ecke des Durchgangs, wo sie heiße Brotringe aus einem riesigen Korb verkaufte. Deborah nahm wieder ihre Position im weitgeöffneten Fenster ein, auf den Hof hinunterschauend. Sie wagte sich kaum einmal zur Tür hinaus. Sie hatte nur ein Interesse im Leben: den Kindern beim Spielen zuzuschauen. Stundenlang konnte sie ihnen zuschauen, ihren pausenlosen Bewegungen, ihrer Aufregung, ihren gelegentlichen kleinen Streitereien.

Sie lehnte es ab, in der Wohnung irgendwelche Arbeiten zu tun. Sie störte sich nicht im Geringsten an der Verwirrung um sie herum; die Wohnung war in einem fürchterlichen Zustand, und von ihr aus konnte das so bleiben. Im Moment war sie nicht in der Lage zu arbeiten. Seit kurzem hatte sie begonnen, an Schmerzen des Herzens zu leiden. Der Doktor, der sie untersuchte, sagte, es wäre gar nichts, Nerven, weiter nichts. Viel frische Luft, das war es, was sie brauchte, sagte er, und nahrhaftes Essen – und vor allem sollte sie aufhören, sich Sorgen zu machen. Er verschrieb ihr eine Medizin, aber sie veränderte gar nichts. Manchmal ließen die Schmerzen nach, dann wurden sie wieder heftiger.

„Eine rasche Hochzeit wäre für sie die beste Medizin," war Reb Salmans Rat, als Reisele sich einmal bei ihm beklagte. „Sobald sie einen Ehemann hat und ein Heim, für das sie zu sorgen hat, werden Nerven ein Luxus sein, für den sie keine Zeit übrig haben wird. Es ist eine gute Sache, denke ich, daß ihr zukünftiger Schwiegervater nichts davon weiß. Er würde sicherlich die Verlobung sofort auflösen."

„Mit Gottes Hilfe, sie wird bald wieder sie selbst sein. Nerven sind keine richtige Krankheit," sagte Reb Avram Ber, um Reb Salman zu beruhigen, und Reisele selber war auch etwas getröstet.

„Deborah, ich höre, du bist verlobt worden mit einem wohlhabenden jungen Mann aus dem Ausland. Erlaube mir, dir zu gratulieren!" waren Bailkes erste Worte bei einer zufälligen Begegnung auf der Straße. Ihre Augen waren voll des Hohns.

„Nun, er ist nicht wohlhabend," schaffte Deborah nach einer langen Pause zu sagen. „Und nichts Endgültiges ist bis jetzt festgemacht. Du weißt, wie Eltern sind, versuchen sich immer um die Zukunft ihrer Kinder zu sorgen. Und das Einzige, was ihnen dann einfällt, ist heiraten. Aber ich werde selber in der Angelegenheit auch etwas zu sagen haben."

„Ach, wirklich! Es ist komisch, daß ich gehört habe, daß du schon verlobt bist."

Deborah wurde knallrot.

„Wer sagt dir das?"

„Ein Mädchen, das du nicht kennst."

Das war eine Lüge! Aber es machte eine Menge klar für Deborah, was vorher im Dunklen gelegen hatte. Es erklärte, warum Bailke ihr seit neuestem die kalte Schulter gezeigt hatte. „Sie glaubt, ich verkaufe mich für Geld. Ich nehme an, sie schaut auf mich herab als zukünftige Kapitalistin."

Also deshalb hatte Bailke ungeduldig mit den Schultern gezuckt, bei ihrem letzten Teffen, als Deborah gefragt hatte, wie es Genosse Simon ginge. „Wie soll ich es wissen?" hatte Bailke damals fast verdrießlich geantwortet. Warum nicht ein Ende setzen all dieser Falschheit, diesem Elend, und die Heirat absagen?

„Ach, da fällt mir ein, Deborah, ich habe gerade einen Brief von Simon bekommen. Er schreibt mir, er wird den Sommer in Warschau verbringen. Letzte Woche, weißt du, schaute er kurz bei mir herein."

„Wirklich?" platzte Deborah heraus. Dann, sich wieder unter Kontrolle habend, fuhr sie ruhiger fort:

„Ist er lange geblieben?"

„Nein, nur ein paar Stunden."

Bailke schaute ihr forschend ins Gesicht. Deborah versuchte sich einzureden, daß Bailke nichts ahnte. „Und doch steht sie da, starrt mir in die Augen und sucht etwas. Ich glaube, ich werde verrückt. Ich werde noch in einem Irrenhaus enden. Ich bewege mich in einer irren Welt, voller verrückter Phantasien und mit dem verrückten Verlangen, mich selber schwer zu verletzen."

„Hör mal, Bailke, ich versuche, für mich eine Arbeit zu finden, glaubst du, ich könnte als Schneiderin arbeiten? Könntest du mich nicht irgendwo unterbringen?"

Bailke brach in Lachen aus.

„Nun, es ist einfach, eine Stelle als Kleidermacherin zu finden. Aber du mußt nähen können, verstehst du?"

„Bailke, sag mir, warum du dich so merkwürdig gegen mich gewendet hast. Wenn du dich über mich ärgerst, warum sagst du es nicht? Glaubst du nicht, daß das besser wäre, als dieses falsche Spiel mit mir zu spielen?"

„Aber Deborah, sei nicht dumm. Ich ärgere mich nicht über dich, überhaupt nicht. Ich bin ziemlich mitgenommen wegen Parteigeschichten, und glaube mir, ich habe daneben genug private Sorgen, deswegen erscheine ich vielleicht nicht so freundlich, wie ich sollte. Aber was auch immer ich bin, ich bin nicht ärgerlich. Du trägst wirklich keine Schuld!" Sie bedauerte sofort diese letzte Bemerkung.

Deborah fragte: „Wieso, was meinst du damit?"

„Gar nichts, natürlich! Sei nicht mißtrauisch, Deborah. Da gibt es keine versteckte Bedeutung hinter allem, was ich sage, wie du zu denken scheinst. Jetzt laß uns über etwas anderes reden. Sag mir, warum siehst du so krank aus? Gar nicht wie früher? Und warum sieht man dich überhaupt nicht mehr in letzter Zeit?"

„Du bildest dir jetzt etwas ein. Ich fühle mich vollkommen wohl. Und weswegen ich dauernd wegbleibe, das kannst du dir vielleicht besser erklären als ich. Es überrascht mich, daß du die vollkommene Unschuld spielst."

„Glaube mir, Deborah, es ist nicht meine Schuld. Wenn ich in der Angelegenheit etwas zu sagen hätte, wäre alles ganz anders. Die anderen scheinen dich nicht so gut zu verstehen wie ich!" Bailke suchte Entschuldigungen. Deborahs Erscheinung erregte ihr Mitleid.

Deborah versprach, sie einmal abends zu besuchen, wie in alten Zeiten; hielt aber ihr Versprechen nicht, auch wenn sie oft das Gefühl hatte, daß es eine Erleichterung wäre, Bailke in ihr Vertrauen zu ziehen. Sie mochte sie immer noch sehr.

Eines Tages war einer der Genossen bereit, Deborah beizubringen, wie eine Seidenwickelmaschine zu bedienen sei. Als sie diese Neuigkeit zu Hause mitteilte, gab es einen Aufschrei des Jammers und ein Ringen der Hände.

„Was für eine Verrücktheit ist das? Du willst doch nicht sagen, daß du jetzt arbeiten gehen wirst, wenn du gerade dabei bist, zu heiraten? Wie? Das Mädchen ist verrückt geworden. Vollkommen verrückt!"

„Sollen sie reden, bis sie blau werden im Gesicht!" dachte sie. „Alles was sie kümmert, ist ihr eigenes kostbares Ich." Wenn sie das Handwerk erst einmal gelernt haben würde und ein wenig Geld verdiente, hätten sie bald niemanden, auf den sie einreden konnten.

Während der ersten paar Tage ihres neuen Unternehmens, ging alles gut. Alles war vollkommen. Der Genosse, der sie unterrichtete, ein zarter Junge mit kräftigen Schultern und gutmütigen, schläfrigen Augen, plagte sich unermüdlich von morgens bis abends. Er hatte zwei Assistentinnen, ein Lehrmädchen und seine eigene Schwester, ein dickliches kleines Mädchen von etwa sechzehn, die beide während der Arbeit sangen. Lärmend drehten sich die Zahnräder herum und herum, schlugen den Rhythmus zu den ununterbrochenen Liedern. Und die bunten Seidenfäden wirbelten herum und herum zu der Musik, leuchtend und glitzernd und dauernd die Farben wechselnd. Zuerst war alles, was Deborah zu tun hatte, dem raschen Lauf des geführten Seidenfadens zu folgen, zu sehen, wie er reagierte auf die Bewegungen der Pedale, wie er riß, wann immer es einen plötzlichen Ruck gab, wie das lose Ende eingefangen wurde zwischen Daumen und Zeigefinger und wieder zusammengeknotet wurde. Den Knoten zu knüpfen schien ihr eine ziemlich kitzlige Angelegenheit zu sein, sah aber leicht lernbar aus. Nicht nur der junge Mann, auch seine Schwester und das Lehrmädchen führten alle diese Operationen mit offensichtlicher Leichtigkeit und großer Geschicklichkeit aus. Als der junge Mann Deborah auch noch am dritten Tag sagte, daß sie immer noch als Zuschauerin dabei stehen sollte, dachte sie, er würde lediglich ihre Zeit vergeuden. Sie war überzeugt, daß sie alles, was zu wissen war, in den paar Stunden schon gelernt hatte.

Sie war dann sehr froh, als ihr endlich selber eine Maschine gegeben wurde. Aber, wie sie rasch herausfand, war da ein Riesenunterschied zwischen einfach Zuschauen und der Arbeit selbst. Wann immer der Faden riß, entschlüpfte ihr das lose Ende, so heftig sie sich auch bemühte, ihn zu greifen, und selbst als sie es geschafft hatte (nach vielen Anstrengungen), ihn zu schnappen, konnte sie den Knoten nicht richtig knüpfen. Er löste sich immer wieder auf. Als sie schließlich die Knoten sicher zustande brachte, waren sie dafür häßlich und unförmig. Und es sollte noch schlimmer kommen; sobald die Seide schnell lief, und ohne Unterbrechung, und ihre Hoffnungen stiegen, weigerte der Faden sich einfach, in geordneter Form zu den Spulen weiterzulaufen, wie er das ohne Anstrengung tat, wenn die anderen an der Maschine waren, sondern er sprang im Zickzack und verhedderte sich hoffnungslos. Weder geduldige Entschlossenheit noch schmerzhafte Konzentration oder wiederholte Vorführung und Ratschläge von dem Genossen nutzten etwas.

„Es ist so, wie ich dachte – kein Mensch kann wirklich hoffen, ein Handwerk in ein paar kurzen Tagen zu kapieren," bemerkte die alte Mutter des Genossen, sobald klar war, daß Deborah für lange Zeit sich mit den Umständen abfinden mußte; sie waren nur arme Leute, und hingen alle ab von dem Sohn, der das Brot verdiente, dessen Zeit zu kostbar war, um sie zu vergeuden, und sicherlich war auch sein Vorrat an Seide zu teuer, um kaputtgemacht zu werden.

„Na, na, willst du etwa sagen, daß deine Laufbahn ein vorzeitiges Ende gefunden hat?" spottete Michail, „oder bist du in Streik getreten? Nein, ich weiß, was passiert ist: Du hast dein Vermögen schon gemacht und beschlossen aufzuhören."

Deborah biß sich auf die Zunge, bis sie blutete. Sie gab keine Antwort. Sie begann, nach einer Stelle als Kindermädchen zu suchen. Sie hatte viele Vorstellungsgespräche und erhielt zahllose Versprechungen, aber niemals eine Anstellung. Immer erhielt sie höfliche Briefe, die diese oder jene Entschuldigung enthielten. Aber ganz sicher fanden einige Mädchen doch Anstellung als Kindermädchen, und wohlhabende Damen brauchten doch Kindermädchen für ihre verhätschelten Säuglinge. Es war unverständlich.

Währenddessen wurde die Zeit knapp: Die Hochzeit sollte sehr bald stattfinden. Reisele interessierte sich lebhaft dafür, daß die Aussteuer zusammenkam. Dieses eine Mal in ihrem Leben verweigerte sie sich das Vergnügen zu lesen. Tagein, tagaus kam eine lautstarke Händlerin in das Haus hinein- und herausgestürzt mit endlosen Mustern von Stoff, Wäsche, Seide, Samt, Federn, Daunen, Verzierungen und vielen anderen Dingen. Deborah lief in der Wohnung herum wie eine Fremde. Sie hatte keine Geduld für die Mutter, worauf es ankam, waren die Zeitungsanzeigen unter der Überschrift „Kindermädchen gesucht", und die ganze Zeit wurde sie geplagt von Schmerzen im Herzen.

„Wir werden nie zur Hochzeit fertig werden, wenn wir darauf warten, daß sie wieder auf die Erde zurückkommt," sagte Reisele und bestellte jede Menge Sachen, ganz nach eigener Wahl, alle von bester Qualität. Sie war überzeugt, daß keiner besser wußte als sie, was am besten für Deborah wäre. Danach mußte Deborah zu einer Schneiderin gehen wegen der Kleider, zu einer anderen wegen der Kostüme. Man begann, Maß zu nehmen, zu messen und nachzumessen. Mechanisch tat Deborah alles, was von ihr verlangt wurde, ohne eigenen Willen und ohne Interesse. Wenn sie sich jetzt noch weigern würde, was könnten ihr die Eltern tun? Wegfahren und sich verheiraten lassen, pure Verrücktheit! Auf jeden Fall würden ihre Eltern sie doch nicht erschlagen, und wenn man sie nicht als Kindermädchen wollte und nicht einmal als Dienstmädchen, konnte sie doch zu Hause bleiben. So dachte Deborah und drehte sich vor dem Spiegel, während die Kleidermacherin die halbfertigen Kleider an ihrer lebenden Schaufensterpuppe befestigte, Stecknadeln hineinsteckte und wieder hinausnahm, Nähte auftrennte und sie wieder zunähte, anheftete, Kreidestriche machte, und redete. Deborah hob ihren Arm, ließ ihn wieder herunter, stellte den Fuß hierhin, stellte ihn dorthin; sie befolgte Befehle.

„Meine Güte, ihr werdet eine strahlende Braut sein, ganz sicher!" hauchte die Schneiderin ihre Schmeicheleien durch zusammengekniffene Lippen, denn sie hatte eine Stecknadel in ihrem Mund.

„Also werde ich strahlend sein, wirklich?" sagte Deborah, ohne zu wissen, weshalb sie gesprochen hatte.

„Wenn ich nur mal so'n Glück hätt'! Natürlich werdet ihr! Jetzt schaut euch nur gut im Spiegel an. Tatsächlich, so sieht eine geborene Prinzessin aus. Ehrlich, eine Königin selber kann nicht hübscher sein! Ich hörte, ihr laßt euch in Deutschland nieder. Stimmt das?" wurde die Schneiderin sehr neugierig.

„Belgien," verbesserte sie Deborah.

„Ach geh! Ist Belgien nicht irgendwo in Deutschland?"

„Nein, natürlich nicht!" Deborah lächelte.

Da gab es nichts zu lächeln, soweit es die Schneiderin sehen konnte. Man war verpflichtet, Fragen zu stellen und eine höfliche Antwort zu erhalten. Auf jeden Fall aber gehörte es nicht zu den Geschäftsprinzipien, mit einer Kundin zu streiten.

„Überraschend, daß ihre Eltern sie so weit lassen," begann die Schneiderin wieder, eine Stecknadel aus dem Mund nehmend.

Deborah schwieg. Ganz plötzlich fühlte sie, sie wäre kurz davor, das halbfertige Kleid abzureißen, zu Boden zu schleudern, um dann selbst auf den Boden zu fallen und sich die Haare auszureißen. Sie drängte die Tränen zurück, die in einem Winkel ihrer Augen für einen flüchtigen Moment glitzerten, dann drehte sie ihre rechte Schulter dem Spiegel zu (wie sie von der Schneiderin gebeten worden war).

„Muß wohl eine Liebesheirat sein, das ist es!" sprach die Schneiderin weiter, und versuchte, ihre Kundin in ein Gespräch zu ziehen. Da sie aber keine Informationen erhalten konnte, zog sie ihre eigenen Schlüsse. „Heutzutage haben Eltern absolut keine Kontrolle mehr über ihre Kinder. Ich hoffe, sie werden nicht denken, daß ich die Nase in Angelegenheiten stecke, die mich nichts angehen; nur, weil ich weiß, daß ihr Vater ein Rabbi ist, scheint es mir komisch, daß er erlauben sollte, daß sie weggehen und in Deutschland leben."

„Halt den Mund und fahr zur Hölle! Narr! Idiot!" schäumte Deborah in ihren Gedanken. „Bitte beeilt euch!" gab sie laut zur Antwort. Die Schneiderin sagte kein einziges weiteres Wort, aber sie war sehr neugierig zu erfahren, wie die Liebenden sich zuerst getroffen hatten; sie brannte vor Verlangen, es herauszufinden. Einige Mädchen hatten alles Glück der Welt. Hier war so ein zartes Persönchen, da war nicht viel dran an ihr, wirklich, und doch hatte sie ihre Liebesgeschichte und war dabei, in ein fernes Land zu fahren und zu heiraten. Vielleicht war sie von der leidenschaftlichen Sorte. Einige Mädchen hatten alles Glück. Andere, wie sie, hatten überhaupt kein Glück.

Deborahs Geduld ging schließlich zu Ende. Als jeder vergehende Tag sie näher der drohenden Hochzeit brachte, wurden ihre Nerven mehr und mehr gereitzt. Nun, endlich, begann sie zu protestieren, ihre Eltern anzuflehen, die Verbindung abzubrechen, oder zumindest es ihr zu ermöglichen, in Berlin den Mann erst zu treffen, den sie heiraten sollte.

„Was ist das? Du willst uns Schande bringen, jetzt, wo die Hochzeit in ein paar Tagen ist und alle Vorbereitungen getroffen worden sind, und alle es wissen? Unsinn!"

Ihre Kräfte verließen sie, sie hatte einen Nervenzusammenbruch und blieb im Bett. Zuletzt wurde sie ruhiger und hörte auf, sich zu quälen. Die Wohnung wurde in ein Chaos gestürzt und vollkommene Verzweiflung regierte. Reisele war gebeugt wie eine alte Frau, als sie ihre Arbeit tat. Sie vermasselte alles, was sie anfing, alles was sie anrührte, rutschte ihr zwischen den Fingern durch. Und es gab mehr zu tun als jemals sonst. Michail wurde zu ihrer rechten Hand und kümmerte sich um das verbliebene Geschirr. Reb Avram Ber lief umher wie ein Verzweifelter und zitterte, ob Reb Baruch Laib, Deborahs zukünftiger Schwiegervater, erfahren könnte, wie die Dinge waren.

Aber sie schafften es, die Angelegenheit zu vertuschen (wofür der Herr gepriesen sei). Der Doktor, ohne es direkt zu sagen, ließ Reb Baruch Laib glauben, daß Deborah unwohl sei wegen einer fiebrigen Erkältung.

Nach einer Weile kam der Doktor zu dem Entschluß, daß die Nervenkrankheit seiner Patientin nicht zu heilen sei, indem man sie im Bett hielt. Ganz im Gegenteil, sie mußte aufstehen, viel frische Luft haben, unter die Leute kommen, nicht alleine bleiben und – das war sehr wichtig – sie mußte schmerzhaften Gedanken, die ihr zusetzten, auf jeden Fall aus dem Weg gehen; jede Menge Obst, viel Gemüse – und am Wichtigsten, sagte der Doktor (seine Uhr herausziehend), auf keinen Fall dürfe sie sich Sorgen machen! Seiner Meinung nach kam ihre Unpäßlichkeit von schlechten Erfahrungen, von solcher Art, wie sie tiefe Eindrücke hinterlassen würden in einem hochnervösen, pubertären Kopf. Deshalb sollte sie alles in ihrer Macht stehende tun, um unangenehme Gefühle fernzuhalten. Ihr körperlicher Zustand gab keinen Grund zur Sorge; die Krankheit konnte im Keim erstickt werden, aber um das zu tun, war es entscheidend, daß seine Anweisungen genauestens befolgt würden, und dann folgte noch ein Rat von höchst unmedizinischer Art, jener Art, die einen umhaut, wenn sie von einem Mediziner kam…

Einige Wochen vergingen. Deborah sah wieder einer jungen, gesunden Frau entfernt ähnlich. Deshalb war dies der geeignete Moment, sie zu verheiraten. Es hatte bereits mehrere Verschiebungen der Hochzeit gegeben, aber das glückliche Ereignis konnte nicht auf ewig aufgeschoben werden.

„Ihr wollt sagen, daß ihr euch sorgt wegen dem, was der Doktor sagt? Wollt ihr nicht sehen, der Mann ist verrückt!" sagte

Reb Salman bei einer Familienbesprechung und hob verächtlich die Schultern. Reisele und Reb Avram Ber waren beide gern bereit anzuerkennen, daß der Doktor ein verrückter Vogel sei, denn kein geistig gesunder Mensch würde einer Braut sagen, daß sie eine Stelle als Verkäuferin suchen sollte, um ihren Kopf zu beschäftigen, wenn sie alle Vorbereitungen getroffen hatte für die Hochzeit, und ihre Aussteuer vollständig bereitliegen hatte, und wenn ein Mann das sagte, – noch dazu ein Doktor –, klar war er dann krank im Kopf.

„Ein Goj bleibt ein Goj!" sagte Reb Salman.

Wieder waren Reisele und Reb Avram Ber bereit, anzuerkennen, daß ein Goj immer ein Goj bleibt.

„Habt ihr so etwas schon mal gehört? Hier ist ein Mädchen, einen Moment noch weg von dem verheirateten Leben, hat das ganze Leben noch vor sich, und so ein dummer Narr von einem Doktor kommt daher und hat die Unverschämtheit, ihr zu sagen, sie soll als Verkäuferin arbeiten. Ach, es ist unmöglich! Unmöglich! Als ob wir seinen Rat brauchten! Ein Doktor soll Medizin und Pillen geben," sagte Reb Salman, „und wenn wir noch einen Rat brauchen, werden wir selber wissen, wo es ihn gibt: Wir werden gehen und einen Tzadik fragen."

„Ihr habt ganz recht. Und, Gott sei gebeten, je früher die Hochzeit, um so besser für sie."

Derweilen gab es das Grollen eines Aufstandes aus einer anderen Richtung. Reb Baruch Laib war aufs Höchste beunruhigt zu sehen, daß Deborah soviel dünner geworden war. Sie war von Anfang an nicht gerade füllig gewesen; er hatte jetzt das Gefühl, schlimm betrogen worden zu sein. Er sprach seinen Protest heftig aus, ohne um die Sache herumzureden. „Und ihr solltet meine andere Schwiegertochter sehen, die mit meinem ältesten Sohn verheiratet ist. Ja, sie ist eine vollkommene Schönheit. Ich habe noch niemanden gesehen mit einem runderen Gesicht und rosigerer Hautfarbe – ganz wie ein Apfel..." Soweit Reb Baruch Laib.

„Ja, es ist eine Freude, sie anzuschauen. Ihr ganzes Gesicht ist so hell und freundlich, ihr fühlt euch ganz geblendet, wenn ihr auf sie schaut. Sie ist wie die Sonne selber," das war Reb

Baruch Laibs Ehefrau. Und das Paar schüttelte in Verzweiflung über Deborah den Kopf.

„Aber, wir hoffen doch, daß sie auf den Bräutigam einen guten Eindruck macht. Das ist alles, worauf es wirklich ankommt," sagte Reb Baruch Laib.

Es war entschieden, daß sie alle am nächsten Sonntag nach Berlin fahren sollten. Die Hochzeit würde am folgenden Dienstag sein.

Als der schicksalschwere Sonntag angebrochen war, nur sechs Wochen nach ihrem Nervenzusammenbruch, versammelte sich eine aufgeregte, drängelnde Menge von Verwandten und Busenfreunden – von Nachbarn gar nicht zu reden – in Reb Avram Bers Wohnung, um die glückliche Braut zu verabschieden. Sie tranken alle auf die Gesundheit der lieblichen Braut und auf die Gesundheit der stolzen Eltern, und sie aßen und tranken und erfreuten sich an dem reichlichen Essen (nach den ersten höflichen 'nein danke' und 'aber wirklich nicht'), und sie erneuerten ihre Glückwünsche wieder und wieder für Deborah, ihre Familie und die Schwiegereltern. Sie standen herum, lachend und scherzend, schwatzend und schmatzend, bis die Wände selber zu schwanken und zu taumeln schienen. Aber es waren die Küsse, mit denen die Weiber sie erstickten, die Deborah am meisten anekelten. Ihre Backen und ihr Mund schmerzten, waren matt und vollgesabbert, und immer noch ging die Prozession der schmatzenden Lippen weiter und weiter. Unermüdliche Lippen, naß und häßlich, die sie taub machten mit freundlichen Versprechungen und Segnungen. Sie vertrauten ganz fest darauf, daß Deborah sehr glücklich sein würde, und daß ihr Ehemann in dem fernen Land Erfolg haben würde; eines Tages, vielleicht, würde er es zum Millionär gebracht haben, wer konnte das wissen? Alles war möglich, bei einem Mann, der in Diamanten handelte. Tatsächlich, sie wußten von Mädchen, die in Armut aufgewachsen waren, sich selber ausländische Ehemänner gesucht hatten und jetzt im Schoß des Luxus lebten. Andererseits waren alle Gäste wirklich überrascht, daß Reisele einverstanden war, sich von der einzigen Tochter zu trennen, und alle Gäste sagten das in sehr klaren Worten.

Deborah spitzte die Ohren. Überrascht waren sie?

Nun, zugestanden, ihre Eltern waren erpicht darauf, sie loszuwerden, aber warum auf Erden war sie verpflichtet, davonzulaufen? Wie auf Erden hatte das alles passieren können? Sicher war es noch nicht zu spät, ihre Meinung jetzt zu ändern. Warum nicht jetzt ihre Weigerung herausschreien so laut sie konnte und die hassenswerten Leute verblüffen, die sich ihre Eltern nannten, die 'es gut mit ihr meinten', und auch ihre 'Freunde'? Warum nicht ihre bösen Machenschaften zunichte machen und Schande über sie bringen? Aber was sollte das überhaupt? Sie wurde ja nicht in die Wildnis Sibiriens geschickt. Sie reiste erst nach Berlin, dann nach Antwerpen. Und wie weit war Antwerpen von Warschau? Es konnte auch sein, daß sie dem Bräutigam gar nicht gefallen würde. Sie hatte davon zu ihrem zukünftigen Schwiegervater gesprochen. Er hatte nur über sie gelacht und gemeint, er hätte das nur erwähnt, weil er wollte, sie solle besser aussehen, ein wenig zunehmen; aber er wollte nichts davon hören, die Verlobung zu lösen. Jetzt fuhr sie doch zu ihm. Und wehe ihr, wenn (so ein Pech kann man haben!) sie ihm doch gefallen würde, und er 'ja' sagen würde. Er? Wer war dieser 'er', an den sie sich jetzt weggeben würde?

„In was für einem verrückten Durcheinander mein Kopf ist! Wenn Simon nur wüßte, wie die Dinge wirklich sind, würde er mich vor mir selber retten. Gott! Warum passiert es mir, daß ich immer das Gegenteil von dem tue, was ich machen will. Ich weiß ganz sicher, daß ich das Falsche tue, und doch, wenn ich der einen Meinung bin, handle ich genau umgekehrt. Ein Fehler nach dem anderen, eine Dummheit nach der anderen! Ich weiß doch, daß ich mich zum Narren mache, und doch kann ich mir nicht helfen. Ich baue andauernd Mist... Ich muß vollkommen verrückt sein!"

„Deborah, Frau Barski hier will dir auf Wiedersehen sagen."

Deborahs Kehle war zugeschnürt. Sie fürchtete sich, Frau Barski zu küssen. Sie küßte Frau Barski und lächelte sogar lieb zurück.

Nein, es konnte kein zurück mehr geben. Nach der Dummheit von gestern fühlte sie sich zu krank im Herzen, um sich noch darum zu kümmern, was aus ihr würde. Was für ein Idiot war sie gewesen, in das Café zu gehen und Simon feierlich davon zu informieren, daß ihre Eltern sie zwangen, ganz gegen ihren Willen, einen Mann aus Antwerpen zu heiraten, den sie überhaupt nicht kannte. Da schaute er auf und nahm sie wahr. Ein zarter Ausdruck war in seine Augen getreten, als ob sie mit ihr geschmust hätten. Als er sie anstarrte und ihre Augen suchte, und seine Hände sich nach vorne bewegten, wie um die ihren zu umschließen, da fühlte sie sicher, daß er sie liebte. Er sprach zu ihr, und seine Stimme war noch sanfter als seine Worte:

„Ich frage mich, Deborah, ob du je vermutet hast, wie stark der Schwächste von uns sein kann?"

Er schaute sie immer noch an, auf diese verrückte Weise, und sie sagte stotternd:

„Was meinst du? Ich verstehe nicht."

Sie war ganz sicher, daß ihr Gefühl sie nicht betrogen hatte, wenn es sie gelegentlich veranlaßt hatte zu glauben, daß Simon an sie dachte, daß er sie liebte. Gerade da aber kamen einige Genossen zu ihm an den Tisch, und sie wartete geduldig, hoffnungsvoll. Endlich waren sie wieder alleine, und sie platzte heraus mit der ganzen blöden Geschichte, vertrauend darauf, daß er sie bedauern würde, daß er versuchen würde, sie davon abzubringen, oder sich sogar auflehnen würde – jetzt endlich würde er sein Inneres offenbaren – aber stattdessen hörte sie Simon ziemlich fröhlich sagen:

„Also wirst du dich jetzt verheiraten. Ach, laß mich dir gratulieren!" Sie fragte sich, ob sie richtig hörte. Aber dann setzte er noch hinzu: „Du hast recht, 'ja' zu sagen – ja, du hast es ganz richtig gemacht!..."

Da war sie nun wieder, küßte eine alte Frau, deren Gesicht von Warzen entstellt war, braune Warzen und schwarze Warzen, und aus einigen wuchsen Haare aus der Mitte. Wie eklig diese Haare waren! Sie brannte darauf, sich mit der Hand über den Mund zu wischen, aber aus irgendwelchen Gründen wollte die alte Frau nicht in die andere Richtung schauen, das Biest!

Hatte sie wirklich recht, die Schuld bei anderen zu suchen? Sie hatten alle ihren eigenen Standpunkt, und sie – Deborah – sollte ihren haben. Es war ihr eigener Fehler. Und wenn Simon Gleichgültigkeit gezeigt hatte? Das war doch sicher kein ausreichender Grund, vor sich selber davon zu laufen. Allen Widerstand verachtend, konnte sie einfach sagen: „Ich weigere mich zu gehen," und der ganze fürchterliche Alptraum wäre sofort zu Ende.

Aber nein, ihre Eltern würden sie nicht körperlich hinauswerfen müssen. Sie würde von alleine gehen. Aber was hätte Bailke an ihrer Stelle getan? Bailke hätte nicht gewankt. Bailke hatte von ihrer Mutter weggewollt und war ganz einfach gegangen.

Man half ihr, in die Droschke zu steigen. Sie fuhren zum Bahnhof.

Sie hatte sich noch nicht einmal von Bailke verabschiedet. Was machte Fräulein Ruschka in der Droschke? Sicher war es unnötig, daß die gesamte Familie von Reb Salman sie zum Bahnhof begleitete. Und was war über Fräulein Ruschka gekommen, daß sie heute so ganz anders aussah als gewöhnlich?

Die Droschke fuhr rasch durch die Straßen von Warschau. Ein Gefühl der Glückseligkeit, so einzigartig, daß es schmerzte, nahm plötzlich Besitz von ihr. Sie hatte das merkwürdige Verlangen, alles in sich aufzunehmen, was sie sah, als ob sie für Jahre von der Stadt entfernt gewesen wäre. Jeder kantige Pflasterstein, jedes schlammige Stück Bürgersteig, jedes schäbige Gebäude, jeder hechelnde Träger, doppelt gebeugt unter seiner niederdrückenden Last, wurde plötzlich ein kostbarer Teil von ihr. Selbst die Bettlerinnen, die auf den Vortreppen der Häuser saßen, ihre Säuglinge stillten, die in zerrissene Tücher gehüllt waren, und die dauernd in die Haut dieser Säuglinge kniffen, damit sie mitleidheischend heulten, waren wie teure alte geliebte Freundinnen, von denen es schwierig geworden war, sich zu trennen. Und wie reizend waren heute diese rotnasigen, frühgealtert aussehenden kleinen Mädchen mit schwingenden Zöpfen, wie besorgt der Ausdruck auf ihren Gesichtern. Arme Dinger!

Die Droschke wurde im Verkehr aufgehalten. Ein Stückchen entfernt saß eine alte Frau in Lumpen, ihr Gesicht ein zerfurchter, formloser Wirrwarr von Haut und Knochen, über einem Korb auf einer Treppenstufe und pries ihre Ware an. Die Droschke sichtend, hob sie flehend ihren Korb. Der Inhalt war eine klebrige Masse, für alle Welt wie ein Haufen Dung.

„Kauft meine goldenen Früchte! Meine Damen, kauft!" leierte sie schwach mit einer kaum hörbaren, näselnden Stimme. Sie griff in das Durcheinander im Korb, um es einladender aussehen zu lassen, schaffte aber nur, es noch mehr zu quetschen. Deborah schielte in den Korb. Sie war neugierig, was der Inhalt sein konnte. Es reizte sie sehr. Sie wagte eine Vermutung, gerade als die Droschke sich wieder zu bewegen begann – überreife Aprikosen. Die alte Frau tat ihr sehr leid. Almosen wären nicht fehl am Platze, auch wenn Bailke der Ansicht war, daß Wohltätigkeit nur helfen würde, die gegenwärtige, verrottete Gesellschaftsordnung zu stützen. Aber wer war schuld an ihrer Verrottetheit? Fräulein Ruschka und Reb Baruch Laib. Sie warf der Frau eine Münze zu. Die Droschke wurde schneller. Deborah drehte den Kopf und sah, wie die alte Frau mit einem zerlumpten Gassenjungen stritt. Der Junge griff nach dem Geld, spuckte der Frau durch dicke Lippen hindurch voll in das Gesicht, und ein Bein hebend, hüpfte er triumphierend davon. Was für eine Untat! Aber die Droschke fuhr jetzt mit voller Geschwindigkeit.

„Nun, Deborah, jetzt können sie 'na endlich' zu Warschau sagen," bemerkte Fräulein Ruschka.

„Was meinen sie mit 'na endlich'?" rief Deborah ganz hitzig. Sie fuhr ruhiger fort: „Ganz im Gegenteil, ich denke, Warschau ist eine tolle Stadt."

„Sicher, Warschau ist die beste Stadt der Welt! Da gibt es keine andere Stadt, die damit zu vergleichen ist, nirgendwo!" sagte Fräulein Ruschka. „Klar, ich würde Warschau nicht für alle Diamanten der Welt verlassen!"

Deborah rückte auf ihrem Sitz weg.

Fräulein Ruschkas Mutter hustete unbehaglich und kniff ihrer Tochter leicht in die fleischigen Teile.

„Ich weiß nicht so viel, aber manche Leute tun nichts so gerne wie reisen," sagte sie und versuchte wiedergutzumachen, was die Gehässigkeit ihrer Tochter angerichtet hatte, und dann, um ihre freundschaftlichen Gefühle zu zeigen, sagte sie noch: „Ach, wenn ich daran denke, daß sie bald nicht mehr bei uns sind, bricht es mir einfach das Herz..."

Deborah schwieg.

Kapitel 13

Was für eine mächtige Ansammlung von Onkeln, Tanten, Brüdern, Schwestern, Cousinen, Cousins, Neffen, Nichten und Busenfreunden war am Bahnhof versammelt, um der Brautgesellschaft einen richtig königlichen Abschied zu geben. Wie sie alle den Bahnsteig überfluteten, alle redeten und riefen, alle küßten und Grüße schickten an den Bräutigam, an Rifkele, an Laibele, an diesen und an jenen, an Jankele, an Feifisch, an Menachim und so weiter und so weiter.

Langsam fuhr der Zug an, die Lokomotive brüllte und spuckte wie ein wütendes Untier; und die Onkel, die Tanten, die Brüder, die Schwestern, die Cousinen und Cousins, die Neffen und die Nichten und die Busenfreunde wurden zurückgelassen, winkten mit den Armen, den Taschentüchern und den Schirmen wie verrückt. Sie waren der Erschöpfung nahe, aber immer noch winkten sie zum Abschied und warfen Küsse nach, als ob sie unersättlich wären. Wie sie alle es liebten, zu küssen und wieder zu küssen! Eine verrückte Bande, Kußmaschinen. Warum sprachen sie sie mit dem vertraulichen 'du' an, wunderte sich Deborah. Warum sagte sie selber nicht 'du'? Simon! Sie erschrak, daß dieser Name so plötzlich ihre Gedanken unterbrach. Es schockierte sie und ernüchterte sie auch. Sie wurde wach und sah, wie der Zug mit jedem Moment näher und näher kam zu einem Menschen, einem fremden Menschen, der sie als sein Eigentum in Anspruch nahm; und sie verließ Warschau, ihr Heim und ihre Vergangenheit. Aber es war ihr alles viel leichter geworden. Es war wie ein Kinderspiel und doch, es war alles ganz falsch.

„Deborah, willst du dich nicht ein wenig hinlegen?" sagte die Mutter. Das sorgte dafür, daß sie die Beherrschung verlor. Konnte man ihr nicht einen Moment lang Ruhe gönnen?

Dazu war es also gekommen, endlich. Irgendwo hatten sie Hand an sie gelegt und entledigten sich ihrer, wie es ihnen paßte, als ob sie eine Leiche wäre. Und doch, hier war sie, lebendig und in vollem Besitz ihrer Sinne. Wie war es dazu gekommen? Aber vielleicht – und bei diesem Gedanken lief ihr ein kalter Schauder den Rücken hinab – war sie nicht wirklich in vollem Besitz ihrer Sinne. Vielleicht lebte sie in einer Art von Trance, so daß, obwohl sie fähig war zu sehen und zu hören, ihr die Möglichkeiten fehlten, Widerstand zu leisten. Was konnte getan werden? Eine Sache war klar: Der Zug trug sie weiter und weiter. Bald war es zu spät. Als ob es nicht jetz schon zu spät war! Sie war hilflos. Wieder schauderte sie.

„Entschuldigen sie Fräulein, rauchen sie?"

„Ich? Nein!"

Der Herr auf dem Eckplatz ihr gegenüber schaute sie erstaunt an. Sie erschrak. Sie hatte den Sinn seiner Frage nicht ganz verstanden.

„Bitte, es macht mir nichts, wenn sie rauchen. Überhaupt nichts!" sagte sie.

„Danke!" sagte der Herr, höflich den Hut lüftend und nun, da er ihn von dem Kopf genommen hatte, ging er noch einen Schritt weiter und warf ihn in das Gepäcknetz. Er zündete eine Zigarette an, lehnte sich in seinem Sitz zurück, kreuzte die Beine, und, nachdem er es sich bequem gemacht hatte, ließ er einen tiefen Zug von Rauch durch die dunkelroten Lippen. Der Rauch kringelte sich aufwärts und löste sich in schwachen weißen Dunst auf. Dann folgte ein weiterer Zug, dieses Mal dicht und bläulich.

„Entschuldigen sie, Fräulein, aber darf ich fragen, was das Ziel ihrer Reise ist?"

„Berlin," antwortete Deborah mürrisch, warum belästigte sie der Kerl? Was ging ihn an, wohin sie fuhr?

„Ah, so werden wir zum gleichen Ziel reisen. Ich denke, Berlin ist eine wunderbare Stadt. Sind sie jemals dort gewesen?"

„Nein!"

„So, dann haben sie etwas, worauf sie sich freuen können. Ich liebe Berlin. Ich lebte dort vier ganze Jahre, das war, als ich für mein Examen studierte. Was für eine Zeit das gewesen ist! Die besten Jahre meines Lebens! Ehrlich, ich bin ganz aufgeregt, wenn ich daran denke, daß es nur noch ein paar Stunden sind, und ich werde auf dem gleichen alten Bahnsteig aussteigen, dann die gleichen alten Straßen! Wie wir alte Leute danach gieren, die Lieblingsplätze unserer Jugend wieder zu besuchen. Natürlich, in ihrem Alter kann man sich das nicht vorstellen. Aber was mich betrifft, so bin ich ganz erpicht darauf, meine alte Bude wiederzusehen, wo ich früher ein paar wirklich glückliche Jahre verbracht habe. Es wird ein Vergnügen sein, alte Freunde wiederzutreffen, und, ob sie es glauben oder nicht, ich bin sogar darauf aus, meinen alten Professor wiederzusehen. Er war ein sarkastischer, kleiner Kerl! Wie sich alles verändert und lieblich wird in der Erinnerung, nachdem es Jahre und Jahre zurückliegt."

Deborah war gut gelaunt geworden. Es war ein Vergnügen, seinen jungenhaften Reden zuzuhören. So offen und gutmütig. Sie fragte sich, wo er jetzt lebte. Seine Worte hatten einen Klang von Aufrichtigkeit. Sie würde mit ihm sprechen. Natürlich würde sie. Wovor sollte sie Angst haben? Es würde ihr Vergessen bringen. Sie würde an etwas anderes denken.

„Darf ich sie fragen," sagte sie, seine eigenen Begriffe benutzend, „wo jetzt ihr Zuhause ist?"

„Natürlich dürfen sie!" rief er mit einem Lächeln aus, froh zu sehen, daß er ihre Reserviertheit überwunden hatte. „Ich wohne in Charkow."

„So sind sie ein Russe?"

„Ja, so ist es. Ich fahre jetzt nur zu einem kurzen Besuch nach Berlin, mir neue Instrumente zu besorgen – chirurgische Instrumente. Berlin ist der Platz für Instrumente – die besten, die die Welt zu bieten hat. Deutschlands Ehrgeiz, wissen sie, ist dabei die Welt zu erobern, und eines Tages, glaube ich, haben sie es geschafft. Die Deutschen machen enorme Fortschritte in allen Wissenschaften, sie marschieren mit gigantischen Schritten voran, kein anderes Land auf der Welt kann mit ihnen mithalten."

„Ich verstehe: Deutschland, Deutschland über alles!" sagte Deborah, sich erinnernd, wie Simon immer die Deutschen wegen ihres Chauvinismus verachtet hatte.

„Gut, sie kennen sicherlich ihre eigene Stärke. Sie sind sich ihrer eigenen Macht voll bewußt. Sie sind stolz auf sich, und das mit Recht," sagte der Doktor auf seine begeisterte Art.

„Entschuldigen sie, sie erscheinen mir sehr stark germanisiert, nicht wahr?" sagte Deborah und die Farbe stieg ihr in das Gesicht.

„Nein, das glaube ich nicht. Ich liebe Deutschland und ich liebe Rußland, aber auf eine andere Art. Rußland hat etwas Weites, etwas Episches an sich, wenn sie wissen, was ich meine. Aber ich will es so sagen: Nachdem sie die westeuropäische Zivilisation probiert haben, wünschen sie, daß Rußland nicht so rückständig wäre, so primitiv. Auf jeden Fall bin ich vor allem anderen ein Jude. Und wenn ich wirklich an einem Land interessiert bin, dann ist es Palästina. Wenn es aber einmal unser wird, würde ich es vorziehen, daß es sich nach dem deutschen Modell entwickelt, eher als nach dem russischen. Russischer

Boden, russische Bodenschätze – wunderbar! Zaristische Politik, zaristisches Barbarentum – nein danke! Bitte lassen sie mich fortfahren. Die Russen sind wild, chaotisch und ungebildet. Ihre Politik grenzt an vollständigem Wahnsinn; und wenn wir nicht bald eine radikale Veränderung haben, und zwar ganz rasch, wird Deutschland Rußland eine bittere Lektion erteilen."

„Ich nehme an, sie sind Zionist?"

„Natürlich bin ich das! Kein Jude bei klarem Verstand kann etwas anderes sein als ein Zionist!"

„Ich stimme mit Ihnen nicht überein. Aber um zu dem Ausgangspunkt zurückzukehren, muß ich sagen, daß ich sehr erstaunt bin über das wunderschöne, rosige Bild, das sie zeichnen von einem Deutschland aus Blut und Eisen. Sie sind sehr tolerant, wenn sie die Deutschen in einem solchen Licht sehen können. Ich habe ganz andere Sachen gehört; meiner Kenntnis nach sind die Deutschen wunderbare Instrumentenmacher, aber worin sie sich am meisten auszeichnen, ist Militarismus und Antisemitismus. Mir wurde gesagt, und ich zitiere eine Person mit wirklicher Autorität (wieder Simon!), die sie sehr gut kennt, daß die Deutschen der Welt übelste Reaktionäre sind. Wirklich, ich weiß nicht, wie sie den Spruch 'Deutschland, Deutschland über alles!' tolerieren können. Wir alle wissen, daß Rußland sehr wild ist. Aber Rußland, wie es heute ist, ist ein krankes Land. Und sicherlich sind Missetaten im Falle eines gesunden Landes, wie von einer gesunden Person, weniger verzeihlich als wenn einer kränkelte."

„Da haben sie vollkommen recht, mein Fräulein, vollkommen! Natürlich, von meinem Standpunkt aus sollte Palästina 'über alles' sein. Nicht, daß ich aber so arrogant bin, eben dieses zu wünschen," sagte der Doktor, eher amüsiert.

Deborah wurde davongetragen von der leidenschaftlichen Begeisterung für das Leben und für Angelegenheiten, die zumeist tief unterdrückt in ihr schlummerten, und die gewöhnlich so unwiderstehlich in ihr emporstiegen, wann immer sie Simon auf Parteiversammlungen reden hörte. Es war wirklich schrecklich, einen solchen Menschen so reden zu hören, daß Palästina ähnlich wie Deutschland werden sollte!

„Ich frage mich, wie können sie so etwas sagen und denken, wenn sie sich dazu bekennen, Brutalität und Tyrannei zu hassen! Können sie sich wirklich vorstellen, daß Kaiser Wilhelm das russische Volk von seinem altertümlichen Joch befreit und es dann mit seiner eigenen eisernen Rute regiert, und ein neues und besseres Rußland würde dabei geboren? Möchten sie gerne sehen, wie Deutschland Tyrannei und Brutalität aufrechterhält durch moderne, wissenschaftliche Methoden? Ich, für meinen Teil, denke, wenn etwas derartiges eintritt, wäre das Leben nicht mehr lebenswert!"

Deborahs Ton wurde hitzig, ihre Backen dunkelrot und ihre Augen blitzten. Ihr Blut ging rasch und sie schien bereit zu sein, als Einzelne dem Kaiser den Krieg zu erklären.

„Ja, Fräulein, aber bitte, ich flehe sie an, regen sie sich nicht so auf. Schließlich sind meine persönlichen Ansichten ganz unbedeutend, und glauben sie mir, es ist mir piepegal, ob wir Rasputin oder Wilhelm als unseren Herrscher haben. Ich bin kein Politiker, und meine persönlichen politischen Interessen betreffen nur das Wohlergehen unseres eigenen jüdischen Volkes. Ansonsten können alle Tyrannen zum Teufel gehen. Abgesehen davon ist es sicherer, solch empfindliche Angelegenheiten in einem russischen Zug nicht zu diskutieren, denn die Wände haben Ohren, und was auch immer unsere Ansichten sind, wir sollten sie besser für uns behalten, weil wir ja nach Rußland zurückkehren."

Diese letzten Worte trafen Deborah tief.

„Ich werde nicht zurückkommen," sagte sie leise.

Der Doktor hörte ihre Bemerkung nicht. Er holte sich noch eine Zigarette heraus.

„Aber, aber, Deborah, was für eine Art von Benehmen ist das? Was im Himmel ist dir in den Kopf gekommen? Du siehst zum ersten Mal einen Menschen, einen fremden Menschen, kennst ihn nicht, weißt nicht, wer er ist, und da läßt du dich hinein in ein Gespräch mit ihm? Und vor allem, was stellst du dir vor, sprichst mit einem vollkommenen Fremden über Politik? Wie weißt du, daß er kein Spion ist? Bei allem, was du weißt, kann er ein Spitzel sein. Wirklich, kein anständiges Mädchen macht auch nur im Traum Zufallsbekanntschaften in einem Zug. Das gehört sich einfach nicht!"

Reb Baruch Laib ermahnte sie, sobald der Doktor sich mit einer äußerst freundlichen Verbeugung, wie ein Mann von echter westeuropäischer Kultur, zurückgezogen hatte, und den schwankenden Korridor entlang davongegangen war, in der Absicht, sich im Speisewagen etwas Gutes zu gönnen.

„Wirklich, als ich so da saß und eurem Gespräch zuhörte, standen mir die Haare zu Berge! Ich hatte das Gefühl, gleich trifft mich der Schlag; aber ich habe mich nicht getraut, mich einzumischen, um die Sache nicht noch schlimmer zu machen. Mein Gott, mein Gott, stell dir vor, wir werden Ärger kriegen mit der Obrigkeit, das wär eine schöne Sache, nicht wahr? Nicht wahr?"

Dieser fremde Mann, der ihr Schwiegervater werden sollte, nahm sich das Recht, mit ihr zu reden, als wäre sie sein Privateigentum. Stellte er sich vor, er könnte sie herumkommandieren? Oh! Oh, noch ein Wort von ihm, und sie würde ihn bezahlen lassen für all die Verfolgungen, für all die Beleidigungen, die sie je erlebt hatte. So eine Frechheit!

„Deborah, warum sagst du nicht etwas? Du willst doch nicht, daß dein Schwiegervater das Gefühl hat, du ignorierst ihn, nicht wahr?" wollte Reb Avram Ber vermitteln.

Die sanfte Stimme ihres Vaters erinnerte sie an ihre Liebe zu ihm. Ihm gegenüber war sie ruhiger.

„Ich habe nichts zu sagen, Papa. Jemand hat mich angesprochen, da hab ich ihm geantwortet. Das ist kein Verbrechen, sondern normale Höflichkeit."

„Ja, aber vergiß nicht, du bist ein erwachsenes Mädchen. Und ein erwachsenes Mädchen sollte nicht mit fremden Herren sprechen." Reb Avram Ber versuchte, vernünftig mit ihr zu reden.

Sie lächelte.

„Schaut her, schaut, sie lacht über uns!" schrie Reb Baruch Laib. Ganz außer sich vor Aufregung, versuchte er, im engen Abteil auf und ab zu laufen.

„Das alles ist ganz unnötig," warf Reisele ein, sich für einen Moment von ihrem Buch lösend.

„Bitte, Mama, misch dich nicht ein! Was kümmert es dich? Nimm es dir nicht zu Herzen; du bist mich ja doch bald los." Deborah sprach zu ihrer Mutter mit unverhüllter Bitterkeit.

„Ja, Gott sei Dank!" gab Reisele zurück und begann wieder zu lesen. Reb Baruch Laibs Ehefrau, Tertza-Roisa, machte ein Schläfchen. Wie gewöhnlich hörte sie nichts, sah nichts. Ihr Atem ging leicht, salbungsvoll und mitten in ihrem Schlummer spielte ein gutmütiges kleines Lächeln auf den geöffneten, weißlichen Lippen, die ein bißchen schief saßen in dem fleischigen Gesicht. Deborah schaute zufällig auf diese ruhigen Züge und plötzlich wurde ihr klar, daß der Bräutigam, wäre er auch nur ein wenig wie seine Mutter, in diesem Moment auch schnarchen und im Schlaf lächeln würde, während sein Zug von Antwerpen nach Berlin eilte.

Gesättigt und strahlend schlenderte der Doktor aus dem Speisewagen zurück. Er nahm seinen Platz wieder ein, und es war an seinem freundlichen Ausdruck zu erkennen, daß er sich nach einem erneuten Gespräch von Mensch zu Mensch sehnte, jedoch würde er nicht seinen früheren Fehler wiederholen, sondern sich streng an Themen halten, die freundlich, fröhlich und romantisch wären.

Er konnte es sich nicht vorstellen, daß der fette, alte Mann mit dem dicken Bauch, dem grimmigen roten Bart und dem finsteren Ausdruck im Gesicht, mit glühenden Augen, die wie Punkte waren, schnaubte und schnaufte und so ärgerlich war, nur weil er – ein Doktor und Ehrenmann – mit einer Mitreisenden – unschuldig genug – geplaudert hatte.

Mehr noch, er war sich nicht einmal bewußt, daß die fragliche junge Dame zu der Gesellschaft des fetten alten Mannes gehörte. Was er bemerkte war, daß sie wieder ihren verdrießlichen und unnahbaren Ausdruck trug...

Deborah hatte große Lust gehabt, die Diskussion fortzuführen und auszuweiten, allein schon, um ihrem Schwiegervater eine Lektion zu erteilen. Und, abgesehen davon, war es ein Vergnügen, mit einem Menschen sich zu unterhalten, der einen wie eine volle Erwachsene behandelte, der intelligent war ohne eingebildet zu sein, in dessen Gegenwart man sich nicht ganz verloren vorkam; und deshalb konnte man sagen, was man auf dem Herzen hatte, und er verstand einen, man mußte nicht die Wörter, die man auf der Zunge hatte, wieder hinunterschlucken. Anders als die meisten Leute, erweckte er bei ihr nicht diese unerklärliche Verlegenheit, die eine Barriere zwischen Gedanken und Rede schuf – eine unpassierbare Barriere, die unnatürliches Schweigen und Mißverständnisse förderte. Sie beobachtete, wie der Doktor eine Zigarre anzündete. Er richtete einige Worte an sie. Ihre Antwort kam brüsk. Inwendig tobend stand sie auf und ging hinaus auf den Korridor, und dann, anstatt zurückzukehren, setzte sie sich in das Nebenabteil. Reb Avram Ber folgte ihr.

„Dank dir, Deborah, du bist ein Schatz. Du hast die Situation gerettet. Und jetzt ist auch dein Schwiegervater so weit, wieder versöhnt zu sein."

„Ach, tatsächlich? Wie wunderbar! Von mir aus kann er wieder böse sein."

„Was ist los mit dir, Deborah? Denke doch mal nach. Du wirst einen sehr netten jungen Mann heiraten, der dir ein bequemes Zuhause schafft, und du wirst in der Lage sein, zu tun, was dir gefällt... Jedes andere Mädchen in deiner Lage würde denken, sie ist sehr glücklich, besonders, wenn der Vater arm ist und sie nicht mit einer Mitgift versorgen kann. Wirklich, Deborah, ich weiß nicht, warum du deinen Schwiegervater behandelst, so wie du es tust, als ob er Dreck sei. Er ist wirklich ein netter Mensch, glaube mir. Und ich kann es dir beweisen, Deborah. Stell dir vor, was er nur erzählt hat! Er hat gesagt, daß er ein paar Ohrringe gekauft hat für nicht weniger als dreihundert Rubel. Und sie werden das Hochzeitsgeschenk von dem Bräutigam für dich sein in Berlin. Ist das nicht wunderbar? Er gibt sich solche Mühe."

Deborah lächelte nur.

„Worte sind billig, Deborah, aber kannst du an Reb Baruch Laibs Zuneigung zweifeln, wenn er solche ungewöhnlichen

Sachen macht? Ehrlich, ich glaube, daß du ein sehr glückliches Mädchen bist? Der Herr sei gepriesen!"

Deborah seufzte.

Bei all seiner Kurzsichtigkeit nahm Reb Avram Ber wahr, daß seine Worte nicht viel Eindruck gemacht hatten, und daß seine Tochter traurig war, und ihre Traurigkeit nicht zu vertreiben war durch glitzernde Schmuckstücke.

„Vielleicht wirst du dich besser fühlen, wenn du dich hinlegst?"

„Ja, ich bin müde, sehr, sehr müde."

„Gut, so werde ich deine Mutter bitten, dir Gesellschaft zu leisten. Ist es nicht komisch, daß dieses Abteil ganz leer ist?"

Reisele kam zu ihr, und nach einer kleinen Weile schliefen sie beide ein und öffneten erst die Augen, als der Zug zum Stehen kam in Berlin, Bahnhof Alexanderstraße, etwa um halb acht am Morgen. Deborah stellte sich auf die Füße. Ihr Gesicht war tödlich bleich, der Rock zerknittert, und vor ihren Augen stand ein Nebel; sie wankte vor Kraftlosigkeit. Sie schaute aus dem Fenster; es wimmelte von Menschen, sie rasten herein und hinein, aber meistens hinein; wie ein riesiger Kessel sah das aus, der überkochte von lebenden, lebendigen Menschen, die hinauseilten, Koffer mit sich schleppend. Mit ihrer Mutter ging sie zu den anderen zurück in das Nebenabteil. Tertza-Roisa saß aufrecht, hellwach. „Guten Morgen, ich hoffe, ihr habt gut geschlafen heute Nacht. Oh, Deborah, schau dich an! Wie verwuschelt du bist! Meine Güte!"

Deborah schaute sich entgegenkommenderweise an und zwang sich zu einem Lächeln. Sich mischend unter die eilenden Menschenmassen im Bahnhof, jedoch sich unterscheidend von der Masse waren auffällige, große, glattrasierte Deutsche mit stolzer Miene und dicken Zigarren und dicken Spazierstöcken, die ihre Köpfe hoch und den Körper aufrecht hielten – große, massige Gestalten, wie sie nur selten in Warschau zu sehen waren. Fest wie ein Fels in aufgewühlter See, unberührt von all dem Gewirr und Treiben um sie herum, marschierten sie voran mit gemessenem Schritt, und jede ihrer Bewegungen hatte einen Hauch von Überlegenheit, von Vorsatz.

Reb Baruch Laib zog die Koffer vom Gepäcknetz herab. Reb Avram Ber tat sein Bestes, ihm zu helfen. Nachdem er seine Frau durch den allzu engen Gang des Waggons manövriert hatte, konnte Reb Baruch Laib es sich erlauben, stehenzubleiben und sich den Schweiß von den Brauen zu wischen. Die Gesellschaft stand endlich auf dem Bahnhof, mit den Koffern zu ihren Füßen.

Ein Träger näherte sich und Reb Avram Ber mit Reb Baruch Laib vergleichend, wählte er ohne zu zögern den letzteren als den Leiter der Gruppe, dem er seine Dienste in einem sehr kehligen, kaum verständlichen Deutsch anbot. Sein Gepäckkarren erzählte seinen Teil.

„Sag du ihm bitte, Deborah, daß wir ein Automobil nehmen wollen," sagte Tertza-Roisa mit einem forschenden Blick auf ihren Ehemann. Der gab nickend seine Zustimmung und Deborah fungierte als Sprecherin. Sie informierte den ungeduldigen Träger von ihrem Reiseziel – das 'Koschere Hotel', in der Grenadierstraße.

Sobald er festgestellt hatte, daß sie tatsächlich in die Grenadierstraße wollten und alle anderen Straßen, die er irrigerweise angeboten hatte, nicht akzeptabel waren, häufte er das Gepäck auf seinen grünen Karren und raste holterdiepolter davon mit einer Geschwindigkeit, daß Tertza-Roisa die meisten Fischgräten in ihrem Korsett bei der Jagd verlor, die folgte. Vergeblich rief sie ihm zu, anzuhalten, vergeblich brüllte und zischte sie ihm nach. Aus schlichter Verzweiflung heraus schaffte Tertza-Roisa es irgendwie, mit den anderen Schritt zu halten, schnaufend und schnaubend und prustend.

Es war ein heller Morgen. Vor dem Bahnhof stand eine lange Reihe von glänzenden Automobilen. Der Träger hob seine Hand und sofort fuhr das vorderste Automobil am Bordstein vor. Der Träger sagte dem Fahrer, daß seine Fahrgäste polnische Juden waren und wohin sie wollten. Der Fahrer rümpfte seine Nase vor Geringschätzung. Reb Baruch Laib fragte, was die Fahrt kosten würde, aber der Fahrer ignorierte ihn, und der Träger stand währenddessen wartend mit ausgestreckter Hand dabei. Reb Baruch Laib wurde ganz durcheinander gebracht.

„Was, zwei Mark?" keuchte er.

„Jawoll! Zwei Mark! Und schauen sie, daß es weitergeht! Zeit ist Geld! Verstanden?" bellte der Träger mit großer Schärfe.

„Das ist Raub am hellichten Tag! Das ist es, aber helfen kann man da nicht. Gott soll geben, er soll sein Geld ausgeben nur für bittere Medizin. Ich frage mich, was für eine Sorte Appetit dieser Mann jetzt hat," setzte Reb Baruch Laib hinzu, auf den Fahrer zeigend, als der Wagen anfuhr und er seine hintere Hosentasche wieder zuknöpfte; seine Frau, die ihm gegenüber saß, eingezwängt von Reisele und Deborah an beiden Seiten, lächelte nur.

Berlin pulsierte von Leben. Der Puls, der in seinen Adern schlug, hatte die Gleichmäßigkeit und die Kraft eines lebhaften, selbstbewußten Wesens.

„Also, das ist Berlin! Ah! Es ist gut, am Leben zu sein," war der erste Eindruck der Fremden, als sie durch die Stadt an diesem Morgen fuhr, so eingetaucht war alles in Sonnenschein. In den Straßen wimmelte es von Leuten. Die Cafes waren belagert von Arbeitern, ungeduldigen Männern und Frauen, an den Tresen und auf den Terrassen, wartend auf ihr Glas Bier. Sie schluckten es ohne viel Feierlichkeiten hinunter und eilten zurück zu ihrer Arbeit. Läutend und in ihren Schienen quietschend folgten die überfüllten Straßenbahnen dicht aufeinander. Obwohl es noch früh war, waren viele Automobile zu sehen, die sich stürmisch durch den dichten Verkehr schlängelten. Auf den überfüllten Bürgersteigen schnatterten Männer und Frauen aufeinander ein und liefen dabei, so schell sie konnten. Die Stadt rührte sich mit all ihrer Kraft.

„Ist das nicht ein herrlicher Anblick?" rief Deborah, die anscheinend für einen Moment vergessen hatte, daß sie bald verheiratet sein würde. Sie hatte das Gefühl, daß sie ihre Freude mit jemandem teilen sollte. „Schau doch mal, Mama!" Sie war sich auch der Tatsache nicht bewußt, daß bald alle diese menschliche Energie verschlungen sein würde von unersättlichen, rauchenden Fabriken.

Reisele wandte ein kritisches Auge auf Berlin.

„Ich könnte hier keinen Tag leben. Ich weiß nicht, wie die Leute das aushalten. Dieser Krach ist absolut zum Verrücktwerden!" war ihr Urteil.

Die Grenadierstraße war sicherlich nicht so erlesen, wie es sein könnte, aber nicht zu vergleichen mit den Gäßchen im Ghetto von Warschau. Auf ihre eigene Art war sie sauber und vergleichsweise ruhig. Das „Koschere Hotel" wurde geführt von einem polnischen Juden, Herrn Lindner, oder Reb Chaim, wie er freundlicher genannt wurde von den chassidischen Juden und Rabbis, die sein Haus aufsuchten. Herr Lindner hörte das Automobil heranfahren. Er eilte hinaus, seine Gäste zu begrüßen, wer immer sie sein konnten. Die Tür des Wagens öffnend, und seine Insassen abschätzend, gab er einen freudigen Ruf von sich: „Schalom, Schalom!" einen Ruf, der so heiter und freundschaftlich war, dabei nicht ohne Respekt, man mußte glauben, daß er die Neuankömmlinge sein Leben lang schon kannte. Dann hielt er ein und strich überlegend über seine glatte, weiße Stirn, über der ein glänzendes, schwarzes Käppchen saß, als ob er etwas vergessen hätte, dessen er sich dringend erinnern mußte.

Reb Avram Ber kam als erster aus dem Automobil. Deborah folgte ihm und half ihrer Mutter heraus. Als nächster kam der Schwiegervater. Er hatte dann die härteste Aufgabe von allen, er mußte all seine Geschicklichkeit zu Hilfe nehmen und frachtete Tertza-Roisa aus dem schwankenden Wagen heraus.

„Fragt ihn bitte, wieviel wir für die Fahrt zu bezahlen haben," keuchte Reb Baruch Laib zu dem Hotelbesitzer.

„Schon, schon, überlaßt das mir, ich rechne mit ihm ab!" rief Herr Lindner mit großer Autorität aus und schob dabei die gestärkte Manschette nach oben, die den Weg zu seinem Handgelenk gefunden hatte – lächelnd und flink tat er das, wie ein Mann, der dafür sorgt, daß alle Dinge an ihrem Platz bleiben. Er sprach mit dem Fahrer, den Streit zu einem Abschluß bringend, indem er einen anklagenden Finger auf den Taxameter richtete. Der Fahrer schäumte vor Wut. Sein Gesicht, seine Ohren und sogar sein Hals wurden dunkelrot, und seine Augen wurden blutunterlaufen. Zuletzt verließ ihn der Atem, und wutentbrannt knurrend „dreckiger Jude!" steckte er sein Geld ein und fuhr davon. „Na gut, bei allen schmutzigen Deutschen!" sagte der Hotelbesitzer, immer noch salbungsvoll lächelnd. „Er versuchte mich reinzulegen. Mich, stellt euch vor! Man sollte meinen, ich bin grün hinter den Ohren, ich bin ein Ausländer, der ein Taxameter nicht ablesen kann. Dieser miese Betrüger, eine Krankheit auf seinen Kopf! Er bekommt, was ihm zusteht und nicht mehr!"

Dies sagend, öffnete Herr Lindner feierlich die Tür des Restaurants, das den vorderen Teil des Hauses ausmachte. Er stellte sich in den Eingang, und mit einem eleganten Schwung der Hand geleitete er seine Gäste hinein. Sein gekochtes Hemd strahlte stolz, die Schöße seines Mantels, eine Mischung aus Frack und Gabardin, flatterten tapfer. Auch der Boden im Hotel glänzte. Er befahl einem schmächtigen Burschen von etwa siebzehn Jahren, das Gepäck nach oben zu tragen.

„Nu geh schon, beweg dich!" sagte er mit einem amüsierten Lächeln zur Ermutigung.

Reb Baruch Laib winkte ihn vertraulich heran, und sie hatten eine flüsternde Unterredung. Herr Lindner zählte die Stärke der Gesellschaft an seinen Fingern ab, dann bat er sie, ihm nach oben zu folgen. Das Haus hallte wider von Tertza-Roisas Keuchen:

„Pfuh! Uuch! Pfuh!"

Sie gingen in einen großen, hellen Raum im ersten Stock, mit drei Fenstern, die alle weit geöffnet waren, und auf die Grenadierstraße hinausführten. Die erschöpften Reisenden ließen sich friedlich nieder auf den verschlissenen Stühlen und Sofas.

„Seht ihr, das ist unser bestes Zimmer. Schaut wie hell und luftig es ist! Es ist eine Erholung, glaubt mir, so wahr ich ein Jude bin! Sagt mir, was für Erfrischungen soll ich euch hochbringen lassen? Oder wollt ihr euch lieber zuerst waschen?

„Nun, wir haben noch nicht unser Morgengebet gesprochen." Reb Avram Ber redete zum ersten Mal.

„Wirklich noch nicht? Erlaubt mir, euch zu sagen, daß ihr euch keine bessere Zeit hättet aussuchen können, um anzukommen, denn wir wollten jetzt gleich mit dem Morgengottesdienst anfangen."

„Wollt ihr damit sagen, daß ihr genug Juden habt für einen Minjen?" Reb Avram Ber war vollkommen überrascht.

„Genau so ist es," sagte Herr Lindner. „In unserem Hotel werdet ihr alles finden (der Herr sei gepriesen!), was ihr wollt. Wenn es ein Minjen ist, den ihr sucht – nicht nötig, weiter zu suchen, hier ist er! Und was für ein Minjen. Glaubt mir, wenn ihr die Art von Gästen seht, die in meinem Hotel wohnen, werdet ihr nicht schlecht überrascht sein. Vielleicht zehn Rabbis (Gott segne sie!), und was den Rest angeht, da habe ich keinen Grund, mich für sie zu schämen (Gott behüte!), kein bißchen!"

Reb Avram Ber rieb sich die Hände voll tiefer Befriedigung.

„Oh Gott!" jubelte er, „wie wunderbar deine Juden sind. Man findet sie überall! Überall! Und selbst in dieser fremden Gegend gibt es Juden, auf die wir stolz sein können, aufrecht und gottesfürchtig!" begeisterte er sich über die neugewonnenen Freunde, Freunde, die er noch nicht einmal getroffen hatte. Es war wohl so, daß in Berlin chassidische Juden, wie Reb Chaim, so angezogen waren, irgendwie deutsch, aber doch echte und wahre Juden waren. Der Anblick eines chassidischen Juden wie Reb Chaim in seiner modernen Art von Kleidung erinnerte ihn an das, was Reb Salman über den Bräutigam gesagt hatte.

Ein deutsches Mädchen, blond und mit rosigen Backen und einem mächtigen Busen, der ganz eingezwängt war in ihrem engen Mieder und der bei jedem Atemzug aufwärts strebte, als wäre er gierig darauf, seine Freiheit zu erringen, führte die Frauen in das Badezimmer, wo sie ihnen zeigte, wie der Warmwasser- und der Kaltwasserhahn zu benutzen waren; und nachdem sie sich versichert hatte, daß ihre Dienste nicht länger benötigt wurden, trippelte sie die Treppe hinab, fröhlich pfeifend.

Reb Avram Ber und Reb Baruch Laib nahmen ihr Frühstück mit Herrn Lindners zehn Rabbis (Gott segne sie! Auch, wenn zehn eine ziemliche Übertreibung war), und mit dem Rest der Gäste, bei denen Herr Lindner keinen Grund hatte, sich ihrer zu schämen (Gott bewahre!). Sie öffneten eine Flasche, tranken auf ihrer beider Gesundheit und behandelten einander mit vielen Segenswünschen. Die neuen Freunde wurden sofort eingeladen, bei der Hochzeit dabei zu sein, und die Einladung wurde sofort von einem Jeden angenommen. Es dauerte nicht lange, da wurde offenbar, daß einer der Rabbis, ein dürrer, kleiner alter Mann mit einem zottigen Spitzbart, einer von Reb Avram Bers lange verlorengeglaubten, entfernten Verwandten war. Und da gab es großen und langanhaltenden Jubel.

Deborah fühlte sich ganz sorglos, sogar heiter. Von dem Moment an, als sie Berlin betreten hatte, hatten ihre dauernde Düsterkeit und Verzweiflung Platz gemacht für eine vollständige Ruhe. Es war alles sehr seltsam, aber sie hatte nicht besonders den Wunsch, herauszufinden, warum – alles was zählte war, daß sie endlich ihren inneren Frieden gefunden hatte. Sie hatte nur noch ein Interesse im Leben, und das war, herauszufinden, wer in dem merkwürdigen Haus über der Straße lebte, hinter den weißen, bewegungslosen, gestärkten Vorhängen. Welche Art von Leuten gab es da, war es eine große Familie oder eine kleine Familie? Juden oder Nichtjuden?

Sie hatte sich gewaschen und die Kleider gewechselt und mit ordentlich gekämmtem Haar stand sie am Fenster und wartete geduldig darauf, einen Blick hinter diese eleganten Vorhänge werfen zu können, als ob das Wissen, das sie so zu erwerben hoffte, von lebenswichtiger Bedeutung für sie war, als ob es tatsächlich der einzige Grund ihres Besuches war. Das Mädchen räumte die Frühstückssachen weg. Deborah nahm das mit Freude wahr. Es war so gut, bedient zu werden und frei zu sein, vollständig frei! Jetzt konnte sie sitzenbleiben, ohne einen Finger zu heben, und sie konnte alles in den fähigen Händen dieses Mädchens lassen. Es war reizend, das Mädchen war reizend, und hoffnungsvoll starrte Deborah weiter aus dem Fenster...

Die Nichtankunft des Bräutigams war Ursache für manche Besorgnis und Überraschung. Er wurde erwartet mit dem frühen Morgenzug aus Antwerpen, aber die Familie tröstete sich mit der Überlegung, daß Antwerpen weiter war als Warschau, und es könnte eine Verspätung auf der Strecke gegeben haben. Die einzige Person, die vollkommenes Desinteresse zeigte, war die Braut. Sie war in einem Zustand absoluter Gleichgültigkeit. Wenn das Haus plötzlich zusammengefallen wäre, das hätte sie kaum gestört. Solche vollkommene Ruhe, solche wunderbare Gelassenheit hatte sie zuvor niemals empfunden, sie fühlte sich wie neugeboren, als erinnerte sie sich an nichts aus der Vergangenheit und sorgte sich um nichts in der Zukunft. Ihre Schwiegereltern, ihre Eltern, sie alle redeten dauernd, grübelten und fragten sich, was geschehen war. Nicht so Deborah. Sie redete nicht, grübelte auch nicht und stellte sich keine Fragen: Würde er kommen, würde er nicht kommen, welche Art von Mann er war, welchen Eindruck er auf sie machen würde und welchen Eindruck würde sie auf ihn machen? Nichts davon sorgte sie. Ihr Kopf war gänzlich leer.

Es wurde Nacht. Als allerletztes, bevor sie ins Bett gingen, schickten sie ein Telegramm. Betraf sie das? Schließlich hatte das nichts mit ihr zu tun.

Am nächsten Tag, etwa neun Uhr am Morgen, erblühte ein Lächeln auf dem Gesicht von Tertza-Roisa, solch ein großes Lächeln, daß ihre Züge kaum damit fertig wurden, und so wurden sie ganz verzerrt.

„Das ist er! Ich kann seinen Gang erkennen! Er ist es! Er kommt!"

Sie war dabei, hinauszulaufen, um ihn zu treffen, aber diese Arbeit wurde ihr erspart. Die Tür öffnete sich, und das Mädchen ließ einen großen, rundlichen jungen Mann herein, dessen lächelndes, selbstzufriedenes, gutmütiges Gesicht eingerahmt war von einem runden, feuerroten Bart; er hatte einen offensichtlich neuen, grauen Mantel an und hielt einen Lederkoffer in der Hand.

Deborah wurde weiß wie der Tod.

Der junge Mann schaute um sich, verlegen und ganz durcheinander. Der Anblick seiner Mutter, die sich anstrengte, um von dem Sofa aufzustehen, gab ihm sein Stichwort.

„Guten Morgen, Mutter!" Er beugte sich herab und küßte sie auf die Backe. „Wie geht es, Mutter?"

„Gott sei gedankt, mir geht es gut!" Tertza-Roisa strahlte. „Und wie geht es dir? – Das ist deine zukünftige Schwiegermutter."

Der junge Mann drehte den Kopf mit einem eher verstohlenen Ausdruck in seinen Augen. Sein sorgender Blick ruhte auf Reisele. Wie bleich und dünn sie war, als wäre sie gerade von einem Krankenbett aufgestanden. Er grüßte sie. Er war nicht sicher, ob es das richtige war, ihr die Hand zu schütteln, da sie – wie er gehört hatte – außergewöhnlich fromm war. Wegen dieser Annahme hielt er seine Hand zurück.

„Und jetzt werde ich dir deine Braut vorstellen."

Deborah machte eine Art von Anstrengung zu lächeln.

Der Bräutigam errötete, so daß sogar sein roter Bart dunkler zu werden schien. Ein sonniges Lächeln setzte sich in seinem Gesicht fest. Er gab sich große Mühe, etwas zu artikulieren, aber versagte, und als er es endlich geschafft hatte, das eine oder etwas anderes zu murmeln, beachtete es sowieso niemand.

„Was nun?" fragte er sich und hatte dann einen Geistesblitz. Er beschloß, sich auf einen Stuhl zu setzen, den seine Mutter für ihn herangezogen hatte. Er hatte einen gewaltigen Schweißausbruch, und in seiner Verlegenheit nahm er Zuflucht in der höchsten Weisheit von allen, der Weisheit der Stille...

„Hallo Berisch, wie geht es dir?" sein Vater rettete die Situation durch seine Ankunft in einem Moment, als die Stille lächerlich geworden war, wirklich unmöglich. Reb Baruch Laibs fleischige alte Hand drückte die mollige, jugendliche Hand von seinem Sohn. „Hast du schon die Braut gesehen?" fragte er in einem geschäftsmännischen Ton.

„Wie geht es euch, Vater?" wich sein Sohn aus.

„Nicht schlecht, gar nicht schlecht! Nun?" Reb Baruch Laib wurde ungeduldig.

„In Ordnung!" preßte der junge Mann heraus. Sein Gesicht wurde noch dunkler rot, als sein Bart war.

„Ah, Friede sei mit euch! Wie geht es euch?" rief Reb Avram Ber aus von der Türschwelle her. Er kam näher und schüttelte die Hand des jungen Mannes so heftig, daß er sie fast aus dem Gelenk riß. „Nun, nun, wir haben uns Sorgen wegen euch gemacht, aber jetzt vergessen wir das alles, jetzt seid ihr ja da. Habt ihr schon euer Morgengebet gesprochen?"

„Ja, ich habe schon im Zug gebetet."

Reb Baruch Laib kam das merkwürdig vor, aber er konnte nichts mehr tun, als seinen Sohn anzustarren mit einem vernichtenden, zweifelnden Blick aus seinen schlauen, kleinen Augen heraus.

„Nun gut, dann müssen wir mit unseren Gebeten weiterkommen," sagte er. „Schau her, Tertza-Roisa, sage ihnen, sie sollen den Tisch hier im Zimmer decken. Wir werden alle zusammen frühstücken. Kommt ihr, Reb Avram Ber?"

„Wie? Natürlich, natürlich!"

Kein Zweifel, es war Reb Baruch Laibs Absicht, den Bräutigam und die Braut zueinander zu bringen – er war besorgt, das Eis zu brechen, sie zu ermutigen, ein paar Worte zu wechseln; auf jeden Fall machte er am Frühstückstisch den Vorschlag, daß sie alle sich aufmachen sollten zu Tietz auf eine Einkaufstour. Reb Avram Ber war selbstverständlich ausgelassen worden aus der Gesellschaft, während Reisele sich entschuldigte mit der Begründung, sie sei viel zu müde.

Das Wetter war herrlich. Berlin strahlte im Sonnenschein. Die Seide auf den Auslagen in den Schaufenstern, die die Helligkeit des Sonnenlichts in ihren Falten einfing, war wie fließendes, geschmolzenes Gold, das Auge beunruhigend und blendend. Auf der schattigen Seite der Straße zeigten die kostbaren Stoffe ihren Zauber gelassener, flossen sanft, verschämt den Vorübergehenden zublitzend. Die Steinplatten des Gehsteigs glitzerten, als wären sie übersät von unzähligen, schimmernden kleinen Diamanten. Eine entspannte Menge füllte die Straße, die Frauen hielten vor jedem Schaufenster. Die Stadt trug jetzt eine festliche Miene, ganz anders als der Rummel gestern morgen. Lautsprecher, grelle Farben, Plakate und Firmenzeichen schrien ihre Botschaften von den Dächern herab. All dies erweckte in Deborah Erinnerungen an ihren ersten Besuch in der Marszalkowskystraße. Sie war zusammengebracht worden mit dem jungen Mann, aber sie sagte kein Wort, als sie an seiner Seite ging. Auch er schwieg, Verflixt, wenn er nur aufhören würde zu lächeln, auf diese krankhaft süßliche Art, die er an sich hatte! Es war undenkbar, daß dieser junge Mann ihr Ehemann werden würde. Er schien ein ganz anständiger Kerl zu sein, aber... da war etwas tot in ihm; es war etwas Totes in der Art, wie er ging, in der Art, wie er lächelte. Jetzt kräuselten sich ihre Lippen vor Vergnügen: Wie lebendig war er geworden am Frühstückstisch, wie energisch war er mit Messer und Gabel umgegangen!...

Plötzlich erschien ein lebendiges Bild von Simon in ihr, alles andere auslöschend... Da war er, von majestätischer Haltung, hochgewachsen mit gebeugter Schulter. Sein Gesicht strahlte von Intelligenz, von größerer Intelligenz als jemals zuvor. „Simon, siehst du nicht, daß es zu spät ist, zu spät!" „Warum ist es zu spät?" „Weil es so ist!" Nein, das war nicht die Art, wie er in der Wirklichkeit mit ihr gesprochen hatte. Er hatte nicht versucht, sie vom Davonlaufen abzuhalten, sondern hatte sie angestachelt. „Ich gratuliere dir, Deborah!" das war, was sie ihn wieder und wieder sagen hörte. Warum dann hörte er nicht auf, sie zu quälen? Welche Berechtigung hatte er, sie zu verfolgen? Sie war nicht reif für die Parteiarbeit! Sie war nicht schlagfertig! Sie war eine vollkommene Närrin! Sie war ein unglückliches Mädchen ohne Mitgift!...

Aber worüber in Gottes Namen lächelte ihr Begleiter? Wollte der Kerl niemals damit aufhören? Der vermaledeite Kerl! Wirklich, Berlin war eine sehr aufregende Stadt, es stellte Warschau in den Schatten... Da, er hatte schon wieder angefangen, lächelte schon wieder! Dabei sah er gar nicht wie ein Narr aus. Natürlich, warum sollte er auch ein Narr sein?

„Wie bitte?" redete ihr Verlobter sie auf einmal an, seine Schüchternheit bezwingend. Er wußte sehr wohl, daß sie kein Wort gesagt hatte, hoffte aber, sie auf diese Art dazu zu verleiten und lächelte dabei geduldig und gutmütig. Deborah fühlte sich ganz elend. Weshalb, zum Teufel, war er so zufrieden?

„Deborah, willst du bitte herausfinden, ob wir auf dem richtigen Weg sind. Irgendwie denke ich, daß wir uns verlaufen haben," sagte Reb Baruch Laib, den dicken Kopf drehend. Deborah hielt einen älteren Herrn an, der in einem locker sitzenden Mantel gekleidet war, der Herr und der Mantel sahen vollkommen deutsch aus.

„Königstraße? Gewiß!" rief er mit sehr lauter Stimme aus. „Gehen sie erst rechts, dann links; dann sind sie in der Königstraße!"

Deborah verstand nicht ganz den Sinn seiner abgehackten Worte; und nachdem sie sich links gehalten hatten, gingen sie rechts herum, um dort wieder anzukommen, wo sie losgegangen waren. Sie fragte nochmals. Endlich starrte der Name „Wertheim" sie in großen Buchstaben an, und auf der anderen Seite der Straße war das Haus von Tietz. Innerhalb seiner Portale hatte es eine Atmosphäre von vornehmer Ruhe und dabei eine Ordnung, wie es sie auf der Welt ein zweites Mal nicht gab. Und wie groß es war! Ganz Warschau, dachte Deborah, hätte hier in einen Winkel gepaßt. „Gott im Himmel, wofür braucht man soviel Ware? Wann verkauft man das alles? Wo gibt es hier so viele Menschen, das alles zu kaufen? Tietz könnte die ganze Welt anziehen, und dann bleibt ihm immer noch Ware."

Reb Baruch Laib führte sie von Abteilung zu Abteilung, vorbei an unzähligen Verkaufstischen. Jedesmal, wenn sie anhielten, gab es eine andere farbige Ware in den Auslagen, jedoch durchgängig gab es eine gewisse künstliche Gleichförmigkeit und uniforme Schönheit, wie die Muster in einem Kaleidoskop, die keinen Anfang und kein Ende haben. Die Verkäuferinnen waren so freundlich, so liebenswürdig, ob man kaufte oder nicht. Deborahs Blick verweilte für einen flüchtigen Moment auf ein paar weißen Seidenhandschuhen. Ihr Verlobter kaufte sie sofort für sie zusammen mit einem blauweißen Schal, der an die Fahne der Zionisten erinnerte; später schenkte er ihr einen Regenschirm. Dann kaufte er für sich noch einen Regenschirm und ein paar braune Lederhandschuhe. Es schien ihr sehr merkwürdig, daß ein frommer junger Mann, der einen Bart trug – und noch dazu einen roten Bart – daran dachte, elegante Lederhandschuhe anzuziehen, die offensichtlich für einen schneidigen Stutzer entworfen worden waren. Sicher, die Leute von Antwerpen mußten eine eigenartige Mischung von Mensch sein!

Tertza-Roisa kaufte auch einiges ein. Es war keineswegs ihr erster Besuch bei Tietz; vor zwei oder drei Jahren war sie dagewesen zu genau so einem Einkaufsgang. Das Ereignis damals war die Hochzeit ihres ältesten Sohnes, der jetzt in Antwerpen lebte. Dieser älteste Sohn, anders als Berisch, kannte seine Braut, weil er verlobt worden war, bevor er Warschau verlassen hatte; aber genau wie Berisch wurde auch er verheiratet in dem ‚Koscheren Hotel' von Herrn Lindner. Tertza-Roisa war deshalb keine Fremde in diesem ausländischen Warenhaus. Trotzdem konnte sie im Leben nicht glauben, daß die angegebenen Preise echt und unveränderbar waren. Und sie begann gierig wegen des Spitzenhalstuches zu feilschen, das ein Geschenk für ihre Tochter in Antwerpen war, wegen der Servietten, die für ihre Schwiegertochter waren und dann noch wegen des Schmucks, der eine herrliche Freude für die Enkelkinder sein sollte. Die junge Verkäuferin war dabei, die Geduld zu verlieren, änderte aber ihre Meinung und drückte stattdessen auf einen Knopf; und ein großer junger Mann erschien, gekleidet in einen langen schwarzen Gehrock und gestreifte schwarze Hosen; sein glattgekämmtes schwarzes Haar triefte von Brillantine, seine Zähne waren weißer als frisch fallender Schnee. Er berührte leicht mit weißen Handschuhen das Halstuch, lächelte ein gnädiges Lächeln und sagte mit honigsüßer Stimme: „Es tut mir leid, Madame, aber über unsere Preise lassen wir nicht handeln."

Als wären seine Worte Gesetz, öffnete Tertza-Roisa ihre Börse und zahlte ohne weiteres Trara.

Sie kehrten in das Hotel zurück mit vielen netten, kleinen Päckchen; der lächelnde Bräutigam hatte die zwei Regenschirme unter seinen Arm geklemmt. Sie aßen alle zusammen zu Abend. Deborah speiste spärlich, sehr zur Enttäuschung von Reb Baruch Laib.

„Wirklich, wenn das die Art ist, wie du ißt, wirst du bald nicht mehr als ein Gerippe sein," tadelte er sie, so freundlich er konnte. Reb Avram Ber pflichtete ihm bei und wies daraufhin, daß Essen eine notwendige Tätigkeit zum Leben sei. Tertza-Roisa meinte, daß Essen hauptsächlich eine Gewohnheit wäre; wenn man einmal verlernt hätte zu essen, würde man nie wieder Hunger haben, und wer nicht essen würde, könnte nicht erwarten, stark und gesund zu sein. Diese Aussage wurde von allen Anwesenden (bis auf den Bräutigam) gebilligt. Also aß Deborah ihre ganze Portion, auch wenn sie sich fühlte, als würde sie ersticken. Die Hochzeitszeremonie sollte am nächsten Tag stattfinden. Die Braut und der Bräutigam sahen nichts voneinander den ganzen Tag lang. Wieder fühlte sich Deborah vollkommen ruhig. Sie war so unbekümmert wie ein Kind. Wieder gab es für sie keine Sorgen auf der Welt. Sie hatte aufgegeben, sich zu fragen, wer in dem verschlossenen Haus gegenüber wohnte. Aber als der Abend kam und ihre Mutter ihr sagte, sie sollte das Hochzeitskleid anziehen, war sie überwältigt von einer reinen Raserei der Verzweiflung. Ganz plötzlich wurde der Schrecken der Situation ihr klar in einem schneidenden, qualvollen Licht. Und als ob die Rettung auf diesem Weg zu finden wäre, begann sie verzweifelt ihrer Mutter zu erklären, es wäre noch zu früh.

„Bitte, bitte, hetze mich nicht! Und habe ich dir nicht die ganze Zeit gesagt, ich werde nicht, ich werde nicht ein traditionelles Hochzeitskleid anziehen?"

„Sei nicht kindisch, Deborah! Du bist ganz wie ein Säugling!" sagte Reisele, „wenn ich dir sage, du sollst dein Hochzeitskleid anziehen, dann tust du es. Du weißt sehr gut, wenn die Hochzeit zu Hause stattfinden würde, müßtest du dich den ganzen Tag lang weiß anziehen."

„Sag nicht weiß, sage schwarz," brach es aus Deborah heraus.

Reisele schlug die Hände über dem Kopf zusammen.

Deborah stand betend an der Wand, die nach Osten zeigte. Ein wirrer Zug von Erinnerungen, merkwürdigen Erinnerungen, zog durch ihren Kopf. Die alte Channe kam ihr in den Sinn und die Kätzchen, die Channe weggebracht hatte, als die Familie Jelechitz verlassen hatte. Konnte sie jetzt Joel vor sich sehen? Ja, aber was tat er an diesem weitentfernten Ort? Es war eine Erschenung, aber so sehr sie sich bemühte, sie konnte sie nicht loswerden. Sein kluges altes Gesicht weigerte sich hartnäckig zu gehen. „Glückwünsche, Deborah! Sei ein gutes Mädchen und sage deine Gebete!" Es war Simon, der sprach... Dann erinnerte sich Deborah, wie Tertza-Roisa versucht hatte, in gebrochenem Deutsch mit dem Mädchen im Warenhaus zu handeln, die mit weit geöffneten Augen verzweifelt ihre Unschuld beteuert hatte (in gojischem Deutsch) – sie wäre nicht verantwortlich für die Preise, die verlangt würden, sie wäre nicht schuld... Plötzlich brach Deborah in ein Gelächter aus.

Reisele und Tertza-Roisa schauten mit erschreckten Gesichtern auf. „Was auf Erden ist los mit dir? Hast du den Verstand verloren? Verstehst du nicht, was für ein feierliches Gebet das ist?" Reisele sprach so ruhig sie konnte, ihre Verzweiflung verbergend; aber es war grotesk, daß eine Braut sich nicht beherrschen konnte und heftig anfing zu lachen, mitten in ihren Gebeten. Und da war kein sichtbarer Grund für das Gelächter; es war schlichte Verrücktheit!

Deborah verstand, daß die Mutter recht hatte. Sie erstickte ihre Heiterkeit. Sie machte drei Schritte rückwärts, entsprechend dem Ritual, und dann plötzlich, ganz gegen ihren Willen, brach sie in ein weiteres, unkontrollierbares Gelächter aus. Dieses Mal lachte sie lauter als je zuvor, lachte hysterisch.

Reisele biß sich auf die Zunge, tief beschämt und zornig.

Zwei Stunden später, unter dem Hochzeitsbaldachin aus rotem Samt, gehalten von vier Stangen, unterhalb des Nachthimmels, der sich weit und fern über den Hof des Hotels erstreckte, stand Deborah, umgeben von fremden, selbstgerechten Menschen, zitternd wie im Fieber. Es war ihr sehr kalt. Reb Avram Ber selber vollzog die Trauung. Alle, selbst das Dienstmädchen, hatten einen feierlichen Ausdruck angenommen.

Der Mann an ihrer Seite hielt einen Ring in seiner Hand. Völlig verwirrt bemühte sich Deborah vergeblich, den Handschuh von ihren Fingern zu ziehen. Schließlich, völlig durcheinander und vergessend, daß ihr Hochzeitskleid abnehmbare Ärmel hatte, zog sie den langen Handschuh, den der Bräutigam für sie bei Tietz gekauft hatte, mit Gewalt von ihrem Arm, und dabei riß sie den Ärmel mit. Sie stand da mit nacktem Arm, der für alle sichtbar baumelte, und dessen sie sich schämte. Das Blut raste Reb Baruch Laib in den Kopf, und sein fleischiges Gesicht entflammte, seine winzigen Augen brannten. Aber er sagte gar nichts. Deborah schaffte es irgendwie, den Handschuh wieder auf den Arm zu ziehen, und mit dem Ärmel zerknüllt in ihrer Hand, stieg sie die Treppe hinauf, gefolgt von der Menge.

Oben waren die Tische für das Festessen ausgebreitet. Die Gäste tranken auf das frisch verheiratete Paar, Glückwünsche und – da wo angebracht – Küsse wurden großzügig ausgetauscht.

Reb Baruch Laib hatte seine Gründe, um vor Wut zu brennen, aber er hatte ausreichend Selbstbeherrschung, um nicht vor der Zeit zu platzen. Er wartete ab. Der skandalöse Vorfall mit dem nackten Arm hatte ihm den Vorwand geliefert, den er wollte. Und als die Gäste alle an den Tischen saßen und der erste Gang serviert wurde, hielt er seine Zeit für gekommen.

„Diese Hochzeitszeremonie," brüllte er, „ist die größte Schande in meinem Leben gewesen. Zu denken, daß die Ehefrau, die ich für meinen Sohn ausgesucht habe, die Frau, von der ich hoffte, sie würde mit meinem Sohn den Weg Gottes gehen, ein ärmelloses Hochzeitskleid tragen würde und sich selber zur Schau stellen würde, an diesem Abend von allen Abenden! Stellt euch das nur vor! Was für ein Narr bin ich gewesen, mein Geld für sie auszugeben, was für ein Narr! Hat meine Tochter ein ärmelloses Kleid am Hochzeitsabend getragen? Ich würde sagen, nein! Es nutzt nichts, es abzustreiten! Ich habe alles gesehen! Alles!"

Und dann ließ sich Reb Baruch Laib gehen. Es war wie ein Blitz aus heiterem Himmel, und es gab ein vollständiges Durcheinander. Der Bräutigam schämte sich seiner und für seinen Vater, er wäre froh gewesen, in ein Grab springen zu können und sich dort selber zu vergraben. Tertza-Roisa brach in Tränen aus. Deborah wandte einen forschenden Blick auf die Leute um sich herum, als ob sie ihre Gesichter studierte. Sie schien nicht besonders erschüttert zu sein. Offensichtlich begriff sie nicht, was passierte. Reb Avram Ber hatte den nackten Arm nicht gesehen und weigerte sich deshalb, es zu glauben...

„Ich werde meine Tochter wegbringen, und wir werden sofort abreisen!" schrie er Reb Baruch Laib zu. „Wir fahren sofort nach Hause. Glaubt ihr, ich werde erlauben, daß ihr mein armes Kind verleumdet!"

Reisele biß sich auf die Nägel. Sie schaffte es, aber nur durch heftigste Anstrengungen, die Tränen zu unterdrücken, die in ihr aufstiegen. Ihre großen, grauen Augen trugen einen so klagenden Ausdruck, sie glänzten mit solch bitterer Verzweiflung, sie hätten ein Symbol sein können für ewigen Schmerz.

Am Ende erreichten Herrn Lindners Rabbis und besonders auch Herr Lindner selber, eine Versöhnung und Frieden. Die Gesellschaft trank einen neuen Toast, und Segnungen wurden ausgetauscht in alle Richtungen. Reb Avram Ber strahlte. Welch eine Gelegenheit war das zum Jubeln (der Herr sei gepriesen!) Ein einmaliger Moment im Leben eines Vaters! (Die Unannehmlichkeiten von eben waren ganz vergessen und vergeben, soweit es ihn betraf.) Die Gesellschaft ließ es sich wohlergehen und feierte. Die Rabbis wetteiferten miteinander im Erzählen faszinierender chassidischer Geschichten. Reb Avram Ber war ein guter Zuhörer, aber er war auch ein guter Erzähler und erzählte einige der atemberaubendsten Geschichten von allen. Reb Baruch Laib war damit zufrieden, das Leben in Antwerpen zu beschreiben und vergaß dabei nicht, die wohlhabenden Diamantenhändler zu erwähnen. Der Bräutigam lächelte wissend, wie um alles zu bestätigen, was sein Vater sagte. Reisele, am unteren Ende der Tafel, war ziemlich erhitzt. Ihre Augen funkelten in festlicher Stimmung. Tertza-Roisa schüttelte in einem fort begeistert den Kopf. Sie hörte nur auf die Worte ihres Ehemannes und war einfach umgehauen von den Perlen seiner Weisheit. Wie schaffte er es, so viele kluge Sachen in seinem Kopf zu haben? Ihr Gesicht war wie eine Schale mit Bratenfett, rund und glänzend. Deborah war erstaunt, festzustellen, daß sie nicht am Tisch bediente, sondern bedient wurde. Die Frau des Hotelbesitzers hatte sich in Schale geworfen. Mit jedem neuen Gang erschien sie auf der Szene wie eine freudige Botin guter Nachrichten.

Die Gesellschaft aß und trank; die Männer wiegten sich in den Hüften nach links und rechts, als sie chassidische Lieder sangen. Und von Zeit zu Zeit verließen sie ihre Plätze, um wie Kinder im Kreis zu tanzen.

Die Braut fühlte sich wie betäubt. Die erhitzte Atmosphäre war erstickend. Es war schwül, furchtbar schwül. Sie fühlte sich fehl am Platz, sie fühlte, daß sie nicht dorthin gehörte, und sie wußte nicht, was mit sich anzufangen.

Als man sie rief, daß sie bei dem rituellen Hochzeitstanz mitmachen sollte, versuchte sie abzulenken, aber man hörte nicht darauf. Sie schreckte vor der Menge zurück, die sie rief, doch dann fand sie sich wieder mit ihnen im Kreise herumwirbelnd – ein verrückter Zirkel von Fremden, mit denen sie lächerlicherweise durch den Zipfel des Taschentuchs eines Fremden verbunden war. Herum und herum tanzten sie, bis sie überwältigt war vom Schwindelgefühl. Und in der Mitte des Kreises stand Simon, auch er tanzte, klatschte in die Hände und verhöhnte sie.

„Glückwunsch, Deborah! Tanz weiter!"

Sie fühlte sich krank. Sie wußte, daß sie auf der Stelle zusammenbrechen würde in einer tödlichen Ohnmacht, wenn man sie nicht sofort losließe. Vielleicht würde die Tortur weniger schrecklich sein, wenn nicht die Tochter des Hotelbesitzers, ein schlankes, dunkelhäutiges Mädchen in ihrem Alter, an die Tür gekommen wäre, um das Schauspiel mit aufgerissenen Augen zu beobachten.

Die Juden ließen ab von ihr.

Am nächsten Morgen, als sie ihr die Locken bis zu den Wurzeln abschnitten, leistete sie keinen Widerstand. Ihr Haar würde wieder wachsen, zu seiner Zeit. Aber die Perücke, die sie ihr auf den Kopf setzten, verursachte ihr ein Gefühl der Peinlichkeit. Einen Schatten über ihre Augen werfend, verstärkte sie noch die tödliche Bleichheit des Gesichts. Auch der Ring an ihrem Finger war unbequem, wie etwas Überflüssiges – und kalt anzufassen... Sie sagte kein Wort, aber tat lammfromm alles, worum sie gebeten wurde. Kurz nach dem Frühstück kam die Tochter des Hotelbesitzers die Treppe hinaufgerannt mit zwei verspäteten Telegrammen.

„Bitte glauben sie nicht, daß ich neugierig bin, Madame, aber... äh... können sie mir sagen, wie der Name von dem Tanz ist, bei dem gestern nach dem Abendessen alle mitgemacht haben?"

„Es war der Cheidemtanz."

„Wie bitte? Ich habe das nicht ganz mitbekommen."

„Auch wenn ich dir das erklären würde, würdest du es nicht verstehen. Der Tanz ist eine Angewohnheit polnischer Juden."

„Ja, aber bitte sagen sie mir doch, was heißt das Wort. Es interessiert mich, weil es der merkwürdigste Tanz ist, den ich je gesehen habe. So schön, phantastisch schön, aber auch so außergewöhnlich."

„Es ist der Tanz des Teufels, ein ritueller Tanz," sagte Deborah, den Tränen nahe.

„Also gehört er zu einer rituellen Zeremonie? Ich verstehe! Ach, wie originell, wie wunderschön!"

Deborah studierte die braunen Locken des Mädchens. Sie fühlte sich wie eine plumpe, alte Frau in der Gegenwart dieses schlanken, lebhaften, dunkelhäutigen Mädchens, die aber zwei Jahre älter war als sie. Das Mädchen ging weg, zufrieden mit der Information, die sie herausbekommen hatte.

„Madame! Sie nannte mich Madame!" dachte Deborah. Sie war jetzt allein; und niemand wurde Zeuge des Ausbruchs ihres aufgestauten Kummers, der ein wenig Trost brachte für ein schwerbeladenes Herz.

Ein wenig später, als Deborah, völlig erschöpft, auf einem Sofa döste, in einem winzigen Zimmer, das durch einen Plüschvorhang von dem Salon abgetrennt war, wurde sie von der Stimme ihrer Mutter geweckt. Die bekannte Stimme hatte einen neuen und harten Klang, wie Deborah es noch nie vorher gehört hatte.

„Also, jetzt ist die Katze aus dem Sack!" sagte Reisele. „Das Geheimnis von Reb Baruch Laibs grundlosem und skandalösen Ausbruch letzten Abend – in Gegenwart von Fremden, verstehst du! – ist kein Geheimnis mehr. Ach, was für eine gemeine, widerwärtige Kreatur ist dieser Mensch! Oh, was für einen fürchterlichen Fehler haben wir gemacht, was für einen fürchterlichen Fehler!..."

„Wieso, was ist geschehen?" fragte Reb Avram Ber.

„Alles, alles ist geschehen! Mir wurden die Augen geöffnet, aber unglücklicherweise zu spät, zu spät! Wir haben unsere Tochter weggegeben an die falsche Sorte Menschen. Das ist, was geschehen ist! Du erinnerst dich, als wir im Zug gewesen sind, hat Reb Baruch Laib uns erzählt, daß er dreihundert Rubel ausgegeben hat für ein paar Ohrringe, die das Hochzeitsgeschenk von dem Bräutigam an Deborah sein sollten?"

„Ja, das ist richtig. Ich frage mich, warum er sie ihr noch nicht gegeben hat. Es wäre schon Zeit dafür. Worauf wartet er denn?"

„Ich kann dir erzählen warum," sagte Reisele, „weil Reb Baruch Laib ein Lügner ist und ein Schuft. Das ist die einfache Erklärung. Heute am frühen Morgen lag ich auf dem Sofa in dem kleinen Zimmer hinter dem Vorhang, und ganz ohne Absicht hörte ich mit, wie der Alte anfing, sich mit dem Bräutigam zu streiten. ‚Ich weigere mich, damit etwas zu tun zu haben!' sagte der Bräutigam. ‚Die Diamanten in diesen Ohrringen sind Fälschungen, einfache Gläser, und wenn du sie ihr geben willst, bitte sehr! Aber du kannst mich da rauslassen! Wenn du was versprichst, solltest du das auch halten. Wenn du gewußt hast, daß dir das Geld ausgeht, hättest du besser keine solchen Versprechungen machen sollen.' Danach hörte ich, wie sich Tertza-Roisa in den Streit einmischte. Sie bat ihren Sohn, doch vernünftig zu sein und kein Unruhestifter! Sie versicherte ihm, daß in ein paar Wochen, im äußersten Fall, Baruch Laib ein paar Ohrringe mit echten Diamanten holen würde, die genau so aussehen würden wie die künstlichen, und dann könnte er, Berisch, doch in aller Stille die alten gegen die neuen tauschen; und keiner hätte was davon gemerkt. Das war Tertza-Roisas mütterlicher Rat an ihren Sohn – sei ein Schuft wie dein Vater!

Aber Berisch weigerte sich strikt, bei diesem faulen Spiel mitzuspielen. ‚Angenommen, sie findet es heraus,' sagte er, ‚was dann? Stellt euch vor, wie schrecklich das wäre!' ‚Also willst du sie ihr nicht geben, eh?' sagte Baruch Laib. ‚Na gut, du mußt nicht, ich sorge mich nicht. Sie wird nicht einmal Fälschungen jetzt kriegen! Sie kriegt überhaupt nichts! Siehst du, gar nichts!' ‚Das war also in deinem Kopf, als du diese ekelhafte Szene beim Essen angefangen hast?' wollte Berisch wissen. Auf mein Wort, du hättest die Sprache hören sollen, die der Alte gebrauchte, als Berisch ihn so direkt gefragt hatte. ‚Halt dein Maul, du mieser Heide! Du minderwertiges Schwein, halt das Maul! Noch ein Wort von dir, und ich breche dir deinen dreckigen Hals! Rede, wenn du gefragt bist, und sonst schweig!' Er brüllte es heraus wie ein zorniger Stier, alles nur, weil sein Sohn den Finger auf den wunden Punkt gelegt hatte. Berisch hat ihm gewaltig die Maske vom Gesicht gerissen. Siehst du, es war ihm nicht genug, uns hereinzulegen, uns vorzumachen, daß er dreihundert Rubel gezahlt hat für dieses wertlose Zeug, er beschloß auch noch, sich aus der üblen Lage zu befreien, indem er diesen miesen Angriff auf Deborah machte, und uns beleidigte vor allen diesen Fremden! Es war eine abgekartete Angelegenheit, die ihm den Vorwand liefern sollte, sein Versprechen nicht zu halten." Reisele gab einen tiefen Seufzer von sich.

„Dir ist doch wohl klar," begann sie nach einem langen Schweigen, „daß es nicht die Ohrringe sind, auf die es mir ankommt."

„Wie, natürlich! Als ob Ohrringe zählen!"

Reb Avram Ber seufzte sanft. Wenn er diese seltsame Geschichte nicht aus Reiseles Mund gehört hätte, würde er sie nie geglaubt haben. War das möglich? War Reb Baruch Laib tatsächlich diese Art von Mensch? Selbst jetzt konnte Reb Avram Ber sich nicht an den Gedanken gewöhnen. Aber Reisele selber hatte es ihm erzählt – Reisele selber! Er saß niedergeschlagen da, wie leblos, für eine lange Zeit. Dann griff er nach seinem Bart und begann heftig an ihm zu ziehen. Danach kämmte er ihn mit seinen Fingern, zog an ihm, wickelte ihn um den ganzen Zeigefinger und biß endlich wütend auf ihm herum.

„Du verstehst, nicht wahr," wiederholte Reisele, „es sind nicht die Ohrringe, auf die es mir ankommt."

„Natürlich verstehe ich! Ohrringe!" rief Reb Avram Ber aus voller Verachtung.

„Kann man denn hier nirgendwo seine Ruhe haben," sagte Deborah, die den Vorhang zur Seite gezogen hatte... Reisele wandte ihr die großen, traurigen Augen zu.

„Mama, mir macht das nicht aus. Sag kein Wort mehr darüber, bitte. Du weißt, ich will die Ohrringe überhaupt nicht."

Reiseles Blick ruhte auf ihr. Dann ließ sie den Kopf hängen – schweigend.

Reb Baruch Laib und seine Ehefrau würden die Neuverheirateten nach Antwerpen begleiten. Ihr ältester, verheirateter Sohn und eine verheiratete Tochter lebten dort; sie hatten sie seit Jahren nicht gesehen und jetzt ein Familientreffen geplant. Aber Reb Avram Ber und Reisele waren weniger glücklich. Nicht nur konnten sie sich die Fahrkarte nach Antwerpen nicht leisten, sie hatten kaum genug Geld, um die Ausgaben bis Warschau zurück bezahlen zu können. Sie mußten tatsächlich noch am gleichen Abend nach Hause fahren.

Reisele verabschiedete sich still von Deborah. Sie setzte einen Kuß auf die Stirn, öffnete den Mund wie um zu sprechen, saugte aber stattdessen die Backen zwischen die Zähne. Beide, Mutter und Tochter, schwiegen. Sie weinten nicht, und sie hatten sich nichts zu sagen. Sie bewahrten ein eisernes Schweigen.

Reb Avram Ber sagte Lebwohl zu Deborah in sanftem, väterlichem Ton. Er küßte sie auf den Kopf. Für einige Zeit starrte er zum Himmel, rief offenbar den Allmächtigen herbei, als er ihr seinen Segen gab. Sie hörte ihn murmeln: „Oh Vater, du bist allmächtig, liebevoll und voller Gnade!" Und dann kletterte er in den Waggon des wartenden Zuges. Reisele streckte ihren Kopf aus dem Fenster in das Zwielicht des Bahnhofs, verabschiedete sich noch einmal schweigend von ihrer Tochter, die umgeben von drei Fremden stand, in einer fremden Stadt, beobachtend, wie ihre Eltern nach Hause fuhren. Die Lokomotive gab einen langanhaltenden, gellenden Pfeifton von sich. Der Zug begann, sich zu bewegen. Reb Avram Ber und Reisele, die Gesichter an die Scheibe gedrückt, sahen ihre Tochter rasch entschwinden, und dann, von einer Sekunde zur anderen, waren sie weg.

„Vergeßt nicht, die Juden in Warschau von uns zu grüßen, alle, alle, vergeßt es nicht!" rief Tertza-Roisa bewegt den rasch vorbeifahrenden Wagen nach; und sie kehrten in das Hotel zurück.

Kapitel 14

Auf der Reise nach Antwerpen fuhr Reb Baruch Laib fort, weitere Unannehmlichkeiten zu verursachen. Der Ärger dieses Mal war ein Buch, das Deborah von ihrer Mutter genommen hatte (die gerade damit fertig gewesen war), und dem sie sich jetzt begierig zugewandt hatte, um sich die Zeit zu vertreiben.

Es dauerte nicht lange, und sie war tief versunken in seinen Seiten – es beschrieb das Leben von Moses Mendelssohn – und ihr Herz blutete, als sie die Abenteuer dieses armen leidenden Philosophen-Buckligen verfolgte. Sein unerschütterlicher Kampf gegen seine eigene körperliche Gebrechlichkeit und die äußere Feindseligkeit erweckten ihre heftigste Bewunderung. Der Bericht, wie die Polizei ihn zurückgewiesen hatte vor den

Toren von Berlin, erfüllte sie mit tiefem Mitleid für den helläugigen Krüppel, der intellektuell und geistig den gemeinen Pöbel so weit überragte, der ihm den Weg versperrte; und sie war voller Haß und Verachtung für die Polizei, die so eine abscheuliche Rolle in dem Drama spielte. Sein Triumph am Ende über unzählige Gegner war wie ein persönlicher Sieg für sie, und wie sie jubilierte! Sie war so gefesselt von dem Buch, daß ihr eigenes Leben vergessen war. Aber Reb Baruch Laib sorgte dafür, daß dieses Vergessen kurzlebig war. „Jetzt ist kein Zweifel mehr möglich," fauchte er. „Sie ist eine Freidenkerin! Schaut nur, sie liest die Biografie von Mendelssohn, dem Ketzer! Nun mach schon, schau hin!" drängte er seine Ehefrau und wies mit einem anklagenden Finger auf die Titelseite des Buches, das Deborah für einen Moment beiseite gelegt hatte.

Tertza-Roisa überprüfte, wie es sich gehörte, die Titelseite (obwohl sie nicht lesen und schreiben konnte, wie ihr Ehemann wohl wußte), und sie schüttelte den Kopf mit einer Miene der Mißbilligung. Sie fragte sich, was da auf Erden falsch sein konnte, aber wenn Reb Baruch Laib entsetzt war, dann war es Grund genug für sie, ebenfalls entsetzt zu sein. Aber trotzdem, mit schüchternen Gesten und unterwürfigem Lächeln bat sie ihn, den tugendhaften Zorn zurückzuhalten und Friede zu wahren.

Der Bräutigam schäumte vor Zorn. Aber auch er warf seinem Vater einen flehenden Blick zu, jedoch war da etwas in seinen Augen, das Böses ahnen ließ; und mit großem Bedauern gab Reb Baruch Laib nach. Deborah ignorierte ihn. Sie las ruhig weiter. In ihrem Herzen aber war ein Aufruhr...

Der Zug dampfte in den Bahnhof von Antwerpen hinein, als es begann, dunkel zu werden. Der Zentralbahnhof bot ein Bild des Halbdunkels und der vollständigen Leere. Die Ankunft des Schnellzuges belebte die Dinge ein wenig, aber wirklich nur ein wenig. Auch die Straßen machten einen eintönigen Eindruck – sie waren dunkel und trostlos. Die schimmernden Eisenstangen am Eingang zum Zoo vermittelten ein Bild, als ob hinter ihnen ein dunkles und elendes Gefängnis läge. Ein leichtes, aber ununterbrochenes Nieseln, ganz anders als ein Sommerregen, hinterließ tränengleiche Spuren auf den Scheiben ihres Taxis.

Der Wagen hielt in der Levrickstraße, oder „Boulevard de Levrique", wie die Witzbolde von Antwerpen sie scherzhafterweise nannten. Der Bräutigam klopft an eine Tür. Er mußte eine ganze Weile klopfen, bevor er einen Eindruck auf den Lärm machen konnte, der drinnen vor sich ging. Dann endlich zeigte das Erscheinen eines tristen, grünlichen Lichts im Hausflur, daß jemand kam.

Die Tür öffnete sich und der „Jemand" erwies sich als eine ganze Ansammlung von Leuten. Sie wurde angeführt von einer großen Frau in ihren frühen Dreißigern mit einem riesigen Busen und einer flachen blonden Perrücke auf dem Kopf; danach ein großer, junger Mann, der ein Spiegelbild des Bräutigams war, außer, daß er einen viel größeren Bart hatte, und endlich eine Horde von Kindern jeglichen Alters und Aussehens. Sie alle fielen sofort den Neuangekommenen um den Hals, kreischten und küßten und entschuldigten sich wortreich, daß sie es nicht geschafft hatten, zum Bahnhof zu kommen. Nach einer Unterbrechung zum Atemholen begannen sie wieder zu umarmen und zu küssen. In dem allgemeinen Durcheinander legte Reb Baruch Laib die Hände auf die kurze junge Frau mit dem Rote-Rüben-Gesicht und erdrückte sie fast, bevor er entdeckte, daß sie seine Schwiegertochter war und nicht seine Tochter, wie er erst gedacht hatte. Er machte das dann wieder gut, indem er seiner Tochter einen flüchtigen Kuß ins Gesicht gab. Sie war die große Frau mit dem dicken Busen und der blonden Perücke. Sein ältester Sohn, der junge Mann mit dem großen, roten Bart, dessen Frau das Opfer von Reb Baruch Laibs Irrtum gewesen war, machte den Vorschlag, sie sollten alle hineingehen und im Licht weiterküssen und nicht im Dunkel herumlungern. Dieser Vorschlag wurde bereitwillig aufgenommen und in einem Augenblick waren die Gäste untergebracht mit allem Gepäck in der Wohnung der älteren und größeren der beiden Frauen.

Hier war die Luft klamm, sie schlug auf die Nase mit einem Geruch nach Pilzen und Urin. Der wackelige Tisch war bedeckt mit einem Stoff, der soviel Löcher und Tintenflecke hatte, als schien er die Ereignisse eines langen und bewegten Lebens festzuhalten. Der Vorhang über den beiden Fenstern war nur teilweise zerrissen, aber durchgängig dreckig. Die Stühle krachten, und der Säugling der Familie – ein feiner, pummeliger Junge von einigen Monaten – brüllte in seiner Krippe wie ein richtiger Teufel. Kein Zweifel, daß er entrüstet war, weil er bei dem lärmenden Empfang ausgelassen worden war.

„Also das ist Antwerpen! Hier kommt das Schiff in seinen Hafen!" dachte Deborah.

Die große Frau und die runde Frau beschäftigten sich beide mit dem Teemachen. Der junge Mann mit dem großen roten Bart holte eine Whiskyflasche aus dem Koffer seines Vaters. Seine Mutter, Terza-Roisa, gab ihm eine zweite Flasche und sagte:

„Mach sie auf, Lipa. Es ist süßer Cognac für uns Frauen. Da!"

Dann standen sie alle mit erhobenen Gläsern in einem Kreis. Reb Baruch Laib und Lipa brachten beide einen Toast aus auf die Geburt eines Sohnes in naher Zukunft. Die Weiber tranken auch auf den ungeborenen Sohn. Deborah war verlegen und brachte kein Wort heraus. Die Weiber tauschten bedeutungsvolle Blicke, schauten auf den Bräutigam und dann lächelten sie. Deborah lächelte auch, amüsiert und verärgert. Die Szene erschien ihr eher komisch als tragisch.

Nachdem das Tischtuch saubergewischt worden war, setzten sich alle an den Tisch. Der junge Mann mit dem großen Bart begann eine ernsthafte Unterhaltung mit seinem Vater; er hatte offensichtlich etwas Feierliches und Vertrauliches, das er ihm mitteilen wollte. Und er verlieh seinen Bemerkungen zusätzliches Gewicht, indem er ständig an diesem hübschen, buschigen Bart zupfte. Er hatte den Bart extra seinem Vater zuliebe wachsen lassen, nur um den alten Knaben davon zu überzeugen, daß er – Lipa – so fromm war wie ein Rabbi, und daß er – deshalb – Unterstützung verdiente. Lipa wußte, daß sein Vater wußte, daß der Mann nach dem Angesicht Gottes geschaffen worden war, und daß kein guter Jude auch nur im Traum sich Gottes Willen entgegenstellen würde, und das abschnitte, was wächst an seinem Kinn. Das also war Lipas Trumpfkarte, und er ließ keine Gelegenheit verstreichen, ohne sie zu spielen. Er zupfte an dem Bart herum und machte ein finsteres Gesicht. Aber gerade, als er dabei war, das Kinn zu heben und den Bart seinem Vater unter die Nase zu halten, als eine letzte Vorführung seiner Frömmigkeit, öffnete sich die Tür, und der Hausherr kam herein, ein drahtiger Mann von etwa fünfundvierzig Jahren, mit einem wirklich langen Bart, der von schwarzen und grauen Haaren nur so wimmelte. Er erfaßte die Situation mit einem Blick. Er war nicht sehr überrascht und nicht sehr erfreut. Er täuschte aber Freude vor, gerade so des Anstandes wegen, aber er übertrieb es nicht. Er ging zu seinem Schwiegervater und sagte „Friede sei mit euch!" (den Bräutigam nahm er nicht wahr). Dann hob er, ganz der umsichtige Mann, seine Nase wie ein Kenner und schnüffelte ein- oder zweimal mißtrauisch herum. Sofort, ohne das geringste Zögern, schritt er hinüber zur Krippe, wo der Säugling immer noch heulte wie ein Besessener, und dann hob er – wieder ohne zu zögern – die Bettdecke hoch. Ein giftiger Geruch drang durch den Raum. „Hast du etwas dagegen, dich auch einmal hierherzuwenden, meine Süße! Komm doch einmal herüber!" sagte er zu seiner Frau mit beißendem Spott. Währenddessen stieß das Kind seine Beine heftig in die Luft, und alle Anwesenden griffen instinktiv nach ihren Nasen und drückten sie zu, als ginge es um das liebe Leben.

Jedoch, der Herr des Hauses war bald von seiner Frau besänftigt (der großen Frau mit dem dicken Busen und der blonden Perücke), als sie ihn um Vergebung bat. Sie wäre den ganzen Abend sehr beschäftigt gewesen, sagte sie, und auf jeden Fall wäre die Sache eben erst geschehen. Er ließ sich sogar dazu herab, ihr zu helfen, die Krippe sauber zu machen, und jedes Mal, wenn sie sich über die Laken beugte, gab er ihr einen freundlichen Kniff in den fleischigen Teil.

Als alles vorüber war, wurden die Oberfenster ein klein wenig geöffnet. Und zu Ehren des Herrn des Hauses wurden die Becher aufs neue gefüllt. Dieses Mal wurde auf den neugewickelten Säugling in der Krippe getrunken; die Hoffnung wurde ausgedrückt, daß er eine Quelle der Freude sein möge für seine Eltern und die ganze Familie. Und mit den Nasen immer noch verzogen, kauten alle süßen Honigkuchen.

Reb Baruch Laib, Tertza-Roisa, die zwei fülligen jungen Frauen und der junge Mann mit dem sprießenden roten Bart riefen den Bräutigam zur Seite und sie alle gingen in das Nebenzimmer.

Deborah blieb zurück mit dem Herrn des Hauses und der Kinderschar. „Ich hoffe, man hat euch keine falschen Vorstellungen gemacht über das Einkommen eures Ehemannes," sagte der Herr des Hauses, sich mit einem bedrohlichen und boshaften kleinen Lächeln an Deborah wendend. Deborah sank das Herz. Es war die Brutalität mehr als die Bedeutung der Worte, die sie verblüffte und verärgerte. Was für eine Art von Reden war das?

„Bitte seid nicht so erschreckt," machte ihr Schwager weiter. „Es ist nicht nötig, zu verzweifeln. Aber es hängt alles von euch ab." Er war ein unangenehmer Mensch. Wieso verzweifeln? Was hing von ihr ab? Seine Worte beunruhigten sie.

„Der Punkt, auf den ich kommen möchte, ist der: eine kluge Frau kann ihren Ehemann formen wie Wachs. Wenn er faul ist, wird sie wissen, wie ihn fleißig zu machen. Eine entschlossene Ehefrau kann den Schlimmsten der Männer verwandeln in ein Vorbild von einem Ehemann. Ich hoffe, ich habe mich klar ausgedrückt. Ich meine, es ist überflüssig, von Einzelheiten zu reden."

Wirklich, dachte Deborah, das wäre ganz überflüssig. Er hatte sich reichlich deutlich ausgedrückt. Aber sie tröstete sich mit der Überlegung, daß dies wohl ein Fall von persönlicher Feindseligkeit war.

Er warf ihr einen verstohlenen Blick zu, um zu sehen, wie sie es aufgenommen hatte. Deborahs Augen irrten durch den Raum. Ganz eindeutig stank er nach Armut und Elend. Das Licht aus der Gaslampe floß in trüben Wellen einer elenden grünen Farbe. Die Tapeten waren voller Flecken und hingen an verschiedenen Stellen in Fetzen von den Wänden. Der Boden unter den Füßen war klebrig, und die Decke über dem Kopf von einem rauchigen Braun. In einer Ecke neben der Tür war eine fettleibige Spinne an der Arbeit, sich ein Netz zu weben.

Deborah bemerkte eine Fliege auf einem gelben Fliegenpapier, das von der Decke herunterhing, wie sie heftig darum kämpfte, dem Schicksal der anderen Fliegen zu entgehen, die den Kampf schon lange aufgegeben hatten und tot an der klebrigen Masse hingen. Aber diese eine weigerte sich aufzugeben, und zum Ende hatte sie ein Bein verloren, aber das Leben gerettet. Die verstümmelten Überreste flogen mit einem fürchterlich brummenden Geräusch davon. Was für eine ekelhafte Sache, einen Friedhof für Fliegen im Hause zu haben. Der Anblick davon, und von vielen anderen Sachen im Haus, schmerzte ihr Herz. Der Herr des Hauses paßte nur zu gut in diese Umgebung. Wie konnte er es wagen, ihr Ratschläge zu geben?... Ganz plötzlich, sich noch einmal rasch umschauend, zitierte sie – beinahe unfreiwillig – eine alte hebräische Spruchweisheit: „Des weisen Mannes Reichtum ist seine Weisheit; er besitzt keine weltlichen Güter."

Sie war selber vollkommen überrascht, wie plötzlich dieses kaum bekannte Zitat ihr über die Lippen gekommen war. Dann erinnerte sie sich, daß ihr Vater es hin und wieder benutzt hatte bei seinen seltenen Krächen mit ihrer Mutter.

Der Herr des Hauses nahm die Unterstellung übel, er habe keine weltlichen Güter. Er wußte, auch wenn sie es nicht tat, daß er einmal ein wohlhabender Mann gewesen war; bevor er sich von seiner ersten Frau hatte scheiden lassen, war er ein sehr wohlhabender Mann gewesen! Und daß er ein weiser Mann war, daran gab es für ihn keinen Zweifel – schließlich waren auch alle anderen im Hause davon überzeugt. Er fühlte sich tief beleidigt und warf einen heftigen Blick auf Deborah, der ewige Feindschaft zu schwören schien. Besorgt, ihn loszuwerden, begann Deborah mit dem Säugling zu spielen, der ganz freundlich vor sich hinlächelte.

Die Familienbesprechung ging zu Ende. Es wurde beschlossen, daß sie zum Abendessen bleiben sollten, wo sie waren. Deborah sollte die Nacht mit ihrer Schwägerin verbringen (der kurzen mit dem sehr roten Gesicht), und die Männer wurden in einem Hotel am Ende der Straße untergebracht. Deborahs zwei Schwägerinnen fingen an zu arbeiten. Lipa ging einkaufen. Der Herr des Hauses, das Gesicht von Mißmut gezeichnet, weigerte sich, Interesse zu zeigen für das, was vorging. Er verweigerte der Familie sogar, Nutzen aus seiner Weisheit zu ziehen, und wann immer jemand sich ihm wegen eines Rates näherte, antwortete er, sie sollten ihm einen Gefallen tun, die Schnauzen halten und ihn in Ruhe lassen.

Als die große Frau mit der blonden Perücke ein Tischtuch ausbreitete, das voller Löcher und häßlicher Flecken war, schämte sich Tertza-Roisa deswegen und meinte zu ihrer Schwiegertochter, sie sollte doch ein anderes holen. Die junge Frau mit dem roten Gesicht lief in den Nebenraum, wo sie ihr eigenes kleines Zuhause hatte, und kehrte bald im Triumph zurück mit einem gebügelten, schneeweißen Tischtuch, das Beweis ablieferte für ihre hausfraulichen Qualitäten, woraufhin die andere Frau beleidigt die Nase hochstreckte.

Währenddessen war Lipa zurückgekommen mit einer Ladung von Heringen, Würsten, Brötchen, Kuchen und Bierflaschen. Reb Baruch Laib setzte sich an den Kopf des Tisches. Zu seiner Rechten war der Bräutigam und zu seiner Linken der mürrische Herr des Hauses. Dann kam Lipa und dann die Weiber. Die Kinder wurden am Ende des Tisches untergebracht, alle in einem Wirrwarr wie eingemachtes Sauerkraut. Zuerst saßen sie ruhig genug. Allmählich aber verging ihre Verlegenheit, und sie begannen, sich zu vergnügen. Sie griffen mit ihren schmutzigen Fingern nach den Heringen und Würsten und jedem anderen Essen, das sie erreichen konnten; sie nahmen ein Brötchen, ließen es fallen und beschlossen, dafür ein anderes zu nehmen; sie streckten sich in voller Länge über den Tisch mit übermenschlicher Anstrengung, um an den geschnittenen Kuchen zu kommen. Sie leckten ihre Teller leer, schluckten hinunter ohne zu kauen, alles ohne Rücksicht darauf, daß ihre Nasen trieften... Vater und Mutter und die ganze Verwandschaft machten ihnen Vorhaltungen, und fragten sie, wo sie ihre Manieren gelassen hätten.

„Igitt, kannst du das nicht besser?"

„Wisch dir die Nase, pfui!"

Aber die Kinder nahmen nicht im mindesten von ihnen Notiz und machten auf die eigene, süße Weise weiter. Selbst wenn sie sich wie Engel benehmen würden, die Erwachsenen würden ihnen immer noch Predigten halten. Also, warum sich kümmern? Aus irgendwelchen Gründen hatten Erwachsene immer die Angewohnheit, „Igitt, kannst du das nicht besser?" zu sagen. Es schien ihnen Spaß zu machen, solche Sachen zu sagen. Aber jedes Kind bei klarem Verstand wußte, daß es nichts brachte, solche Ermahnungen ernst zu nehmen. Alle Kinder hier waren ausgesprochen vernünftig, sie kümmerten sich sehr gut um sich selber. Alle, mit Ausnahme des ältesten Jungen; er verblaßte sehr. Er hatte das reife Alter von zwölf Jahren erreicht. Und er konnte sich nicht dazu herablassen, sich so wie die anderen zu benehmen. Jedoch wurde er nicht als Erwachsener anerkannt. Er fühlte sich ausgeschlossen. Seine Augen klebten an den Leckerbissen mit leidenschaftlichem Verlangen, aber er wartete vergebens auf eine Aufforderung seiner Eltern. Endlich konnte er es nicht länger aushalten, und mit der Wut eines Rebellen begann er, von den Platten zu grabschen, und das wie ein hungriges Tier. Die ganze Familie war sprachlos vor Entsetzen. Was, so ein großer Junge – es war schrecklich!

Unglaublich! Ohne ein Wort zu seiner Verteidigung von sich zu geben, nahm er sich seine kleinen Brüder und Schwestern vor, zwickte sie erst und gab ihnen dann einen Stoß in die Seite: „Uhh!" sagte er, „könnt ihr das nicht besser. Ich schäme mich ja für euch, wirklich!"

Zuerst schien das Kind in der Krippe bereit zu sein, eine aktive Rolle bei den Feierlichkeiten zu spielen. Es gluckste und sang leise vor sich hin. Es hatte die Flasche ausgetrunken, lag in einem sauberen Bett und war so zufrieden, wie es zufrieden sein konnte. Aber da es niemanden hatte, mit dem es sich beschäftigen konnte außer seinem eigenen großen Zeh, schlief es am Ende ein.

„Was ist nur los mit diesen Kindern heute abend?"

„Chaim, willst du, daß ich dir auf die Finger haue? Jetzt laß das los! Lege das hin!"

„Ich spiele nur damit; ich werde das doch nicht essen!"

„Trotzdem, hör' auf, damit zu spielen! Tu den Apfel zurück, woher du ihn genommen hast!"

„Ich kann nicht mehr! Ich weiß nicht, was soll ich nur machen?"

„Was du machen sollst? Hier, stopf dir ein bißchen Tabak in die Nase!"

„Jankele, sitz wie ein Mensch!"

„Ich sitze doch wie ein Mensch!"

„Sitz gerade!"

„Ich sitze gerade!"

„Nein, tust du nicht! Hör, was man dir sagt! Sitz ordentlich!"

„Igitt, Faigele, was ist los mit dir, ein großes Mädchen wie du? Schäm dich! Hier, schnell, putz dir die Nase!"

Taschentücher im Überfluß kamen von Onkel Lipa und der Tante, der Großmama, dem Papa; und sogar die Mama kam angestürzt mit einer Schürze. Aber zu spät, Faigele konnte nicht warten und hatte das Tischtuch benutzt.

„Wenn diese unverschämtem Blagen sich nicht bald bessern, wird es ihnen noch leid tun!" sagte der Herr des Hauses und schaute dabei finster auf Deborah. „Benehmt euch endlich!"

Für eine Weile saßen die Kinder regungslos, wie versteinert, aber sie schöpften nur Atem für einen erneuten und wilderen Angriff auf die Kuchenstücke.

„Ihr nehmt euch nicht selber? Was kann ich euch anbieten? Ich vermute, ihr haltet nicht viel von der belgischen Hühnerwurst? Sie schmeckt nicht halb so gut wie die polnische Wurst. Aber was kann man erwarten? Polnische Wurst ist berühmt in der ganzen Welt," sagte Lipa, Deborah galant ansprechend, aber unverfroren hinüber zu seinem jüngeren Bruder starrend, mit einem höhnischen Lächeln, als wollte er sagen: „Es kränkt dich, wenn ich mit deiner Braut rede? Gut so! Halte mich auf, wenn du kannst, du blöder Idiot!"

Der Bräutigam senkte die Augen mit einem Ausdruck, der zu sagen schien: „Geh zur Hölle."

„Nein, überhaupt nicht. Die Wurst ist ausgezeichnet," sagte Deborah, aus Höflichkeit die Wurst verteidigend, ohne Anstalten zu machen, sie zu essen.

Reb Baruch Laib trank viel und so auch der Herr des Hauses, der jetzt so beschäftigt war mit seiner Flasche, daß er die Kinder machen ließ, was sie wollten. Dies war Lipas beste Gelegenheit, seinen Bart vorzuführen – und es war wirklich ein lieblicher Bart, die Art von Bart, die einem Heiligen Ehre getan hätte.

Jedes Mal, wenn er einen Schluck hinunterkippte, warf er den Kopf zurück und reckte sein Kinn vor, damit seine Eltern sich erfreuen konnten an seinem haarigen Zeichen der Frömmigkeit. Wenn ein Bart wie dieser den alten Mann nicht blechen ließ, dann schon gar nichts! Der Bräutigam war ganz erpicht darauf, sich seiner Braut zu nähern. Er spielte mit dem Gedanken, ihr eine Orange zukommen zu lassen oder ein Schlückchen Cognac, er hätte vielleicht sogar ein paar Worte mit ihr gesprochen, allein schon, um seinen Bruder Lipa zu ärgern, den frechen Hund!

Aber er kam nicht an sie heran, sie saß zu weit unten am Tisch. Es war sehr ärgerlich. Als sein Bruder Lipa verheiratet wurde, war der neben seine Ehefrau, Baile, gesetzt worden. Vielleicht, weil sie Cousin und Cousine gewesen waren. Nein, das war nicht die Erklärung. Die wirkliche Erklärung war, daß sich alle an einer Verschwörung beteiligten gegen Deborah und ihn selbst. Sie waren ein gemeines Pack! Endlich kam das Hochzeitsabendessen – das erste in einer Reihe von sieben rituellen Feiern – zu seinem Ende. Sie beteten. Die Kinder waren schon vor längerem auf ihren Stühlen eingeschlafen und dann in die Betten getragen worden, eins nach dem anderen. Es war nach zwei in der Nacht. Deborah saß immer noch am Tisch, ihren Kopf gebeugt von Mattigkeit. Lipa und seine Frau waren schon gegangen. Tertza-Roisa führte sie in das nebenanliegende Schlafzimmer. Hier saßen Lipa und seine Ehefrau Seite an Seite an einem winzigen Tisch. Wie sehr wünschte Deborah, sie könnte die Bettdecke wegreißen und sich selber in die weißen Laken werfen. Es war ein einladendes Bett, hochbedeckt mit aufgeblasenen Daunen und gekrönt von einem großen, aufgeplusterten Kissen, verziert mit Spitzenleisten und gezeichnet von einem künstlerisch eingestickten Monogramm in roter Seide.

Das junge Paar saß am Tisch und schien Deborahs Gegenwart nicht wahrzunehmen. Sie bemerkte, daß Lipa einen Teller in seiner Hand hielt und mit einer gekochten Pflaume auf einem Silberlöffel herumwedelte, den er versuchte, seiner Frau in den Mund zu stecken. Es war sehr seltsam!

„Oh, bitte, laß mich allein," bat die fette junge Frau, als ob sie eine bittere Medizin schlucken sollte.

„Jetzt sei ein gutes Frauchen und mach, was dein Männchen dir sagt. Pflaumen, weißt du, sind gut für dich. So, jetzt rutscht es runter!"

Sie protestierte neckisch, verzog das Gesicht, aber Lipa war so fest, wie er freundlich war. Er bestand darauf, daß sie alle Pflaumen aß, wirklich alle, weil ihre Gesundheit es so verlangte.

„Und jetzt, mein Schatz, verlasse ich dich, und du kannst in dein Bett gehen."

Er gab ihr einen Gutenachtkuß und erst, als er seine Lippen wegnahm, entdeckte er, daß er Zuschauer hatte. Er geriet ganz durcheinander und entschuldigte sich, aber Deborah hatte ihn zuvor beobachtet, wie er sie aus einer Ecke des Auges angeschielt hatte. Es war alles sehr seltsam!

Die fette junge Frau mit dem Rote-Rüben-Gesicht lächelte sie an und entfernte die Bettdecke.

„Mein Ehemann ist solch ein Narr," sagte sie mit wehleidiger Stimme, aber einem schadenfrohen Grinsen im Gesicht. „Er ist wirklich zu gut zu mir, der Dumme! Er hängt den ganzen Tag um mich herum, ich kann ihn einfach nicht abschütteln. Er ist so ein Lieber!"

Deborah riß sich fast die Kleider herunter und warf sich ins Bett. Tertza-Roisa und Baile begannen sich auszuziehen, schnürten ihre Korsetts am Rücken auf, öffneten die Schnappverschlüsse vorne, entfernten baumwollene Polsterungen von den Hüften, und noch mehr Polster von ihren Hintern, die alleine schon umfangreich waren. Deborah schaute ihnen zu, unter der Bettdecke hervor. Was für seltsame Kreaturen die Frauen waren, die ihre monumentalen Rückseiten noch mit baumwollenen Polsterungen vergrößerten. Die junge Frau drehte das Licht aus. Sich in das Kissen kuschelnd und den Körper zusammengekugelt, starrte Deborah aus der bequemen, angenehmen Bettwäsche heraus auf die gegenüberliegende Wand. Auf dieser Wand tanzten die vergrößerten Schatten der beiden Frauen umher. Schattige Bänder flatterten. Endlich gingen die Schatten ins Bett und alles war still. Der Friede der Nacht war berauschend nach all dem Lärm und der Aufregung. Aber Deborah war zu erschöpft, um leicht einzuschlafen. Unzusammenhängende Gedanken rasten durch ihren Kopf, bis ihr schwindelte. Sie versuchte, diese Gedanken ohne Sinn loszuwerden, indem sie zählte: Eins, zwei, drei und vier und fünf, aber es nutzte nichts. Sie hielt einsam Wache für eine lange Zeit und dann, in den frühen Morgenstunden, wurde sie aus der unerträglichen Benommenheit geholt durch ein geflüstertes Gespräch von Herz zu Herz zwischen Schwiegermutter und Schwiegertochter in dem gegenüberliegenden Bett.

„Schläfst du, Baile?"

„Nein."

„Warum, was ist verkehrt?"

„Nichts besonderes! Ich kann irgendwie nicht schlafen."

„Gut, und wie kommst du voran?"

„Ich erwarte es in etwa zwei Monaten."

„Ja, ich weiß das. Aber Lipa, was ist mit Lipa?"

„Frage nicht! Seitdem ich verheiratet wurde, ist das ein Leben wie Hund und Katze! Auf meine Feinde gesagt! Lebendig begraben bin ich."

„Aber das hat sich doch sicher jetzt geändert. Er sagte mir, er ist jetzt ein ganz anderer Mensch."

„Hat er dir das gesagt, ja? Natürlich! Und es würde mich nicht überraschen, wenn du ihm glaubst. Ich habe nicht mitbekommen, daß er mit dir geredet hat."

„Nu, siehst du, kurz bevor wir ins Bett gegangen sind, habe ich mich ein bißchen mit ihm im Zimmer nebenan unterhalten. Ich habe ihn extra hineingeholt. Er war der erste, der mir die Nachricht brachte von dem Kind, das du erwartest. Na, na, bald wirst du eine Mutter sein, und immer noch beklagst du dich, daß du nicht mit ihm zurechtkommst. Achte auf das, was ich dir sage, wenn das Kind da ist, wird Lipa ein neuer Mensch sein!"

„So hoffe ich! Alles, was er bis dahin macht, ist, seine Zeit in Laibels Café zu vergeuden und Karten zu spielen, vom frühen

Morgen bis nach Mitternacht! Und vergißt mich völlig, ich zähle nicht. Ich habe alle Hausarbeiten zu machen und ordentlich zu machen – schau, du kannst selber sehen, wie sauber ich mein Haus halte, nicht wie es Rifka macht."

„Nun, es gibt dafür Gründe. Rifka hat alle Hände voll zu tun, auf die Kinder aufzupassen. Gott segne sie! Du wirst bald selber herausfinden wie schwer es ist, ein Haus zu führen, wenn du für ein Kind zu sorgen hast."

„Was soll das? Arbeite ich nicht als Schneiderin? Schufte ich nicht von morgens bis in die Nacht? Muß ich nicht all die feinen Damen in der Stadt ankleiden, all ihr Meckern und Feilschen aushalten, als ob ich nicht aus Fleisch und Blut bin, genau so wie sie? Oh, wie ich sie hasse! Ich könnte sie umbringen! Verbrennen sollen sie, zusammen mit ihm! Wäre ich doch nur bei der Hochzeit gestorben! Ich will eher tot sein (um Gottes Willen!) als weiter so ein armes, elendes Leben führen."

Deborah war sowohl amüsiert als auch erschreckt. Sie hörte den Klang eines gedämpften Weinens.

„Ich hoffe, sie ist nicht wach."

„Natürlich nicht, Dummkopf! Sie schläft, sie schläft ganz fest. Sie war doch schon am Tisch halb eingeschlafen. Ich wünsche, ich könnte so fest schlafen wie sie. Alt sein ist kein Vergnügen," sagte Tertza-Roisa und gab einen wehmütigen Seufzer von sich.

„Nun, ich kann nicht sagen, daß ich Spaß daran habe, daß ich jung bin. Bei all dem Vergnügen, daß ich davon habe, da könnte ich genau so gut eine Witwe sein und an Lipas Grab weinen."

„Hör auf! Trau dich nicht, so über meinen Sohn zu reden!" fauchte Tertza-Roisa in plötzlicher Wut.

„Dein lieber kleiner Sohn! Und ich nehme an, ich bin nicht das Kind von einer Mutter. Ich bin ein Auswurf, ein Hund!"

„Ach, ach! Fang nicht wieder an zu weinen, weine nicht!" sagte Tertza-Roisa, sofort wieder ihren früheren schmeichelnden Ton annehmend. „Schließlich sind wir immer bereit, euch eine hilfreiche Hand zu geben. Mit der Unterstützung, die ihr von deinem Schwiegervater bekommt, und dem, was du bei deiner Schneiderei verdienst, solltet ihr doch zurechtkommen."

„Ja, aber was wird passieren, wenn das Kind kommt. Du hast selber zugegeben, daß dann alles anders ist. Werde ich dann immer noch das Brot verdienen müssen?"

„Scha, scha; die Dinge sind nicht so schwarz, wie du sie zeigen möchtest," sagte Tertza-Roisa, besorgt ihre vorherige Taktlosigkeit wieder gut zu machen. „Gebe Gott! Morgen rede ich über die Sache mit deinem Schwiegervater. Und Lipa habe ich auch etwas zu sagen. Und glaube mir, wenn dein Schwiegervater mit Lipa zu Ende ist, wird Lipa ein neuer Mensch sein, du kannst mir das glauben. Jedenfalls, wenn der Säugling kommt, wird Lipa ein guter Familienmann sein, und er wird ehrlich, ernsthaft arbeiten, weil, wenn jemand Vater geworden ist, ist alles anders."

„Das hoffe ich! Auch wenn es zu schön klingt, um wahr zu sein. Auf jeden Fall, was nutzen alle diese Versprechungen? Habe ich nicht genug Versprechungen gehabt? Und jetzt muß ich Nacht für Nacht sitzen, krank und schwanger, ganz allein, wie ein Hund an der Kette. Ich sitze da, stundenlang, warte auf ihn, und wenn es anfängt, mir übel zu werden, muß ich gehen und mir selber ein Glas Wasser holen. Keiner hebt einen Finger für mich, oder sagt ein nettes Wort zu mir. Nicht einmal ist er an einem Abend hereingekommen, um zu sehen, wie es mir geht; nicht einmal in zwei Jahren hat er angeboten, mit mir in das jiddische Theater zu gehen. Wenn er ein bißchen Anstand hätte, würde er mich hin und wieder fragen, ob ich mit ihm ins Theater gehe, aber nicht er! Nein, er nicht!"

„Habt ihr denn ein jiddisches Theater in Antwerpen?"

„Natürlich. Wir haben jetzt gerade eine wunderbare Truppe von umherreisenden Schauspielern, die aus London herüber gekommen sind. Und ob sie machen, daß man lacht? Man brüllt vor Lachen! Die Leute erzählen, sie haben einen besonderen Schauspieler, der so komische Lieder singt, daß, wenn man sie hört, lacht man, bis der Bauch wehtut. Lipa brachte einmal ein Bündel Blätter nach Hause, wo alle ihre Lieder darauf geschrieben waren, damit er sie auswendig lernen konnte, und ich höre nichts anderes in diesen Tagen als ihn, wie er immer wieder dieselben Lieder singt. Eines von ihnen geht so:

Anna ist so fett wie flatterhaft
und hat das Hemd ganz hochgerafft!

Lipa ist einfach verrückt nach dem Schauspieler. Aber habe ich schon mal ein Stück gesehen? Oh nein! Ich zähle nicht! Ich kann zu Hause bleiben wie ein Hund an der Kette. Es ist nicht wert, zu leben, diese Art von Leben, glaube mir!"

„Was kümmerst du dich ums Theater? Theater, Schmeater! Unsinn! Du hast Sorgen! Ich habe all die Jahre gelebt (Gott sei Dank), ohne einmal im Theater gewesen zu sein. Und geht es mir schlecht deswegen?"

„Heute ist alles anders. Es ist die Pflicht von einem Ehemann, seine Frau ins Theater zu führen. Keine moderne Frau muß ertragen, was ich ertrage. Es ist wie lebendig begraben, so ist es. Gott vergebe mir, was ich sage!" Wieder weinte sie – und weinte bitterlich.

Deborah hörte zu, ganz benommen. Sie fühlte sich amüsiert, dann eher traurig wegen ihrer Schwägerin, und dieses Mitleid war gemischt mit anderen, undeutlichen Gefühlen, die Tränen in ihre Augen brachten; aber sie weinte so sanft, daß die zwei Frauen in dem gegenüberliegenden Bett ihre Unterhaltung ungestört fortsetzten. Die Jüngere klagte und wimmerte, die Ältere versuchte, alles abzutun. Endlich schliefen beide wieder ein. Deborah versuchte noch einmal, alles vorüberziehen zu lassen, was sie mitangehört hatte, aber ihr Kopf war leer und so sehr sie sich bemühte, sich zu konzentrieren, ihre Gedanken trieben auseinander wie Rauch. Es waren merkwürdige Gedanken, so merkwürdig und unzusammenhängend wie die Brocken in eines Bettlers Sack. Sie schlief ein und erwachte früh mit Kopfschmerzen.

„Ich hoffe, du hast gut geschlafen?" Lipa grüßte sie mit einem breiten, zweideutigen Lächeln.

Seine Ehefrau warf ihm einen bösen Blick zu und wandte dann flehende Augen ihrer Schwiegermutter zu. Da, das war die Sorte Mann, die er war, nicht besser als ein Vieh! Je mehr er sein wahres Gesicht zeigte, um so mehr würde es ihr passen. Sollte er nur weitermachen mit seinen kleinen Schmeicheleien, natürlich! Sollten sie alle nur sehen, was für ein Auswurf er war.

Deborah gab zur Antwort, sie habe sehr gut geschlafen. Wieder bemerkte sie, wie ihr Ehemann auf Lipa starrte mit diesem unbrüderlichen Blick in den Augen, der zu sagen schien „Fahr zur Hölle!" Sehr zu ihrer eigenen Überraschung wurde sie sich eines ausgeprägten Gefühls der Freude bewußt, da sie sich im Mittelpunkt dieser kleinen Eifersüchteleien wiederfand.

Nach dem Frühstück ging sie auf eine Besichtigungstour mit ihrem Ehemann in die Stadt. Es war ein vollkommener Morgen, die Luft frisch und rein, wie gesäubert durch den Regen von gestern. Deborah schaute geradewegs ihrem Ehemann in das Gesicht. Abgesehen von seinem gestutzten Bart, war Berisch genau so wie Lipa, man konnte die zwei Brüder kaum auseinanderhalten. Sie erinnerte sich an die Unterhaltung, die sie letzte Nacht im Bett mitangehört hatte, und sie grübelte über die Not ihrer Schwägerin, eine Not, die sehr bald auch ihre eigene sein konnte. Es war nur natürlich, daß sie schwere Bedenken haben sollte, sogar Furcht, und sie bemühte sich sehr, solche Gefühle herbeizurufen, denn sie wären weit, weit leichter zu ertragen, als dieser langweilige kleine Schmerz, der sie plagte, erbarmungslos, unaufhörlich, wie ein Wurm, der sich langsam seinen Weg frißt in ihr Herz. Würde der junge Mann, der an ihrer Seite ging, so sein wie Lipa? Würde er ihr Leckereien in den Mund stopfen und dann weggehen, um Karten zu spielen in einem Café, während sie zu Hause saß, die vernachlässigte Ehefrau? Sie bemühte sich sehr, in diese Richtung zu denken, aber stattdessen entdeckte sie, wie sie sich fragte, ob die Küche in der Wohnung ihrer Eltern in Warschau in einem Durcheinander wäre, jetzt, da sie weg war; und sie entdeckte, wie sie Antwerpen im Vorübergehen richtete als eine abstoßende und scheußliche Stadt, aus der sie fliehen mußte – sofort!...

In manchen Teilen war die Stadt ganz tot, man konnte sich zum Schlafen mitten auf die Fahrbahn legen, ohne fürchten zu müssen, gestört zu werden. Die Wohnhäuser waren klein, meistens zweistöckig, und sie alle standen blitzsauber wie frisch gescheuerte Töpfe und Pfannen. Die Gehsteige waren unnatürlich sauber, zu sauber, um mit Freude den Fuß darauf zu setzen. Es war, als trüge man neue Kleider. Die schimmernden Fensterscheiben spiegelten feierlich die schweigenden Straßen. Die bewegungslosen Spitzenvorhänge zeichneten die Umrisse nackter tanzender Frauen und Engelchen nach, Engelchen, mit fleischigen, kleinen Beinen, ähnlich wie die Beine des Säuglings ihrer Schwägerin. Die luxuriösen Rolläden waren von einer Qualität, unübertroffen von allem, was Deborah jemals in Warschau oder in Berlin gesehen hatte.

Sie gingen durch Hauptstraßen und fast dasselbe Bild breitete sich dort wieder aus. Überall war es die Reinlichkeit einer frisch gewaschenen Leiche. In einer der Wohnstraßen, zumindest, wurde die Ruhe gestört durch die plötzliche Ankunft eines Straßenhändlers mit einem kleinen Karren, der gezogen wurde von zwei großen, lehmfarbenen Arbeitspferden. Im Eingang jedes Hauses erschien die Hausfrau mit einem Gesicht, so sauber wie die Treppenstufen. Der fleischige Straßenhändler beehrte die Damen mit einem süßen Lächeln, und er sprach sie an mit der Höflichkeit eines Diplomaten.

Die Damen für ihren Teil lächelten zurück, als ob sie ihn als gleichwertigen Menschen ansähen. Und dies war ihre merkwürdige Anrede, die nur aus einem Wort bestand:

Er: „Madame!"

Sie: „Mynherr!"

Es war wie eine militärische Begrüßung. Und als ihre Geschäfte erledigt waren, verschwanden die lächelnden Damen sofort hinter ihren polierten Türen, als ob eine Ausgangssperre herrschte in der Stadt.

Wirklich, es war ein Glück, daß ein Pferd im Vorübergehen seine Äpfel fallen ließ in einer dieser einschläfernden Straßen. Sonst hätte man nie diese energische kleine Frau gesehen, die mit Schaufel und Eimerchen aus einer der Türen herausgesaust kam, oder den kleinen Sperling, der von der Hausspitze heruntergeflogen kam. Und die Eintönigkeit wäre ganz gleichförmig gewesen.

Die ganze Zeit über machte ihr Ehemann keinen Versuch, sich mit ihr zu unterhalten, er war so langweilig und schweigend, so respektabel und hell und glänzend wie die Straßen, durch die sie gingen.

Ein ältlicher Herr grüßte ihren Ehemann: „Mynherr!" Sie hörte auf ihr unverständliches Geplapper in einer Sprache, die wie eine Mischung aus Deutsch und Jiddisch klang, und, obwohl sie von Zeit zu Zeit das feste Gefühl hatte, daß Sätze bekannt klangen, war sie nicht fähig, den Zusammenhang zu verstehen. Ihr Ehemann wartete einen Moment, strich sich nachdenklich über den Bart, und gerade, als er dabei war, die Unterhaltung wieder aufzunehmen, lüftete der ältere Herr höflich seinen Hut und mit einem verständnisvollen Wackeln seines fleischlosen Doppelkinns verschwand er eine Seitenstraße entlang.

Ohne eine Erklärung zu liefern, hielt ihr Ehemann an und brachte plötzlich eines der leblosen Häuser in Bewegung, indem er an eine hell lackierte Tür mit glänzendem Messingknopf klopfte. Die Tür wurde vorsichtig geöffnet und eine jüdisch-belgische Nase in einem fraulichen Gesicht lugte durch die Öffnung.

„Mynherr!" sagte die Frau!

„Ist die Wohnung im zweiten Stock zu mieten?"

Die Frau öffnete die Tür noch einige weitere Zentimeter, und, nachdem sie Berisch einer mißtrauischen Musterung unterworfen hatte, fuhr sie fort und besah sich Deborahs neues Samtkostüm.

„Können wir die Wohnung sehen?" fragte Berisch. Offensichtlich war sie noch zu mieten, daher die Musterung.

Die Hausbesitzerin schaute das junge Paar noch einmal scharf an, bevor sie sich aus ihren Träumereien riß.

„Wie, natürlich!"

Sie bat sie in den Hausflur und versprach, wieder bei ihnen zu sein in einem Moment und verschwand dann hinter der breiten, wohlhabend aussehenden Tür ihres Salons. Das Linoleum unter den Füßen war hell und glatt, die Hutablage hatte eine blendende Politur, und der Sockel, der die Aspidistra trug, war eindeutig strahlend. Die Lampe an der Decke war geschmückt mit einem großen, roten Schirm, und an den Wänden hingen schwergerahmte Portraits von alten Männern, die graue Lockenperücken auf den Köpfen trugen und verzierte, weiße Rüschen an den Ärmeln ihrer blauen Jacken. Sie waren eine grimmige Versammlung. Und unter ihnen hingen kleinere Portraits von streng aussehenden Hunden, die auf eine seltsame Weise eine vertraute Ähnlichkeit mit den Männern darüber hatten. Auf dem blauen Läufer, der durch die ganze Vorhalle gelegt war, kämpfte ein Kätzchen im Spiel mit einem Sperling aus Baumwolle. Die Frau kehrte zurück.

„Hier entlang, bitte!"

Sie folgten ihr die Stufen hinauf. Es war ein beeindruckendes Treppenhaus mit einem blauen Teppich, der die lackierten weißen Treppen hinaufkletterte. Die Teppichstäbe aus Messing glänzten. Das kleine Fenster auf dem oberen Treppenabsatz war verhangen mit einer kleinen Gardine von blendendem Weiß. Ein junger Ritter zu Pferd lächelte auf die Fremden herab aus einem winzigen Rahmen an der Wand. Aus einer der Türen im Gang kam eine junge Brünette, in einem sehr tief ausgeschnittenen roten Kleid mit vielen funkelnden Ringen an ihren schlanken, dunklen Fingern. Auch sie lächelte auf Deborah und ihren Ehemann herab – ein schwaches Lächeln, das breiter wurde, als sie Grüße mit der Hausbesitzerin austauschte.

Danach kam eine Treppe aus nackten, roh-hölzernen Stufen. Die Veränderung war rasch und unerwartet und betrüblich. Der unerwartete Klang von auftretenden Füßen machte einen unpassenden Eindruck. Aber die Zimmer der oberen Etage, bei all ihrer Leere, waren nicht unfreundlich, denn sie waren hell, hoch und luftig. Die Tapeten waren billig, aber farbenfroh und sauber. Und die Decke, sicher nicht so prunkvoll wie in den unteren Teilen des Hauses, war immer noch reich an Formen. Ein erfrischender Luftzug blies durch die großen, weit offenen Fenster.

Die Miete war sehr vernünftig für eine erstklassige Wohngegend. Nicht, daß es aufs Geld ankam bei einem Mann wie Berisch, der eine Mitgift versprochen bekommen hatte von seinem Vater. Also entschied er, die Wohnung zu nehmen. Deborah sagte ihm, ihr wäre das egal: er solle tun, was ihm gefiele. Sie gab zu, keine Meinung in der Angelegenheit zu haben, was vollkommen der Wahrheit entsprach. Die Hausbesitzerin befragte ihre neuen Mieter wie eine Detektivin. Wer waren sie, was waren sie, woher kamen sie und warum? Es war nur, weil sie ein so gut aussehendes Paar waren und keine Kinder in das Haus brachten, deshalb würden sie die Wohnung so billig bekommen.

„Wenn ich Leute nett finde, bin ich immer bereit, Opfer zu bringen. So bin ich halt nun einmal," sagte sie, ihnen ihre Quittung gebend, und so, mit ihren guten Wünschen, um sie aufzumuntern, und dem Wissen, daß sie jetzt ein Heim ganz für sich alleine hatten, gingen sie davon. Berisch war überglücklich. Was für eine großartige Gegend! Was für eine wunderbare Wohnung! Und, vor allem anderen, wie weit weg von seinen Verwandten! Wie schade aber, daß seine Ehefrau so düster, so eiskalt war. Gar nichts, nicht einmal ihr neues Heim, schien sie zufriedenzustellen. Ihr Kopf schien beschäftigt zu sein mit allen Arten von Sachen; sichtlich gehörte er nicht zu einer dieser Sachen. Aber wie konnte irgendein normales Hirn es bewältigen, so beschäftigt zu sein? Es war merkwürdig, aber wann immer er sie ansprach, schien sie zu erschrecken und ein wenig zu zittern, als ob sie träumen würde. „Vielleicht ist es zum Teil mein Fehler. Ich sollte mehr ein Mann sein," dachte er. Sie antwortete, wenn angesprochen; in gewisser Weise aber war sie doch nicht da. Das war eine sehr komische Sache. Was konnte ein Kerl schon tun, um sie lebendiger zu machen? Wenn er Mann genug wäre, seine Schüchternheit zu überwinden! Er würde sie dann direkt fragen, was der Grund war für ihre Geistesabwesenheit. Vielleicht war sie müde oder krank. Sie benahm sich nicht so aus Bosheit. Nein, es war nicht Gehässigkeit. „Ich nehme an, sie wird mich mehr liebhaben, wenn sie mich erst besser kennt. Im Moment sind wir ja fast noch ganz Fremde," er suchte Trost, „aber ich glaube, Lipa, das Schwein, hat es herausgefunden, wie es zwischen uns ist und freut sich hämisch wie der Teufel! Macht nichts, Lipa kann in die Hölle fahren!"

Welche Makel Levrick Straße auch immer hatte, ein Zustand von Trägheit und Langeweile war keiner davon.

Die Häuser waren nicht größer als woanders, aber Sauberkeit war keiner ihrer Fehler. Auch melancholisch war nichts an dieser kleinen geschäftigen Straße. Eine große Anzahl von Männern, jung und alt, war zu sehen, malerisch gekleidet in die

Gabardine der orthodoxen polnischen und galizischen Juden. Und jeder Mann trug einen Bart, der einen einzigartigen Charakter hatte, ob er kurz oder lang war, rot oder schwarz oder grau. Da gab es Bärte, die besonders spitz endeten, andere endeten in flockigen Locken; Bärte waren gerade gekämmt worden, und Bärte gab es, die nie gekämmt worden waren. Da war ein großes Kommen und Gehen, endloses geschäftiges Treiben in der Levrick Straße und den kleinen Straßen um sie herum. Männer allen Alters spazierten umher, ausladend gestikulierend in endlosen Auseinandersetzungen, und machten ihre Geschäfte.

Hier verkauften jüdische Händler ihre Waren von hundegezogenen Wagen heraus, aber diese Hunde sahen sehr menschlich aus – sie waren sehr lebhaft, trugen eine äußerst geschäftsmännische Miene und verliehen der Straßenszene einen Hauch von Drolligkeit.

Kinder rannten wild umher und kreischten bei ihren Spielen, genauso wie die Kinder in Warschau. Eine Gruppe jagte eine schwer zu fassende Katze, die aussah, als wäre sie gegen den Strich gebürstet worden. Die Weiber waren nicht so schüchtern, um sich in die Treppenhäuser zurückzuziehen, auf keinen Fall benahmen sie sich, als ob Ausgangssperre in der Stadt wäre. Läden gab es im Überfluß und von jedem Aussehen. Offensichtlich brauchten die Bewohner dieses Viertels noch etwas Handfesteres als die Reinheit von Luft und Pflastersteinen, um Leib und Seele beieinanderzuhalten. Die jüdischen Weiber schacherten heftig mit den jüdischen Händlern – sie hoben ihre Stimmen und trauten sich sogar, süß zu lächeln. Die Geschäfte waren klein, bevölkert, nicht sauber, und es gab kaum ein Schaufenster, auf dem nicht „koscher" stand. Aber auch diese Schilder unterschieden sich eines von dem anderen; die Buchstaben standen unregelmäßig, normalerweise fehlte der eine oder der andere, fast wie die Zähne im Mund eines alten Mannes.

Die ganze Gegend sprudelte über vor Leben. Sie brachte Erinnerungen an Warschau zurück; aber da die Wirklichkeit niemals so wirklich und leuchtend wie die Erinnerung war, war Deborahs nostalgischer Schmerz um so ergreifender.

Als Deborah und Berisch zurückgekehrt waren, und Berisch lächelnd die Nachricht von der Wohnung verbreitet hatte, verzog die rot-rübengesichtige Schwägerin die Stupsnase aus Mißbilligung, während seine Schwester ihn sich vornahm, weil er „davongerannt" war, zu so einer entfernten und unfreundlichen Gegend, in eine gojische Gegend, wo man keine Juden zu Gesicht bekam. Der Herr des Hauses war immer noch dabei, Trübsal zu blasen, also verschmähte er es, einen Kommentar zu geben. Aber Lipa („mit meinem kleinen Bruder Berisch rede ich doch kein Wort!") klopfte ihm auf die Schulter voll höhnischer Ermutigung und rief:

„Gut gemacht, Bruder! Du wirst nicht im Ghetto bei den Juden leben, wie wir armen Leute, nicht wahr? Natürlich nicht! Ein reicher Mann weiß, was er will!"

„Wirklich, warum mußt du so weit weg gehen, zu den Gojim, wenn du doch genausogut am Ort hättest wohnen können," sagte Tertza-Roisa, gleichfalls ihre Unzufriedenheit zeigend.

„Ich kann nicht sehen, warum es diese Aufregung gibt, Mutter. Die Wohnung ist ideal, die Miete ist vernünftig, was mehr kann man wollen?" protestierte Berisch.

„Hast du eine Anzahlung gemacht? Du hast, he? Nun, ich vermute, da kann man nicht mehr helfen."

„Nein, da kann man nicht mehr helfen. Er haßt sein eigenes Fleisch und Blut, es zieht ihn zu den Gojim, er ist ein Abtrünniger, das ist das Problem. Habe ich recht?" sagte Reb Baruch Laib böse und wandte sich Zustimmung suchend an Lipa.

Lipa strich sich den wallenden roten Bart, schadenfroh und stolz. „Er ist so vornehm, Vater, das ist die Erklärung. Wenn ich so vornehm wäre, würde ich auch nicht in den jüdischen Gassen wohnen..."

Sieben Nächte lang setzte die Familie sich nieder zu den zeremoniellen Hochzeitsessen, und dann, endlich, am Morgen nach dem letzten Festmahl, machten Reb Baruch Laib und Tertza-Roisa sich fertig, um die lange Reise in die Heimat anzutreten. Sie hatten ihre Koffer gepackt, die jetzt aufgestapelt auf dem Boden des Wohnzimmers lagen und Lipa war hinausgegangen, ein Taxi zu rufen. Aber immer noch zeigte Reb Baruch Laib nicht die geringste Neigung, dem neuverheirateten Paar die versprochene Mitgift auszuhändigen. Ganz im Gegenteil, er schien entschlossen, vollkommen seine Verpflichtungen zu ignorieren. Früh am Morgen hatten Berisch und er sich eingeschlossen in Lipas Zimmer für eine private Auseinandersetzung, von der jedes Wort im ganzen Haus deutlich zu hören war.

Reb Baruch Laib brüllte wie ein wütendes Tier:

„Hör auf, mich zu plagen! Lauf mir nicht nach wie ein mißtrauischer Kreditgeber! Du brauchst dir keine Sorgen zu machen, ich begleiche meine Rechnungen bei dir! Ich werde alle meine Schulden bei dir bezahlen, glaub mir! Was! Du willst, ich soll die Möbel für dein Haus kaufen? Willst du das, ja? Du willst eine Luxuswohnung, so ist es! Für Lipa paßt es, sein Heim mit Rifka zu teilen, aber du – du aufgeblasener Dummkopf! – du hast es nötig, wegzuziehen und in einer teuren Gegend zu leben, wie ein Mann mit eigenem Einkommen! Sehr gut, dann muß ich annehmen, daß du ein Mann mit eigenem Einkommen bist! Du weißt am besten, was du in der Tasche hast! Aber bitte, was du auch tust, laß mich in Ruhe!"

„Vater, wie oft soll ich dir sagen, daß die Miete für meine Wohnung nicht höher ist als das, was Lipa bezahlt. Rifka nimmt ganz schön von ihm. Sei doch nicht so unvernünftig!"

Hier stoppte Berisch, wie erstickt vor Zorn. „Glaubst du, daß jemand, der bei Verstand ist, leben will in einem stinkenden Loch wie diesem, wenn er eine vernünftige Möglichkeit hat, herauszukommen? Ich will etwas sauberes und anständiges."

„Willst du mir sagen, du Schwein, das hier ist nicht gut genug für dich! Wieso? Es paßt dir nicht? Deine Frau ist eine reichere Tochter als Baile? Ihr Vater ist ein größerer Millionär?"

„Sprich nicht von ihnen in einem Atemzug!" sagte Berisch verächtlich.

Reb Baruch Laib platzten fast die Adern. Seine winzigen Augen wurden ganz blutunterlaufen. „Sag das noch mal. Nu mach schon! Sag das noch mal! Also darf ich sie nicht in einem Atemzug erwähnen! So redest du von der Tochter meines Bruders! So ist das also!"

„Beruhige dich doch, rege dich nicht so auf! Du weißt sehr wohl, daß du nicht mit Bailes Vater redest, auch wenn er zufälligerweise dein Bruder ist. Also warum etwas vormachen? Du solltest am allerwenigsten für ihn oder sogar seine Tocher Partei ergreifen!"

„Du unverschämtes Schwein! Warte! Ich werde dir geben die Prügel deines Lebens! Du Abtrünniger von Israel!"

Reb Baruch Laib war gerade dabei, sich so richtig gehen zu lassen; er begann gerade, sich etwas zu gönnen – seit Tagen schon juckte es und verlangte nach einer richtig großen Szene – als, sehr zu seinem Entsetzen, ein Nachbar hereinschaute, um ihm Lebewohl zu sagen. Und als der Austausch von Höflichkeiten vorüber war, bemerkte er, daß seine Wut nachgelassen hatte. Das Verlangen hatte er noch; aber es war kein Pfeffer mehr dabei. Es war keine Zeit mehr für ihn, sich noch einmal so richtig gut aufzuregen. Traurig stellte er fest, daß er seinen Ausbruch verschieben mußte, bis er wieder zurück in Warschau war. Er würde es herauslassen bei Reb Avram Ber und Reisele. Und, bei Gott, sie würden etwas abkriegen!

In der Zwischenzeit ärgerte ihn seine Frau. Sie ging ihm auf die Nerven mit ihren kläglichen Bemühungen, als Friedensstifterin zu fungieren. Wenn sie nicht aufhörte, würde er – aber nein, er würde nichts, gar nichts. Der richtige Moment war vorüber, und nun war nichts mehr zu sagen. Er raste durch den klammen, übelriechenden Flur in Schweigen. Ein- oder zweimal hielt er an und knurrte, aber ging weiter, vorwärts und rückwärts, als wolle er die Stunde des Abschieds beschleunigen.

Jedoch, im letzten Moment, als das Taxi vor der Haustür wartete, steckte er seine Hand in seine Innentasche und holte die Brieftasche hervor, die sich immer noch beulte wegen der dicken Bündel Banknoten. Lipas Mund begann wäßrig zu werden, er leckte sich die Lippen und hielt die Luft an. Reb Baruch Laib zog drei Hundert-Franken-Scheine heraus und stopfte sie eilig in Deborahs Hand.

„Sei haushälterisch. Vergeude nichts, verlange nichts. Gib nicht alles für Möbel aus, denn du wirst einiges Geld brauchen, um euch über die nächsten Wochen zu bringen. Ich bin sehr knapp nach den Ausgaben, die ich gehabt habe wegen der Hochzeit, und es wird einige Zeit dauern, bis ihr von mir wieder etwas haben könnt. Nun, auf Wiedersehen! Und Gott steh euch bei! Möge Gott eure Stütze sein, möget ihr nie zu anderen laufen müssen um Hilfe."

Tertza-Roisa küßte Deborah zum Abschied, wünschte ihr Zufriedenheit und vergoß sogar eine Träne, der Rest, der ihr geblieben war, denn die alte Frau hatte schon reichlich bei dem Abschied von ihren Kindern geweint. Die Dame des Hauses war nicht in der Lage, ihre Eltern zum Bahnhof zu begleiten, weil sie den Kleinen nicht alleine lassen konnte. Baile fühlte sich ebenfalls ein wenig krank, also blieb auch Deborah zurück, und nur die Männer geleiteten Reb Baruch Laib und Tertza-Roisa zum Zentralbahnhof.

„Eine Nachricht für deine Mutter?" fragte Tertza-Roisa, als sie schon im Automobil saß.

„Nein!" antwortete Deborah und brach in Tränen aus wie ein verlassenes Kind.

„Komm, komm! Fängst du jetzt schon an? Was soll erst später werden!" wies ihre Schwiegermutter sie mit einem Lachen zurecht. „Du bist kein Säugling mehr, du bist eine verheiratete Frau!"

Dann gab es noch ein Durcheinander von Wünschen und Segnungen. Die Weiber standen winkend, als das Taxi die Levrick Straße entlang fuhr. Sie schrien noch, als der Wagen schneller wurde. Die Kinder brüllten im Chor, riefen der Großmama noch nach, welche Geschenke sie zu bringen hatte, wenn sie wieder nach Antwerpen kam. Und dann fuhr das Taxi um die Ecke: es verschwand aus den Augen...

Deborah war unfähig, ihren Ausbruch zu beherrschen. Jedesmal, wenn sie sich die Augen wischte, kam eine neue und mächtigere Flut von Tränen emporgestiegen. Eine Schande... Eine verheiratete Frau... Benimmt sich wie ein Säugling! Sie reagierte ihre Gefühle an den Geldscheinen ab, die sie immer noch in ihrer Hand preßte. Sie knäulte sie mit aller Kraft, die sie hatte. Es gab ihr einen Kitzel – ein Gefühl der Erleichterung. Sie hatte das Geld nicht gezählt, aber sie wußte, daß es ihr helfen konnte, das Unmögliche zu vollbringen: zum Beispiel, es konnte ihr helfen, davonzulaufen. Sie überlegte bereits ernsthaft, wie zu flüchten, selbst wenn noch vor wenigen Minuten die Vorstellung allein vollkommen unmöglich geschienen hatte. Vor einigen Minuten noch hatte sie sich gefühlt, als wäre sie für ewig verdammt gewesen.

„Wenn du nicht aufpaßt, Deborah, wirst du die Scheine in Fetzen reißen," sagte Baile, die gierig die zuckenden Bewegungen von Deborahs Fingern beobachtet hatte.

Deborah steckte die Scheine weg in ihre Handtasche. Baile schaute weiter mit der Aufmerksamkeit einer Katze, die eine Maus gesehen hatte und sich zusammenkauerte, um zu springen. Aber dann, unerwarteterweise ablassend von ihrer Beute, zeigte sich Überraschung, Müdigkeit und Selbstmitleid in ihrem Gesicht. Wieviele Scheine hatte Deborah? Soweit sie es mitbekommen hatte, konnten das nur zwei aber auch soviele wie zehn sein. So stark war ihre Neugier, daß sie sich am Ende entschloß, Deborah direkt zu fragen. Sie würde die Frage stellen in einem freundschaftlich-nüchternen Ton – das war der einfachste Weg. Sie fand gerade die richtige Art von unbekümmertem Satz und war drauf und dran, den Mund zu öffnen, als unglücklicherweise Berisch hereinspazierte.

„Komm schon, zieh deinen Mantel an und laß uns weggehen," sagte er zu seiner Ehefrau, aber seine Augen waren mißtrauisch auf die Schwägerin gerichtet.

Baile ging beleidigt aus dem Zimmer. Berisch war schon zurück vom Bahnhof, aber wo war ihr Mann Lipa? Ihr Mann Lipa war ganz sicher weggegangen, um den Rest des Tages mit seinen Witzreißern zu verbringen. So war das Leben! Eine anständige Frau wie sie wurde schlimmer behandelt als ein Hund, und ein dummes kleines Mädchen wie Deborah hatte alles Glück der Welt. Während sie das dachte, schluckte Baile eine rosafarbene Pille, die furchtbar bitter schmeckte – fast so bitter wie ihre eigenen Gefühle.

Die Sonne war durch die Wolken gebrochen und schien hell.

„Nun, Deborah, alles wird gut werden," sagte Berisch, sobald Baile aus dem Weg war. „Ich habe mit Vater am Bahnhof gesprochen, und er hat alles erklärt. Er hat mir gesagt, daß er im Moment knapp an Geld ist, und daß wir von ihm die volle Mitgift deshalb nicht auf der Stelle haben können. Aber wir bekommen später den Rest von ihm. Schließlich, es nutzt nicht, böse zu sein. Es macht die Sache noch schlimmer. Nur ein klein bißchen Vertrauen, und alles kommt in Ordnung. Vater machte das gleiche mit Lipas Mitgift – er zahlte in Raten."

Deborah gab keine Antwort. Sie war nicht interessiert. In ihrer Vorstellung sah sie sich am Fahrkartenschalter eine Fahrkarte nach Warschau kaufend. Und sobald sie zu Hause war, würde sie das Geld ersetzen, das sie genommen hatte, und das in Wirklichkeit ihrem Ehemann gehörte. Das war vernünftig und anständig genug. Ja, aber welche Narretei, welche Verrücktheit hatte sie befallen gehabt, alles soweit kommen zu lassen? Warum war sie überhaupt von zu Hause davongelaufen? Sie war blind gewesen, die vernichtende Einsamkeit nicht vorherzusehen, die auf sie wartete, wenn alle Verbindungen zur Vergangenheit zerrissen waren. Leben hier war sinnlos; es hatte keinen Inhalt, war leer, ganz leer. Es war doch dort ein Vergnügen gewesen zu leben. Und was war jetzt zu tun? Sie war alleine mit einem fremden jungen Mann, dessen Gegenwart sie nicht ertragen konnte. Warum konnte sie ihn nicht ertragen? Das wußte sie nicht. Sie war in einem fremden Land inmitten neugefundener Verwandten, die sie mit Abscheu erfüllten. Und wie sie alle haßte! Und wie sie von allen gehaßt wurde! Sie waren ihre Feinde fürs Leben. Warum waren sie ihre Feinde fürs Leben? Das wußte sie nicht. Deborah nahm die drei Geldscheine heraus und gab sie ihrem Ehemann. „Was? Er hat dir nur dreihundert Franken gegeben? Ach Himmel! Mir hat er gesagt, er hätte dir fünfhundert gegeben. Den Rest wird er schicken, ich hoffe es. Den Rest wird er schicken, sobald er zu Hause ist! Sonst sitzen wir in der Tinte. Das ist übel, aber ich glaube immer noch, der Alte wird uns nicht zu lange warten lassen. Ich habe verstanden, Lipa wird auch eine ordentliche Summe bekommen. Wenn er seines bekommt, bekommen wir unseres. Er kennt die Tricks, wie den Alten um die Finger zu wickeln. Er gibt vor, fromm zu sein, läßt sich einen langen Bart wachsen, erzählt einen Haufen

Lügen und kriecht vor ihm. Er ist schlau, dieser Lipa, aber im großen und ganzen ein Rindvieh!"

Deborah lachte ein kleines, boshaftes Lächeln.

Ihr Ehemann schaute auf sie mit begehrenden Augen. Was für eine verführerische kleine Frau, und sie war seine eigene Ehefrau!

„Laß uns etwas essen, bevor wir weitergehen," sagte er und führte sie in die Cafeteria von Tietz' Kaufhaus in der Innenstadt von Antwerpen.

Sie aß ein Sardinenbrot, das er aus einem Münzautomaten geholt hatte, der in die Wand eingebaut war. Er war fröhlicher Stimmung. Seine Ehefrau war eine Frau, die sich fürs Denken interessierte. Nun, was dachte sie jetzt von ihm? Sicherlich, Denkerin oder keine Denkerin, sie mußte sicher Erstaunen empfinden, darüber, wie er die Sardinenbüchse aus einer festen Wand herbeigezaubert hatte! Er unterhielt sie mit einem anderen seiner Lieblingstricks. Er warf eine Münze in einen Schlitz und heraus kamen zwei Gläser mit hellem, schäumendem Bier. Deborah lehnte das Bier ab, also brachte er ihr Kaffee!

Berisch strahlte vor Freude. Er strahlte über das ganze Gesicht. Er führte seine Frau in dem Möbelgeschäft herum, wo alles fürchterlich teuer war.

„Pah!" sagte Berisch. „Diese Leute sind plemplem. Alles verrückte Preise!"

Aber am Ende erwies sich, daß die Möbelhändler bei klarem Verstand waren; also beschloß er, erst einmal ein Doppelbett – Betten sind notwendig – und einen Tisch und ein paar Stühle zu kaufen.

„Sobald wir den Rest von der Mitgift haben, werden wir die Wohnung vervollständigen – mit Stil!"

Deborah war sehr amüsiert über die ganze dumme Angelegenheit. Sie war nahe daran, ihm zu sagen, sie könne ohne weiteres auf die Möbel verzichten, wenn er ihr nur etwas borgen würde für die Fahrkarte nach Warschau. Aber sie sagte nichts davon. Sie sagte ihm bloß, daß Reb Baruch Laib sie gewarnt hatte, für die nächste Zeit kein weiteres Geld von ihm zu erwarten, da es ihm eng sei.

„Wirklich? Mir hat er etwas anderes gesagt. Was er mir gesagt hat, war, daß er den Rest der Mitgift schicken wird, gleich, wenn er zu Hause ist."

„Kann schon sein."

„Gefallen dir die Betten?"

Sie wurde rot. Ja, ihr gefielen die Betten. Sie mochte alles. Der Verkäufer rieb sich die Hände. Er suchte die Möbel aus, und sie gefielen ihnen, er nannte die Preise, und das schüchterne junge Paar akzeptierte sie ohne Einwände. Sie waren genau die Art von Kunden, von denen er träumte. Und jetzt waren die Träume wahr geworden!...

Kapitel 15

Sie waren eingezogen in ihr neues Heim. Sie hatten bereits Briefe von den Eltern aus Warschau erhalten, die die neue Adresse trugen. Die Zimmer, die sie auf der zweiten Etage bewohnten, waren groß, luftig und leer – insbesondere leer, weil sie so groß waren und dadurch das bißchen Möbel, das da war, so mickrig erschien. Der Boden hatte keinen Belag. Und das Treppenhaus zum ersten Stock hinab war (nebenbei bemerkt) genauso nackt, wie es gewesen war, als sie die Wohnung zuerst besichtigt hatten. Leere, gewaltig und bedrückend, füllte ihr neues Heim.

Den ganzen Tag lang ruhte Berisch, vollständig angezogen, auf dem Bett. Normalerweise lag er mit dem Gesicht nach oben und sagte kein Wort. Aber es gab keinen Zweifel über sein Vergnügen am Leben. Es war ein gutes Leben, ein sehr gutes! Es war schön für einen Mann, wegzukommen von seinen Verwandten, und in einem eigenen Heim zu leben.

Deborah war verwirrt, wenn sie sah, wie er seine Zeit vertrödelte. Behauptete er nicht, ein Diamantschleifer zu sein? Warum dann war seine Diamantschneidemaschine immer eingepackt in dem blauen Tuch? Der Rat, den ihr Schwager ihr gegeben hatte am ersten Abend in Antwerpen, kam ihr jetzt oft wieder in den Kopf. Sie erinnerte sich auch an die mitleiderregende Unterhaltung, die sie in jener Nacht im Bett mit angehört hatte. Aber, merkwürdig genug, diese Sachen sorgten sie nicht. Was sie störte, war die dauernde Gegenwart ihres Ehemannes. Er war immer bei ihr, und sie fühlte sich fürchterlich unwohl dabei. Sie hatte das Gefühl, als hätte ein Wurm sich seinen Weg in ihr Herz gefressen, und würde jetzt die ganze Zeit ihre Kräfte untergraben. Jetzt kannte sie die Bedeutung des Wortes „Herzschmerzen". Nicht, daß sie es hätte genau beschreiben können, zum Beispiel einem Arzt gegenüber. Tatsächlich hatten die körperlichen Schmerzen am Herz, die früher soviel Leiden verursacht hatten, aufgehört. Der jetzige Schmerz war kein realer Schmerz, aber viel quälender. Die einzige Erleichterung verspürte sie nur, wenn ihr Ehemann ausging. Dann waren all ihre Sorgen vergessen. Einmal, als sie ganz für sich alleine war, hatte sie sogar angefangen, zu singen. Aber es war sehr, sehr selten, daß er ausging und sie alleine ließ.

Sie lebten jetzt mehr als zwei Monate zusammen. Das Geld, das Reb Baruch Laib ihnen gelassen hatte, war fast vollständig weg. Deborah wußte jetzt auch, daß Reb Baruch Laib den Rest der Mitgift nicht zahlen würde. Lipa hatte einen Brief an Reb Baruch Laib geschickt, in dem er schrieb, daß Berisch sich den Bart abrasiert habe, daß Deborah nicht länger ihre Perücke trüge. Nach Erhalt dieser bestürzenden Nachricht schrieb Reb Baruch Laib dem neuverheirateten Paar einen sehr langen und sehr heftigen Brief, in welchem er alle Verwünschungen auf sie häufte und alle Flüche, die er erdenken konnte. Er war besonders wütend auf Deborah, die er „exkommunizierte". Es war ihr böser Einfluß, behauptete er, der Berisch in die Sündhaftigkeit geführt hatte. Er hätte nie von sich aus eine so teuflische Sache gemacht, wie sich den Bart abzuschneiden. Er, Reb Baruch Laib, da er ein liebender Vater war, hatte keine Ausgaben gescheut, seinem Sohn die Tochter eines Rabbiners zu geben als ein leuchtendes Beispiel für Gottesfürchtigkeit. Aber jetzt seht! Statt die Wege Gottes zu gehen, verdarb und verführte sie in Wirklichkeit den unschuldigen Jungen, zog ihn in den Abgrund. Hatte jemand gedacht, daß so eine Sache möglich wäre? Wenn er, Reb Baruch Laib, auch nur den geringsten Verdacht gehegt hätte, hätte er sich dann angestrengt, wie er es getan hatte, alles mit dem Ergebnis, daß er seinen Sohn verheiratet hatte mit so einer unanständigen Person. Und eine schwindsüchtige dazu! Und so weiter und so weiter... Und er endete damit, daß er dem neuverheirateten Paar versicherte, daß sie von ihm nie wieder Geld bekommen würden.

Einige Tage, nachdem der Brief gekommen war, fragte sie ihren Ehemann, wie es kam, daß er nie arbeiten würde.

„Weil es keine Arbeit gibt, meine Teure, weder für Liebe, noch für Geld!" gab er als Antwort, griff sie um die Hüften und drückte sie mit Macht gegen seine Brust.

Deborah riß sich aus seiner Umarmung mit Furcht und Abscheu. Er war dauernd voller Begeisterung ohne ersichtlichen Grund, aber sicherlich war dieser letzte Ausbruch der schlichte Wahnsinn! Berisch sah aus, als wolle er sie gleich wieder in die Armen nehmen. Warum sollte er ein Tollpatsch sein und sich wie ein schüchterner Jüngling benehmen? Mit seiner eigenen Ehefrau! Aber er zog sich zurück.

„Du bist ganz wie ein kleines Kind, und scheinst Angst vor mir zu haben, als wäre ich ein Fremder, ein Ungeheuer, das versucht, sich an dir zu vergehen," er nahm seinen Mut zusammen, um einen männlichen Tadel auszusprechen. Er hatte vor, das Eis ein für alle mal zu brechen. Er hoffte, sie würde sich entschuldigen, es mit Schüchternheit erklären – diese Art von Schüchternheit, die die Zeit alleine heilen würde. Er selber war am Anfang auch schüchtern genug gewesen, aber schaut ihn euch jetzt an!...

„Ich vermute, du sorgst dich wegen Vaters Brief, aber du sollst nicht alles ernst nehmen, was er sagt. Er wird schon zahlen. Er versucht nur die Furcht vor dem Herrn in uns wachzurufen. Er hat nun einmal diese laute Art. Aber ich nehme mir seine Drohungen nie zu Herzen."

„Ich bin nicht besorgt. Es interessiert mich nicht einmal."

Wie außergewöhnlich schüchtern sie war! Sie war noch eine Fremde. Er sollte da etwas tun. Er könnte sie ins Theater führen, dann würde sie ein bißchen lebendiger werden.

Deborah flüchtete in die Küche, um das Essen zu kochen. Aber sie konnte ihn nicht abschütteln. Er war schon da. Er machte sich nützlich so gut er konnte, griff nach einem kleinen Eimer und schüttete seinen Inhalt, ohne es zu wollen, auf dem Boden aus. Wenn er nur weniger gefällig wäre, wenn er nur nicht so anhänglich wäre.

„Morgen abend werden wir ins Theater gehen!" gab er bekannt und starrte ihr in die Augen.

„Wir können es uns nicht leisten," sagte sie, auch um ihm zu zeigen, wie die Wirklichkeit war. „Alles, was wir im Moment haben, sind zwanzig Franken." Das war auch ein versteckter Hinweis, daß es höchste Zeit war für ihn, hinauszugehen und eine Arbeit zu suchen. „Nun, nun, alle würden denken, wir sind pleite!" sagte er fröhlich, und der Hinweis ging an ihm vorüber...

Die Tage vergingen. Er war nicht in der Lage, sie in das Theater zu führen, aber er strahlte immer noch vor Freude. Das einzige, was ihm das Glück verdarb, war ihr kläglicher Ausdruck. Alles, was sie zu tun schien, war sich Sorgen zu machen, Sorgen, Sorgen, Sorgen!

„Ich wette, sie denkt, daß ich faul bin und mich vor der Arbeit drücke," kam ihm plötzlich ein Gedanke. „Ich wette, die Verwandten haben ihr zugesetzt, haben ihr einen Haufen Lügen erzählt über mich. Ich werde das bald herausfinden."

„Deborah, du verstehst doch, oder? Es ist nicht mein Fehler. Es gibt keine Arbeit, weder für Liebe, noch für Geld. Mein Vater muß uns einfach helfen. Ob er will oder nicht. Ich weiß, die

Familie hat dir alle möglichen Lügen über mich erzählt, und ich vermute, sie haben ihm denselben Haufen von Lügen geschrieben. Sie halten das für ein gutes Geschäft: um so weniger Geld er mir schickt, so rechnen sie, um so mehr bleibt übrig für sie. Du verstehst mich, ja? Wenn es keine Arbeit gibt, kann ich auch keine aus dem Hut hervorzaubern, oder kann ich?"

Lipa ist ohne Arbeit seit achzehn Monaten. Nur weil mein Vater ihm jede Woche etwas schickt, kommt er zurecht. Und er kann seinem Schicksal danken, daß Baile sich die Finger wundarbeitet, um ihn zu versorgen. Er verdient keinen Centime! Und was meinen Schwager betrifft, auch wenn er so mächtig hochnäsig ist und sich für so wunderbar klug hält, glaubst du, er verdient etwas? Mit dem Mund – ja! Aber das ist alles. Er ist einfach ein riesengroßer Schaumschläger. Wenn Vater aufhören würde, ihn zu unterstützen, würde er auf der Straße sitzen mit all seinen Bälgern, und auf der Stelle verhungern. Er kann einfach nicht auf den eigenen zwei Füßen stehen, dieser Mensch. Vater überhäuft ihn dauernd mit gräßlichen Drohungen und ‚endgültigen, letzten' Überweisungen. Und Vater wird dasselbe mit uns machen. Sorge dich nicht."

„Wer sorgt sich?"

„Weißt du, Baile wäre die glücklichste Frau auf der Welt, wenn Lipa sie so gern hätte, wie ich dich habe. Sie ist fürchterlich eifersüchtig, weil sie weiß, daß ich meine ganze Zeit mit dir verbringe – anders als Lipa, der immer unterwegs ist, bis in den frühen Morgen und das ganze Geld verspielt, das seine Frau für ihn verdient. Ich sage dir die Wahrheit: Wenn Baile meine Frau wäre, würde ich nicht besser sein als Lipa und noch weiter weglaufen als bis in ein Café! Ich würde sie auf der Stelle verlassen!"

Deborah hörte zu mit großer Aufmerksamkeit.

Also so lagen die Dinge. Ihr einziges Einkommen mußte von Reb Baruch Laib kommen. In der Zwischenzeit hatte sie mit süßer Unkenntnis den Mann wütend gemacht, von dem alleine sie Brot und Butter zu erwarten hatte. Sie hatte ihre Perücke ausrangiert, ihr Ehemann seinen Bart abgelegt. Was für eine Zukunft! Für ewig von der herzlichen Gnade von Reb Baruch Laib abzuhängen, war wahrlich eine herrliche Aussicht! Zumindest wußte sie jetzt genau, wo sie stand... Aber warum auf Erden war ihr Ehemann so bemerkenswert fröhlich? Vielleicht wußte er, daß es nur Drohungen waren? Vielleicht war das die Erklärung. Es war ihr egal, es betraf sie nicht. Auf jeden Fall konnte sie nicht so weitermachen und mit dem Mann zusammenleben, der als ihr Ehemann galt, ob mit Einkommen oder ohne. Der beste Ausweg – und der ehrenhafteste – wäre für sie, wenn sie ihm ihre wahren Gefühle gestehen würde, wenn er endlich die Gründe für ihre unbehagliche eheliche Verbindung wüßte, und sie sich trennen würden...

„Es ist merkwürdig," sprach Berisch weiter, „aber je herzloser Lipa ist, um so mehr liebt ihn Baile. Sie ist ganz verrückt nach ihm. Sie nörgelt herum, flucht auf ihn und weint, aber trotzdem kann sie nicht widerstehen und gibt ihm jeden Centime, den sie verdient und weiß dabei doch genau, daß er das ganze Geld beim Kartenspielen verlieren wird. Und jetzt schau dich an! Du bist so ein Kind! Ein süßes Kind, aber ein unartiges! Wann immer ich versuche, dich in meine Arme zu nehmen, schubst du mich weg, als ob ich dich umbringen wollte. Ich will ganz offen mit dir sein – ich ärgere mich darüber. Du, ich bin vollkommen ehrlich mit dir!" Ja, dachte Deborah, es war am besten, vollkommen offen und ehrlich zu sein. Für ihren Teil durfte sie auch nichts zurückhalten. Sie mußte ihm alles über sich sagen, den fürchterlichen Fehler bekennen, den sie gemacht hatte. Sie war die Hauptschuldige und verdiente ihre Strafe. Sie hatte sich selber der fixen Idee überlassen – genüßlich –, daß alle, selbst ihre Mutter, sie haßten, und daß es ihnen darauf ankam, sie loszuwerden; als Opfer dieser Wahnvorstellung hatte sie freiwillig Unglück über sich gebracht, in der Hoffnung, so anderen Schmerz zuzufügen – eine phantastisch ausgedachte Rachetat an ausgedachte Peiniger... Mit was für einem schrecklichen Ergebnis! „Sag einmal, du bist aber schnell verletzt," rief er aus. „Tja, tja!"

Ihre Augen waren voller Tränen und sie ließ den Kopf hängen, schaute ihn nicht an, als hätte er sie bei etwas Schlimmem ertappt. „Hör mir zu," sagte sie nach einem langen und peinlichen Schweigen, „und höre gut zu. Ich werde vollkommen ehrlich zu dir sein. Ich hoffe, du wirst verstehen..." Und sie erzählte ihm ihre Geschichte, endete mit dem Geständnis: „Und das schlimmste daran ist, ich liebe ihn immer noch. Das macht unsere Situation – deine und meine – unmöglich, wenn ich ihn liebe, kann ich dich nicht lieben."

Ihr Ehemann hörte sie schweigend an, und je mehr er hörte, um so mehr war er fasziniert von ihr. Er war überwältigt von einer derartigen Liebe zu ihr, daß er willens war, jedes Geständnis, das sie machen würde, tausendmal zu vergeben.

Sie drehte sich zu ihm und wartete auf seine Antwort. Sie konnte sehen, daß ihre Worte ihn bewegt hatten, denn auf seinem Gesicht lag ein bitterer Ausdruck. Er kaute wütend auf seinen Nägeln und schwieg. Sie fand nicht gerade Geschmack an der Aussicht, zum Vater zurückzukehren. Andererseits, wenn er die Scheidung verlangte, und das mußte er tun, war es nicht notwendig, wieder nach Warschau zu fahren. Wie konnte sie leben? Nun, erst einmal konnte sie alle ihre Juwelen versetzen... Alle Arten von Überlegungen über ihre unsichere Zukunft flatterten durch ihren Kopf.

Aber nein, er würde die Scheidung nicht verlangen. Tatsächlich, er hatte kein Wort dazu gesagt. Er schien bereits seine Fassung wiedergefunden zu haben. Da, er lächelte schon wieder. Er hatte ihre Hand genommen und tätschelte sie, versuchte sein Bestes, um sie zu beruhigen. Wie außergewöhnlich!

Was für ein merkwürdiger Kerl!...

Nach einiger Zeit fanden die meisten Juwelen auch so den Weg in die Pfandleihe. Nur Schmuckstücke blieben übrig, die kaum die Kosten einer Fahrkarte vierter Klasse nach Warschau decken würden. Warum versetzte sie nicht diesen Rest und fuhr nach Hause, so lange es noch möglich war? Warum nicht ein Ende setzen all diesem Elend? Was den unvermeidlichen Skandal betraf, ihre Eltern würden sie nicht fressen! Weit besser, eine Szene über sich ergehen zu lassen, oder selbst dauerndes Gezänk zu erleiden, als sich dieser langsamen, erbarmungslosen Folter des Gehirns zu unterwerfen, die nur ein unglückliches Ende haben konnte – im Irrenhaus! Wenn nur ihr Ehemann weniger engelhaft gewesen wäre, wieviel leichter wäre die Aufgabe gewesen! Nachdem er ihre schwer zu verdauende Erzählung gehört hatte, fühlte er Bedauern für sie statt Selbstmitleid zu zeigen. Er hatte sie beruhigt und zu ihr gesagt: „Sorge dich nicht, die Zeit heilt alle Wunden. Du wirst eines Tages vergessen und wir werden uns aneinander gewöhnen und dann wirst du mich auch lieben, sicher; aber jetzt schon habe ich dich so lieb, hörst du Deborah, es wird reichen für zwei." Und er hatte ihr sogar versprochen, daß er sie nicht beunruhigen würde, bis sie ihm nicht selber sagte, sie hätte ihn lieb. Manchmal, allerdings, vergaß er sein Versprechen und suchte Intimität.

„Gut, gut, gut! Was nutzt es, nach Arbeit zu suchen, wenn man weiß, daß sowieso keine zu kriegen ist!" sagte er in immer kürzeren Abständen, als ihre Not immer verzweifelter wurde.

Es wurde Herbst, dann Winter. Einmal in seinem Leben zeigte Reb Baruch Laib, daß er Wort halten konnte. Er schickte den 'jungen Sündern' keinen Centime. Berisch begann fieberhaft nach Arbeit zu suchen, aber Tag für Tag kehrte er zurück mit der gleichen düsteren Nachricht.

„Nicht eine Hoffnung. Es gibt eine fürchterliche Krise im Diamantengewerbe, so wie jetzt ist es schon seit über einem Jahr. Die ganze Stadt stinkt einfach nach Arbeitslosigkeit. Das bißchen Arbeit, das es gibt, wird weggeschnappt von den Galiziern, den Kriechern und Speichelleckern. Sie gehen auf die Knie und lecken die Stiefel der Bosse. Ich könnte das nicht tun, und wenn es um mein Leben ginge. Es sind die Schnorrer, die alle Arbeit bekommen, die anderen, wie ich, hängen stundenlang herum – nur um dann zum Teufel geschickt zu werden – 'nix mehr'."

Ihre Wohnung war nackt und leer. Ihre Bäuche waren leer. Und selbst ihr Kopf fühlte sich leer – ganz leer, aber trotzdem hatte sie nicht die Kraft, ihn aufrechtzuhalten.

Und dann, mit groteskem Hohn, begann die Hausbesitzerin zunehmend unwillig zu werden, weil die neuen Mieter das obere Treppenhaus noch nicht mit Teppichboden ausgelegt hatten. Jedes Mal, wenn Deborah das Haus verließ oder zurückkam, wurde sie von der strengen alten Matrone angesprochen.

„Wie kommt es, daß sie keinen Wert auf ein schönes Haus legen, wie die Mieterin aus dem ersten Stock? Und dabei haben sie gerade erst geheiratet. Wirklich, junge Frau, es ist eine Schande." Und wie ihr Ton der jungen Frau aus dem zweiten

Stock gegenüber gleich grimmiger und geringschätziger wurde, so wurde sie honigsüß zu der Dame aus der ersten Etage.

Deborah versprach einen Teppichboden zu kaufen, 'irgendwann, nächste Woche, oder die Woche drauf, ganz sicher'. Sie erfand alle möglichen Ausreden, ihre bevorzugteste war, daß sie ein Muster suchen würde, das zum Rest der Treppe paßte. Aber die Hausbesitzerin war nicht abzuspeisen mit faulen Ausreden.

„Ich kenne ein Geschäft, wo sie echte Sonderangebote finden, genau die Sachen, nach denen sie suchen. Ich gehe selber mit ihnen dahin! Nun, das ist mehr, als ich für sonst irgend jemanden machen würde. Aber sie sind wirklich ein nettes Mädchen. Ich tue Leuten, die ich mag, gerne mal einen Gefallen. So bin ich nun einmal! Wenn sie nicht so fürchterlich nachlässig wären, würde ich sie sogar noch mehr mögen als die Person aus dem ersten Stock. Ich hasse Leute, die hochnäsig sind und denken, sie wären der Allmächtige! Also, nehmen wir morgen Nachmittag und gehen zusammen los."

Nein, unglücklicherweise war Deborah morgen Nachmittag sehr beschäftigt. Sie verstand das Angebot sehr wohl zu würdigen, und würde es gerne ein anderes Mal in Anspruch nehmen. Und während sie ihre Entschuldigungen formulierte, dachte sie: „Wenn ich Geld hätte, du Hexe, würde ich es nicht für Teppiche ausgeben, sondern für Essen. Kannst du nicht sehen, daß ich hungrig bin?"

So vergingen die Tage; sie wurden zu Wochen und endeten in Monaten. Gelegentlich fand ihr Ehemann eine Aushilfsarbeit. Mit den Einnahmen bezahlte er die Miete, sie beglich ihre Schulden, die beim Gemüsehändler aufgelaufen waren, und dann waren sie wieder ohne einen Centime. In keinem ihrer Briefe nach Hause gab sie einen Hinweis auf die fürchterliche Not, in der sie war. Was würde das auch nutzen; ihr Vater war selber ein armer Mann, der kaum sein eigenes kleines Heim durchbringen konnte. Selbst wenn er in der Lage gewesen wäre, ihr zu helfen, sie zog es vor, hungrig zu bleiben, würde aber nicht bitten. Und sie wünschte auch nicht, ihrer Mutter Sorgen zu bereiten, einer zerbrechlichen Frau, deren Gesundheit schwach war, und die niemals viel Glück in ihrem Leben gefunden hatte. Ihre Mutter war nicht ganz alleine schuld an allem, was passiert war. Als sie in die Vergangenheit zurückschaute, meinte Deborah, daß auch ihr Vater gefehlt hatte, denn hatte er nicht bereitwillig sein Einverständnis zu der Verbindung gegeben? Aber wo lag die endgültige Verantwortung, wenn nicht bei ihr? Sie, und nur sie allein, war die wirkliche Übeltäterin, denn sie hatte die ganze Tragödie verhindern können, wenn sie einfach 'nein!' gesagt hätte. Wenn sie mit anklagendem Finger auf jemanden deuten sollte, dann zu allererst auf sich.

Es war durch einen Zufall , daß Deborah entdeckte, wie tief ihre Einstellung sich geändert hatte. Eines Tages erhielt sie einen sehr langen Brief von ihrer Mutter, in welchem Reisele sie anflehte, ausführlicher und öfter nach Hause zu schreiben. „Laß mich nicht leiden, halte mich nicht in der nervösen Ungewißheit, indem du mit deinen Schreiben an mich knauserst. Ich bin deine Mutter, und ich will, daß du dich mir anvertraust. Sage mir die Wahrheit, sage mir, wenn du unglücklich bist. Ich bin fürchterlich beunruhigt deinetwegen. Mache nicht mein Leben unerträglich. Glaube mir, wenn ich dich verletzt habe, so habe ich jetzt meine Strafe voll und ganz erlitten. Mache die Dinge nicht schlimmer für mich..." So schrieb Reisele, und Deborah bemerkte, daß ihr Gefühl der Genugtuung vermischt war mit unsagbarer Verzweiflung. Sie konnte sich später nie ganz erklären, was es war, das sie getrieben hatte zu reagieren, in der Weise, wie sie es tat, aber damals, und auf der Stelle, ohne eine Sekunde des Zögerns, schrieb sie zurück und sagte, daß sie vollkommen vor einem Rätsel stünde wegen des Briefes ihrer Mutter, und daß es sicher keine Berechtigung gäbe für irgendeine Reue oder besorgte Gefühle. Danach waren alle Briefe, die zwischen Deborah und ihren Eltern ausgetauscht wurden, fast vollständig gleichlautend und fast vollkommen bedeutungsleer.

„Wir sind sehr froh, von dir zu hören (schrieben ihre Eltern), und wir sind sehr glücklich zu erfahren, daß alles gut ist bei dir, wofür der Herr gepriesen sei! Auch wir, Gott sei Dank, sind gesund. Gebe Gott, daß wir immer Grund haben werden, uns zu freuen, daß es euch gut geht und uns gut geht. Mit lieben Grüßen an deinen teuren Ehemann..." und so weiter.

Und Deborah schrieb zurück im gleichen Ton. Gelegentlich erneuerte Reisele ihren Versuch, das Vertrauen ihrer Tochter zu erringen, aber vergeblich. Da gab es Momente, in denen Deborah der Versuchung erlag, alles zu erzählen. Sie setzte sich hin und schrieb endlose Briefe; dann, nachdem sie mehrere Seiten gefüllt hatte, hörte sie auf, um zu lesen, was sie geschrieben hatte; sie zerriß dann alles und schickte die übliche Postkarte, geschrieben in der üblichen Weise. Selbst als Deborah krank im Bett lag und nichts zu essen hatte, schrieb sie ihren Eltern, daß sie bei bester Gesundheit war (für die der Herr zu preisen war) und so weiter und so fort...

So entfremdete sie sich mehr und mehr von ihren Eltern (obwohl sie sie immer noch liebte, auf eine neue und zurückhaltende Art), und sie blieb genauso eine Fremde für ihren Ehemann, wie damals, als er sie zuerst gesehen hatte (auch wenn ihr seine Liebe für sie mehr und mehr bewußt wurde). Verbitterung wurde ein Teil ihres Blutes. Sie lernte zu hassen, betrachtete jeden mit Mißtrauen. Um sich herum sah sie Feinde, maskierte und unmaskierte. Höfliche Leute waren Heuchler. Rüde Leute waren Todfeinde.

Wann immer einer der Freunde ihres Mannes aus seiner Junggesellenzeit zu Besuch kam, behandelte sie ihn so geringschätzig, daß er ganz niedergeschlagen wieder davonging. Als ihre Schwägerin, die mit dem dicken Busen und der blonden Perücke, zu einem Anstandsbesuch vorbeikam, wurde sie von Deborah ganz offen beschuldigt, als Spionin für Reb Baruch Laib gekommen zu sein, ein Vergehen, dessen die arme Frau ganz unschuldig war. Wenn jemand versuchte, Deborah eine Lüge zu erzählen, sei sie auch noch so harmlos, weigerte sie sich, die Falschheit unbeantwortet passieren zu lassen. Sehr bald verdunkelte kein Besucher mehr ihre Tür.

Als sie alle Verbindungen mit der Welt abgebrochen hatte, fand sie die Einsamkeit fast unerträglich. Und immer noch erweckte ihr Ehemann in ihr genau denselben Abscheu; seine Anwesenheit folterte sie. Sie konnte seine Gegenwart nicht ertragen, aus Gründen, die sie selber nicht verstand. Und dann kam wieder eine Zeit, wo das einsame Eingesperrtsein in dem leeren, von Armut gezeichneten Zimmer ihren Nerven übel mitspielte, daß sie Erleichterung empfand, wenn sie seine Tritte hörte, wie er die Treppe heraufkam. Aber das Gefühl der Erleichterung war immer nur kurzlebig.

Sie verbrachte die Tage in Untätigkeit, viel gab es nicht für sie zu tun. Wenn sie nur hätte lesen können. Aber sobald sie in ein Buch schaute, begannen schwarze Fliegen über die bedruckten Seiten zu flitzen und machten sie ganz schwindelig. Der leere Raum um sie herum schwankte trunken, und sie mußte das Buch weglegen. Und dann nahm eine Fülle von Phantasievorstellungen Besitz von ihrem Verstand. Sie konnte sie nicht abschütteln, so heftig sie es auch versuchte. Gestern, zum Beispiel, war ihr eingefallen, sie sollte eine Stelle im Haushalt suchen, da sie tatsächlich zur Hausmagd geboren war, und jetzt zumindest hätte sie ihrer wahren Berufung Folge zu leisten. Sie mußte sofort aus dem Haus gehen und etwas dafür tun. Sie wußte die ganze Zeit, daß dies eine absurde Idee war. Welche Möglichkeiten standen ihr offen, als Hausmädchen zu arbeiten? Wer würde sie nehmen? Sie sah doch mehr tot als lebendig aus. Und sie wußte aus Erfahrung, daß es notwendig war, diesen verrückten Einfall loszuwerden – und Schluß! Aber dann gab es Tage, wie gestern. Den ganzen Tag lang ließ diese üble klebrige Angelegenheit nicht ab von ihr, es half kein Argumentieren mit sich, keine logischen Einwände.

„Weshalb, nochmals weshalb?" „Und weshalb nicht?" Und dann wieder dasselbe, „Du bist ein Idiot!" und wieder zurück. „Siehst aus wie ein Stock und verdienst Stockhiebe! Und hungrig bist du auch!" „Wenn man sich schämt zu arbeiten, verdient man zu hungern."

„Falscher Stolz ist dein Verderben," flüsterte die eine Stimme, „jetzt ist es Zeit zu handeln."

„Es hat alles keinen Sinn," sagte die andere Stimme, und so weiter. Und ohne Ende, und ohne Entscheidung wogte die verrückte Schlacht hin und her in ihrem gepeinigten Kopf, nachlassend nur, wenn sie erschöpft war und alles in ihr taub. Dann, am nächsten Tag, suchte eine andere finstere Vorstellung ihren Verstand aus als Opfer. Je mehr es sich einfraß, um so heftiger kämpfte sie, es loszuwerden, aber bald mußte sie resignieren. Sie wußte, daß es nicht ihr Tag war, es würde den Verstand löchern und quälen. Und dann begann eine regelrechte Horde von ähnlichen Gedanken, aber jeder mit einem ganz eigenen Ausdruck, in ihrem Kopf zu randalieren, bis alles ein einziger Wirbel war. Endlich stieg Ruhe und Frieden in ihr auf.

Wenn nicht ihre Feigheit gewesen wäre, sie würde deswegen zu einem Doktor gegangen sein. Das war tatsächlich das einzige Vernünftige, was sie tun konnte. Ja, morgen würde sie gehen. Aber selbst, als sie diesen Entschluß aufgeschrieben hatte, wußte sie, daß es ihr nicht helfen würde, denn sie zitterte davor, die Wahrheit zu hören. Sie wußte doch schon, was er ihr sagen würde. Sie würde nach Hause gehen und herzlich lachen über sich und den Fall in die eigene Hand nehmen und sich kurieren von diesem seltsamen Leiden. Aber sie war zu müde, heute zu gehen. Jeder andere Tag, aber heute nicht.

Also vergingen Tage und Wochen und Monate, und jeder Tag, jede Woche, jeder Monat war für sie wie eine Ewigkeit. Niemals geschah etwas, was nicht zuvor schon geschehen war, außer, daß Deborah und ihr Ehemann zweimal Hals über Kopf umziehen mußten. Das waren gnädige Unterbrechungen für Deborah, obwohl sie in ihre früheren geistigen Gewohnheiten zurückfiel, kaum daß sie sich an ihre neue Umgebung gewöhnt hatte. Aus ihrer ersten Wohnung waren sie nahezu hinausgeworfen worden.

„Es ist nicht unsere Gewohnheit, Leute im Haus zu haben, die vom Schnorren leben," sagte die Hausbesitzerin verächtlich, nachdem sie sich endlich davon überzeugt hatte, daß das obere Treppenhaus für immer nackt bleiben würde. Sie konnte sehen, daß es nicht gut stand mit den Mietern im zweiten Stock, denn Deborah fiel sichtbar zusammen, wurde mit jedem Tag ausgezehrter.

Sie fanden Unterschlupf in einem verfallenen zweistöckigen Haus in einer Arbeitergegend. Die Besitzerin des Hauses, die sie gebeten hatte, man solle es ein wenig wieder herrichten, war eine Bäckerin, eine Frau, die von nachts bis mittags arbeiten mußte für das bißchen sündiges Brot. Sie hatte nur Töchter, die sie alleine arbeiten ließen und sich den ganzen Tag nur putzten, die Nägel lackierten und die Käsekuchen aufnaschten, die sie und ein Geselle, ein ruhiger, junger Mann, des Nachts backten, und von denen sie leben mußten. Deborah mußte ewig lächeln, wenn sie sich daran erinnerte, wie die Frau einmal bei ihr ihr Herz erleichtert hatte.

„Hören sie, ich sage ihnen, König Salomon ist wirklich ein Weiser gewesen, als er sagte, daß Töchter zu gar nichts zu gebrauchen sind. Wenn ich stattdessen (mit Gottes Hilfe) Söhne im Haus gehabt hätte, wie wäre es mir da gegangen. Ich frage sie? Stattdessen liege ich fast in der Erde. Solche Undankbaren lassen eine Mutter sich zu Tode arbeiten (meinen Feinden gesagt!) und helfen überhaupt nicht. Gütiger Vater im Himmel, wenn ich es doch nicht hätte erleben müssen, eine Witwe zu sein und solch eine Bande nutzloser Fresserinnen aufziehen zu müssen. Ob sie zumindest Kaddisch auf mich sagen werden?" „Eine sehr traurige Witwe ist sie," lachten die Töchter.

Also hatte die Frau genug mit sich zu tun und ärgerte Deborah nicht wegen der Treppe. Aus diesem Grund war auch ihr eigener Teil der Treppe so schäbig – das Linoleum war ganz zusammengestoppelt und ausgetreten – daß die nackten rohen Bretter darüber vergleichsweise anständig aussahen. Es war nicht Hochnäsigkeit, die sie drängte, die mittellosen Mieter herauszusetzen. Es war schlichte Notwendigkeit. Ihr jungverheirateter Neffe und seine Kinder waren auf dem Weg von Rußland nach Amerika in Antwerpen gestrandet, und sie konnte nicht weniger tun, als sie unterbringen, bis sie wieder in der Lage wären, ihre Reise fortzusetzen. Also mußten Deborah und ihr Ehemann gehen.

Sie zogen in die billigste Wohnung, die sie finden konnten, am Rande der Stadt. Ihr Vorderfenster schaute hinaus auf eine militärische Einrichtung, ausgestattet mit Baracken und unterirdischen Befestigungen. Die kleine Straße, in der sie wohnten, bestand aus einer Reihe von winzigen, altmodischen Häusern auf der einen Seite und einer langen Mauer mit einem großen eisernen Tor auf der anderen Seite.

Deborah saß ganze Tage am Fenster, die Ellbogen gestützt auf das Fensterbrett, ihr Kinn in die Hände gebettet, und sie beobachtete die Männer bei ihren Übungen. „Eins-zwei! Eins-zwei!" brüllte der Feldwebel, und die winzigen, uniformierten Figuren marschieren davon mit maschinengleicher Präzision; aus der Entfernung sahen sie wie Schuljungen aus, die nur Soldaten spielten. Diese militärischen Übungen waren eine große Attraktion für Deborah, und sie verließ nie freiwillig ihren Aussichtspunkt. Sie fühlte sich, als wäre sie wieder ein kleines

Mädchen, und wenn ihr nicht erlaubt war, im Spiel mitzumachen, hatte sie doch ihr Vergnügen beim Zuschauen. Berisch war den ganzen Tag weg. Er hatte eine unterbezahlte Arbeit bekommen mit zwanzig Franken die Woche, einen Lohn, der es ermöglichte, die Miete zu zahlen und zu verhungern. – Sie war immer ganz neidisch auf die Soldaten, wenn das Horn ertönte zur Essenszeit und barhäuptige Männer über den Exerzierplatz riesige Kessel mit Suppen schleppten, die einen großartigen Geruch von sich gaben. Wie es ihr das Wasser im Munde zusammenlaufen ließ!

Ihre neue Hausbesitzerin war eine Nichtjüdin – eine kleine stämmige Frau mit breiten Hüften und einer gepflegten Frisur; obwohl ihr Haar so spärlich war, daß der Scheitel mehr wie eine kahle Stelle aussah als irgendetwas anderes. Sie führte einen kleinen Kaufladen und verkaufte Schinken und Speck zu mörderischen Preisen. Der Laden war immer vollgestopft mit Kunden – die meisten von ihnen Soldaten, die dienstfrei hatten – und an Sonntagen gab es regelrechte Kämpfe zwischen denen, die hinauswollten, und denen, die in einer Reihe standen, um hineinzukommen.

„Wie die Motten um das Licht!" sagten die Nachbarn mit einem wissenden Blick auf Georgette hinter dem Ladentisch. Georgette war die dralle junge Nichte der Eigentümerin und – nach dem Tratsch der Gegend – hatte sie nicht nur die Armee erobert, sondern auch die Herzen der Händler am Ort gebrochen. Für die steckte das Geschäft in einer Flaute, und sie waren krank vor Eifersucht.

Einmal hatten sie sogar eine Verschwörung ausgeheckt, um Georgette wegzulocken und Jacond, den Hund der Tante, zu vergiften, der auch sehr beliebt war bei den Soldaten. Ein Konkurrent, der Witwer war, wollte sogar Georgette heiraten, und bot ihr an, sie könnte hinter einem eigenen Ladentisch stehen, statt für eine säuerliche Tante arbeiten zu müssen. Er war sicher, sie würde der Versuchung erliegen, besonders, da sein eigener Zauber unwiderstehlich war. Aber der Mensch denkt, und Gott lenkt. Jacond war ein schlauer Hund, und alle Versuche, ihm Gift zu verabreichen, schlugen fehl. Und was Georgette betraf, sie würde nicht im Traum ihre Stelle verlassen, noch viel weniger einen Witwer heiraten.

Deborah kam sehr gut aus mit beiden, Jacond und Georgette. Aber Georgette hatte keine Minute frei, den ganzen Tag lang, und die alte Hexe, ihre Tante, wollte aus irgendwelchen Gründen Jacond niemals erlauben, zu Deborah hoch zu gehen. Wahrscheinlich hielt sie es für unter seiner Würde. Wann immer er die Treppen hinaufkam, mußte er sich nach oben stehlen wie ein Dieb. Zugegebenermaßen hatte Deborah in den ersten Tagen Angst vor ihm gehabt. Sie ließ ihn mit der Pfote an der Tür kratzen und jaulen, bis er beleidigt war und sich schmollend davonschlich. Aber mit der Zeit entwickelte sich ein stillschweigendes Verständnis zwischen beiden. Ihre Freundschaft begann eines Tages, als er durch die offene Tür getrottet kam und begann, ihre Ferse zärtlich zu lecken. Sie scheuchte ihn nicht weg, obwohl sie, nachdem er gegangen war, ihr Bein dort bürstete, wo sein Fell sie berührt hatte. Aber dann hatten beide, Deborah und Jacond, diese frühen, zurückhaltenden, zaghaften Tage ganz vergessen und waren große Kumpel geworden.

In dem Moment, wo er sie erspähte, wenn sie am Montagmorgen mit Mietbuch und dem Geld in der Hand die Treppe hinunterkam, verlor er vollkommen den Kopf. Er raste heran, sie zu begrüßen, sauste hin und her, quer durch den Laden, ganz wild mit dem Schwanz wedelnd. Er machte große Umstände ihretwegen, streckte die Zunge heraus und leckte sie ab, und dann – ganz überwältigt von Leidenschaft – rieb er sein fleischiges Maul auf dem Boden in hündischer Ehrerbietung.

Was sie am meisten gefürchtet hatte, war eingetreten. Jetzt konnte die Vermieterin, wenn sie es nur wollte, sie auf die Straße setzen, und sie konnte dann genausogut ersaufen in der Schelde.

Der arme Jacond war ganz verzweifelt. Deborah war nicht, wie sonst immer, am Montagmorgen mit der Miete erschienen. Die ganze Zeit war er unter dem strengen Auge seiner Herrin, die darauf achtete, daß er nicht nach oben schlüpfen konnte. Am Ende, um sicher zu gehen, band sie ihn fest hinter dem Ladentisch, und für den zweiten Tag in Folge, wurde er dort wie ein Gefangener gehalten, und das, soweit er sehen konnte, ohne einen Grund.

Die Situation war wirklich hoffnungslos geworden. Berischs Brötchengeber, der selber nur ein Gelegenheitsarbeiter war, hatte es nicht geschafft, in den letzten zwei Wochen auch nur einen einzigen Auftrag von den Diamantenschleiffabriken zu bekommen. An der Börse hatte es eine Panik gegeben, und alle Arbeiten waren plötzlich zum Stillstand gekommen – einfach nur, weil ein österreichischer Kronprinz ermordet worden war, irgendwo im weit entfernten Serbien, gab es in Antwerpen keine Diamanten zu schleifen, und sie mußten hungern.

„Und da gibt es noch Leute, die die Unverfrorenheit haben, sich zu beschweren, es gäbe keine Gerechtigkeit auf der Welt," grübelte Deborah laut, „hier sind wir am Rande eines Krieges, alles nur der Gerechtigkeit zuliebe! Wie das Gewissen der Welt schockiert ist, wenn unschuldiges Blut vergossen worden ist, besonders, wenn es kostbares, blaues Blut ist! Natürlich, gewöhnliches rotes Blut ist billig, minderwertig, und wen kümmert es, wenn es in endlosen Martern vergossen wird, Tropfen auf Tropfen, Tag für Tag? Ich frage mich, würde irgendjemand auch nur im Traum daran denken, mich auf der Straße aufzuhalten – ‚du schaust hungrig aus. Ich besorge dir eine Mahlzeit!' Ha!"

Sie lachte, bis ihr die Tränen in die Augen kamen. Was für eine Närrin war sie, so mit sich selber zu reden, und so zu tun, als wäre sie ein Karl Marx im Unterrock! Lächerlich!...

Aber ernsthaft, wenn Krieg ausbrechen würde, wie sollte dann alles enden? Können die Dinge sich denn nicht zum Besseren hin verändern? Immerhin: Simon selber hatte einmal etwas Derartiges prophezeit während einer hitzigen Diskussion; der nächste Krieg, hatte er erklärt, würde gefolgt werden von einer großen, sozialen Revolution, aus der ein weltweiter Aufruhr würde, und dann gäbe es überall Sozialismus – bis zum Planeten Mars... Sie erinnerte sich genau an seine Worte. Er theoretisierte immer mutig und voller Vertrauen, warf dann eine geistreiche, witzige Bemerkung hinein, welche weit davon entfernt war, seine vernünftige Argumentation zu beeinträchtigen, sondern ihr sogar zusätzliches Gewicht verlieh.

Simon! Simon! Simon! Genug von Simon! Es gab nur eines im Leben, was sie jetzt wirklich kümmerte – ihr gegenwärtiges Leben zu beenden und zu den Eltern zurückzukehren, bevor es zu spät wurde, bevor sie verrückt wurde. Sie mußte ihren Verstand retten. Aber wie sollte sie nach Warschau kommen, wenn sie sich nicht einmal einen Laib Brot leisten konnte?

Krieg war jetzt unausweichlich. Das hatte ein Soldat heute morgen zu Georgette gesagt. Und Deborah selber konnte sehen, daß etwas Großes gebraut wurde. Die letzten Tage pulsierten die Baracken auf der anderen Seite der Straße vor Aktivität.

Überall blinkende Bajonette und blitzende Messingknöpfe! Von morgens bis in die Nacht waren die Offiziere damit beschäftigt, neue Rekruten zu schleifen. „Eins-zwei! Eins-zwei!" brüllten sie dauernd, ohne nachzulassen, so daß die Worte ihr jetzt ununterbrochen im Ohr klangen, und die winzigen Soldaten, zusammengepfercht wie Schafe, stampften dauernd mit ihren schweren Stiefeln: „Eins-zwei! Eins-zwei!" Es war nicht zu verstehen. Durch welche geheimnisvollen Mechanismen versetzte die Bedrohung eines Krieges zwischen den weit entfernten Österreich und Serbien diese belgische Kaserne in einen Zustand fieberhafter Vorbereitung? Alles, was sie wußte, war, daß, sollte Belgien in die Feindseligkeiten verwickelt werden, ihr Schicksal besiegelt wäre – sie konnte nie mehr hoffen, nach Hause zurückzukehren. Als ob sie solche Hoffnungen hatte, selbst jetzt in der Zeit des Friedens.

Ihr Ehemann kam herein mit schlurfenden Füßen; er war den ganzen Tag durch die Straßen gelaufen.

„Es gibt Krieg zwischen Serbien und Österreich. Einige Leute sagen, daß Belgien darin verwickelt wird."

„Wirklich?"

Sie gingen ins Bett. Das Gesicht ihres Ehemannes war furchtbar düster. Es betraf sie nicht. Weder sie noch er hatten auch nur einen Krümel gegessen seit zwei Tagen.

Es war wieder Tag geworden und wieder war sie auf ihrem Platz am Fenster. Wenn sie nur die Kraft gehabt hätte, um hinauszugehen in die Straßen, und sich dort in der Menge zu verlieren, wie es ihr Ehemann tat. Das wäre schön! Da war noch etwas anderes, was sie tun wollte, aber sie hatte vergessen, was es war. Ach ja, sie wollte nach Warschau zurück und bei ihren Eltern sein, bevor ganz Europa in Flammen stand. Natürlich, das war es gewesen...

Und dann, als sie diese verschwommenen Gedanken im Kopf hatte, überkam sie Furcht, als ihr klar wurde, daß sie dabei war, verrückt zu werden! Das war der Vorgeschmack des Wahnsinns, echter Wahnsinn! Sie mußte sich zusammenreißen. Wie konnte sie vergessen, daß sie ohne einen Pfennig war, weit entfernt davon, in der Lage zu sein, sich auf eine so lange und kostspielige Reise zu machen, wo sie doch nicht einmal in der Lage war, einen Laib Brot zu kaufen. Wie närrisch von ihr, sich zu sorgen wegen des Krieges, als ob es für sie noch einen Unterschied machen konnte. So mußte sie sich immer daran erinnern, daß es nur eines gab, was sie wirklich wollte – essen, essen!

Es war aber doch eine Schande, daß sie nicht losgehen konnte, und Mierel besuchen! Mierel war eine freundliche Seele, und würde ihr sicher das Geld leihen für die Fahrkarte nach Warschau. Selbst wenn Mierel ihr nur ein paar Münzen geben würde für ein Brot, auch das wäre großartig. Warum nicht ihren Stolz hinunterschlucken und versuchen, in dem Laden unten etwas zum Essen auf Kredit zu kaufen? Sie sollte Georgette bitten, wenn die Alte nicht in der Nähe war.

Mierel war so ein lieber Mensch. Glückliche Tage. Es wäre wunderbar, wenn sie und Mierel über die grünen Weiden gehen könnten, zu dem Stall im Hof des Gutsherrn. Mierel würde ihr ein Glas Milch geben, direkt von der Kuh, warme, sahnige Milch, und sie würde so gierig trinken, wie sie es in Jelechitz getan hatte in jenen heiteren Sommertagen, als sie sich erholte von einer schweren Krankheit. Jeden Morgen würden Mierel und sie im hellen Sonnenschein die Wiesen überqueren, um zum Hof des Gutsherrn zu kommen. Ach, diese weit, weit zurückliegenden Tage in Jelechitz! War es weit, weit zurückliegend? Ja, endlose, lange Zeit war es her!

Sie war damals erst ein Kind von acht Jahren... Es wäre gut, zu wissen, ob Mierel immer noch die Milchgeschäfte führte für den Gutsherrn, der zu aristokratisch und faul gewesen war, seinen Besitz zu verwalten.

Er war ein gutaussehender Herr, der Gutsherr, und so höflich. Er gab ihr immer ein wunderschönes Blumensträußchen für zuhause. Eines Tages setzte er sie auf seinen Schoß und sorgte dafür, daß sie sich so schämte, aber er würde sie erst gehen lassen, wenn sie ihn geküsst hätte. Wie er es liebte, sie zu necken!

Und dann kam sein Bruder, der noch ein Junge war, aber im Ausland lebte. Das war das einzige Mal gewesen, daß er den Familienbesitz besuchte, solange sie in Jelechitz gelebt hatte. Es hieß, er wäre ein Jurastudent, obwohl er gar nicht danach aussah. Mierel sagte, daß er an einer deutschen Universität war. Ach ja! Wie gut sie sich an ihn erinnerte, als ob es gestern gewesen war, an sein sommersprossiges Gesicht und die großen wilden Augen. Er folgte ihr nach, wohin sie auch ging. Zu Ehren seines Besuches veranstaltete der Gutsherr ein Gartenfest, zu dem alle seine Pachtleute eingeladen waren. Das ganze festliche Bild kam ihr in die Erinnerung zurück – und sie konnte jetzt alles genau sehen. Aber jenseits von Jelechitz, jenseits der Felder und des Kirschgartens auf dem Hof des Gutsherrn konnte sie auch die Kaserne sehen und die belgischen Soldaten, die in Formation auf dem Paradefeld marschierten. Der Gutsherr bestellte Karren voll mit Brettern, die aus dem Wald gebracht werden sollten, und dieses Holz wurde ausgelegt, um eine Art von Boden auf einer großen Wiese zu bilden. Die Bauern waren beschäftigt mit riesigen Leinentüchern, dicht besetzt mit Messingringen, aus denen sie Festzelte aufbauten. Das Leinen war grau. Ja, natürlich war es grau! Einige wenige Polizisten waren aus einer nahen Stadt gebracht worden, um für Ordnung zu sorgen. Jetzt begann die Kapelle mit einem heiteren Volkstanz. Fiedler fiedelten und Trommler trommelten. Unter den vielen Attraktionen am Rande war auch ein Kasperltheater. Wie die Bauern schallend lachten über die abgerissenen Handpuppen, diese hölzerne Ehefrau und der Ehemann, die redeten und stritten wie ein wirkliches Ehepaar, und als er dann begann, seine Ehefrau zu schlagen, platzte der Menge fast die Bäuche vor Lachen. Was für eine große Zahl von Bauern. Sie mußten aus der ganzen Gegend gekommen sein.

Plötzlich fing Deborah an zu lachen... Jetzt ermahnte der junge Bruder des Gutsherrn die Menge, sagte: „Nicht schubsen! Hört auf zu schubsen!" Also nannte ihn die Menge spöttisch „Nicht-schubsen". Es dauerte nicht lange, und sein richtiger Name war vergessen, aber an seinen Besuch in Jelechitz erinnerte man sich noch nach Jahren. „Wenn nur ‚Nicht-schubsen' bald wiederkäme," sagten die Leute mit einem Seufzer des Bedauerns, „was für einen Spaß würden wir dann haben." „Und was für ein Segen wäre es für die Geschäfte," sagten die Ladenbesitzer und rieben sich die Hände in froher Erwartung. Vor ihren Augen war die Vergangenheit wieder lebendig geworden, lebensfroh, farbenfroh und lärmig. „Nicht-schubsen" versuchte sie zu überreden, mit ihm in eines der Festzelte zu gehen, so daß er ihr zeigen konnte, was dort im Gange war, aber sie lehnte ab, denn sie hatte ziemliche Angst vor ihm. Aber dann begann er, sie auf Deutsch anzusprechen, als ob er leichter ihr Vertrauen gewinnen könnte. Zuerst hatte sie gedacht, es wäre Jiddisch.

„Haben sie nur keine Angst, Krausköpfchen!" sagte er dauernd zu ihr auf eine langsame, besonnene Art. „Ich werde ihnen nichts Böses tun." So klar erinnerte sie sich an jedes Wort, daß sie verstanden hatte.

Sie schrak auf aus ihren Träumereien. Die Erinnerungen flohen plötzlich wie Gespenster beim Hahnenschrei, ließen sie atemlos zurück vor Überraschung, aber das süße, leidenschaftliche Gefühl blieb, und ihre Lippen zuckten, lächelten vor Entzücken.

Was jetzt? Nun, da die Qualen des Hungers vorbei waren, was plagte sie? Gestern war sie so hungrig gewesen! Nein, Gott sei Dank, sie war nicht mehr hungrig, nicht im Geringsten! Nur ihr Kopf schmerzte mehr als sonst.

Sie stand auf.

„Meine Güte, was ist geschehen? Ich kann kaum auf den Beinen stehen. Ich torkele wirklich. Aushalten, aushalten bis zur Fensterbank! Oh, Gott, werde ich gelähmt werden? Nein, es muß nicht so sein! Ich gehe nach unten in den Laden und frage Georgette. Wenn die alte Frau da ist, werde ich sogar sie fragen. Vielleicht ist Georgette heute allein, und sie wird mir ein Stück Brot geben, ganz heimlich. Aber nein, wird sie nicht. Sie wird nicht so etwas machen. Sie wird nur sagen, ‚tut mir leid,' wie immer. ‚Es tut mir ja so leid, aber sie wissen, wie die Alte ist, nicht wahr. Sie erinnern sich doch an den Ärger, den ich das letzte Mal hatte.' Arme Georgette, was für einen Ärger hatte sie gehabt. Und noch einmal wird es kein ‚letztes Mal' geben..."

Die Sonne schien immer noch. War es Morgen oder Nachmittag? Sie schaute hinüber zu der Kasernenuhr. Essenszeit! Die Soldaten füllten ihre Blechnäpfe aus den dampfenden Feldküchen. Sie schienen nichts zu tun zu haben den ganzen Tag außer Essen, und dann wieder Essen. Nicht, daß sie etwas von der Soldatenverpflegung anrühren würde. Mittlerweile war auch ihre körperliche Schwäche verschwunden. Ihre Beine hatten aufgehört, wehzutun. Sie würde versuchen zu laufen, um zu sehen, wie sie vorankam. Ja, es war ganz einfach. Die Steifheit war aus ihren Beinen verschwunden, und sie fühlte sich leicht wie eine Feder. So leicht wie eine Feder und ganz leer. Keine Spur von Kopfschmerzen. Was sie ärgerte, war das Baumeln ihres Kopfes, er wollte nicht gerade bleiben, sondern schwankte von einer Seite zur anderen wie ein Blatt im Wind. Das war eine merkwürdige Angelegenheit.

Ah, hier war ihr Bett, und da würde sie sich jetzt hineinlegen. Das war doch besser, viel besser!

Sie hatte sich nicht länger als zehn Minuten ausgeruht, als Georgette vom Fuß der Treppe etwas zu ihr nach oben rief:

„Haben sie das Neueste gehört? Deutschland ist bei uns eingefallen. Es ist Krieg!"

Deborah hörte das sehr wohl, aber sie schien keine Kraft mehr zu haben, zurückzurufen. Was kümmerte es sie auch? Aber angenommen, sie hätte das Geld für eine Fahrkarte, sie würde zu ihren Eltern zurückfahren – auf der Stelle. Nicht lange, und alle Verbindungen wären unterbrochen. Der Oberfeldwebel, der jeden Abend mit Georgette spazierenging, war schon seit einigen Tagen nicht mehr erschienen... Was war mit ihm geschehen?

„Was ist nur los mit mir? Werde ich wirklich verrückt? Wieso bin ich besessen von der unmöglichen Idee, nach Warschau zurückzukommen? Dieses Ausgehungertsein tötet mich..."

Sie lag vollkommen still. Alles in ihr wurde ganz ruhig. Da war nicht ein Gedanke in ihrem Kopf.

Sie war ohne jedes Gefühl. Und dann gab es eine merkwürdige Art von Glückseligkeit, himmlische Glückseligkeit, die über sie kroch und vollkommen Besitz von ihr nahm...

Plötzlich sprang sie aus dem Bett. Fieberhaft sammelte sie ihre gesamte Aussteuer zusammen, die lange, goldene Kette, die ihr um den Hals gelegt worden war bei der Verlobung, die goldene Uhr ihres Ehemanns, und warf alles auf einen großen Haufen. Ihre Finger waren wunderbar geschickt und es dauerte nicht lange, da hatte sie ihre Unterwäsche gebündelt. Sie stopfte alles in den hellen Lederkoffer, den ihr Ehemann in der Hand gehabt hatte, als sie ihn zuerst zu Gesicht bekommen hatte in Berlin. Sie verschloß die Tür und ließ den Schlüssel oben auf dem Gaszähler draußen im Flur. Als sie auf ihrem Weg durch den Laden kam, ignorierte sie die Hausbesitzerin, aber Jacond sprang auf, zog an der Leine, und er begann zu bellen mit so einer Heftigkeit, daß es aussah, als würde ihm die Zunge aus dem Maul fallen. Es war eine lange, heraushängende Zunge, die fast auf den Boden reichte. Keiner konnte den unglücklichen Hund beruhigen. Sie zog dauernd ihre Backen zwischen die Zähne, drückte sie vor und zurück. Draußen vor der Tür brannten tausend Sonnen über der Stadt. Der Brief an ihren Ehemann war beendet. Sie versteckte ihn unter dem Kissen. War da noch etwas, was sie tun mußte, bevor sie ging? Nein, gar nichts!

Sie machte sich mit dem Koffer sofort auf den Weg zu der städtischen Pfandleihe. Sie zitterte am ganzen Körper, ihre Beine unter ihr gaben nach, ihr Herz schlug heftig, als würde sie, wie Jacond, an einer Leine ziehen. Die Straßen waren voll mit Leuten, die von der Arbeit nach Hause eilten. Sie schaute sich nervös um. Nach allem, was sie wußte, konnte sie ihrem Ehemann über den Weg laufen. Sie begann über den Bürgersteig zu fliegen, mit der Behendigkeit eines Kindes. Sie fühlte nicht, wie ihre Füße die Straßensteine berührten – sie schwebte weiter wie ein Vogel.

Sie wollte an dem zoologischen Garten vorbeigekommen sein, bevor er schließen würde, denn dann kamen die Ehefrauen der wohlhabenden Diamantenhändler auf die Straße marschiert. In diesem schattigen, grünen Zufluchtsort hatten sie im Sommer gewöhnlich ihre Rendez-vous. Zu spät! Sie kamen schon heraus, alle lächelnd, alle juwelenbehangen, alle fleischig und wohlgenährt. Einige von ihnen waren so fett, daß sie kaum voranwatscheln konnten. Nichtsdestotrotz schauten sie sehr selbstzufrieden aus. Deborah sah sie flüchtig an, wandte dann ihren Blick auf die jüngeren Frauen, die mit den blitzenden Augen – Augen voller sinnlicher Gier, voll unstillbarer Wollust.

Als sie so entlangtrippelte, unterhielten sie sich mit neckischen Gesten und Manieriertheiten. Sie brachten es fertig, die Kurven ihrer warmen, pulsierenden Busen zu verändern, ohne jemals ihre anmutige Haltung zu verlieren. Sie waren nicht Frauen, sondern Göttinnen, denn eine jede hielt einen Blitz in ihrer Hand, und wenn die Göttinnen unachtsamerweise ihren schlanken Finger mit den großen und glänzenden Diamanten hoben, flutete von ihnen ein Strahl von Sommerblitzen durch die Welt. Sie tänzelten ganz entspannt, denn – ganz anders als Deborah, rannten sie nicht davon. Nein, natürlich nicht, sie gingen ja nur nach Hause, um ihre parfümierten Ehemänner zu treffen, die den Tag damit verbracht hatten, an der Börse zu spekulieren und Profite zu machen.

Was war los mit ihr? Sie mußte sich beeilen. Sie hatte keine Zeit zu starren. Sie beschleunigte ihren Schritt. Sie hastete vorwärts wie ein verängstigtes Kaninchen.

Dem Himmel sei Dank. Hier war der Laden des Pfandleihers, und die Tür hatte sich hinter ihr geschlossen. Sie legte ihre Besitztümer auf den Schalter und schaute durch das Gitter, welches das Gesicht des jungen Mannes dahinter in ein Muster von Quadraten zerteilte, als er sie anschaute.

„Ich weiß nicht, um wieviel zu bitten, wirklich nicht. Geben sie mir, was immer sie können, aber bitte schnell!"

Das Gesicht des jungen Mannes mit den kreuz- und querlaufenden Metallfalten wurde größer, als er den Kopf vorbeugte, und er wiederholte in freundlichem Ton:

„Wieviel?"

Sie schob ihm die Bündel noch näher und er untersuchte sorgfältig alle Kleider und legte dann ihre goldene Uhr auf eine Waage.

„In Ordnung.“ sagte sie, „ich werde hundertdreißig Franken nehmen!“

„Sehr gut,“ sagte der faltige junge Mann, und schob ein Bündel von Banknoten unter dem Eisengeflecht hindurch.

„Bahnsteig zwei. Der Zug, der gerade eingefahren ist. Umsteigen in Brüssel.“

„Ja, richtig, eine Einfachfahrkarte nach Berlin,“ sagte Deborah mit einer fast flehenden Stimme und ihr linkes Augenlid flatterte unkontrollierbar, als ob sie dem Beamten zuzwinkern würde, der hinter einem Gitter in dem hell erleuchteten, rechteckigen Schalter saß.

Dem Himmel sei Dank, der Zug fuhr an, und sie saß in ihm, den Koffer auf den zitternden Knien und den schwankenden Kopf zum Fenster gewandt, durch das sie die flammende Sonne sehen konnte, wie sie durch die Bäume brach, und die Baumspitzen einhüllte, die Teiche und Wiesen mit purpurrotem Feuer berührte und alles vergoldete: die Hügel, die Kirchtürme, die Bauernhütten, die Moore und die gefallenen Blätter... Und ihre Geister begannen sich zu beleben, die Düsternis, die so schwer auf ihrem Herzen gelastet hatte, war vertrieben, und das Leben wurde wie ein Lied.

Der Zug hielt an. Deborah wurde nach vorne geschleudert. Sie stieg zusammen mit den anderen Reisenden aus. In einem winzigen Büffet kaufte sie sich eine Tasse Kaffee, zwei Kuchenstücke und eine kleine Tüte saure Drops. Wie delikat! Was für herrliche Kuchen! Und der Geschmack des Kaffees übertraf alles, was sie bisher getrunken hatte.

Wieder einmal hatte sie sich niedergelassen auf dem Ecksitz am Fenster. Das war ihr Lieblingsplatz, derselbe, auf dem sie letztes Jahr gesessen hatte, bei der Fahrt in die entgegengesetzte Richtung. Aber jetzt war alles anders. Sie reiste nicht nach Berlin, um verheiratet zu werden – oh nein! – sie war so glücklich, so furchtbar glücklich. Es war ein grenzenloses Glück, wie sie es vorher nie gekannt hatte. Ah, der Zug begann sich zu bewegen. Und die Zeitungsjungen und Zigarettenverkäufer sprangen schnell auf den Bahnsteig hinab. Der Zug war bevölkert zum Ersticken, aber sicher war keiner so glücklich wie sie selber. Sie, und nur sie allein, war besessen von dem wilden Geist der Hingabe, der sich hoch erhob über sterbliche Sorgen und sterbliche Verantwortung; sie alleine erfuhr die Erregung einer freudigen Flucht, die sie die Vergangenheit vergessen ließ, und auch die Zukunft. Sie gab ihr Kraft und Mut. Die Räder des Zuges schleiften auf den Schienen und jeder einzelne Ton brachte sie weiter weg von dem seltsamen Mann, dessen Gesellschaft zu ertragen sie härter fand als körperlichen Schmerz und Hunger, diesem seltsamen Mann, dessen Gegenwart sogar noch abstoßender war als die gräßliche Atmosphäre, die auf der ganzen Stadt Antwerpen brütete. Sie war frei, und hatte keine Sorgen auf der Welt. Sie sorgte sich nicht einmal um sich selber, Hurra! Vollkommen frei!

Die Lampen in dem Zug waren alle erleuchtet. Ein dicker Mann ihr gegenüber schloß das Fenster und zog das dunkelgrüne Rollo herab. Den Kopf auf Kissen gelehnt, auf Schals oder Mäntel oder – weil es sonst nichts gab, gegen die nackte Bretterwand des Abteils setzten sich alle Reisenden zurück und versuchten ihr Bestes, um zu schlafen. Ein schmächtiger Junge, der so aussah wie die Soldaten, die sie so oft in der Kaserne in Antwerpen gesehen hatte, öffnete das Fenster wieder. Aber der dicke Mann neben ihm warf ihm einen vernichtenden Blick zu, begleitet von einem geringschätzigen Lächeln – es war ein häßliches Lächeln, das sie schaudern ließ – und dann, ohne ein Wort, schloß er das Fenster knallend wieder. Alle anderen Reisenden schauten gleichgültig zu.

Wo war sie? Es war wieder hell geworden und sie saß immer noch auf ihrem Eckplatz. Aber der Zug war zum Stehen gekommen und die Lokomotive vorne zischte wutentbrannt, wie ein Mensch, der seine Lunge aushustet. Dichte Rauchwolken trieben am Fenster vorbei. Und dann begann der Zug sich wieder zu bewegen. Der dicke Mann mit dem häßlichen Lächeln war gegangen, und auf seinem Platz saß eine militärische deutsche Frau, die einen großen schwarzen Hut auf dem Kopf hatte und Brote aß, die sie aus einer Stofftasche nahm.

Deborah schaute aus dem Fenster. Eine weitoffene Gegend, ein ferner Himmel, hier und da ein schiefer Baum. In der Nähe jagten Kinder mit Stöcken eine Kuh. Die Kuh bewegte sich schnell auf ihren krummen Beinen, ihr Euter schwankte hin und her. Auf dem komischen Gesicht der Kuh war eine Spur von einem Lächeln; wirklich, sie schaute furchtbar dumm aus, mehr noch als die rotweiße Kuh, die Mierel im Stall des Gutsherrn immer gemolken hatte. Deborah lachte laut. Sie stand auf, glättete ihren verkrumpelten Mantel mit den Fingern und dann, ihr eigenes Bild studierend in einem winzigen Spiegel, murmelte sie ironisch zu sich: „Du siehst wirklich hübsch aus." Gut, gut, es war schon Zeit, in den Speisewagen zu gehen und eine Kleinigkeit zu essen. Sie hatte einen Bärenhunger. Vor ihr stand eine Tasse dampfenden Kaffees und zwei Brötchen. Sie machten nur noch mehr Appetit, und sie wollte mehr. Aber sie durfte nicht mehr haben, oder sie blieb ohne Geld. Macht nichts, sie würde noch eine Tasse Kaffe trinken. Sie konnte der Versuchung einfach nicht wiederstehen.

Das Mahl war beendet. Sie kehrte in ihr Abteil zurück. Aber ihr Platz war besetzt. Der schmächtige Junge, der letzte Nacht den Ärger gehabt hatte, hatte seinen Vorteil gezogen aus ihrer Abwesenheit und es sich bequem gemacht in der Ecke am Fenster. Wie ein gütiges Geschick es wirkte, war aber die deutsche Frau mit dem großen schwarzen Hut dabei, auszusteigen, und so war Deborah weiter in der Lage, aus dem Fenster zu starren, zu ihrer vollen Zufriedenheit. Es war eine große Beruhigung, diese kleinen Fenster zu haben – aber nicht groß genug, um sie ihren Hunger vergessen zu lassen. Ihr Magen nörgelte schlimmer als zuvor. Wie kam es, daß der schmächtige Junge ihr gegenüber keine Anzeichen von Hunger zeigte? Er hatte keinen Bissen zu essen während der ganzen langen Reise und doch schien es nicht schlimm für ihn zu sein. Er ertrug es sehr gut. Sie mußte es genauso machen. Auch wenn sie nicht vergessen konnte, daß sie hungrig war, würde sie aufhören, sich darüber zu sorgen. Sie konzentrierte ihren Blick auf eine einsame Bauernhütte mitten in einem Feld. Angebunden an diese Hütte war ein Hund – sie hätte schwören können, es wäre Jacond; sie hatte nie zwei so gleich ausschauende Hunde gesehen – und er zog mit einer verzweifelten Wut an der Leine und bellte mitleiderregend. Der arme Hund war hungrig! Aber, was konnte der gemütliche kleine Rauchkringel, der aus dem Schornstein kam, anderes bedeuten, als daß die Frauen in der Hütte damit beschäftigt waren, Essen zu kochen? Es konnte nichts anderes sein. Wie entzückend. Jetzt krochen große Wolkenmassen über den Himmel, der ganz bedeckt geworden war, und die Wolken kamen tiefer und tiefer, bis sie auf der Schornsteinspitze der Bauernhütte lagen. Endlich fuhr der Zug weiter. Sie begann nachzuzählen, was von ihrem Geld noch geblieben war und fragte sich, ob sie sich noch eine Kleinigkeit leisten konnte, oder ob sie besser beraten wäre, darauf zu verzichten? Sie sollte sich wirklich ihrer schämen, denn ihr gegenüber saß ein kleiner Junge, der die ganze Zeit noch nichts gegessen hatte, aber doch nicht daran zu denken schien. Jedoch gerade in diesem Moment, als ob er ihre Gedanken erahnt hätte, und wünschte, sie zu verblüffen, hatte der schmächtige Junge einen geschnittenen Laib Brot hervorgeholt und ein Stück grünen Käse voller Löcher. Er begann den Käse in Scheiben zu schneiden. „Würden sie mir den Gefallen tun, und das mit mir teilen, Fräulein?" sagte er, und bot ihr ein belegtes Brot an.

Sie kochte über vor Wut. Diese Unverschämtheit! Rasch aufstehend lief sie hinaus in den schwankenden Korridor auf dem Weg zum Speisewagen, und ließ den schmächtigen Jungen wie einen Trottel zurück mit dem traurigen Brot, immer noch vorgestreckt in seiner schwächlichen, mildtätigen Hand.

Sie gab zwei Franken am Büffet aus, und immer noch war ihre Kehle ausgetrocknet. Wieviel Kaffee sie auch trank, ihren Durst konnte sie nicht stillen.

Wo war sie jetzt? Der Zug hatte angehalten. Oh ja, sie mußte aussteigen an dieser Station. Sie fand einen Platz auf einer Bank auf dem Bahnsteig und wartete geduldig. Hunderte auf hunderte von Leuten strömten aus diesem Zug und aus anderen Zügen, und sie alle drängten zu den Ausgängen. Um die Zeit vorübergehen zu lassen, begann sie, im Licht der Lampen die Postkarten zu lesen, die sie von den Eltern erhalten hatte, seit sie verheiratet gewesen war. Da war eine erstaunliche Veränderung im Ton der allerletzten: sie war voller Hinweise, dunkler und zweideutiger Redewendungen. „Unser Vater im Himmel ist ein gnadenreicher Vater... Es ist nicht an uns Sterblichen, seine Weisheit in Frage zu stellen... Wir müssen Mut schöpfen aus seiner allesumfassenden Liebe...

Großvater ist unpässlich... Wir müssen zu ihm, ihn besuchen... Umstände können sich verändern..." Zusammengenommen ängstigten sie die Postkarten. Nein, nein, sie mußte die schreckliche Furcht abwehren. Sie steckte die Karten wieder in ihre Handtasche. Der Expresszug, der sie ans Ziel gebracht hätte, wenn ihr nicht das Geld ausgegangen wäre, dampfte aus dem Bahnhof heraus. Der Regen kam herunter in wahren Sturzbächen und ließ den Rauch der Lokomotive nicht aufsteigen. Eine große Rauchwolke trieb an ihr vorbei und ließ sie husten. Sie stand von der Bank auf und begann, auf dem Bahnsteig hin- und herzugehen, mit dem Koffer in der einen Hand und dem Hut in der anderen.

„Hallo, Krausköpfchen!"

Sie bemerkte , daß sie im Schatten eines kräftigen Mannes stand, der einen riesigen Bauch hatte und ein großes, angeschwollenes, violettes Gesicht – ein Bahnbeamter nach seinem glänzenden schwarzen Regenmantel und der spitzen Mütze zu schließen.

„Meine Güte, sie frieren. Kommen sie doch in mein Büro zum Schutz," sagte er ihr auf Deutsch und wies auf eine winzige Stube am Ende des Bahnsteigs. „Haben sie nur keine Angst, Krausköpfchen! Sie werden es schön und bequem bei mir haben. Ich tu ihnen schon nichts, ich bin kein Menschenfresser. ich hasse es, zuzuschauen, wie ein nettes kleines Mädchen sich zu Tode friert. Kommen sie herein! Es ist immer fürchterlich kühl um diese Nachtzeit."

„Nein, ich bin in Ordnung. Sagen sie mir, wann der nächste Zug nach Warschau kommt?"

„Meinen sie den Vierte-Klasse-Zug? Was, reist mein kleines Krausköpfchen vierte Klasse, in einem Viehwagen? Pfui!" rief er, „pfui!" Und sein dicker, schnaufender Körper schien noch größer zu werden.

Eine Uhr schlug die volle Stunde. Eins! Zwei! Drei! Vier! Sie bewegte sich auf den Ausgang zu.

„Aber, rennen sie doch nicht weg. Kommen sie in mein Büro, und wir schauen nach dem Fahrplan. Was? Sie haben doch sicher keine Angst vor mir? Ach, ach!" In seinen gierigen kleinen Augen war ein böses Lächeln.

Sie hatte furchtbare Angst vor ihm und ging hinüber zu einem anderen Bahnsteig. Hier fand sie einige Leute, in deren Nähe sie bleiben konnte, aber der Regen wurde vom Wind jetzt in ihre Richtung geblasen. Sie kauerte sich in eine Ecke und wartete, wie es ihr schien, eine Ewigkeit lang. Ein vorbeifahrender Zug brüllte. Sie rannte zurück, nur um sich wieder in demselben, fürchterlichen Schatten zu finden.

„Na, na, wenn das nicht mein kleines Krausköpfchen ist! Sie ist zu mir zurückgekommen," sagte der fette, schweratmende Mann mit dem bösen Grinsen in den winzigen Augen; und sich laut räuspernd spuckte er auf den Boden wie ein Tier.

Sie fühlte sich schrecklich krank... Sie fühlte das Auftreffen seiner schrecklichen kleinen Augen, als sie ihr durch die Kleider drangen und ihren nackten Körper streichelten.

Ein Kontrolleur schlenderte heran. Der aufgeblasene, violettfarbene Beamte salutierte mit grotesker Unterwürfigkeit, und zusammen mit seinem Vorgesetzten spazierte er davon – zwei riesige Figuren, die Hände auf dem Rücken gefaltet.

Ein schrilles Pfeifen kam aus der Ferne, wurde lauter und lauter. Zwei funkelnde rote Augen näherten sich in der Dunkelheit, wurden größer und größer. Rauchend und dröhnend kam der Vierte-Klasse-Zug in den Bahnhof. Deborah kletterte die steilen Stiegen hinauf und hielt sich an dem rostigen Eisengitter fest, als ginge es um das teure Leben. Sie setzte sich in der Nähe der Tür auf das Ende einer langen Holzbank. Es war ein Zug wie ein Alptraum, aber merkwürdig genug, paßte jedes Detail genau zu dem Bild, das sich in ihr geformt hatte, wann immer sie nachgedacht hatte über eine Rückkehr nach Warschau in einem Zug vierter Klasse. Der Waggon, der nicht in Abteile aufgeteilt war, lag in einer fast vollkommenen Dunkelheit. Die Luft war faulig und klamm. Überall auf dem Boden lagen schlafende Kinder auf Bündel aus Sackleinen. Sie schnarchten angestrengt durch verstopfte kleine Nasen. Frauen saßen eingepackt in dunkle, riesige Tücher, als ob es mitten im Winter war.

„Wenn wir nur einmal essen könnten, bis wir voll sind!" klagten sie im Chor. „Wenn nicht ganz bald etwas geschieht, werden wir am Hunger sterben."

„Ja," sagte eine Frau mit rauher Stimme, die in der Düsternis verborgen saß, „genau das werden wir. Was wir brauchen, ist ein kleines Kapital, um einzukaufen und zu verkaufen, damit wir ein bißchen Profit machen. Auch wenn es nicht so einfach ist, wie es ist. Angenommen, du hast Bargeld, um Geflügel einzukaufen, zahlst du dich dumm und dämlich, wenn du dann aber auf den Markt gehst, bekommst du keinen anständigen Preis dafür. Das ist der Ärger."

„Es ist ja nicht, daß wir gierig sind und viel wollen, oder? ich weiß, es ist ganz schön wenig, was ich will! Alles, was ich will ist, meine älteste Tochter zu verheiraten und sie aus dem Weg zu haben. Und es wird nicht lange dauern, dann ist diese hier auch schon groß," sagte eine der Frauen, mit einem verdorrten Finger auf ein kleines Mädchen von etwa zwölf Jahren zeigend, dessen Gesicht ganz eingefallen war. Das Kind saß da und kaute auf einem Stück Brot, und ihre Kieferknochen waren zu sehen, wie sie sich bewegten – wie die Kiefer eines Skeletts. „Schaut sie euch an, sie verschlingt ihr letztes Stück Brot, und wenn das weg ist, bleibt ihr nur der Hunger, für Stunden und Stunden..." Die Mutter war eine heruntergekommene alte Hexe – allem Anschein nach war sie über siebzig; sie war zahnlos, ihre Haut war ganz welk und runzlig, ihr Gesicht war ganz bedeckt von kleinen und großen Warzen, hunderte von Warzen.

„Haltet das Maul, ihr dreckigen Juden!" schrie ein großer, kräftiger Kerl in einem schlecht sitzenden Mantel. Es war die Sorte Mantel, wie ihn der Gutsherr in Jelechitz immer getragen hatte. Wie, fragte sich Deborah, war der Kerl zu diesem Mantel gekommen? Er saß da und rauchte eine Tonpfeife. Der Rauch erstickte sie fast. Sie ging zu dem anderen Ende des Waggons, aber überall lagen Männer stöhnend in ihrem Schlaf. Die Jungen, die wachgeblieben waren, sprachen in vielen fremden Sprachen.

An der Grenze mußten sie alle aussteigen zur Zollkontrolle. Hunderte von lädierten Reisekoffern wurden geöffnet, hunderte von Bündeln aufgeschnürt. Eine Frau mit dickem Bauch, die schwanger zu sein schien, wurde zur Durchsuchung weggeführt von einer Frau mit männlichem Gesicht, deren Züge Deborah bekannt vorkamen. Die schwangere Frau protestierte, flehte und heulte, so laut sie konnte. Deborah wurde nicht einmal damit belästigt, daß sie den Koffer aufzumachen hatte. Der Zollbeamte winkte sie einfach vorbei, begann aber mißtrauisch in einem schmutzigen kleinen Bündel zu stöbern, dessen Eigentümerin schrill zu krakeelen begann.

„Fette Beute wird er da finden! Kuchen und Krankheit! Krankheit laß ich ihm und alle Juwelen, die er findet!"

War das wirklich Warschau? Ja, es war tatsächlich Warschau! Hier war sie wieder auf dem alten, vertrauten Bahnhof; alles sah so aus, wie sie es zurückgelassen hatte.

Ihr gesamter Besitz waren jetzt ein Rubel und zwanzig Kopeken. Sollte sie nach Hause laufen oder leichtsinnig sein und eine Droschke nehmen wie ein Mensch? Sicher hätte sie vor Freude mitten auf dem Bahnhof angefangen zu tanzen, aber ihre Beine machten nicht mit. Sie waren viel zu geschwächt. Ah, da hing der vergoldete Spiegel an der Wand, und da war dasselbe eckige Sofa, das so gut in die Ecke paßte.

„He, Kutscher!"

Der Droschkenkutscher, den sie gerufen hatte, steckte ein wettergegerbtes Gesicht aus seinem übergroßen blauen Umhang heraus, seine Hände tauchten aus den langen Ärmeln hervor. Er munterte sein Pferd fröhlich auf, und sie fuhren rasch am Bahnhof vorbei in die Stadt. Deborah lehnte sich in der Droschke zurück.

Alles, was sie erblickte, gehörte ihr – die Kutsche, das Pferd, der Kutscher, Warschau, sie waren alle ein Teil von ihr selber! Die bekannten Straßen taumelten schwindlig zurück, als die Droschke voranflog. Die Straßen waren lebendig. Die Pflastersteine waren lebendig. Dort drüben waren die Baumspitzen der Sächsischen Gärten. Sie waren lebendig. Krulewski-Straße machte einen ziemlich ausländischen Eindruck, aber das Mädchen, das den Sodawasserladen führte, kam an die Tür und lächelte Deborah zu, zeigte ihr, daß sie sie wiedererkannte.

Deborah wollte den Gruß erwidern; jedoch die Droschke fuhr zu schnell dafür. Trotzdem, Krulewski-Straße machte jetzt keinen ausländischen Eindruck mehr, das plötzliche Auftauchen des Mädchens im Laden erfüllte sie mit einer freundlichen, heimeligen Atmosphäre.

„Warschau! Mein liebes, eigenes Warschau! meine ganz eigene Stadt. Wie ich dich liebe!"

„Brrrh! Stop!"

„Was, wir sind da? Meine Güte, ich hatte nie bemerkt, wie kurz die Fahrt ist. Wirklich, Kutscher, ihr habt es in Rekordzeit geschafft."

„Da wett' ich doch drauf! Was denken 'se, können 'se erwarten für zwanzig Kopeken? 's war doch das Geld wert, oda? Woll'n 'se, daß ich 'se nach Berlin bring', wie?"

„Oh nein, nur nicht nach Berlin! Bitte nicht. Laßt mich, wo ich bin," wollte sie fast schreien.

Die Kinder, die im Torweg spielten, erkannten sie nicht. Auch nicht die Bäckerin, die auf ihrem üblichen Stuhl auf ihrem üblichen Platz am Tor saß und heiße Brotringe aus ihrem Korb verkaufte. Sie hatte ein Glas Tee in der Hand, trank aber nicht. Sie war damit beschäftigt, einem Mann ihre Meinung zu sagen, der von Kopf bis Fuß voller Mehl war. Offensichtlich hatte er sie eine lange Zeit warten lassen auf den neuen Schwung heißer Brotringe, die sie jetzt in ihren Korb schüttete. Er blinzelte Deborah belustigt zu und ging weg. Deborah folgte ihm über den Hof, ihre Füße bogen sich unter ihr über den unregelmäßigen Steinen. Sie begann die vertraute Treppe nach oben zu steigen, die verdreckt vom Abfall war. Ein- oder zweimal rutschte sie aus.

Endlich hatte sie den Flur erreicht, den sie so gut kannte, die lackierte braune Doppeltür. Sie klopfte, und als sie wartete, schlug ihr Herz wie verrückt. Keine Reaktion! Sie klopfte noch einmal. Wieder keine Reaktion!

„Wirklich, warum sollte ich auch klopfen? Ich bin hier doch nicht im Ausland, hier ist doch jetzt zu Hause! Wie dumm von mir!" Sie stieß die Doppeltüren auf.

„Oh!"

Die Zimmer waren leer, ganz leer. Die Fenster waren verschmiert von Tünche. Auf dem Boden stand ein Eimer, fleckig von oben bis unten mit Farbe jeglicher Tönung, regenbogenartig; eine Schicht Farbe ging in die andere über. Ein großer Haufen rosa Pulver war neben dem Ausguß. Reb Avram Bers Studierzimmer war neu tapeziert, wie auch das Schlafzimmer. Ein zerdrückter Filzhut hing auf einem Nagel an der Küchentür, zusammen mit einem weißen Kittel, der große Löcher neben den Taschen hatte und überall grüne und rosa Flecken.

Sie hielt ein, vollkommen benommen und angsterfüllt. Der Schreck war zuviel für sie.

Wo waren ihre Eltern? Warum hatten sie nicht geschrieben, daß sie umziehen würden? Wie war die neue Adresse? Wo war das Geheimnis? Sie stand vollkommen regungslos, versteinert, unfähig, sich zu bewegen. Sie musterte die nackten Wände, die neugestrichenen Türen. Der Geruch von frischer Farbe brannte in ihrem Hals. Die Zunge versuchte sich in dem halbgeöffneten Mund zu bewegen, sie war vollkommen trocken, als ob jemand einen harten Stoff über sie gezogen hatte. Was jetzt? Was sollte sie jetzt mit sich machen?

„Wen sucht ihr, Fräulein?"

„Meine Eltern lebten früher hier. Haben sie eine Ahnung, wohin sie gezogen sind?"

„Nein, Fräulein. Kann ich nicht sagen."

Der Tapezierer nahm seinen Kittel von der Tür und begann, ihn anzuziehen. Sie wandte sich zum Gehen.

„Fragt den Hausbesitzer. Vielleicht weiß er was," rief er ihr hinterher und knöpfte seine rot und grün gepunktete Malerhose zu. „Ich weiß aber nicht, wo ihr ihn erreichen könnt. Ich habe den ganzen Morgen versucht, ihn aufzuspüren, aber er ist – verflixt nochmal – einfach verschwunden. Sagt einmal, hat nicht der Rabbi hier in dieser Wohnung gewohnt?"

„Das ist richtig! Und ihr wißt nicht, wohin er gezogen ist?"

„Nein, nicht im Geringsten!"

Sie ging nach unten, den Koffer in der Hand. Es war abscheulich. Ihre Eltern hatten es nicht für nötig erachtet, sie von dem Wechsel ihrer Anschrift zu informieren; und jetzt, nach einer so langen und beschwerlichen Reise, war sie gestrandet. Die Enttäuschung war zu groß für sie zu ertragen. Sie war schwach vor Hunger. Ihre Beine gaben nach. Sie sank, sank schnell. Gleich würde sie mit dem Kopf voraus herunterstürzen.

Die Bäckerin in der Torecke erkannte sie.

„Himmel, bist du das? Schau, was aus dir geworden ist! Aber das ist nicht unsere Deborah! Wie du dich verändert hast. Was bringt dich hierher, jetzt, wo deine Eltern von Warschau weggezogen sind? Wußtest du es nicht? Eure Wohnung ist leer! Und unvermietet. Gütiger Gott, wie krank du aussiehst! Was ist los mit dir? Hast du Hunger? Schäm dich doch nicht, wenn es so ist. Besser es zugeben als verhungern. Komm, trink einen Tee mit mir!"

Deborah schüttelte den Kopf. Sie fragte nach ihrem Vater in dem Laden an der Ecke, aber der Krämer konnte ihr nicht helfen. Er glaubte, er hätte Reb Avram Bers neue Adresse gekannt – er hatte sie mal gehört – aber er konnte sich ums Leben jetzt nicht mehr erinnern. Der Hausbesitzer war ausgegangen. Unglücklicherweise war er schon den ganzen Morgen verschwunden, und einige andere Leute außer Deborah suchten auch überall nach ihm. Sie wußte nicht wie weiter und suchte Zuflucht in einem kleinen Restaurant auf der anderen Straßenseite. Möglicherweise könnte der Inhaber, der zu Reb Avram Bers Gemeinde gehört hatte, etwas wissen.

Er erkannte sie nicht einmal.

„Die neue Adresse vom Rabbi?" brummte er, „wie zum Teufel soll ich die kennen?"

Sie bestellte eine Schüssel Suppe. Fleisch konnte sie sich nicht leisten. Fleisch war nicht für Leute wie sie, die trockenes Brot als Luxus betrachten müssen. Der Gastwirt stellte die Schüssel ärgerlich nieder, verschüttete einen Teil der Suppe. Er schien sie für eine Bettlerin zu halten und behielt sie im Auge, um sie so zu veranlassen, die Suppe schnell zu essen und schnell zu verschwinden. Sie hob den Löffel an den Mund, aber sie konnte nicht schlucken. Sie fühlte, daß sie gleich zusammenbrechen würde.

Ein junger Mann schlenderte herein und setzte sich ihr gegenüber. „Entschuldigen sie, Fräulein. Ich hoffe, sie halten mich nicht für überneugierig, aber ich würde sagen, sie sind eine Fremde in dieser Gegend. Ist das ihr erster Besuch in Warschau?"

„Nein, ich lebe hier."

„Wirklich? Das ist komisch, denn sie sehen nicht wie eine von uns aus, wenn sie wissen, was ich meine. Nicht, daß man sich deswegen schämen sollte. Provinzleute sind heutzutage so gut wie Leute von hier. Ja, ja – und was halten sie von den Neuigkeiten? Fürchterlich, glauben sie nicht? Als ob es nicht genug gibt, was uns Sorgen macht, jetzt dieses Gerede vom Krieg. Krieg kann jeden Moment ausbrechen, heißt es. Wenn das passiert, werden alle Verbindungen unterbrochen, und viele Leute werden von ihrem Zuhause abgeschnitten sein. Fürchterlich. Das erste, was ich tat, als ich hörte, daß sich Ärger zusammenbraut, war, meine Eltern in das Dorf zu bringen, wohin sie gehören. Man weiß nie, was in einer großen Stadt wie Warschau passieren kann. Die Zeitungen schreiben alle, es hätte angefangen, weil irgendwo ein Prinz ermordet worden ist. Haben sie das gesehen?" sagte er, mit einem zitternden Zeigefinger auf eine zerknitterte Zeitung deutend.

Sie war nicht in der Lage, es zu lesen, denn der Druck war verschmiert. Also gab es Krieg. Vielleicht konnte am Ende etwas Gutes dabei herauskommen. Die einfachen Leute schienen zu denken, daß Krieg die größte aller möglichen Katastrophen war. Hatten sie recht? Natürlich! Nur ein Verrückter, ein Totschläger konnte anders denken. Wenn der Krieg kam, sank die Menschheit in die tiefsten Tiefen des Unglücks und Elends. Die Männer in der Kaserne gegenüber bereiteten sich schon für die Schlächterei vor...

„Deborah, nimm dich zusammen! Hör auf, mit dir selber zu reden! Deborah, bist du in Ordnung? Deborah, schau mich an! Hast du geschlafen?"

Deborah setzte sich im Bett auf.

Sie sah um sich herum das bekannte Zimmer mit dem bekannten Fenster, durch das jetzt das Zwielicht des Abends hereinschaute; und sie rieb sich die Augen, in einer Anstrengung aufzuwachen aus ihrer Benommenheit, die Trugbilder abzuschütteln, die gerade erst zu schwinden begannen. Sie blickte starr in die zunehmende Dunkelheit.

„Wer ist da?" fragte sie.

„Was heißt, 'wer ist da?'... ich bin es, Deborah. Was ist los mit dir? Hast du einen Alptraum gehabt? Deborah, hör doch, ich habe einen von meinen früheren Freunden getroffen, und er hat mir zwei Franken geborgt. Wir werden etwas zum Abendessen haben."

Ihr Ehemann machte ein Streichholz an und steckte es in die Gaslampe; aber er vergaß, daß das Gas schon vor einigen Tagen zu Ende gegangen war; das Streichholz entzündete nichts und ging aus. Er steckte eine Münze in den Zähler und zündete die Lampe wieder an. Eine Flut von grünem Licht ließ sich auf dem Bett nieder und füllte Deborahs eingefallenes Gesicht.

Ihr Ehemann brachte ihr eine Tasse Tee ans Bett, zusammen mit einigen Scheiben Brot. Deborah versuchte, einen Bissen Brot hinunterzuschlucken, aber er blieb ihr im Hals stecken.

„Sag mal, Deborah, hast du gehört, daß Krieg erklärt worden ist? Jetzt sind wir mittendrin."

Deborah schlurfte ihren Tee, langsam und schweigend.

Und? Was ging sie das an...

Erläuterungen

„Al daz hamoken waach daaz hakool": auf Deutsch: „Mit Einverständnis vom lieben Gott, mit Einverständnis der Gemeinde..." So wird der Vorbeter in der Synagoge zu Jom Kippur von der Gemeinde angesprochen, bevor er mit dem ersten Gebet beginnt.

Baigerlach: Gebäck aus Brotteig, der vor dem Backen in siedendes Wasser getaucht wird. Baigerlach sind ringförmig.

Borschtsch: Roter-Rüben-Saft.

Challe: Süßes Weißbrot, das für Schabbes gebacken wird.

Chassid: Anhänger eines Tzadiks.

Chassidim: Mehrzahl von Chassid.

Chassidismus: Der Glaube an die besondere Kraft von ausgewählten frommen Männern, die sie aus einer besonderen, engen Verbindung zu Gott schöpfen.

Chumez: Gesäuerter Teig; Brot und Kuchen daraus darf zu Pessach nicht im Haus eines Juden sein. Eigentlich ist schon der Anblick verboten.

Goj: Wörtlich „Fremder", ist immer ein Nichtjude. Wird unter Juden als Schimpf- und Spottwort benutzt, wenn einer besonders penibel und vorschriftengetreu ist. Muß bei der Bezeichnung von Nichtjuden kein Schimpfwort sein.

Jom Kippur: Versöhnungsfest am zehnten Tag des ersten Monats des jüdischen Kalenders, Tischri. Fasten und Beten ist Pflicht. Rosch Haschune, die Neujahrstage, werden im Himmel dazu verwandt, das Buch des Lebens für das neue Jahr zu schreiben, am Jom Kippur wird es gesiegelt. Neben Schabbes der höchste Feiertag, da aber nur einmal im Jahr, wird Jom Kippur viel intensiver begangen.

Kabbala: Sammlung mystischer Texte des Judentums.

Kaddisch: Totengebet für einen engsten Familienangehörigen.

Kol Nidre: Besonders feierliches Gebet am Vorabend von Jom Kippur. Nicht nur hierbei ist zu beachten, daß der jüdische Tag mit Einbruch der Nacht beginnt und bis zur nächsten Abenddämmerung dauert.

Maariv: Hebräisch „der Abend", hier als das tägliche Abendgebet zu verstehen.

Matze: Ungesäuertes, dünnes Brot, ersetzt Chumez-Brot während der Pessachtage.

Minjen: Eine Gemeinde zum gemeinsamen Gebet muß mindestens aus 10 Männern (Juden über 13 Jahre) bestehen; sie wird dann Minjen genannt.

Nila: Gebet zum Ausklang von Jom Kippur.

Pajes: Schläfenlocken der frommen Männer.

Pessach: Vielleicht auch als Passah bekannt. Fest zum Gedenken an den Auszug der Juden aus Ägypten, dauert 8 Tage, bis auf Israel: dort dauert es nur 7 Tage.

Rabbi: Geistlicher mit Richterfunktionen.

Reb: Ehrenvolle Anrede für einen Mann.

Rebezen: Die Ehefrau eines Rabbiners.

Rituelles Bad: „Mikwa", eigentlich nur für Frauen Pflicht, nach der Periode. Wird aber auch von frommen Männern als Pflicht angesehen. Das Wasser der Mikwa muß mit einem fließenden Gewässer verbunden sein. Ist kein Fluß in der Nähe, wird Regenwasser verwandt. Die Vorschrift sagt: Es muß „lebendes Wasser" sein.

Reformierter: Ein moderner, nicht streng-gläubiger Jude.

Schabbes: Sabbath, der Tag, an dem Gott (wohlgefällig) nach 6 Tagen Arbeit die erschaffene Welt betrachtete und ruhte, deshalb strenger Ruhetag.

Schammes: Synagogendiener, Diener des Rabbis.

Scharit: Erstes Gebet am Morgen.

Schmire: Matze für besonders fromme Juden, bei der schon das Korn unter Aufsicht eines Rabbis verarbeitet wird, sonst nur das Mehl.

Sfira: Die Zeit von Pessach bis Schewiess (Schewuoth), dem Gedenktag an die Übergabe der Gesetzestafeln an Moses auf dem Berg Sinai. Die Dauer von 49 Tagen zwischen dem einen Fest und dem anderen soll daran erinnern, daß die Juden auf Moses Rückkehr warteten. In dieser Zeit darf auch nicht geheiratet werden.

Talles: Ein Gebetsbuch, das von Männern allein über die Schultern getragen wird. Orthodoxe Juden tragen es erst nach der Hochzeit, üblich ist es nach der Bar Mitzwa, wenn der dreizehnjährige Junge als Mann in die Gemeinde aufgenommen ist.

Talleskuten: Ein Talles, der unter der Jacke getragen wird, dessen untere Enden aber sichtbar sind. Nicht sehr verbreitet, wird von orthodoxen Juden immer, also nicht zur zum Gebet, getragen.

Talmud: Altes Testament.

Tfilla Zaka: Stilles Gebet am Vorabend von Jom Kippur.

Tfillim: Gebetsriemen, um Stirn und linken Arm beim Beten an Wochentagen zu tragen. Die Riemen halten ein kleines Kästchen, das das Gebet „Schma Jisruel" (Höre die Juden, Gott unserer Väter...) enthält.

Thora: Die fünf Bücher Moses, erster Teil der Bibel, endet mit der Ankunft der Juden in Israel, nachdem sie aus Ägypten ausgezogen sind.

Thorarollen: Handgeschriebene Pergamentrollen, die den Text der Thora enthalten.

Tzadik: Heiliger Mann, der eine auf ihn eingeschworene Anhängerschaft hat, seit 300 Jahren in Polen und Rußland verbreitet. Mehrzahl Tzadikkim.

Bemerkungen zur Übersetzung

Ich wurde auf das Buch zum ersten Mal aufmerksam, als ich einen Katalog des englischen Frauenverlages „Virago Press" durchstöberte, in der Hoffnung, dort ein Buch zu finden, das wir in Deutschland als Jugendroman aus der Perspektive einer heranwachsenden Frau veröffentlichen könnten. „Deborah" schien mir besonders interessant, war es doch zum einen ein Mädchen-Frau-Entwicklungsroman, zum anderen aber ein historisches Dokument aus einer Zeit und einer Gesellschaft, die mit beispielloser Grausamkeit und beispielloser Akribie vernichtet wurde. Ich besorgte das Buch und begann zu lesen.

Während der Lektüre merkte ich, daß dies ein Werk war, dessen literarische Qualität, dessen Genauigkeit der Beschreibung es zu einer belletristischen Arbeit erster Güte machte.

Ein besonderes Interesse hatte ich an dem Buch, weil in den letzten Jahren einige Publikationen relativ erfolgreich waren, die von den Juden Osteuropas ein Bild zeichneten, als ob es eine in sich ruhende, etwas skurile, unveränderliche Welt wäre, in der Armut mit Würde und Witz getragen wurde. Ich hatte den Eindruck, daß so die Juden goutierbar gemacht wurden: etwas anders, etwas komisch, weltfremd, aber doch sooo liebenswert.

Dieses Bild wollte nicht zu dem passen, was ich von den Juden Osteuropas kannte. Sicher hatte es dort die orthodoxen Gemeinden gegeben. Aber es gab auch die liberalen, gebildeten Juden, die sich nicht von dem abgewandt hatten, was um sie herum geschah; es gab vor allem auch die Revolutionäre, die entscheidenden Anteil daran hatten, daß der russische November 1917 das Gesicht der Erde veränderte. Auch der Staat Israel ist nicht zu verstehen, wenn man nicht weiß, daß eine mächtige

Fraktion der osteuropäischen jüdischen Sozialisten dorthin gezogen war, um ihren Traum einer klassenlosen Gesellschaft – in der die Juden keine Minorität mehr sind – zu verwirklichen.

Insofern erschien mir das in den letzten Jahren Veröffentlichte, auch da, wo es mit Preisen ausgezeichnet wurde, eine eigentlich unzulässige Verkürzung, die noch fragwürdiger wurde durch die Tatsache, daß Frauen dort nur am Rande vorkommen.

„Deborah" ist dagegen der Roman einer versuchten Auflehnung gegen das erstarrte Ghettoleben und dic Unterordnung der jüdischen Frau.

Als ich begann, mir Gedanken über die Übersetzung zu machen, wurde mir klar, daß eine Übernahme des englischen Textes eine Interpretation einer Interpretation werden würde. Deshalb war es notwendig, das jiddische Original zu besorgen, das 1936 in Warschau erschienen war. Schließlich fanden wir zwei Exemplare, eines bei Maurice Carr, dem Sohn von Esther Kreitmann, in Tel Aviv, das zweite in London, in der Bibliothek der „School of Oriental and African Studies", die es von einem Sammler vermacht bekommen hatte.

Ich konnte die hebräischen Buchstaben nicht lesen. Mein Vater, Pinkus Teuter, übernahm dann die Aufgabe, das Buch auf Tonband zu sprechen. Dieses Band verglich ich dann Wort für Wort mit einer Rohübersetzung, die ich nach dem englischen Buch gemacht hatte. Diese englische Ausgabe ist nicht ohne Autentizität. Sie entstand 1946 in London, war verfaßt von Maurice Carr zu Lebzeiten seiner Mutter, die mit ihm in London lebte. Gegen ihren Willen konnte diese Fassung nicht entstanden sein.

Doch waren Unterschiede offensichtlich: Das Jiddische formulierte privater, so, als ob eine Person einen mündlichen Bericht gibt, ununterbrochen erzählt, während das Englische „objektiver" ist. Das Jiddische wendet sich oft direkt an den Leser, gibt Kommentare in Form von Fragen wider und äußert Wertungen als direkte Aussagen. Das Englische ist den Personen gegenüber distanzierter, wie die Erzählung in einer dritten Person, der es an Mitleid nicht fehlt, die aber nicht unmittelbar betroffen ist.

Die Geschichte ist in beiden Fassungen die gleiche, der Ablauf nur im ersten Kapitel verschieden.

Das hat aber dazu geführt, daß eine wichtige Kleinigkeit, die in der englischen Fassung ausgelassen ist, in der Übersetzung, die dem englischen Ablauf folgt, nicht untergebracht werden konnte, wenn ich Wiederholungen und größere Erklärungen vermeiden wollte: Das Grammatikbuch der Russischen Sprache, aus dem Deborah ihre ersten Leseerfahrungen holt, ist ein Überbleibsel aus der Zeit, als Reb Avram Ber versucht hatte, sich auf das offizielle Rabbiner-Examen vorzubereiten, und das ihm mit einer Rechnung von seinem Lehrer nachgeschickt worden war, nachdem er vor der Frau ohne Perücke die Flucht ergriffen hatte.

Wichtiger noch ist eine Veränderung, die nur aus der Zeit heraus zu verstehen ist, in der die englische Fassung entstand. Im jiddischen Original hat Deutschland, hat deutsche Kultur einen sichtbaren Einfluß auf die Juden in Polen. In jener Zeit in R–, als die Familie dem Hungertod nahe war und sich die Kinder mit Literatur beschäftigten, Deborah Deutsch lernte, machen sie im englischen Text nur die Bekanntschaft der Werke von Puschkin. Ihr Lob der deutschen Literatur ist dort ein solches auf die Russen. Eine Veränderung, die 1946 sehr wohl verständlich war. Genauso enthält das englische Buch nicht die Gleichsetzung von Deutsch und Fortschrittlich, die in der Zeit vor Deborahs Verlobung immer wieder zur Sprache kommt. Übrigens verwendet das Original hier nicht die auch zum Spott zu gebrauchende Bezeichnung „Jecke" für „Deutscher", sondern „Daitsch".

Ein Problem, das die Übersetzung nicht lösen konnte, war der Name des Mädchens. Ich verwende, wie Maurice Carr, den Namen „Deborah" und nur einmal „Deboirele" (um die Liebe Reb Avram Bers zu seiner Tochter in dem Moment auszudrükken, wo sie ihm am deutlichsten bewußt wurde, und wo er auch am sichtbarsten versucht, sie zu zeigen). Im Original aber ist immer nur von „Deboirele" die Rede. Dies ist zärtlich und liebevoll gemeint, aber nie mit dieser Verniedlichung und Reduktion wie die deutschen Formen „-chen" und „-lein". „Deboirele" schien mir wegen dieser Verkleinerungsform im Deutschen nicht brauchbar, würde es doch Mißverständnisse zur Folge haben.

Die Sprache der Übersetzung weicht oft von dem ab, was als „gutes Deutsch" verstanden wird. Ich habe dies bewußt gemacht, weil ich der Ansicht bin, daß eine Übersetzung auch in Sprachfluß und Sprachgestik versuchen sollte, dem Original so treu wie möglich zu sein. Wenn die Erzählhaltung einem abstrakten Bild von Korrektheit geopfert wird, geht genauso viel verloren, wie bei Umstellungen und Kürzungen, die allgemein als Verfälschung abgelehnt werden.

An einigen Stellen werden Anglisten denken, ich hätte Satzstellungen aus dem Englischen übernommen. Dies ist ein Irrtum. Auch das Jiddische kennt die merkwürdige Form des getrennten Prädikates nicht. „Er hat geschlafen in der Küche..." ist auf jeden Fall eine übersichtlichere Information, wenn alle möglichen Nebensätze noch folgen, als „Er hat, ... (Nebensatz) ... (Nebensatz) ..., in der Küche geschlafen". Deshalb habe ich in den meisten Fällen, aus dem Jiddischen übernehmend, die erste Form gewählt.

Von den Schwierigkeiten, als Jude in der Bundesrepublik ein integriertes, aber nicht konformistisches Leben zu führen, handelt die **Danksagung an die spätfeudale Schulverwaltung des reformfreudigen Landes Plassau, in Form eines Berichtes über die Erlebnisse des aufmüpfigen Lehrers Isaak Lebediger.**

Sie ist ein satirischer Bericht über einen jüdischen Deutsch- und Englischlehrer. Die ernsthafteste Passage des Buches, in der ein authentischer Text (fett gedruckt) jede Satire übertrifft, stellen wir jetzt als Leseprobe vor:

Eine neue merkwürdige Gruppierung war in das Parlament eingezogen, Die Grauen, eine Ansammlung von Leuten, die beim interessierten Publikum die Hoffnung aufkommen ließ, Politik würde nicht nur von Politikern, sondern auch von Menschen gemacht.

Diese Grauen erdreisteten sich, in die Auseinandersetzung Lebedigers mit der Behörde einzugreifen und dies dem Schulminister schriftlich mitzuteilen.

Dieser Mann, der es geschafft hatte, 8 Jahre lang seinen Posten zu versehen, ohne auch nur eine einzige pädagogische Idee sein eigen zu nennen, antwortete ihnen im eindrucksvollen Stil:

Sehr geehrte Damen und Herren!

Ihr Engagement für die Belange des Herrn Lebediger erscheint mir rechtschaffen.

Allerdings erstaunt mich die Leichtigkeit, mit der Sie das Ergebnis einer eingehenden Überprüfung der Unterrichtsqualitäten des Herrn Lebediger ‚dubios' und einer ‚rechtlichen Würdigung nicht standhaltend' abqualifizieren. Engagement für den Beruf und enge Verbundenheit zur Tätigkeit greifen zu kurz, um allein den Nachweis für eine qualifizierte Lehrertätigkeit zu erbringen. Hinzutreten müssen Sachkenntnis und fundierte pädagogische Fähigkeiten, die sich in entsprechendes Unterrichtsverhalten umsetzen. Auch den organisatorischen und verwalterischen Anforderungen seines Berufs muß der Lehrer genügen.

Im wohlverstandenen Interesse des Bediensteten bin ich nicht bereit, Einzelheiten der persönlichen Beurteilung an Dritte weiterzugeben.

Die Gründe für die Entlassung von Herrn Lebediger aus dem Schuldienst des Landes Plassau zum 31.12.1982 stehen in dem Kündigungsschreiben des Verwaltungspräsidenten in Nierendorf, das Ihnen vermutlich vorliegt. Die Begründungen basieren auf der Allgemeinen Plassauischen Dienstordnung für Lehrer, die ich in diesem Zusammenhang Ihrer Lektüre empfehlen möchte.

In der Dienstordnung finden sich u.a. markante Betonungen der sog. Sekundärtugenden wie Ordnung, Fleiß, Pünktlichkeit, Sauberkeit usw. Zweifellos werden dabei auch preußische Traditionen aufgenommen. Gestatten Sie mir, dies deshalb zu betonen, weil Sie bei anderer Gelegenheit diese Traditionen als besonders reaktionär bezeichnen. Ich halte dies für eine Fehleinschätzung, aus der heraus möglicherweise auch Herr Lebediger sein dienstliches Verhalten falsch orientiert hat.

Ordnung bedeutet gerade nicht Zustimmung zur Unfreiheit. Im Gegenteil! Gemäß unserer Verfassung haben wir uns vielmehr um den demokratisch mündigen Bürger zu bemühen. Es geht nicht um eine blinde Zustimmung zur Ordnung, sondern um Mündigkeit im Sinne einer rationalen Lebensführung und verantwortlichen Handelns. Entsprechende Anforderungen werden an die Lehrer gestellt. Die Verantwortlichen sind sich dabei bewußt, daß nicht Duckmäuser geeignet sind, mündige Persönlichkeiten heranzubilden.

Was Preußen und seine Tradition angeht, so scheint mir diese durchaus doppelgesichtig: Reaktionär einerseits und modern andererseits. Für den Bereich der Pädagogik trägt eher der zweite Aspekt, der sich u.a. in Kant verkörpert. Dabei muß man sich nicht an dem Begriff der „bürgerlichen Bildung" stoßen, weil diese seinerzeit einen durchaus emanzipatorischen Effekt gegenüber der Ständeordnung hatte, von der sie sich absetzte.

Vielleicht scheinen Ihnen derartige grundsätzliche Sentenzen gar nicht strittig. Dann sollten Sie jedoch konsequent sein und akzeptieren, daß z.B. „Pünktlichkeit" eben auch eine meßbare Größe ist, nach der sich dienstliches Verhalten kontrollierbar beurteilen läßt, anders, als wenn man die Gesinnung zum Maßstab macht, wie Sie es nahezulegen scheinen: Ihre

Hinweise auf das Engagement und Berufsverständnis des Herrn Lebediger gehen insofern an der Sache vorbei.

Lebediger bekam diesen Brief zu sehen und konnte es zuerst nicht glauben. Er war nach dem 2. Weltkrieg geboren, aber seine Eltern hatten Vater, Mutter, Brüder, Schwestern, Nichten und Neffen in großer Zahl in Vernichtungslagern verloren, die nach den Prinzipien der Sekundärtugenden Ordnung, Fleiß, Pünktlichkeit, Sauberkeit im preußischen Sinne geführt worden waren. Diese Leute waren, nur weil sie Juden waren, mit größtmöglicher **ORDNUNG**sliebe in Ghettos eingesperrt worden, waren von **FLEISS**igen tedeskischen Eisenbahnern in die Lager gebracht worden, wo Mörder, die ihren Dienst mit akkurater **PÜNKTLICHKEIT** versahen, sie bereits erwarteten, um sie in Gaskammern von tedeskischer **SAUBERKEIT** zu überzeugen.

Lebediger hatte auch die Überlebenden dieser Lager gesehen. Sie waren, die Unterarme noch mit den eintätowierten Nummern der Tötungsmaschinerie versehen, auch das ein überzeugendes Beispiel für preußische Ordnungsliebe, zu seinen Eltern gekommen, als in Jerusalem dem Biedermann Eichmann als Massenmörder der Prozeß gemacht wurde. Diese armen Menschen kamen, um die tägliche Viertelstunden-Sondersendung im Fernsehen zu verfolgen. Sie wußten, daß sie die Nacht darauf wieder nicht würden schlafen können, aber der Zwang, diesen fischigen Organisator der Massenvernichtung zu sehen, war zu groß. Tag für Tag kamen sie wieder.

An all das mußte Lebediger denken, als er den Brief des Schulministers las, und er fand Brief und Mann unsäglich DUMM!!!!!

Eigentlich hatte er vorgehabt, ihm das auch schriftlich mitzuteilen, aber David Rock-Bariton hatte ihn da schon in Beschlag genommen und trieb ihn von Aktivität zu Aktivität.

Impressum

„Deborah — Narren tanzen im Ghetto“

2. Auflage 1985

Gesamtherstellung: Fuldaer Verlagsanstalt GmbH
Printed in the Federal Republic of Germany
ISBN 3-922723-25-X

Der Alibaba Verlag bedankt sich für Hilfe, Rat und Mitarbeit bei Paul Fritz, Michael Schmidt, Hanns Schumacher und ganz besonders herzlich bei Gail Chester, Sarah Schumann und Pinkus Teuter.

In den Illustrationen ist Anna Faroqhi „Deborah“ (und „Ruschka“ ist Lara Faroqhi)